Künast
Hartmann
Kraus

Garten Liebe

Erfolgreich Gärtnern
leicht gemacht

LUDWIG

Inhalt

Krokusse sind erste Frühlingsboten

Edelrose ›Duftwolke‹

Garten Liebe

Erfolgreich Gärtnern
leicht gemacht

Feldsalat – ein typischer Wintersalat

Kalk verändert den Boden-pH-Wert

Vorwort

Eine Umfrage hat gezeigt, dass viele Gartenbesitzer bei der Verschönerung und Pflege ihres Gartens gerne selbst Hand anlegen würden, aber in der Regel kaum oder gar keine Erfahrung im Umgang mit Pflanzen haben und sich deshalb auch nur wenig zutrauen.

Mit diesem Buch möchten wir Ihnen zeigen, dass es gar nicht schwer ist und zudem sehr viel Spaß machen kann, den eigenen Garten selbst zu gestalten und zu pflegen – egal ob Sie Anfänger oder Fortgeschrittener sind. Dabei wollen wir Ihnen keine Patentrezepte geben, sondern Sie dazu anregen, Ihren Garten nach eigenen Vorstellungen so zu gestalten, dass Sie sich darin rundherum wohl fühlen.

Ein zweiter Grund, warum viele erst gar nicht erst mit der Gartenarbeit anfangen, ist Zeitmangel. Auch dieses »Argument« wollen wir widerlegen: Der Pflegeaufwand für einen wirklich schmucken Garten von rund 150 Quadratmeter Größe einschließlich Rasen, Blumen und Nutzpflanzen beträgt auf das Jahr gerechnet etwa fünf Stunden pro Woche! Wichtig ist nur, dass diese Pflege kontinuierlich geschieht, doch als Belohnung winkt die Verwirklichung Ihres eigenen Paradieses!

In leicht verständlicher Form und ergänzt durch viele Tipps aus langjähriger Praxis finden Sie in diesem Ratgeber alles Wissenswerte über die Gestaltung eines Gartens und das Pflanzen und Pflegen von

- ► Rasenflächen
- ► Bäumen, Sträuchern und Hecken einschließlich Rhododendren
- ► Obstbäumen und -sträuchern
- ► Stauden – dazu gehören Blumenstauden, Farne und Gräser
- ► Sommerblumen
- ► Rosen
- ► Gemüse und Kräutern

einschließlich zahlreicher Illustrationen und Schritt-für-Schritt-Anleitungen, mit deren Hilfe das Gärtnern auch für Anfänger »kein Buch mit sieben Siegeln« mehr sein wird.

► Bei unseren Anleitungen haben wir vor allem auf die einfache Umsetzung in die Praxis geachtet. Bei etwas »kniffeligeren« Arbeiten finden Sie deshalb immer wieder Hinweise, wann es sinnvoll ist, sie von einem Fachmann ausführen zu lassen und mit welchen Kosten sie ungefähr verbunden sind.

► Für eine bessere Verständlichkeit haben wir außerdem manche Fachbegriffe im umgangssprachlichen Sinn erklärt und dafür die genaue Fachterminologie gelegentlich etwas hinten angestellt. Wir hoffen, dass Fachleute uns diesen Kunstgriff verzeihen.

Darüber hinaus finden Sie in diesem Buch viele Informationen über das nötige »Drumherum« im Garten. Dazu gehören vor allem

- ► eine Übersicht über das Gartenjahr und welche Arbeiten in den einzelnen Jahreszeiten anfallen.
- ► Grundlegende Kenntnisse über den Boden und wie Sie Ihren Gartenboden ohne viel Aufwand pflegen können, damit Ihre Pflanzen gut gedeihen.
- ► Informationen, welche Krankheiten und Schädlinge vorkommen und was Sie (mit sanften Mitteln) vorbeu-

Alle Informationen auf einen Blick

Damit Sie angesichts der zahlreichen Informationen nicht lange suchen müssen, haben wir viele Hinweise und Tipps bei den einzelnen Pflanzen und Pflanzengruppen optisch hervorgehoben und mit unterschiedlichen Symbolen versehen:

Einkaufstipp: Hier finden Sie Hinweise, wann und wo Sie die gesuchten Pflanzen bekommen, und auf welche Qualitätsmerkmale Sie beim Einkauf achten sollten.

Unter diesem Symbol bekommen Sie wichtige **Tipps zum richtigen Pflanzen**. Dazu gehört beispielsweise der beste Pflanzzeitpunkt oder welche »Sonderwünsche« Sie bei manchen Pflanzen berücksichtigen müssen.

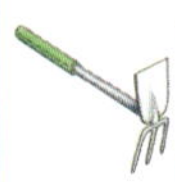
Bei diesem Zeichen stehen wichtige Hinweise zur weiteren **Pflege** Ihrer Pflanzen wie Gießen, Düngen oder Winterschutz.

Hier finden Sie **allgemeinere Hinweise**, etwa welche Arbeiten sinnvollerweise von einem Fachmann ausgeführt werden.

Unter diesem Zeichen bekommen Sie Informationen, mit welchen **Kosten** Sie bei bestimmten Pflanzen oder bei Arbeiten vom Fachmann rechnen müssen.

Bei diesem Symbol finden Sie immer wieder wichtige Hinweise, welche Pflanzen besonders **schädlingsgefährdet** sind und was Sie vorbeugend oder im akuten Fall dagegen unternehmen können.

gend oder im akuten Fall dagegen tun können.

- Wo Sie das jeweils größte Angebot einer bestimmten Pflanzengruppe finden.
- Wie Sie sich angesichts des schier unüberschaubaren Pflanzenangebots in der Baumschule, im Gartencenter oder in der Gärtnerei zurecht finden und auf welche Qualitätsmerkmale Sie beim Einkauf Ihrer Pflanzen achten sollten.
- Welche Geräte Sie in Ihrem Garten brauchen und wofür sie verwendet werden.
- Welche Pflanzen giftig sind und was Sie als Eltern vorbeugend oder im Notfall tun bzw. wohin Sie sich wenden können, wenn Ihr Kind eine Giftpflanze gegessen hat.

KINDERTIPP

Weil Kinder meist gerne im Garten mithelfen, finden Sie in diesem Ratgeber immer wieder Anregungen, wie Sie die Freude am Gärtnern bei Ihrem Kind wecken können, und welche Pflanzen am besten geeignet sind, damit es seine ersten selbstständigen Schritte als »Gärtner« machen kann.

- Und schließlich finden Sie im Anhang zahlreiche Adressen von Baumschulen und Versandgärtnereien, weitere nützliche Bücher, Hinweise auf hilfreiche CD-ROMs und informative Internetseiten zum Thema »Garten« sowie ein ausführliches Register.

So werden Sie zum Experten!

Ein geflügeltes Wort unter Gärtnern lautet: »Wenn sich drei Gärtner über ihre Arbeit unterhalten, haben sie zusammen fünf Meinungen.« Damit soll ausgedrückt werden, dass die meisten Kenntnisse aus Erfahrungen gewonnen werden, und jeder Gärtner macht seine eigenen! Deshalb ist es mitunter auch schwierig, bei einem so lebendigen Organismus wie einem Garten allgemein gültige Ratschläge zu geben, das heißt die individuellen Erfahrungen auf einen anderen Garten mit anderen Bedingungen zu übertragen. So kann es vorkommen, dass eine bestimmte Pflanze im eigenen Garten gut gedeiht und im anderen überhaupt nicht, ohne dass ein erkennbarer Grund dafür vorliegt. Deshalb gilt: Solange Sie selbst noch über wenig oder gar keine eigenen Erfahrungen verfügen, sind Sie auf die Ratschläge der Fachleute angewiesen. Dann überprüfen Sie diese Ratschläge in der Praxis, gewinnen Ihre eigenen Erfahrungen hinzu, und schon nach wenigen Jahren sind Sie selbst zum Experten mit dem berühmten grünen Daumen geworden.

Zum Abschluss noch ein Wort zur Gartengestaltung: Ihr eigener Garten ist so individuell, wie Sie es selbst sind! Nur haben viele Menschen angesichts der zahllosen Vorschläge in Zeitschriften und Büchern Angst davor, etwas falsch zu machen. Lassen Sie sich dennoch nicht beirren: Erlaubt ist, was gefällt – und zwar Ihnen und nicht den Autoren und auch nicht dem Gartengestalter. Zwar wird ein Fachmann immer eine Pflanzung schaffen, die gestalterisch auch hohen Ansprüchen genügt, aber einzigartig wird Ihr Garten erst, wenn er *Ihrem* Geschmack und *Ihrem* Lebensgefühl entspricht. Und einen solchen Garten wird es dann kein zweites Mal geben! Probieren

SCHNELLE ORIENTIERUNG IM BLUMENBEET

Für die unterschiedlichen Bedürfnisse im Hinblick auf Standort und Pflege von Stauden und Sommerblumen haben wir folgende Zeichen verwendet:

- Sonne
- Halbschatten
- Schatten
- viel gießen
- mäßig gießen
- viel düngen
- mäßig düngen

Giftige Pflanzen wurden außerdem durch folgende Symbole gekennzeichnet:

- Gering giftig
- Giftig/sehr giftig

Sie also ruhig Ihre eigenen Ideen aus oder beauftragen Sie einen Gartenarchitekten mit der Planung bzw. einen Landschaftsgärtner mit der Gestaltung. Aber messen Sie ihn immer daran, ob er Ihre Wünsche heraushört und in ein Konzept umsetzt, das Ihnen wirklich gefällt.

In diesem Sinne hoffen wir, dass Sie in diesem Buch viele Anregungen für die Gestaltung Ihres Gartens finden und wünschen Ihnen viel Spaß bei der Umsetzung in die Praxis!

Wilhelm Künast
Dirk Hartmann
Hans-Joachim Kraus

Das Gartenjahr

Was tut sich im Garten und was ist im Garten zu tun? Reichlich Abwechslung und viel Genuss vom Frühjahr bis zum Winter!

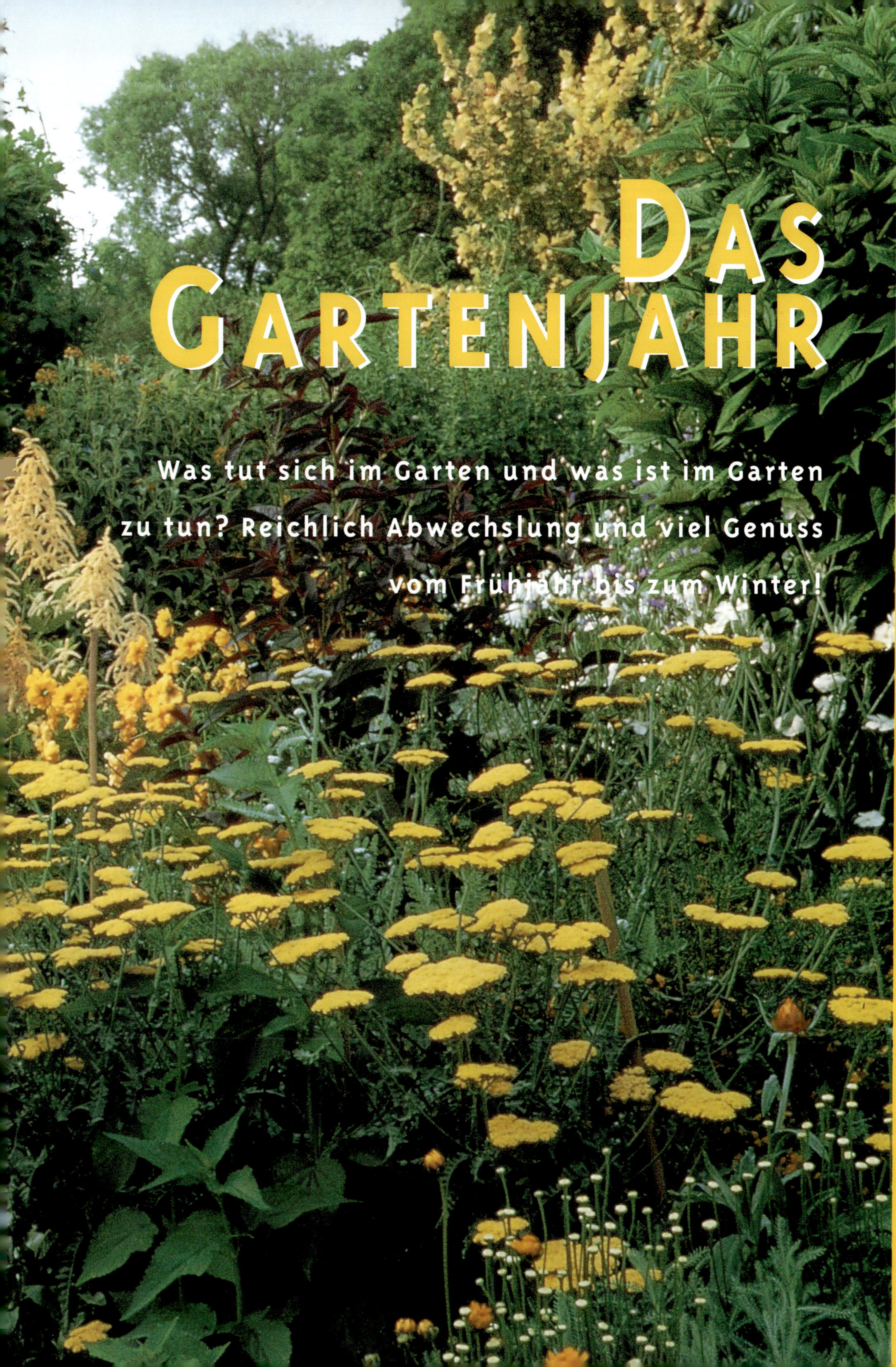

Vorfrühling
(März-April)

Jetzt scheint die Sonne schon sehr kräftig und wärmt den Boden immer stärker. Selbst wenn immer noch Schnee und Kälte kommen – schaden können sie den ersten Frühjahrsblühern, den bunten Zwiebel- und Knollenblumen, nicht mehr. Langsam beginnt das Grün zu sprießen. Die letzten Feldsalatpflänzchen werden geerntet, die ersten Salate schon wieder gesetzt.

Rasen

- Rasen erstmals mähen (Seite 19).
- Entweder Rasenlangzeitdünger ausbringen oder erstmals Kunstdünger geben (Seite 21).

Gehölze

- Laub- und Nadelgehölze von Schneelast befreien.
- Gehölze pflanzen (Seite 31).
- Obstbäume schneiden (Seite 38).
- Zier- und Obststräucher schneiden (Seite 54).
- Ziersträucher versetzen, sobald der Boden frostfrei ist (Seite 50).
- Rhododendren pflanzen und düngen (Seite 56).

Blumengarten

- Alte Mulchschichten einarbeiten, Boden hacken und neu mulchen (Seite 192).
- Wurzelunkräuter bekämpfen (Seite 142).
- Eingezogene Stauden zurückschneiden (Seite 100).
- Alte Stauden teilen und versetzen (Seite 101).
- Neue Stauden pflanzen (Seite 98).
- Zweijährige Sommerblumen pflanzen (Seite 140).
- Rosen abhäufeln und schneiden (Seite 151 und Seite 153).
- Einjährige Sommerblumen auf der Fensterbank aussäen (Seite 126).

Nutzgarten

- Alten Mulch einarbeiten, Boden hacken, neu mulchen (Seite 177).
- Neues Gemüsebeet anlegen (Seite 177).
- Wurzelunkräuter bekämpfen (Seite 142).
- Gemüse im Gewächshaus oder im Frühbeet aussäen (Seite 182).
- Kräuter auf der Fensterbank aussäen (Seite 177).
- Kälteunempfindliches Gemüse und Kräuter im Freien aussäen und pflanzen (Seite 177).
- Kompost umsetzen (Seite 195).

Die ersten Frühjahrsblüher: Krokus und Schneestolz läuten das Ende des Winters ein.

Frühling
(Mai)

Von allen Farben kann das menschliche Auge die Grüntöne am besten voneinander unterscheiden: Ein Spaziergang im nassen Maigrün zeigt die unglaubliche Vielfalt einer einzigen Farbe und dazu den berstenden Blütenreigen von Bäumen, Sträuchern und Blumen. Winter und Kälte sind endgültig vorbei. Zwiebelblumen und Stauden erscheinen mit ihren bunten Blüten und die Wiesen werden immer saftiger. Erste Früchte aus dem eigenen Garten verheißen einen schönen Sommer.

Rasen

► Rasen mähen (Seite 19),
► Wenn Sie keinen Langzeitdünger ausgebracht haben, ab jetzt regelmäßig im Zweiwochenrhythmus Kunstdünger ausbringen (Seite 21)
► Rasen vertikutieren (Seite 22).
► Eventuell neuen Rasen anlegen (Seite 23).

Gehölze

► Letzter Pflanztermin für Wurzelgehölze und Ballenpflanzen (Seite 30)!
► Nadelgehölze nach dem Austrieb schneiden (Seite 70).

Blumengarten

► Alte Stauden teilen und versetzen (Seite 101).
► Neue Stauden pflanzen (Seite 98).
► Abgeblühte Blütenstände von nicht aussamenden Zwiebelpflanzen abschneiden (Seite 81).
► Dahlien, Lilien und Gladiolen ab Mitte Mai pflanzen (Seite 88). Zwiebel- und Knollenpflanzen düngen.
► Einjährige Sommerblumen aussäen (Seite 127) und pflanzen (Seite 128).
► Unkraut bekämpfen (Seite 142).
► Stauden mulchen (Seite 99).
► Sommerblumen düngen (Seite 129).

Nutzgarten

► Boden hacken (Seite 192).
► Unkraut bekämpfen (Seite 142).
► Gemüse düngen (Seite 196).
► Kälteempfindliches Gemüse und Kräuter im Freien aussäen und pflanzen (Seite 177).

Farbenpracht in allen Varianten: Zierkirsche, Tulpen und Vergissmeinnicht blühen um die Wette.

Früh-sommer (Juni)

Die Sonne hat ihren Höhepunkt erreicht und sticht jetzt so stark, dass jedes Schattenplätzchen recht ist. Ihre Kraft nimmt zwar schon wieder ab, aber sie hat die Erde bereits genug erwärmt, um noch drei Monate Sommer sein zu lassen. Alles Wachstum erreicht seinen Höhepunkt, und manchmal muss Gießen den fehlenden Regen ersetzen. Jetzt ist nur noch wenig Pflege nötig, um den Garten in Schuss zu halten, und nach der Arbeit ruft schon der Liegestuhl.

Rasen

► Rasen ab 6 Zentimeter Halmlänge regelmäßig mähen (Seite 19).
► Bei Trockenheit ausreichend wässern (Seite 21).
► Entweder zweite Gabe des Langzeitdüngers jetzt ausbringen oder mit Künstdünger regelmäßig weiter düngen (Seite 21).

Gehölze

► Frühjahrsblühende Ziersträucher (Seite 54) und Bäume (Seite 34) auslichten.
► Hecken nach Johanni (24. Juni) schneiden (Seite 62).
► Verblühte Blütenstände bei Rhododendren ausbrechen (Seite 58).

Blumengarten

► Verblühte Blütenstände von Stauden (Seite 100) und Sommerblumen (Seite 130) abschneiden.
► Einjährige Sommerblumen pflanzen (Seite 128).
► Dahlien, Lilien und Gladiolen pflanzen (Seite 88).
► Zwiebelpflanzen vermehren (Seite 81).
► Sommerblumen regelmäßig düngen und wässern (Seite 129).
► Regelmäßig Unkraut bekämpfen (Seite 81).

Nutzgarten

► Regelmäßig gießen und düngen (Seite 142).
► Regelmäßig Unkraut bekämpfen (Seite 196).
► Regelmäßig neue Ansaaten und Jungpflanzen ausbringen.

Hochbetrieb im Blumenbeet: Sonnenbraut, Rosen, Goldrute, Dahlien und Schafgarbe.

Sommer
(Juli-August)

Jetzt beginnt die Wärme zu wirken. Im Gemüsebeet heißt es ernten, und im Staudenbeet muss man Verblühtes abschneiden. Früchte und Beeren warten darauf, gepflückt zu werden. Nun kann es so heiß und trocken werden, dass viele Pflanzen täglich frisches Wasser brauchen. Doch laue, sternklare Sommernächte laden ein zum Genießen auf der Terrasse – die Menschen und die Tiere genießen die Abkühlung am Abend. Zarte Blumendüfte ziehen vorüber, die Bäume rascheln leise im Wind, und der Winter ist noch weit.

Rasen

- ► Rasen ab 6 Zentimeter Halmlänge regelmäßig mähen (Seite 19).
- ► Bei Trockenheit ausreichend wässern (Seite 21).
- ► Falls Sie Kunstdünger verwenden, wie gewohnt im Zweiwochenrhythmus weiter düngen (Seite 21).

Gehölz

- ► Obstbäume schneiden (Sommerschnitt, Seite 38).
- ► Beerenobst ernten.

Blumengarten

- ► Verblühte Blütenstände von Stauden (Seite 100) und Sommerblumen (Seite 130) abschneiden.
- ► Eingezogene Blätter von Zwiebelpflanzen abschneiden (Seite 81).
- ► Sommerblumen regelmäßig düngen und wässern (Seite 129).
- ► Regelmäßig Unkraut bekämpfen (Seite 142).
- ► Mulchschicht erneuern (Seite 81).

Nutzgarten

- ► Regelmäßig gießen und düngen (Seite 196).
- ► Regelmäßig Unkraut bekämpfen (Seite 142).
- ► Regelmäßig neue Ansaaten und Jungpflanzen ausbringen.
- ► Zweijährige Kräuter abernten (Seite 173).

Betörender Duft in der Wärme des Hochsommers: Jetzt entfalten die Rosen ihre ganze Schönheit.

Herbst (September-November)

Die Kraft der Sonne lässt spürbar nach, die Tage werden kürzer. Bei einem Spaziergang kann sich das letzte große Feuerwerk der Blätter genießen. Und wie der Beginn so zeigt sich auch der Abschied im Reichtum aller Farben. Nun wird es Zeit, den Garten winterfest zu machen: Sträucher schneiden, Beete abräumen, Stauden versorgen, Obstbäume pflegen, Gartengeräte einräumen.

Rasen

► Letztes Mal mähen im Oktober (Seite 19).
► Letztes Mal düngen im September, falls Sie Kunstdünger verwendet haben (Seite 21).
► Neuen Rasen anlegen (Seite 23).

Gehölze

► Obstbäume abernten.
► Nadelgehölze ausgiebig wässern (Seite 70).
► Bäume und Sträucher versetzen (Seite 50) und neu pflanzen (Seite 31).
► Rhododendren ausgiebig wässern (Seite 58).
► Bäume und Sträucher schneiden (Seite 41 und 54).
► Hecken schneiden (Seite 62).

Blumengarten

► Rosen pflanzen und anhäufeln (Seite 150).
► Gladiolen- und Dahlienknollen zum Überwintern herausnehmen (Seite 90).
► Neue Stauden pflanzen (Seite 98).
► Alte Stauden teilen und umsetzen (Seite 101).
► Frühjahrsblühende Zwiebelpflanzen setzen (Seite 80).
► Zweijährige Sommerblumen pflanzen (Seite 140).
► Abgestorbene Sommerblumen abräumen (Seite 130).

Nutzgarten

► Neues Gemüsebeet anlegen (Seite 177).
► Altes Beet abräumen und Wintermulch ausbringen (Seite 192).
► Einjährige Kräuter abernten (Seite 174).
► Nicht winterharte Kräuter zum Überwintern ins Haus bringen (Seite 175).
► Kompost umsetzen (Seite 195).

Abschied von einem langen Sommer: Konkurrenzlos leuchtet der Wilde Wein in seinem umwerfenden Rot.

Winter (Dezember-Februar)

Die Winterruhe ist gekommen. Nur einige ganz Beharrliche glauben, dem Schnee und eisigen Frost mit ihren Blüten widerstehen zu müssen. Und auch die, die noch Blätter oder Nadeln tragen, trotzen der Kälte und hoffen, dass sie nicht zu lange dauert. Wer sich draußen bewegen will, kann jetzt seine Sträucher schneiden. Wer lieber drinnen bleibt, kann aus dem Fenster schauen, die Stille des Schnees genießen und sich hineinträumen in den nächsten Frühling.
Jetzt beginnt die große Zeit der Koniferen, Nadelgehölze und der anderen Immergrünen. Eibe, Kirschlorbeer, Efeu sind nun einige kalte Wochen ohne Konkurrenz im Garten.

Gehölze

► Nadelgehölze an frostfreien Tagen wässern (Seite 70).
► Rhododendren an frostfreien Tagen wässern (Seite 100).
► Bäume und Sträucher schneiden (Seite 41 und 54).
► Obstbäume schneiden (Winterschnitt, Seite 38).
► Laub- und Nadelgehölze von Schneelast befreien.

Blumengarten

► Frostempfindliche Stauden mit Laub oder Reisig abdecken (Seite 101).
► Blumenzwiebeln und -knollen im Winterlager hin und wieder auf Fäulnis überprüfen und faulige Exemplare entfernen.
► Eingezogene Stauden zurückschneiden (Seite 100).

Nutzgarten

► Frostempfindliche Kräuter mit Laub oder Reisig abdecken (Seite 175).
► Eingelagertes Obst und Gemüse hin und wieder überprüfen und faulige Exemplare entfernen.
► Außenwasserhähne entleeren.

Wenn alle anderen Pflanzen ruhen: Die grazilen Gräser beleben den Garten noch inmitten des Winters.

DER RASEN

Ob Spielwiese, Zierrasen oder Blumenwiese – optischer Ruhepunkt im Garten ist der Rasen mit seinem sanften, satten Grün.

Die grüne Oase im Garten

Blühende Gräser
Seite 124
z. B. Wildformen von Getreidearten

Margeriten
Seite 18
typische Wildpflanze

Wildblumenwiese
Seite 19
naturbelassen, ohne zu mähen

Beim Anlegen eines Rasens werden verschiedene Gräser angesät, die je nach Sorte buschige Inseln oder aber viele Ausläufer mit wenigen Stängeln bilden. Je nachdem, ob Sie z. B. einen Spiel- oder Zierrasen haben möchten, können Sie je nach Beanspruchung und Standort unter verschiedenen Mischungen wählen.

Pflegeleichte Spielwiese

Wenn Ihr Rasen eher von Kindern genutzt wird und Löwenzahn, Klee und Gänseblümchen Sie nicht stören, reicht eine Spielwiese völlig aus, denn sie erfordert nur wenig Pflege.

Rasen oder Blumenwiese?

Durch Samenanflug und aus dem Boden keimen häufig unerwartet heimische Wildpflanzen wie Klee, Gänseblümchen, Margeriten oder Löwenzahn, die im Schutz der Rasengräser gut gedeihen und Ihren Rasen durch weitere Aussamung bald in eine Blumenwiese verwandeln, sofern Sie nicht regelmäßig mähen. Oder andersherum:

► Wenn Sie eine Wiese relativ häufig und tief mähen (Seite 19) und sie hin und wieder etwas düngen (Seite 21), bekommen Sie mehr Rasen. Wenn Sie weniger oft mähen und wenig oder gar nicht düngen, bekommen Sie mehr Wiese. So können Sie die Art von Wiese bzw. Rasen steuern, die/den Sie haben möchten.

Einkaufstipp
Rasen

Am Saatgut zu sparen, heißt am falschen Platz zu sparen, sagt eine alte Bauernweisheit, denn einmal ausgesät lässt sich die Qualität der Saat nicht mehr beeinflussen. Achten Sie deshalb beim Kauf Ihrer Rasensamen auf qualitativ hochwertiges Saatgut, das mit einem Zertifikat versehen ist.

Rasensamen bekommen Sie abgepackt im Gartencenter, wobei Sie auf dem Etikett alle Angaben zu Standort und Verwendung finden:

- Bei einem sonnigem Standort können Sie wählen zwischen Sorten für Zierrasen, Spielrasen (auch »Gebrauchsrasen« genannt), Sportrasen (besonders strapazierfähig) und Blumenwiese. Bei letzterer ist die Enttäuschung allerdings oft groß, da die bunten Farben meist nach ein bis zwei Jahren wieder verschwunden sind, sodass Sie eine Blumenwiese besser durch weniger Mähen entstehen lassen.
- Bei einem schattigen Standort ist die Auswahl eingeschränkter, doch gibt es mittlerweile auch (teure!) Samensorten (z. B. ›Supra‹) mit der Kategorie »besonders strapazierfähiger Schattenrasen«, auf dem auch Kinder spielen können.

Wiese mit Wildblumen

Links Blumenwiese, rechts Zierrasen

Je nach Qualität der Samen und Größe der Packung müssen Sie zwischen DM 0,25 und 1,– pro Quadratmeter rechnen.

Mooswiese

Überall da, wo Rasen im Schatten von Gebäuden, Bäumen und Sträuchern wächst, entwickelt sich Moos. Wenn Sie dann nicht regelmäßig mähen, verwandelt sich Ihr Rasen an diesen Stellen bald in eine Mooswiese, bei der nur noch wenige Grashalme aus den Moospolstern herausschauen.

- **Vorteil:** Die Wiese sieht trotzdem grün aus, und Sie müssen an diesen Stellen fast nicht mehr mähen.
- **Nachteil:** Solche Moosflächen sind zwar tritt-, aber nicht spielfest, das heißt, beim Spielen werden die Moospolster leicht herausgerissen.

Rasenpflege

Bei einem Zierrasen sind regelmäßiges Mähen, Düngen, Wässern und Vertikutieren notwendig, damit er dicht, strapazierfähig und gesund bleibt.

Mähen

Durch das Mähen werden die Gräser buschiger, treiben mehr Ausläufer und das Unkraut wird unterdrückt.

Der Mulchtest

Um zu prüfen, ob Sie das geschnittene Gras liegen lassen können, fahren Sie mit gespreizten Fingern wie mit einem Rechen über das Gras. Dabei sollten Sie nur wenige geschnittene Grashalme herauskehren können. Sind es mehr, sammeln Sie das Gras besser im Grasfangkorb des Mähers und geben Sie es auf den Kompost oder nehmen Sie es als Mulchmaterial (Seite 192).

Wenn Sie einen dichten Rasen haben möchten, sollten Sie spätestens dann mähen, wenn die Halme eine Höhe von 5 bis 6 cm erreicht haben.

- Wenn Sie den Rasenmäher auf eine Schnitthöhe von etwa 4 cm einstellen, können Sie das Mähgut

Pflegeaufwand für Rasenarten

Rasenart	Mähgänge/Jahr	Düngen (organischer Dünger)/Jahr	Vertikutieren	Bespielbarkeit
Zierrasen	14–16	1- bis 2-mal	alle 1 bis 2 Jahre	sehr gut
Spielwiese	6–8	nur nach Bedarf (schwaches Wachstum)	nur bei sehr dichtem Rasenfilz	nach dem Mähen am besten
Blumenwiese	2	nie	nie	schlecht wegen hoher Halme

als Mulchschicht (Seite 192) auf dem Rasen liegen lassen, das seine Nährstoffe wieder zurück an den Boden gibt. Auf diese Weise bekommt der Rasen einen vorzüglichen organischen Dünger.

► Je öfter Sie mähen, desto mehr Schnittgut können Sie liegen lassen. Ideal ist, wenn Sie immer nur so wenig abschneiden, dass Sie alles liegen lassen können.

Mähen nach dem Mulchprinzip

Benzinmäher der neueren Generation arbeiten nach dem Mulchprinzip, das heißt, sie zerkleinern das Schnittgut so fein, dass es auf dem Rasen liegen bleiben kann und nicht entsorgt werden muss. Dies funktioniert jedoch nur bis zu einer Rasenhöhe von etwa 8 cm, danach arbeiten sie wie normale Kreiselmäher.

► Ist Ihr Gras jedoch zu hoch geworden, können Sie es auch in zwei Mähgängen mähen – zuerst mit hoher und dann mit tiefer Höheneinstellung. Sammeln Sie in diesem Fall das Gras des ersten Durchgangs im Grasfangkorb Ihres Mähers, und lassen Sie das Mähgut vom zweiten Durchgang liegen.

Ein Zierrasen braucht regelmäßige Pflege, damit er schön dicht bleibt.

Pflegetipp Rasen

Regelmäßige Wartung

Kaufen Sie Ihren Rasenmäher am besten in einem Fachgeschäft mit Wartungsservice, der auch das Schleifen der Messer beinhaltet. Diesen Service sollten Sie jedes Jahr im Winter nutzen, denn dadurch erhöht sich die Lebensdauer Ihres Rasenmähers, und der Rasen wird immer sauber geschnitten.

Der richtige Rasenmäher

Die Größe Ihrer Rasenfläche bestimmt, welchen Rasenmäher Sie brauchen. Die handelsüblichen Mäher, egal ob Elektro- oder Benzinmäher, arbeiten nach dem Kreiselprinzip, bei dem die Grashalme von einem Messer abgeschlagen werden. Je schärfer das Messer ist, desto sauberer wird der Schnitt.

Bei Kanten, die der Rasenmäher nicht erreicht, entstehen auswachsende Grasbüschel, die Sie mit einer Rasenschere, einem Accumesser oder einem Rasentrimmer leicht nachschneiden können.

► **Elektromäher** (ca. 200,– DM bis 600,– DM sind für Rasenflächen bis 400 qm ausreichend. Da ihre Leistung begrenzt ist, lässt sich höheres

Mit der Rasenschere gelingen saubere Schnittkanten.

Elektromäher eignen sich für Rasenflächen bis etwa 400 qm.

Ein handbetriebener Mäher mäht besonders sauber.

Gras allerdings nur schwer damit schneiden.

► **Benzinmäher** (ca. 400,- DM bis 2000,- DM) gibt es mit unterschiedlichen Leistungsstärken. Starke Benzinmäher kommen auch mit sehr hohem Gras zurecht und sind ideal, wenn Sie gelegentlich den Charme einer Kräuter- und Blumenwiese genießen möchten. Mit Radantrieb sind sie auch als Selbstfahrer erhältlich, bei denen Sie sich das Schieben ersparen.

► **Aufsitzmäher** (ab ca. 1500,– DM) lohnen sich erst bei großen Rasenflächen über 500 qm. Ihre Schnittbreite ist meist nicht größer als bei anderen Benzinmähern, das heißt, Sie ersparen sich beim Aufsitzmäher lediglich das Hinterherlaufen.

► **Handbetriebene Spindelmäher** (ca. 150,– DM bis 300,– DM) eignen sich für kleinere Rasenflächen bis etwa 150 qm. Dabei wird das Gras zwischen zwei Kanten abgeschnitten und nicht abgeschlagen. Die Mühe des Schiebens wird bei diesem Mäher durch einen besonders sauberen Schnitt belohnt.

Wie oft mähen?

Wenn Sie keine Blumenwiese, sondern einen Rasen haben möchten, sollten Sie Ihren Rasen nach der Winterpause zum ersten Mal im April mähen. Im Mai kann das Gras bei

In heißen Trockenperioden braucht Ihr Rasen viel Wasser.

entsprechendem Regen und Wärme dann so schnell wachsen, dass Sie mindestens einmal wöchentlich mähen müssen. Von Juni bis September können Sie von zwei bis drei Mähgängen pro Monat ausgehen, und im Oktober genügt meist ein letztes Mähen, d. h. Sie kommen auf etwa 16 Schnitte pro Jahr.

Wässern

Da die nur flach wurzelnden Rasengräser schneller unter Trockenheit leiden als etwa tief wurzelnde Sträucher und Bäume, müssen Sie vor allem in der warmen, niederschlagsarmen Jahreszeit darauf achten, Ihren Rasen ausreichend zu wässern. Allerdings lassen sich wegen der regional unterschiedlichen Niederschlagsmengen keine allgemein gültigen Richtlinien zum Wässern aufstellen, doch gibt es einen untrüglichen Warnhinweis, wann der Rasen zu trocken ist.

► Zu trockener Boden ist an Rissen zwischen den Grasbüscheln erkennbar, der Rasen verfärbt sich und bekommt kahle Stellen. Wässern Sie den Rasen in diesem Fall täglich in den Abendstunden, weil dann der Wasserverlust am geringsten ist. Nach ein bis zwei Wochen sollte der Rasen wesentlich kräftiger aussehen. Ist dies nicht der Fall, liegen andere Ursachen für das schlechte Wachstum vor (Seite 22).

Düngen

Da die Grashalme nur wenige Zentimeter tief in der obersten Bodenschicht wurzeln, muss der Rasen regelmäßig mit neuen Nährstoffen versorgt werden, damit er schön dicht und grün bleibt. Den Dünger können Sie auf unterschiedliche Weise geben:

► **Mulchen** durch Liegenlassen des Mähguts: Voraussetzung ist, dass die gemähten Halme nicht zu lang sind, damit sie von den Bodenlebewesen

Beim Düngen ist die richtige Dosierung besonders wichtig.

Pflegetipp Rasen

Rasenfilz testen

Stechen Sie mit einem Spaten in den Rasen und spüren Sie, ob Sie erst Wurzelfilz durchtrennen müssen, bevor Sie in den Boden gelangen. In das der Fall, sollten Sie den Rasen unbedingt möglichst bald vertikutieren.

in Humus umgewandelt werden können. Dies ist eine gute Grundversorgung für den Rasen, doch erhöht sich dadurch der Anteil an Rasenfilz (Seite 22), sodass Sie den Rasen alle zwei Jahre vertikutieren sollten.

► **Langzeitdünger** ist entweder organischer Dünger aus Naturstoffen, der von den Bodelebewesen langsam umgearbeitet wird, oder so genannter ummantelter Mineraldünger, der seine Nährstoffe nur verzögert an den Boden abgibt. (Im Handel sind auch Mischungen aus beidem erhältlich.) Langzeitdünger müssen Sie jährlich nur ein- bis zweimal ausbringen. Bei der Dosierung ist es wichtig, sich genau an die Angaben des Herstellers zu halten, da ein Überdüngen schädlich für den Rasen ist.

► **Mineraldünger** (Kunstdünger) besteht aus chemisch hergestellten Düngesalzen, die jeweils in geringer

Dieser verfilzte Zierrasen muss unbedingt vertikutiert werden.

Mit einem Vertikutierer lösen Sie den Rasenfilz aus dem Boden.

Menge sech bis achtmal pro Jahr gegeben werden. Hier ist eine genaue Dosierung besonders wichtig, da ein Überdüngen schnell zu »Verbrennungen« am Rasen führen kann.

So düngen Sie richtig

▶ Wählen Sie zum Düngen möglichst einen Tag mit trübem Wetter.
▶ Verteilen Sie den Dünger gleichmäßig auf dem Rasen und wässern Sie den Rasen anschließend reichlich, damit der Dünger schneller in den Boden gelangt.

Rasenfilz

Trotz regelmäßiger Pflege kann es sein, dass der Rasen nicht gut gedeiht. Die häufigste Ursache für schlechtes Wachstum schon bei wenige Jahre alten Rasenflächen ist Rasenfilz.
Die Ursache für Rasenfilz liegt in den Ausläufer bildenden Gräsern, die den Boden mit einem dichten Wurzelsystem durchziehen. Zusammen mit herabgefallenem Mähgut entsteht leicht ein dichter Filz, der die Bodenatmung der Wurzeln behindert und den Rasen schütter werden lässt.

Pflegetipp Rasen

Vertikutierer ausleihen

Im Fachhandel oder im Gartencenter können Sie einen Vertikutierer für rund 50,– DM pro Tag auch ausleihen. Verglichen mit den Anschaffungskosten von ca. 400,– DM und einer Nutzung etwa alle zwei Jahre lohnt sich das Ausleihen.

Moospolster vertikutieren

Im Schatten von Gebäuden, Sträuchern und Bäumen macht sich häufig Moos breit. Diese Moospolster können Sie auf die gleich Weise wie Rasenfilz vertikutieren. Anschließend empfiehlt sich eine Düngung mit reifem Kompost (Seite 192) und Kalkdünger für Rasen (aus dem Fachhandel) sowie eine Nachsaat mit Schattenrasensamen.

Mit einem Vertikutierer, der mit seinen Messern leicht in die Bodenoberfläche dringt, können Sie diesen Filz problemlos an die Oberfläche bringen und dort mit einem Rechen entfernen.

Den Rasen vertikutieren

▶ Mähen Sie den Rasen vor dem Vertikutieren so tief wie möglich.
▶ Stellen Sie die gewünschte Tiefe auf dem Vertikutierer ein. Dadurch bestimmen Sie, wie viel Filz Sie aus Ihrem Rasen herausholen.
▶ Fahren Sie nun mit dem Vertikutierer Bahnen wie beim Rasenmähen, und machen Sie einen zweiten Durchgang in Querrichtung. Kontrollieren Sie das Aussehen des Rasens nach einigen Metern: Ist er zu zerzaust und bleibt zu wenig übrig, wählen Sie eine höhere Einstellung des Vertikutierers.
▶ Entfernen Sie den gelösten Filz mit einem Rechen und geben Sie ihn auf den Kompost (Seite 195).
▶ Nach dem Vertikutieren sollten Sie den Rasen unbedingt wässern und düngen (Seite 196). Jetzt besteht auch die Möglichkeit, zusätzlich fein gesiebten Kompost (Siebung 0–15 mm, ca. eine Schubkarre/10 qm) auf die Rasenfläche auszubringen und mit dem Besen einzukehren. Auf diese Weise bekommt der Boden frische Nährstoffe, und das Bodenleben wird angeregt.
▶ Nach Belieben können Sie zum Schluss noch mit einer Nachsaatmischung nachsäen, damit der Rasen schnell wieder dicht wird.

Entfernen Sie beim Vertikutieren möglichst sämtlichen Rasenfilz.

Staunässe

Verwandelt sich Ihr Rasen nach Regenfällen in einen Sumpf und bleibt dieser einige Tage bestehen, ist Ihr Gartenboden nur schwer wasserdurchlässig (Seite 187), und die Graswurzeln faulen und sterben ab. Abhilfe können hier einige Drainagelöcher schaffen. Testen Sie aber unbedingt vorher durch eine Spatenprobe an einer sumpfigen Stelle, ob Sie dabei auf eine wasserdurchlässige Schicht treffen (Seite 188).

Staunässe beheben

► Tragen Sie den Rasen an den sumpfigsten Stellen in einem Kreis von 1 m Durchmesser mit einem Spaten stückweise ab.

► Graben Sie mit dem Spaten ein senkrechtes, 1 m breites Loch durch die Stauschicht hindurch bis zu einer Tiefe von 1 bis 1,5 m, bis Sie auf eine wasserdurchlässige Schicht stoßen.

► Kleiden Sie das Loch mit Vlies (aus dem Baumarkt) aus und füllen Sie es anschließend mit grobem Kies auf (aus der Kiesgrube).

HILFE VOM FACHMANN

Finden Sie keine wasserdurchlässige Schicht oder zeigen die Drainagelöcher keinen Erfolg, sollten Sie einen Gärtner mit der Verlegung von Drainagerohren beauftragen.

► Legen Sie zum Abschluss die Rasenstücke wieder auf die entsprechenden Stellen und treten Sie sie vorsichtig fest.

Einen Rasen anlegen

Wenn Sie Ihren Rasen selbst anlegen wollen, ist der frühe Herbst oder das zeitige Frühjahr die beste Jahreszeit. Wurde die Erde in Ihrem Garten frisch aufgeschüttet, lassen Sie die »Grobplanie«, so wird dieses Aufschütten vom Gärtner genannt, einige Wochen liegen, damit sich der Boden setzen kann. Erst dann erfolgen die eigentliche Bodenbearbeitung und Aussaat.

► Wenn Sie Ihren Rasen auf einem gewachsenen Boden anlegen (Seite 187), ist diese Wartezeit natürlich nicht notwendig.

Pflegetipp Rasen

Was tun bei Unkraut?

Versteckter Unkrautsamen in der Erde keimt schneller als Rasensamen, sodass ein frisch angelegter Rasen nach zwei Wochen wie ein Unkrautacker aussehen kann. Mähen Sie diese Unkräuter einfach beim ersten Mähgang mit. Da sie nicht schnittverträglich sind, verschwinden sie auf diese Weise ganz von allein.

Den Boden vorbereiten

► Untersuchen Sie die Beschaffenheit des Bodens anhand von Bodentests (Seite 191) oder lassen Sie eine Bodenprobe erstellen (Seite 190).

► Damit Ihr künftiger Rasen schön dicht und buschig wird, brauchen Sie einen möglichst durchlässigen, nicht zu schweren Boden. Entspricht das Ergebnis Ihrer Tests nicht diesen Anforderungen, sollten Sie den Boden mit geeigneten Maßnahmen verbessern (Seite 190).

► Jedem Boden tut es außerdem gut, wenn Sie ihn mit viel reifem Kompost versorgen, den Sie leicht in den Boden einarbeiten (Seite 191).

Die Feinarbeit

► Lockern Sie zuerst den Boden mit der Motorhacke etwa 20 cm tief, und bringen Sie eine erste Rasengrunddüngung aus.

► Als zweiten Schritt ebnen Sie den Boden mit einem Holzrechen und sammeln und entsorgen alle Bestandteile über 5 cm Durchmesser.

► Diese erste »Feinplanie« wird mit einer wassergefüllten Walze (Leihgebühr ca. 5,– bis 10,– DM/Tag) verfestigt. Dadurch werden kleine Unebenheiten in der Planie sichtbar, die Sie durch einen zweiten bzw. dritten Planiegang wieder beseitigen. Eine DIN-Norm des Garten- und Landschaftsbaus besagt, dass eine Idealplanie auf 4 m Länge keine größeren Abweichungen als 4 cm aufweisen darf, wofür in der Regel drei Planiegänge erforderlich sind.

► Jetzt öffnen Sie das Saatbeet wieder, indem Sie leicht mit dem Rechen darüber fahren.

► Nun säen Sie die Samen gleichmäßig mit der Hand oder einem Düngerstreuer in das Saatbeet, wobei Sie sich an die Mengenangaben auf dem Samenpaket halten sollten. (Mehr Saatgut bringt keinen dichteren Rasen!) Arbeiten Sie die Samen mit dem Rechen leicht in den Boden ein.

► Zuletzt walzen Sie den Boden mit der wasserentleerten Walze noch einmal ab. Dadurch werden die Samen angedrückt und können das Bodenwasser besser aufnehmen.

Kostenaufwand Rasen

Hilfe vom Fachmann

Wenn Sie einen Gärtner mit der Anlage eines Rasens beauftragen, müssen Sie mit 15,– bis 20,– DM pro Quadratmeter rechnen.

Nach der Aussaat

► Wässern Sie Ihren frisch angelegten Rasen bei Trockenheit möglichst jeden Abend. Nach zwei bis drei Wochen sollte der Samen gut gekeimt haben. Andernfalls können Sie alle Arbeitsgänge ab dem zweiten Schritt noch einmal wiederholen.

► Mähen Sie Ihren neuen Rasen das erste Mal bei einer Halmhöhe von 10 cm und trockenem Boden.

Bäume und Sträucher

Leuchtende Blüten, sattgrünes Laub und saftige Früchte – Bäume und Sträucher bringen Struktur und Farbe in den Garten.

Bäume und Sträucher

Fächerahorn Seite 49 Seite 49
Acer palmatum

Kolkwitzie Seite 51
Kolkwitzia amabilis

Scheinzypresse Seite 70
›Golden Wonder‹

Laub- und Nadelbäume, Sträucher sowie Rosen und einige Kletterpflanzen zählen zu den Gehölzen. So werden Pflanzen bezeichnet, die im Gegensatz zu den krautigen Pflanzen wie Stauden oder Sommerblumen (Seite 78) oberirdisch ein dauerhaftes Gerüst aus Holz ausbilden.
Viele Laubgehölze mit Ausnahme der wintergrünen und immergrünen Gehölze werfen ihre Blätter im Winter ab, während die meisten Nadelgehölze (Seite 66) ihre Nadeln auch in der kalten Jahreszeit behalten.

Formen- und Farbenvielfalt

Durch ihre ganzjährige Präsenz bilden die Gehölze das pflanzliche Gerüst des Gartens und erfüllen dabei unterschiedliche Funktionen:

- **Bäume oder Sträucher** bilden einen Sichtschutz gegen unerwünschte Einblicke von außen und verdecken hässliche Nachbargebäude.
- **Laubbäume und -sträucher** schmücken den Garten mit ihren Blättern, oft auch mit ihrer imposanten Blüte, und dienen in der heißen Jahreszeit als Schattenspender.
- **Obstbäume und -sträucher** versorgen uns vom Frühsommer bis zum Spätherbst mit köstlichen Beeren und Früchten.
- **Immergrüne Nadelbäume und -sträucher** sorgen für Farbe während der kahlen Wintermonate.

Für all diese Zwecke stehen zahlreiche Obst- und Ziergehölze zur Verfügung, die sich in unterschiedlichen Kombinationen zusammenstellen lassen.

Welche Gehölze passen zu Ihrem Garten?

Im Gegensatz zu allen anderen Gartenbepflanzungen wie Blumen- oder Gemüsebeeten und sogar Rasenflächen, die relativ leicht verändert werden können, bleiben Gehölze in der Regel viele Jahre – ein Großbaum sogar über 100 Jahre – an ihrem einmal gewählten Standort und prägen so die Grundstruktur des Gartens.

Blühende Magnolie

Wenn Sie Ihren Garten neu anlegen, sollten Sie deshalb die künftigen Standorte Ihrer Gehölze gut überlegen – auch im Hinblick auf die unterschiedlichen Platzbedürfnisse, die sich aus ihrer endgültigen Größe ergeben.

Große und kleine Bäume

Als »Hochstammbaum« wird ein Gehölz bezeichnet, das einstämmig in die Höhe wächst und dessen Krone erst ab 1,80 Meter Höhe ansetzt.

Korkenzieherweide

Rotdorn-Hochstammbaum

- Ein hoher Baum grenzt also die Sichtweite eines Gartens nicht ein, und Sie können unten durchblicken.
- Er eignet sich vorzüglich als Sichtschutz gegenüber anderen Häusern oder unschönen Ausblicken.
- Seine Krone lässt ein »Dach« im Garten entstehen, wodurch der Eindruck eines abgegrenzten Raumes entsteht.
- Nahe einer Terrasse gepflanzt, sorgt er im Sommer für Schatten während der Mittagshitze.

Unter »Baum« hat man in der Regel allerdings das Bild einer mächtigen Buche, Weide, Kastanie oder Wal-

Bäume im Vorgarten

Schon zwei kleine Bäume im Vorgarten können ein Haus malerisch einrahmen oder einen kleinen Reihenhausgarten in ein »zweites Wohnzimmer« verwandeln.

Blutpflaume zur Blütezeit

Blutpflaume im Sommer

nuss vor Augen. Diese Riesen werden jedoch je nach Art zwischen 20 und 40 m hoch und beanspruchen leicht 150 qm Platz, sodass sie nur für große Gärten ab etwa 400 qm geeignet sind.

Daneben gibt es aber auch eine Reihe kleinerer Bäume, die nur eine Höhe von 5 bis 9 m erreichen und damit für die Mehrzahl der Gärten in Betracht kommen. Die meisten Arten bestechen durch eine imposante Blüte im Frühjahr und besonders schönen Fruchtschmuck im Herbst.

▶ Wenn Sie dennoch nicht auf einheimische Bäume wie Eiche oder Ahorn verzichten wollen, gibt es inzwischen besondere Züchtungen, die nicht die Höhe ihrer natürlichen Vertreter erreichen, sondern meist nur bis etwa 10 m hoch werden. Unter diesen Bäumen können Sie außerdem zwischen den apart aussehenden Säulen-, Kugel- und Hängeformen wählen.

Die Wuchsklassen

Bäume werden entsprechend ihrer Wuchshöhe und dem daraus folgenden Platzbedarf in drei Klassen unterteilt:

▶ **Wuchsklasse I** = 20 bis 40 m hoch mit ausladender Krone.
Dazu gehören z. B. Buche, Walnuss oder Kastanie.
Platzbedarf pro Baum: ca. 150 qm.

▶ **Wuchsklasse II** = 10 bis 20 m hoch mit mittlerer Krone.
Dazu gehören z. B. Feldahorn, Weide oder Baumhasel.
Platzbedarf pro Baum: ca. 80 qm.

▶ **Wuchsklasse III** = 5 bis 9 m hoch mit kleiner Krone.
Dazu gehören z. B. Zierapfel, Zierkirsche, Weiß- und Rotdorn, Blumenesche oder Vogelbeere.
Platzbedarf pro Baum: 15 bis 20 qm.

▶ Wichtig für Ihre Planung: Entsprechend der Baumschutzverordnung, die regional unterschiedlich geregelt ist (Seite 34), dürfen Bäume ab einem bestimmten Stammumfang nur mit Genehmigung der Naturschutzbehörden gefällt werden. Außerdem müssen Sie meist einen neuen Baum nachpflanzen, wobei in diesem Fall auch Vertreter der Wuchsklassse III erlaubt sind.

Großsträucher

Im Gegensatz zu den Hochstämmen wachsen Großsträucher gleich vom Boden aus mehrstämmig in die Höhe und erreichen leicht die Höhe eines kleinen Baumes.

▶ Sie benötigen zwar mehr Platz als ein kleiner Hochstamm, bilden dafür aber einen Sichtschutz, der gleich vom Boden aus ansetzt.

▶ Durch ihre Wuchshöhe sind sie geeignet, eine richtige Wand zu bilden, die den Garten nach außen abgrenzt. Sie werden deshalb hauptsächlich an der Grundstücksgrenze und weniger im Inneren eines Gartens gepflanzt.

▶ Fast alle kleinen Bäume sind auch als mehrstämmige Großsträucher erhältlich. Generell wachsen Großsträucher schneller als Hochstämme und liefern durch ihre vielen Äste mit entsprechend größerem Blütenansatz im Frühjahr ein wahres Blütenmeer, wie etwa die Blutpflaume und die Magnolie.

Bäume als Dach

In einem kleinen Garten können schon wenige Bäume einen Raum entstehen lassen.

Im Voraus planen

Bei der Planung Ihrer künftigen Gehölze sollten Sie unbedingt folgende Punkte beachten, damit Sie später keine unangenehmen Überraschungen erleben:

► Bäume und Großsträucher brauchen einen Einzelstand. Das bedeutet, Sie müssen im Hinblick auf die jeweils erreichbare Wuchshöhe und die entsprechende Baumkrone viele Jahre im Voraus planen und dürfen sie nicht zu nahe an Gebäude und andere Gehölze pflanzen. Vor allem bei Nadelgehölzen wird oft der Fehler begangen, den Zuwachs zu unterschätzen. Eine Fichte etwa mit 50 cm Höhe sieht noch so zart und niedlich aus, dass man darüber leicht die wuchtige Größe vergisst, die der Baum im Laufe der Jahre erreichen wird. Und wenn er zu ausladend wird, bleibt oft nur noch das Roden als einzige Möglichkeit, den Garten wieder wohnlich zu machen.

► Aus der Tabelle auf Seite 33 können Sie ersehen, wieviel Platz die bekanntesten Bäume bzw. Großsträucher in ausgewachsenem Zustand benötigen.

Pflanztipp
Bäume

Wuchsklassen

► Für kleinere Gärten von 60 bis 150 qm eignen sich kleinkronige Bäume der Wuchsklasse III.

► Für mittelgroße Gärten bis 300 qm eignen sich klein- und mittelkronige Bäume der Wuchsklassen III und II.

► Erst für große Gärten ab 400 qm eignen sich Bäume der Wuchsklasse I.

► Bäume und Großsträucher können nur unter unverhältnismäßig großem Aufwand umgepflanzt werden. Das bedeutet, sie behalten den ihnen zugewiesenen Platz ein Leben lang, sodass Sie eine einmal getroffene Standortwahl später nicht mehr rückgängig machen können, es sei denn, Sie roden den Baum.

► Lassen Sie sich bei der Auswahl der Bäume und Sträucher nicht allein von einer reichhaltigen Blüte beeinflussen, sondern berücksichtigen Sie auch das Laub und einen eventuellen Fruchtbehang, der gerade im Spätherbst und Winter besonders gut zur Geltung kommt. Außerdem dienen viele dieser Früchte den Vögeln als Nahrung.

Licht- und Bodenverhältnisse

► Bei der Auswahl des künftigen Standorts Ihrer Bäume und Großsträucher brauchen Sie zumindest bei den Ziergehölzen weniger Rücksicht auf geeignete Lichtverhältnisse zu nehmen. Etwas höhere Ansprüche stellen dagegen die Obstgehölze (Seite 35). Allerdings sollten Sie bedenken, dass mittelgroße bis große Bäume mit ihren mehr oder weniger ausladenden Kronen entsprechend große Schatten werfen, unter denen Sie nur schattige oder halbschattige Beete bzw. Rasenflächen anlegen können.

Ein Zierapfel mit Fruchtbehang ist im Herbst eine wahre Pracht.

Pflanztipp
Bäume

Pflanzabstände einhalten!

Der Schattenfall eines Baumes und – bei großen Bäumen – eine weit reichende Verwurzelung betrifft oft auch Ihre(n) Nachbarn. Um möglichen späteren Ärger zu vermeiden, sollten Sie deshalb eine Baumpflanzung unbedingt vorher mit ihnen absprechen. Auf Nummer sicher gehen Sie, wenn Sie sich nach den gesetzlich vorgeschriebenen, regional jedoch unterschiedlich großen Abständen zu Nachbargrundstücken richten, die Sie bei Ihrer Gemeinde erfragen können.

► Prüfen Sie die Bodenverhältnisse in Ihrem Garten anhand einer Spatenprobe (Seite 188), und achten Sie bei der Auswahl der Pflanzen darauf, dass ihnen der Boden zusagt.

Gehölze kaufen

Kaufen Sie Gehölze grundsätzlich nur in renommierten Baumschulen oder gut sortierten Gartencentern. Eine Baumschule, die ihre Pflanzen selbst produziert, kann Ihnen zahlreiche Arten in allen Größenstadien anbieten, was in einem Gartencenter natürlich nicht möglich ist. Deshalb ist es – vor allem bei größeren Mengen – überlegenswert, direkt zur Baumschule zu gehen, wo Sie außerdem meist noch einen Rabatt aushandeln können.

Container, Ballen- und ballenlose Gehölze

Gehölze werden in unterschiedlichen Wuchshöhen angeboten, entweder in Containern, als Ballenpflanzen oder als ballenlose Ware:

► **Containerware:** Die kleinen Bäume oder Sträucher werden je nach Größe in 8- bis 30-Liter-Plastiktöpfen verkauft.

► **Ballenware:** Bei diesen Gehölzen ist durch mehrmaliges Versetzen in der Baumschule ein stark durchwurzelter Erdballen entstanden, der vor dem Verkauf mit einem Ballentuch umwickelt, bei größeren Pflanzen außerdem noch von einem Drahtnetz zusammengehalten wird.

► **Ballenlose Ware:** Hier werden die Pflanzen während ihrer laublosen Zeit im Spätherbst oder Vorfrühling mit dem Pflug gerodet und völlig unverpackt, das heißt »wurzelnackt« angeboten.

In der Regel ist es sinnvoll, Container- oder Ballenpflanzen zu kaufen, da hier die Anwachssicherheit am größten ist. Ballenlose Gehölze, die etwa um die Hälfte günstiger sein können als Pflanzen mit Ballen, haben dagegen ein wesentlich größeres Anwachsrisiko als Ballen- oder Containerware. Sie werden vor allem bei großen Pflanzungen wie Hecken verwendet, da hier mögliche

Ballenloser Baum

Gehölz mit Ballen

Verluste beim Anwachsen nicht so auffallen und man leicht nachpflanzen kann.

Nach dem Einkauf

Das Pflanzen eines Baums oder Strauchs bedeutet eine sehr starke Belastung für die Pflanze. Um diesen Pflanzschock etwas zu mildern, sollten Sie beim Einkauf Folgendes berücksichtigen:

► Größere Gehölze sollten möglichst nur in einem geschlossenen Fahrzeug transportiert werden. Bei offenen Fahrzeugen müssen Sie auf eine Abdeckung mit Decken oder Ballentüchern achten.

Tipp: Die meisten Gartencenter oder Baumschulen bieten auch einen Lieferservice mit geeigneten Transportfahrzeugen.

► Können Sie nach dem Einkauf nicht sofort pflanzen, stellen Sie die Gehölze aufrecht hin, wässern Sie sie regelmäßig, und bedecken Sie Ballen oder Wurzeln mit reichlich humusreicher Erde. So können sie bis zu einem Monat stehen bleiben.

Haselnuss zur Blütezeit

Der richtige Pflanzzeitpunkt

► Gehölze in Containertöpfen können Sie das ganze Jahr über setzen.

► Ballenlose Gehölze werden nur in ihrer laublosen Phase gepflanzt, die je nach Pflanze und Jahr verschieden sein kann.

► Die beste Pflanzzeit für Ballengehölze ist der Herbst (September bis Oktober) oder das Frühjahr (März bis spätestens Mai):

► Im Herbst ist die Auswahl in den Baumschulen oder Gartencentern am größten, zudem können die

Vergleich Container-, Ballen-, Wurzelware

	Vorteil	Nachteil
Containerware	Hohe Anwachssicherheit, ganzjährige Pflanzung möglich	nicht alle Größen erhältlich
Ballenware	Hohe Qualität, gute Anwachssicherheit, relativ kostengünstig	Pflanzzeit nur Frühjahr und Herbst
Ballenlose Ware	bis 50% günstiger als Ballenware	Pflanzzeit nur von November bis März, höheres Anwachsrisiko

Einkaufstipp
Gehölze

Das Pflanzetikett

Jedes Gehölz ist beim Händler mit einem Pflanzetikett versehen, auf dem Sie alle notwendigen Angaben finden:

► Art und Sortenbezeichnung, sofern es sich um eine Sorte handelt

► die Blütezeit

► bei einem Hochstamm der Stammumfang (StU) in Zentimetern gemessen in 1 Meter Höhe, z. B. Hochstamm 18/20, sowie bei Sträuchern die aktuelle Höhe in Zentimetern, z. B. Forsythie 125/150

► bei Ballenware, wie oft sie versetzt (= verschult) wurde. Dreimal verschult (= 3xv) bedeutet etwa, dass dieser Baum oder Großstrauch dreimal versetzt worden ist, damit er einen kompakten Wurzelballen mit vielen Feinwurzeln bekommt, der gut zu verpflanzen ist.

Pflanzen vor dem Winter noch etwas einwurzeln. Nachteil: Die Gehölze sind nach der Pflanzung gleich dem Winter ausgesetzt.

► Im (späten) Frühjahr haben Sie zwar weniger Auswahl, dafür gibt es mehr Sonderangebote und die Pflanze wird genau mit Beginn der Wachstumsphase gepflanzt.

Gehölze pflanzen

Vorbereitung

► Wollen Sie Containergehölze im Sommer pflanzen, sollten Sie die Pflanze möglichst nur bei trübem oder regnerischem Wetter setzen, da der Pflanzschock dann etwas geringer ausfällt. Scheint am Pflanztag die Sonne und besitzt der Baum bzw. der Strauch noch oder bereits Laub, besprenkeln Sie die Blätter nach dem Transport ständig mit Wasser. Die Blätter dürfen auf keinen Fall schlapp herunterhängen, sodass Sie an sehr sonnigen Tagen unter Umständen alle 15 Minuten sprühen müssen. Hat das Gehölz auf diese Weise den ersten Tag überstanden, kann ihm fast nichts mehr passieren.

► Die Wurzeln von ballenlosen Pflanzen müssen Sie vor dem Setzen mindestens 24 Stunden lang wässern, indem Sie das Gehölz in eine Wanne mit so viel Wasser stellen, dass die Wurzeln bedeckt sind.

► Bei ballenlosen Gehölzen müssen Sie außerdem alle Triebe vor dem Pflanzen auf die Hälfte einkürzen, um den Wurzelverlust beim Roden auszugleichen.

Das Pflanzloch ausheben

Heben Sie mit Hacke und Spaten ein Pflanzloch aus, das wenigstens anderthalbmal so tief und breit ist wie der Ballen bzw. der Container oder – bei ballenlosen Gehölzen – die Wurzeln.

► Als Faustregel gilt: Je schwerer und verdichteter der Boden ist (Seite 187), desto größer darf das Pflanzloch sein, damit die Wurzeln gut wachsen können.

► Achten Sie beim Ausheben darauf, den humusreichen Oberboden getrennt vom meist steinigen Unterboden abzulegen (Seite 187).

► Ist das Pflanzloch groß genug, lockern Sie den Boden der Grube mit der Spitzhacke, damit sich am Grund kein Wasser stauen kann.

Den Boden verbessern

Je nachdem, welchen Boden Sie haben (sonst Spatenprobe machen, Seite 188) und welche Ansprüche das jeweilige Gehölz an den Boden stellt, müssen Sie eventuell noch eine Bodenverbesserung vornehmen:

► Schweren, lehmigen Boden können Sie lockern, indem Sie unter die ausgehobene Erde pro Pflanzloch etwa 50 kg Sand (z. B. alten Spielkastensand) und/oder eine Schubkarre voll reinem Holzhäcksel (aus dem Kompostierwerk, Seite 212) mischen.

► Bei leichtem, sandigem Boden mischen Sie eine Schubkarre voll reifen Kompost oder Pflanzerde unter den Aushub des Pflanzlochs.

Die Stützpflöcke vorbereiten

Wenn Sie einen Hochstammbaum, einen Großstrauch oder ein hoch wachsendes Nadelgehölz (Seite 66) pflanzen, schlagen Sie jetzt die Pflöcke ein, die dem jungen Stamm Halt geben und das Abreißen der frischen Wurzeln verhindern. Dafür verwendet man pro Gehölz jeweils zwei einseitig zugespitzte Holzpfähle mit einem Durchmesser von 8 bis 10 cm und einer Länge von 2,50 m, die Sie in jeder Baumschule bekommen.

► Schlagen Sie die Pflöcke mit der zugespitzten Seite links und rechts von der Pflanzgrube mit einem Vorschlaghammer senkrecht in den Boden.

Robinie zur Blütezeit

► Bei lockerem Boden sollten die Pflöcke 50 bis 80 cm, bei festem Boden 40 bis 60 cm tief sitzen.
► Die Pflöcke sollten außerdem entsprechend der vorherrschenden Windrichtung, also meistens in Ost-West-Ausrichtung, gesetzt werden, damit der Baum bei starkem Wind bzw. Sturm eine optimale Standhilfe bekommt.

Das Gehölz einsetzen

► **Ballenpflanzen:** Setzen Sie das Gehölz mitsamt Ballentuch (und Drahtnetz) senkrecht in die Grube. Anschließend schneiden Sie das Ballentuch bzw. das Drahtnetz mit einer scharfen (Draht-) Schere auf und stülpen es herunter (nicht entfernen!).
► **Containerpflanzen:** Heben Sie das Gehölz zuerst vorsichtig aus dem Topf – sollte sich der Topf nicht leicht abziehen lassen, schneiden Sie ihn am besten mit einem scharfen Messer auf – und setzen Sie es senkrecht in die Pflanzgrube.

Gehölze gerade in die Grube setzen.

Beachten Sie dabei bitte:
► Setzen Sie die Pflanze ebenso tief, wie sie in der Baumschule bzw. im Container gestanden hat. Pflanzen Sie also nicht zu tief und nicht zu hoch, es sei denn, auf dem Pflanzetikett ist ausdrücklich etwas anderes angegeben.
► Richten Sie die Pflanze so aus, dass sie gerade steht.

Die Erde auffüllen

► Füllen Sie die ausgehobene, eventuell verbesserte Erde wieder in die Pflanzgrube – zuerst den Unterboden, dann den Oberboden, und treten Sie die Erde nach jeder Schicht gut fest. Prüfen Sie noch einmal den Stand der Pflanze und korrigieren Sie ihn gegebenenfalls durch leichtes Rücken am Stamm.
► Fixieren Sie das Gehölz mit Hilfe eines Kokosstricks fest an den beiden vorbereiteten Pflöcken.

Eine Baumscheibe anlegen

► Legen Sie anschließend einen Gießrand in Pflanzgrubenumfang an, indem Sie einen kleinen Erdwall rund um den Stamm herum anhäufen; dieser Bereich wird fachsprachlich »Baumscheibe« genannt.

Pflanztipp
Gehölze

Lange Anwachszeit

Auch wenn Sie Ihren Baum oder Großstrauch richtig eingepflanzt und gepflegt haben, kann das Einwurzeln einige Jahre dauern und ist auch nicht immer garantiert – mitunter stirbt die Pflanze sogar ab. Ein gutes Zeichen ist, wenn sich das Gehölz im nächsten Frühjahr wieder belaubt, denn dann gilt es als angewachsen. Findet dagegen in den folgenden Jahren keinerlei Wachstum statt, das heißt, zeigen sich im nächsten oder übernächsten Frühjahr keine frischen, grünen Triebe, kommt die Pflanze nicht mit dem Boden und/oder dem Klima zurecht.

► Gießen Sie das Gehölz zum Schluss gründlich an, indem Sie die Erde richtig einschlämmen. Dadurch werden auch letzte mögliche Hohlräume in der Erde verschlossen, und die Wurzeln bekommen einen besseren Anschluss an den Boden.

BÄUME UND STRÄUCHER PFLANZEN

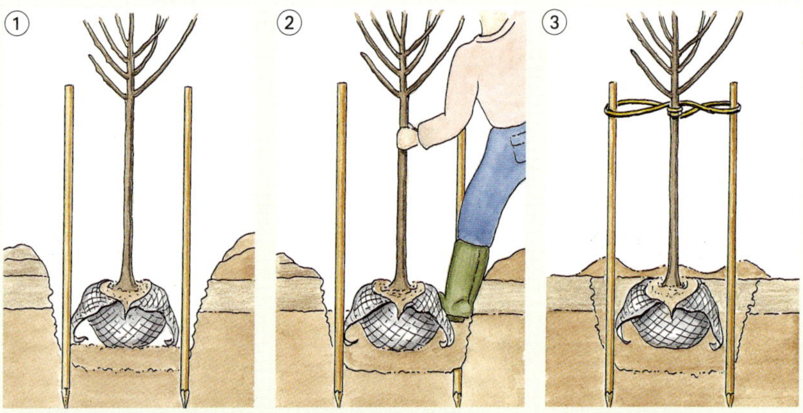

(1) Den Baum oder Strauch in die Pflanzgrube setzen und das Ballentuch herunterklappen. (2) Die Erde fest treten und das Gehölz gerade rücken. (3) Bäume mit einem Strick unterhalb der Krone an den Pflöcken fixieren.

Die schönsten Laubbäume und Großsträucher

Pflanzenname (Botanischer Name)	Hochstammbaum/ Großstrauch/beides	Wachstum	Wuchshöhe/ Platzbedarf nach 15 Jahren	Schnittmaßnahmen erforderlich	Besonderheiten
Zierapfel (*Malus*-Hybriden)	beides, meist Hochstamm	schwach	ca. 4–8 m/ 16–20 qm (je nach Sorte)	bei den meisten Sorten kaum erforderlich	schöner Schmuckbaum, Blütenfarbe und Fruchtschmuck (Zieräpfel) je nach Art verschieden
Zierkirsche (*Prunus serrulata*-Hybriden)	beides	mittel bis stark	ca. 4–10 m/ 8–20 qm	bei vielen Sorten Schnitt erforderlich, der gut vertragen wird	reiche Blüte im Frühjahr in unterschiedlichsten Farben, schöne Herbstfärbung
Magnolie (*Magnolia*-Arten)	meist Großstrauch	schwach	ca. 7 m/20 qm	bei ausreichend Platz kaum Schnitt erforderlich	stern- oder tulpenförmige Blüten, Blüten nicht regenfest, braucht Einzelstand
Weißdornarten (*Crataegus*-Arten)	beides, meist Hochstamm	schwach	ca. 7 m/15 qm	bei Hochstamm Kronenrückschnitt erforderlich	fast alle *Crataegus*-Arten haben eine reiche Blüte und schönen Fruchtschmuck
Blutpflaume (*Prunus cerasifera* ›Nigra‹)	meist Großstrauch, wirkt aber auch als Hochstamm	stark	ca. 10 m/20 qm	stetiger Auslichtungsschnitt erforderlich	Blütenreichtum im Frühjahr, schwarzrotes Laub im Sommer, ältere Bäume tragen im Herbst Früchte
Blumenesche (*Fraxinus ornus*)	meist Hochstamm	schwach	ca. 7 m/16 qm	kein Schnitt erforderlich	lichtes Laub, cremefarbene Blüte, bronzefarbene Herbstfärbung
Kugelrobinie (*Robinia* ›Umbraculifera‹)	Hochstamm	schwach	6 m/16 qm	kein Schnitt erforderlich	wirkt durch die Kugelform und das gefiederte Laub, trägt jedoch keine Blüten
Goldrobinie (*Robinia* ›Frisia‹)	meist Hochstamm	schwach	7 m/14 qm	gut schnittverträglich, meist nicht erforderlich	frische, junge Blätter leuchtend orange, im Sommer goldgelbes Laub
Vogelbeere/ Eberesche (*Sorbus aucuparia*) ☠	beides, meist Hochstamm	schwach	9 m/15 qm	Verjüngungsschnitt möglich, jedoch selten erforderlich	stark duftende weiße Blütendolden im Mai, orangegelbe Herbstfärbung, ab September rote Beeren in Büscheln
Feldahorn (*Acer campestre* ›Elsrijk‹)	Hochstamm	schwach	10 m/20 qm	sehr gut schnittverträglich	leichte Säulenform mit schmaler Krone, verträgt Trockenheit und gelegentliche Nässe
Gefüllte Vogelkirsche (*Prunus avium* ›Plena‹)	Hochstamm	schwach	12 m/25 qm	gut schnittverträglich	Gefüllte weiße Blütenbüschel, bevorzugt schweren, lehmigen Boden, aber keine Staunässe
Eiche (*Quercus* ›Pseudoturneri‹) ☠	Hochstamm	schwach	8 m/25 qm	gut schnittverträglich	Kätzchenblüte im Mai, Eicheln im September, verträgt keine Staunässe

Die Früchte der Eberesche sind bei Vögeln sehr begehrt.

Gehölze pflegen

Damit Ihre frisch gepflanzten Gehölze gut anwachsen können, benötigen sie zumindest während der ersten Jahre noch etwas Pflege:

- Halten Sie die Baumscheibe durch Jäten (nicht Hacken!) unkrautfrei oder – noch besser – mulchen Sie mit Kompost oder Rindenmulch.
- Bei nährstoffarmem Boden können Sie das Anwachsen außerdem durch regelmäßiges jährliches Düngen mit organischem Dünger fördern.
- Bei anhaltender Trockenheit sollten Sie die Baumscheibe im ersten Jahr ausreichend wässern.
- Entfernen Sie nach vier bis fünf Jahren die Stützpflöcke und das Bindematerial, damit es nicht in den Stamm einwächst.

Wann schneiden?

Einen Schnitt benötigt Ihr Baum oder Großstrauch nur, wenn Äste stören und er zu ausladend wird.

- Bei kleinen Zierbäumen gehen Sie auf die gleiche Weise vor wie beim Obstbaumschnitt (Seite 38).
- Der Schnitt von Großsträuchern entspricht dem Auslichten von Sträuchern (Seite 54).

Baumschutzbestimmungen

Vor allem in den Ballungsräumen der Städte erfüllen Bäume wichtige Funktionen: Als »grüne Lungen« sorgen sie für die Reinigung der Luft, verbessern das Mikroklima und erhöhen damit die Lebensqualität. Um den Baumbestand zu schützen und willkürlichen Veränderungen vorzubeugen, unterliegen Bäume deshalb der so genannten Baumschutzverordnung, die von den unteren Naturschutzbehörden herausgegeben wird und regional unterschiedlich ist. Unter diese Baumschutzverordnung fallen

- sämtliche Bäume ab einem bestimmten Stammumfang (StU), gemessen in 1 m Höhe (in München gilt z. B. ein StU von 80 cm). Dazu zählen auch mehrstämmige Bäume, bei denen die einzelnen Stammumfänge gemessen und addiert werden.
- alle Neupflanzungen, wobei der Stammumfang hier weitaus geringer sein kann.

Fachmann
Gehölze

Großbäume schneiden

Das Auslichten von mehr als 7 m hohen Bäumen erfordert eine weitreichende Fachkenntnis und ist zudem gefährlich, sodass hierfür ein versierter Fachmann erforderlich ist. Sind in Ihrem Garten solche großen Bäume vorhanden, sollten Sie deshalb diese Arbeit einem Baumpfleger überlassen. Mit Hilfe der Kletterseiltechnik, die ohne Steigeisen auskommt, ist außerdem garantiert, dass der Baum dabei geschont wird. Für das Auslichten eines 15 m hohen Großbaums müssen Sie mit etwa 400,– DM rechnen.

Die Baumschutzverordnung verbietet sowohl das Entfernen der betroffenen Bäume als auch Schnittmaßnahmen, die den Charakter des Baumes wesentlich verändern. Nicht erlaubt ist beispielsweise das »Kappen« von Bäumen, egal ob es sich dabei um Nadel- oder Laubbäume handelt. Ebenso ist das Entfernen von Starkästen über 10 cm Durchmesser nicht gerne gesehen. Erlaubt ist dagegen das »Aufasten«, das heißt das Entfernen von unteren Ästen, um gesetzlich vorgeschriebene Durchgangs- und Durchfahrtshöhen sicherzustellen, sowie das Schneiden von Ästen, die Freileitungen und Fassaden beeinträchtigen.

Genehmigungspflichtige Baumschnitte

- Bei Baumschnitten bestehen die Naturschutzbehörden oft darauf, dass ein versierter Fachmann den Baum auslichtet, wobei nur kleine Äste im Fein- und Mittelastbereich mit einem Durchmesser von bis zu 5 cm geschnitten werden dürfen.
- Eine Sonderregelung gibt es außerdem beim Schnitt von Buchen. Da Schnittwunden bei diesen Bäumen nur sehr schlecht verheilen, ist jeglicher Schnitt ohne Ausnahme genehmigungspflichtig!
- Damit Ihnen späterer Ärger erspart bleibt – die Mitarbeiter der unteren Naturschutzbehörde kontrollieren jedes Gebiet anhand der Freiflächenpläne und verfolgen auch nachträglich etwaige Verstöße, die mit drastischen Strafen von DM 50 000,– bis 100 000,– geahndet werden! –, sollten Sie sich bei geplanten Änderungen Ihres Baumbestandes bzw. vor größeren Schnittmaßnahmen zuerst bei Ihrer zuständigen Behörde nach den geltenden Auflagen erkundigen.

Obstbäume

Die Kultur von Obstbäumen ist so alt wie die Gartenkultur selbst, denn neben Getreide und Gemüse war Obst früher das wichtigste Grundnahrungsmittel. Obstbäume bestechen nicht nur durch ihre reiche Blüte im Frühjahr, sondern oft auch durch ihr farbenprächtiges Herbstlaub und natürlich durch ihre Früchte. Schon drei bis vier kleine Obstbäume genügen, um eine Familie monatelang mit Früchten zu versorgen – frisch vom Baum und in dem guten Gefühl, keine Chemie mitessen zu müssen. Und nicht zuletzt locken Sie mit Obstbäumen und -sträuchern jede Menge Insekten und Vögel in Ihren Garten, denen sie durch ihre Blüten und Früchte Nahrung bieten.

Große und kleine Obstbäume

Fast alle Obstbäume und viele Rosen sind Veredelungen, das heißt, der Wurzelstock – in der Fachsprache »Unterlage« genannt – und der oberirdische, fruchttragende Teil stammen von verschiedenen Pflanzen. Technisch wird dies durch Pfropfen oder Okulieren erreicht. Dabei wird der Trieb einer bewährten Fruchtsorte – in der Gärtnersprache als »Edelreiser« bezeichnet – auf eine gut wurzelbildende Unterlage aufgesetzt, wo er aufgrund der Familienzugehörigkeit mit dieser zusammenwächst.
Die Kombination aus Wurzelunterlage und Fruchttrieb bestimmt die Größe eines Obstbaums. Aus einer stark wachsenden Unterlage wachsen Hochstammbäume: Apfelbäume können dadurch bis 10 m, Kirschbäume bis fast 20 m Höhe erreichen. Verwendet man dagegen eine sehr schwach wachsende Unterlage, bleibt der Baum klein und gedrungen – er wird höchstens 2 bis 3 m hoch und benötigt kaum 5 qm Platz. Durch die geringe Größe des Baums, fachsprachlich wird er als »Spindelbusch« bezeichnet, schrumpft der Pflegeaufwand auf einige Stunden im Jahr zusammen und erleichtert zudem die Ernte, weshalb diese Form im kommerziellen Obstanbau schon seit langer Zeit eingesetzt wird.
Beide Zuchtformen bieten Vor- und Nachteile:

Was ist schöner, als Kirschen direkt vom eigenen Baum zu ernten?

Mit Obstbäumen locken Sie viele Insekten in den Garten.

Pflanztipp
Obstbäume

Ein Baum – zwei Sorten

Es gibt mittlerweile sogar Unterlagen, auf die zwei Obstsorten veredelt sind. Auf diese Weise können Sie beispielsweise zwei verschiedene Apfelsorten vom gleichen Baum ernten!

Hochstammbaum

- Wird bis 10 m hoch und braucht ca. 25 qm Platz, aber man kann darunter hindurchgehen
- Erste Ernte manchmal erst nach zehn Jahren
- Erntemenge stetig ansteigend bis über 500 kg
- Lebenserwartung über 70 Jahre
- große Standfestigkeit durch starke Verwurzelung und dadurch guter Kletterbaum
- Geringe Bodenansprüche
- Pflegeaufwand größenbedingt hoch; wird der Schnitt von einem Fachmann ausgeführt, kostet der Schnitt eines 7 m hohen Apfelbaums ca. 100,– bis 200,– DM.

Spindelbusch

- Wird nur 3 m hoch und braucht auch nur 5 qm Platz, aber dies gleich vom Boden an
- Erste Ernte nach zwei bis drei Jahren
- Kleine, konstant bleibende Ernte
- Lebenserwartung ca. 15 Jahre
- Oft so schwach wurzelbildend, dass der Baum auch ausgewachsen durch Pflöcke gestützt werden muss
- Bodenverbesserung bei der Pflanzung notwendig, um die Standfestigkeit zu fördern
- Pflegeaufwand konstant gering; der Schnitt kann in rund 15 Minuten selbst ausgeführt werden.

Erziehungsformen

Obstbäume werden außerdem in verschiedenen »Erziehungsformen« angeboten. Diese entstehen dadurch, dass bei einem Jungbaum die untersten Äste stetig entfernt werden, sodass der Astansatz nach oben wandert und ein Stamm entsteht. Eine gut sortierte Baumschule kann Ihnen folgende Erziehungsformen anbieten:

► **Spindelbusch:** Kleiner Baum mit Stamm, dessen Verzweigung gleich über dem Boden ansetzt. Durch die schwach wachsende Unterlage erreicht er nur eine geringe Höhe und ähnelt einem Strauch.

► **Hochstamm:** Baum, dessen Krone bei etwa 1,80 m Höhe ansetzt. Er gleicht damit einem kleinkronigen Laubbaum der Wuchsklasse III (Seite 28).

► **Halbstamm (Fußstamm):** Baum mit kurzem, 0,5 bis 1 m hohem Stamm und entsprechend tief ansetzenden Seitenästen, wodurch die Ernte sehr erleichtert wird.

► **Spalierbaum:** Kleiner Baum, der an einem Gerüst vorgezogen wird und damit für die Kultur an einer Hauswand geeignet ist.

Schon kleine Apfelbäumchen tragen bald die ersten Früchte.

Dieser Apfelspindelbusch hat eine Lebenserwartung von etwa 15 Jahren.

Selbstbefruchter – Fremdbefruchter

Bei der Planung Ihres Obstgartens ist außerdem wichtig, zwischen Selbstbefruchtern und Fremdbefruchtern zu unterscheiden. Selbstbefruchter sind Bäume, die sich mit ihren eigenen Pollen selbst bestäuben können, während Fremdbefruchter bei der Befruchtung auf Artgenossen in ihrer Nähe angewiesen sind.

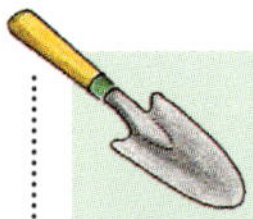

Pflanztipp
Obstbäume

Obstbäume versetzen

Wenn Sie einen kleinen Obstbaum versetzen wollen, gehen Sie auf die gleiche Weise vor wie beim Versetzen von Sträuchern (Seite 50).

Nur wenige Obstgehölze sind Selbstbefruchter, vor allem Kernobst wie Apfel oder Birne und Süßkirschen sind auf die Fremdbefruchtung angewiesen, sodass im Umkreis von 100 m eines solchen Baums immer ein zweiter pollenspendender Obstbaum stehen sollte, da die Ernte sonst trotz reicher Blüte recht mager ausfallen kann. Wenn Sie keine geeigneten Obstbäume in die Nähe pflanzen können, greifen Sie besser auf selbstbefruchtende Sorten zurück.

Der richtige Standort

Damit Früchte reifen können, brauchen sie Sonne. Fast alle Obstbäume benötigen deshalb eine sonnige Süd- oder Südostseite; nur robuste Sorten wie Birne und Schattenmorelle (Sauerkirsche) nehmen es nicht

Ein Birnenspalier braucht kaum Platz und trägt trotzdem viele Früchte.

übel, wenn sie den halben Tag über im Schatten stehen. Allerdings lässt die Morgensonne die Früchte besser reifen als die Abendsonne, sodass Sie diese Bäume möglichst in einer Ostlage pflanzen sollten.

Der richtige Boden

Die Bodenansprüche der verschiedenen Obstbäume können, wie etwa beim Apfel, sogar je nach Sorte sehr unterschiedlich sein. Für frisch aufgeschüttete Böden, die noch keine belebte Struktur (Seite 186) haben, eignen sich vor allem robuste Sorten, die auch mit weniger guten Böden zurecht kommen.

► Machen Sie vor dem Kauf eine Spatenprobe (Seite 188), um die Beschaffenheit zu testen.

Obstbäume kaufen und pflanzen

Kaufen Sie Obstgehölze nur in einer lokalen Baumschule mit großem Sortiment und guter Beratung. Dort gibt man Ihnen auch Auskunft über die Besonderheiten der einzelnen Arten und Sorten, die regional sehr unterschiedlich sein können, Außerdem erfahren Sie, welche Ansprüche die Pflanzen jeweils an den Boden stellen.

► Obstbäume werden wie Zierbäume im Container, als Ballengehölze oder als ballenlose Ware verkauft. Welche Vor- und Nachteile sich daraus ergeben, können Sie der Tabelle auf Seite 30 für Ziergehölze entnehmen.

► Auch nach dem Einkauf (Seite 30) und beim Pflanzen (Seite 31) gehen Sie auf die gleiche Weise vor wie bei den Zierbäumen.

Die Früchte der Felsenbirne können Sie ab Ende Juni ernten.

Wildobst

Neben den Zuchtformen gibt es auch einige Wildobstarten, von denen die meisten in Bezug auf die Boden- und Lichtverhältnisse sehr anspruchslos sind und selbst einen kleinen Garten in einen »Naschgarten« verwandeln können, da sie nicht viel Platz benötigen (siehe Übersicht auf Seite 38). Darüber hinaus haben sie durch ihr attraktives Laub und ihre schöne Blüte einen hohen Zierwert.

► **Tipp:** Wenn Sie einen fertigen Garten mit Wildobst übernehmen, sollten Sie vorhandene Früchte nicht einfach zu sich nehmen, ohne ihre Genießbarkeit überprüft zu haben. Wenn Sie unsicher sind, wenden Sie sich am besten an einen Fachmann.

Apfelbeeren brauchen hin und wieder leichtes Auslichten.

Der Holunder mit seinen weißen Blüten erreicht eine Höhe von 9 Metern.

Einheimische Obstbäume

Art	Reifezeit	Besonderheiten
Süßkirschen	VII–VIII	braucht tiefgründigen Boden mit gutem Wasserabfluss (Seite 188)
Sauerkirsche	VII–VIII	wächst auch im Halbschatten und ist wesentlich anspruchsloser als die Süßkirsche
Frühäpfel	VII–VIII	sehr saftig! Nicht zum Lagern oder Backen geeignet
Sommerbirnen	VII–VIII	wachsen auch im Halbschatten, sehr anspruchslos
Aprikosen	VIII–IX	ein leider etwas aus der Mode gekommenes Obst
Mirabellen/ Reneclauden	VIII	auf regionale Sorten achten, da große regionale Unterschiede
Pflaumen	VIII–IX	vertragen auch raue Lagen mit kaltem Klima
Zwetschgen	VIII–IX	anspruchslos
Herbstäpfel	IX–X	viele aromatische Sorten
Herbstbirnen	IX–X	wachsen auch im Halbschatten
Lageräpfel	X–XI	kühl, dunkel und luftig lagern; Lager regelmäßig kontrollieren
Quitten	X–XII	sehr robust; Früchte nicht zum Rohessen geeignet

Arten und Sorten

Bei allen züchterisch bearbeiteten Pflanzen, zu denen auch die Obstbäume gehören, unterscheidet man innerhalb der Art (z. B. Apfel) zwischen den verschiedenen Sorten (z. B. ›Klarapfel‹, ›Boskop‹, ›James Grieve‹). Zur Kennzeichnung der Sorten setzt man diese in einfache Anführungszeichen.

Obstbäume gießen und düngen

► Bei Trockenheit im Frühsommer und Sommer müssen Sie Ihre Obstbäume regelmäßig gießen, damit die heranwachsenden Früchte mit ausreichend Wasser versorgt sind.

Traum in Weiß: blühende Apfelbäume

► Damit die Bäume genügend Nährstoffe bekommen, sollten Sie die Baumscheibe (Seite 32) kontinuierlich mit einer etwa 5 cm starken Kompostschicht bedeckt halten.
► Um Pilzkrankheiten und Schädlingen vorzubeugen (Seite 200), ist es ratsam, das Herbstlaub und Fallobst aufzusammeln und auf den Kompost zu geben. Nicht auf den Kompost gehören dagegen pilzbefallene Blätter oder Früchte, da viele Pilze auf den Blättern überwintern und über den Kompost wieder zu den Obstbäumen gelangen.

Obstbäume schneiden

Neben dem Gießen und Düngen ist bei Obstbäumen der Schnitt besonders wichtig.
► Frisch gepflanzte, junge Obstbäume benötigen einmal jährlich einen »Erziehungsschnitt«, damit sie gleichmäßig in die Höhe und nicht zu dicht wachsen. Vor allem für Apfel, Birne und Kirsche ist ein solcher Erziehungsschnitt wichtig, während andere Obstbäume auch ohne Schnitt relativ gut zurecht kommen.
► Erwachsene und ältere Apfel-, Pflaumen- und Zwetschgenbäume, weniger dagegen Birn- und Kirschbäume, brauchen regelmäßig einen »Erhaltungsschnitt«, damit sie nicht zu dicht wachsen, reichlich Früchte tragen, gesund bleiben und weniger schnell altern.

Warum überhaupt schneiden?

Ein gutes Beispiel für die Notwendigkeit eines Schnitts bietet der Apfelbaum, der am meisten Schnitt benötigt, um jung zu bleiben und zu fruchten. Für sein Größenwachstum bildet der Baum im Frühjahr die so genannten Langtriebe aus, die bis zum Sommer eine Länge von 10 bis 20 cm erreicht haben und an ihrer frischgrünen Farbe zu erkennen sind. Um den Winter zu überstehen, verholzen diese Langtriebe im Herbst, färben sich dabei hellbraun und wachsen im darauf folgenden Jahr langsam in die Breite.
Ab einem bestimmten Durchmesser beginnt aus den Langtrieben eine zweite Art von Trieben zu wachsen, die so genannten Frucht- oder Kurz-

Beliebtes Wildobst

Pflanzenname (Botanischer Name)	Wuchshöhe/Platzbedarf nach 7 Jahren	Erntezeit	Besonderheiten
Felsenbirne (*Amelanchier lamarckii*)	5 m/6 qm	VI/VII	Blütenstrauch, kupferrote Herbstfärbung, süße Früchte, braucht sonnigen Standort, sehr pflegeleicht
Haselnuss (*Corylus avellana*)	8 m/12 qm	IX	gelegentlich auslichten
Apfelbeere (*Aronia melanocarpa*)	1,5 m/4 qm	VIII	herb-süßer Geschmack ähnlich Heidelbeeren, duftende weiße Blütenrispen, rotes Herbstlaub, gelegentlich auslichten
Holunder (*Sambucus nigra*)	7 m/9 qm	VIII	Blüten und Früchte essbar
Mispel (*Mespilus germanica*)	7 m/9 qm	XI	große weiße Blüten, Früchte erst nach dem ersten Frost genießbar
Stachellose Kletterbrombeere (*Rubus spec.*)	2 m/3 qm	VII	aromatisch süß, braucht ein Spalier zum Klettern und etwas Sonne
Wildpflaume (*Prunus spec.*)	5 m/15 qm	VIII	blaue und gelbe Sorten mit kleinen, aromatischen Früchten, sehr robust und anspruchslos

Durch regelmäßiges Schneiden wird der Apfelbaum künstlich jung gehalten.

triebe. Sie bestehen aus kurzem, gestauchtem Holz und sind dunkelbraun. Diese Fruchtriebe blühen und fruchten über Jahre hinweg, bis sie sich erschöpft haben und durch neue ersetzt werden.

LANGTRIEBE UND FRUCHTTRIEBE

①

②

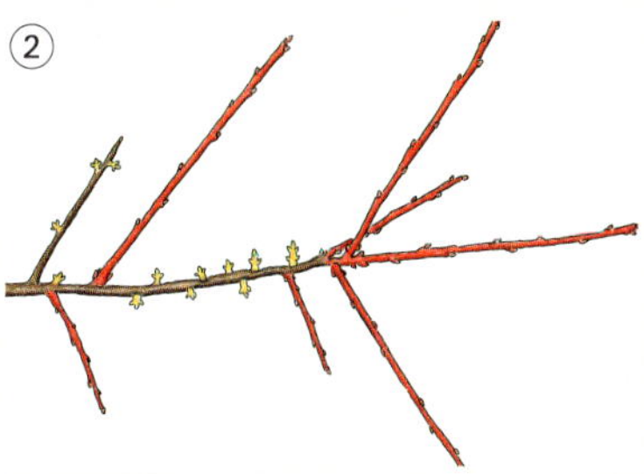

Wichtig für den Erziehungs- und Erhaltungsschnitt ist die Unterscheidung zwischen den Lang- und Fruchttrieben: Pflaumenbaum (Abbildung 1) und Kirschbaum (Abbildung 2).

Jeder große Ast ist aus einem dünnen Langtrieb entstanden und mit der Zeit immer stärker geworden. Schneidet man einen solchen Ast zurück, versucht der Baum den Verlust wettzumachen, indem er viele neue Langtriebe an der Wunde austreibt. Das hat zur Folge, dass der Baum, würde man diese Langtriebe nicht rigoros ausdünnen, viel zu dicht wächst, seine schöne Form verliert und die Fruchttriebe einander stark behindern.

Der Erziehungsschnitt

Wenn Sie Ihren Obstbaum von der Baumschule abholen, verfügt er über einen regelmäßigen Aufbau, das heißt, alle störenden Langtriebe sind zuvor entfernt worden.

- ► Schneiden Sie deshalb auch in den folgenden Jahren alle Langtriebe mit der Handschere rigoros weg, die keine größeren Äste werden sollen, weil der Aufbau des Baumes sonst schnell zu dicht wird.
- ► Die Langtriebe, die Sie stehen lassen wollen, kürzen Sie um die Hälfte ein. Auf diese Weise bleibt die lichte Struktur des Baumes erhalten.
- ► Die Fruchttriebe, die an dem kurzen, gestauchten Holz erkennbar sind, werden dagegen beim Erziehungsschnitt nicht geschnitten!

Der Erhaltungsschnitt

Auch beim ausgewachsenen oder älteren Baum ist es wichtig, seine lichte Struktur zu bewahren. Das bedeutet, Sie schneiden alle überschüssigen Langtriebe wie schon beim Erziehungsschnitt weiterhin ab. Doch jetzt sind schon sehr viel mehr Äste aus den stehen gelassenen Langtrieben gewachsen, die Sie überall da mit der Handschere herausschneiden, wo sie zu dicht stehen und sich mit ihrem Laub gegenseitig beschatten.

- ► Der Erhaltungsschnitt ist vor allem für Apfelbäume und in leichterer Form auch für Birnbäume wichtig.
- ► Beim Steinobst, vor allem bei Zwetschge, Pflaume und Kirsche, werden dagegen keine einzelnen Triebe abgeschnitten, sondern nur alle paar Jahre zu dicht stehende Äste mit ca. 5 cm Durchmesser herausgesägt, um Licht und Luft in die Krone zu lassen.

ERZIEHUNGSSCHNITT

Bei einem regelmäßigen Erziehungsschnitt wächst der Apfelbaum nicht zu dicht.

Selberschneiden – ganz einfach!
Haben Sie keine Angst, Ihre Obstbäume selbst zu schneiden, denn dabei können Sie höchstens aus Vorsicht zu wenig wegschneiden, was sich im folgenden Jahr aber

Schneidetechniken

①

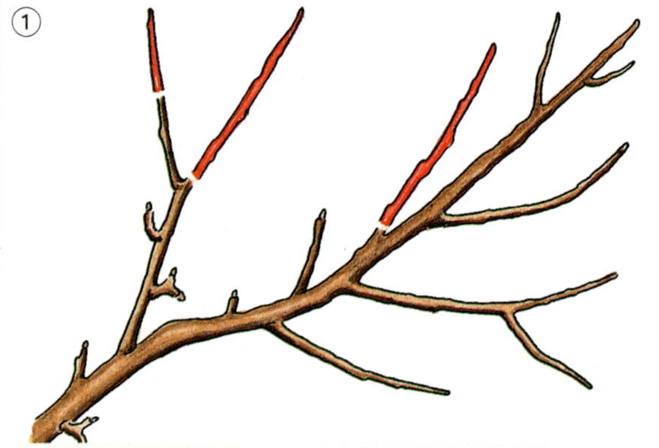

Überflüssige Langtriebe mit der Handschere abschneiden.

②

Einen Langtrieb kürzen: Die Handschere ca. 0,5 bis 1 cm über einer Knospe (»Auge«) ansetzen.

③

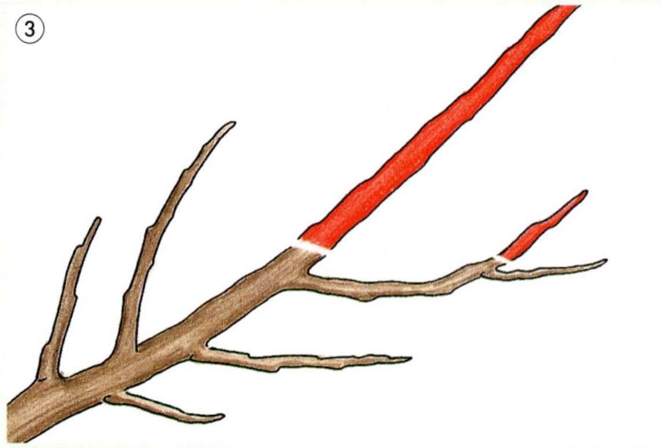

Ast ableiten: Starken Ast bis zur Verzweigung mit einem schwächeren Ast zurückschneiden.

④

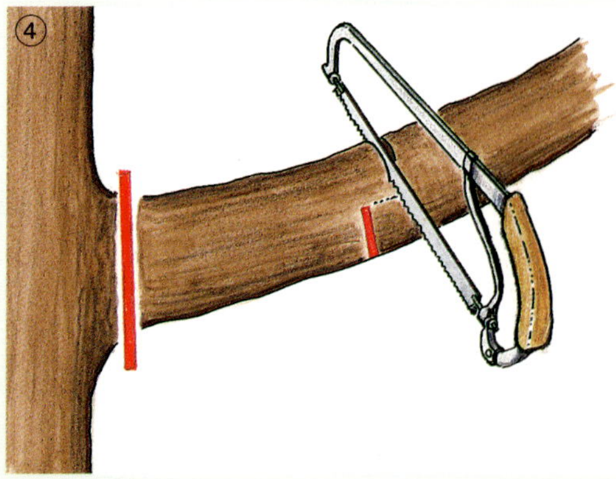

Einen starken Ast mit der Säge durch drei versetzte Schnitte absägen.

leicht wieder korrigieren lässt. Mit etwas Übung kann man sogar einen verwilderten Baum bis auf die starken Äste von über 4 cm Durchmesser zurückschneiden, ohne dass der Baum dadurch Schaden nimmt.

► Noch eine Anmerkung zur Sicherheit: Obstgehölze sind ideale Kletterbäume, sodass Sie im Gegensatz zu Zierbäumen immer einen guten Halt darin finden und wahrscheinlich keine Leiter brauchen. Außerdem werden in der Regel nur relativ kleine Schnitte gemacht, nicht aber große Äste entfernt.

Schneidetechniken

► Langtriebe und Fruchttriebe bis 1 cm Durchmesser schneiden Sie mit einer Handschere, indem Sie den Schnitt etwa 1 cm über einer nach außen weisenden Knospe ansetzen (fachsprachlich »Auge« genannt). Der verbleibende Rest des Triebes wird zum Eintrocknen benötigt (siehe Abbildung 1 und 2).

► Stärkere Verzweigungen können Sie auch durch »Ableiten« zurückschneiden. Dabei wird ein stärkerer Ast bis 1 cm Durchmesser mit der Handschere an der Abzweigung zu einem schwächeren Ast zurückgeschnitten (siehe Abbildung 3).

► Ein Sonderfall ist ein zu schwerer Ast, den Sie nicht halten können: Entfernen Sie ihn mit der Säge durch drei versetzte Schnitte, damit die

Die Hutregel

Beim Erhaltungsschnitt können Sie sich an einer alten Gärtnerregel orientieren: Ein Apfelbaum muss so geschnitten sein, dass man einen Hut durchwerfen kann.

Rinde am Stamm unversehrt bleibt. Setzen Sie den ersten Schnitt ca. 40 cm vom Stamm entfernt von unten an. Der zweite Schnitt erfolgt von oben etwa 5 cm hinter dem ersten Schnitt, sodass der Ast durch sein Eigengewicht an der Stelle des ersten Schnitts abbricht. Zum Schluss wird der Stummel am Astring abgesägt (der Astring ist die Stelle, mit dem der Ast am Stamm anschließt und der an einer leichten Verdickung zu erkennen ist). Halten Sie den Stummel aber bis zum endgültigen Abtrennen fest, damit die angrenzende Rinde nicht einreißt – eine solche Risswunde kann nicht verheilen und schädigt den Baum lebenslang (siehe Abbildung 4).

Pflegetipp Obstbäume

Schneiden lernen

Die richtige Obstbaumschneidetechnik können Sie übrigens auch in Kursen üben, die von manchen Kleingartenvereinen, Volkshochschulen und Gartencentern angeboten werden.

Erhaltungsschnitt bei Apfelbaum

Durch den Erhaltungsschnitt bleibt der Baum licht und gesund.

Winterschnitt – Sommerschnitt

Bäume können sowohl im Sommer als auch im Winter geschnitten werden, wobei jede Jahreszeit Vor- und Nachteile hat:

► **Winterschnitt** (September bis April): Der Winterschnitt ist der übliche Schnittzeitpunkt, da man die Verzweigungen ohne das Laub gut sieht. Auf den Winterschnitt reagiert der Baum sehr stark, das heißt, er treibt im Frühjahr besonders viele Langtriebe aus. Faustregel: Je später im Winter der Schnitt, desto stärker der Austrieb im Frühjahr.

► **Sommerschnitt** (Juni bis Juli): Wächst ein Baum besonders stark, das heißt, sind die frischen Langtriebe über 25 cm lang, ist es oft besser, im Sommer zu schneiden. Schneiden Sie am besten Anfang Juni, bevor die Früchte richtig ausgebildet werden, da der Baum dann weniger stark auf den Schnitt reagiert. Dass dabei kleine Früchte mitabgeschnitten werden, schadet Ihrer Ernte nicht, sondern Sie kommen damit nur dem natürlichen Junifruchtfall zuvor. Dabei wirft der Baum alle überschüssigen Fruchtansätze ab, die er nicht bis zur fertigen Frucht ernähren kann. Ein weiterer Vorteil des Sommerschnitts ist, dass die Baumwunden jetzt besser heilen als im Winter, vor allem wenn mit der Säge gearbeitet wurde.

► **Tipp:** Bevor Sie also regelmäßig jeden Winter eine große Anzahl von Langtrieben entfernen, ist es sinnvoller, diesen Schnittrhythmus zu unterbrechen und einen Sommerschnitt auszuführen, auf den der Baum im Frühjahr mit einem wesentlich geringeren Austrieb reagiert.

Erhaltungsschnitt bei Zwetschgenbaum

Bei der Zwetschge werden alle paar Jahre nur die zu dicht stehenden Äste entfernt.

Nicht nur zur Blütezeit ist die Felsenbirne attraktiv.

Obststräucher

Die kleinen Brüder von Apfel & Co passen in fast jeden Garten und versorgen unsje nach Art ab Juni bis in den Spätsommer mit herrlich frischen, gesunden Beeren. Sie bilden in der Regel kleine Büsche von 1 bis 1,5 m Höhe und Breite, die sich in Gruppen gepflanzt am wohlsten fühlen. Neben einem gelegentlichen Auslichtungsschnitt (Seite 54), der nebenbei auch Pilzkrankheiten unterdrückt, brauchen sie kaum Pflege.

Obststräucher kaufen & pflanzen

► Die größte Auswahl an Obststräuchern finden Sie in der Obstbaumschule und Baumschule, aber auch in gut sortierten Gartencentern (Seite 212). Fragen Sie nach besonders robusten Sorten, wobei die Sorten regional sehr unterschiedlich sein können.

► Sämtliche Beerenobstarten sind zwar Selbstbefruchter (Seite 36), für eine reiche Ernte sollten jedoch immer mehrere Büsche einer Art im Verbund gepflanzt werden.

► Obststräucher werden meist in 10-Liter-Containertöpfen angeboten, sind aber auch als Ballen- und ballenlose Ware erhältlich. Achten Sie beim Einkauf auf kräftige, mehrtriebige Pflanzen!

► Obststräucher werden auf die gleiche Weise wie Ziersträucher gepflanzt (Seite 31) und können wie diese auch problemlos versetzt werden (Seite 50).

► Gießen müssen Sie die Obststräucher nur an sehr trocknen, heißen Tagen.

Johannisbeeren

Johannisbeeren bilden kräftig aufstrebende, etwa 1,5 bis 2 m hohe und breite Büsche und tragen je nach Sorte rote, schwarze oder weiße Beeren, die von Ende Juni bis August geerntet werden. Während die robusten roten Sorten etwas säuerlich schmecken, bestechen die schwarzen Beeren durch einen süßaromatischen, die weißen durch einen süßsäuerlichen Geschmack. Auch die Blätter verströmen einen angenehmen Duft.

Erntezeit für Beerenobst

Art	Blütezeit	Erntezeit	Erntemenge/Strauch	Sonstiges
Johannisbeere	ab III	VI–VIII	ca. 4 kg	bei Frostgefahr späte Sorten wählen
Stachelbeere	ab IV	ab VII	ca. 5 kg	für bessere Befruchtung verschiedene Sorten pflanzen
Jostabeere	ab III	ab VII	6 kg	Beeren schwarzdunkel ausreifen lassen
Brombeere	V–VIII	ab VII	1–2 kg	verträgt sich nicht mit Himbeeren
Himbeere	ab IV	ab VII	ca. 300 g je Rute	verschiedene Sorten pflanzen
Weinrebe	ab V	ab IX	5–10 kg	bei Pilzbefall (Seite 200) stark auslichten

Standort & Boden

► Johannisbeeren gedeihen am besten auf nährstoffreichem, feuchtem Boden in möglichst sonniger Lage. Durch die frühe Blütezeit ab März sollten Sie außerdem einen möglichst zugluftfreien Standort wählen, der die bestäubenden Insekten anlockt.

Einkaufstipp
Obststräucher

Hochstämme

Johannis- und Stachelbeere gibt es auch als Hochstammbäumchen, die sich gut für einen Einzelstand eignen.

► Bei der Pflanzung sollten Sie den Boden durch reichliche Zugaben von verrottetem Laub oder Koniferenschnitt (Seite 194) ansäuern. Auch Rindenhumus eignet sich wegen seiner sauren Wirkung gut zur Bodenverbesserung.

Pflanzen

► Johannisbeeren können Sie im Herbst oder im zeitigen Frühjahr (März/April) pflanzen.

► Wenn Sie mehrere Büsche im Verbund pflanzen, sollte der Abstand zwischen den Pflanzen ca. 1,5 m betragen. Eine Vierergruppe, die 12 bis 16 kg Beeren ergibt, benötigt demnach eine quadratische Fläche von 3 m Seitenlänge.

► Setzen Sie bei Johannisbeeren die Pflanzen ausnahmsweise so tief, dass sich die erste Strauchgabelung etwa 10 cm unter der Erde befindet.

► Wenn Sie die Sträucher im Herbst pflanzen, empfiehlt sich ein leichter Winterschutz aus Laub und Reisig, der die jungen Sträucher im ersten Winter vor starkem Frost schützt.

Pflegen

Da Johannisbeeren nur sehr flach wurzeln, sollten Sie die Sträucher entweder durch Jäten von Hand unkrautfrei halten (durch Hacken würden zu viele Feinwurzeln beschädigt) oder aber eine dicke Mulchschicht ausbringen. Am besten geeignet ist reifer Kompost (Seite 194), den Sie bis 10 cm stark auftragen können. Er hält zugleich den Boden länger feucht und versorgt die Sträucher außerdem mit genügend Nährstoffen. Andernfalls geben Sie ab dem zeitigen Frühjahr reichlich organischen Dünger, wobei Dosis und Häufigkeit der Düngergaben auf der Packung angegeben sind (Seite 196).

Ein Johannisbeerstrauch liefert jährlich 3,5 bis 4 Kilogramm Früchte.

Schneiden

► Schneiden Sie bei ballenlosen Sträuchern alle Triebe nach der Pflanzung bis auf den Boden zurück. Containerpflanzen benötigen einen solchen Rückschnitt normalerweise nicht, es sei denn, es sind nur wenige oder sehr schwache Triebe vorhanden.

► Achten Sie im folgenden Frühjahr darauf, dass sich aus dem Stock etwa 6 bis 8 Ruten entwickeln. Ist der Austrieb schwächer, schneiden Sie die Triebe im folgenden Winter noch einmal zurück, wodurch es im Frühjahr zu einem stärkeren Austrieb kommt.

► An den Ruten bilden sich Fruchttriebe, die im zweiten Jahr blühen und fruchten. Nach spätestens vier bis fünf Jahren hat sich das Holz jedoch erschöpft und sollte durch frisches ersetzt werden. Schneiden Sie deshalb jährlich ab dem Spätsommer ein bis zwei alte Ruten – erkennbar an den Resten der Fruchtstiele und der dunklen Farbe – bis in Bodennähe ab, und lassen Sie dafür die gleiche Anzahl an neuen Ruten stehen.

► Besonders großzügig sollten Sie bei einem möglichen Pilzbefall schneiden. Durch einen starken Auslichtungsschnitt wird die Feuchtigkeit reduziert, die die Ausbreitung von Pilzen fördert (Seite 54). Weitere Maßnahmen zur Vorbeugung von Krankheiten und Schädlingen finden Sie auf Seite 200.

Stachelbeeren

Die etwa 1 m hohen und breiten Büsche sind etwas lichter als Johannisbeersträucher und tragen rote, grüne oder weißlich-gelbe Früchte. Wegen der hübschen Blüte und des grazilen Wuchses können Sie Stachelbeeren – vor allem als Hochstämmchen – auch gut ins Staudenbeet pflanzen (Seite 92). Die Erntezeit beginnt im Juli und dauert fast drei Monate.

► Eine Kreuzung aus schwarzer Johannisbeere und Stachelbeere ist die Jostabeere, die im Aussehen der Stachelbeere ähnelt und etwa haselnussgroße, schwarze Früchte trägt.

Als Hochstämmchen passt die Stachelbeere gut ins Staudenbeet.

Standort & Boden

► Wie Johannisbeeren benötigen auch Stachelbeeren einen nährstoffreichen, gut mit Humus versorgten Boden (Seite 186).

► Verbessern Sie den Boden vor der Pflanzung am besten mit reichlich reifem Kompost, damit die Pflanzen gut Wurzeln bilden (Seite 194).

► Da die Sträucher keine Staunässe vertragen (Seite 187), müssen Sie bei einem verdichtetem Boden vor dem Pflanzen eine 40 cm dicke Schicht aus Grobkies in jedes Pflanzloch geben, damit überschüssiges Wasser besser ablaufen kann. (Um zu testen, ob der Boden verdichtet ist, machen Sie am besten eine Spatenprobe, Seite 188.)

Pflanzen & pflegen

► Stachelbeeren werden wie Johannisbeeren gepflanzt. Im Gegensatz zu diesen werden sie jedoch ebenerdig eingesetzt.

► Achten Sie beim Pflanzen mehrerer Sträucher auf einen Abstand von jeweils etwa 1 m.

► Bei der Pflege können Sie auf die gleiche Weise vorgehen wie bei den Johannisbeeren.

Schneiden

► Nach der Pflanzung brauchen ballenlose Sträucher einen starken Schnitt: Lassen Sie jeweils nur acht kräftige Bodentriebe stehen, die Sie um etwa die Hälfte einkürzen.

► Ausgewachsene Sträucher lichten Sie aus, indem Sie alte, verbrauchte (»abgetragene«) Fruchttriebe, die an ihrer dunklen Farbe zu erkennen sind, sowie überschüssige Neutriebe entfernen.

► **Tipp:** Wenn Sie den Strauch »tassenförmig« schneiden, können Sie die Früchte im Inneren des Strauchs leichter ernten.

Einkaufstipp Obststräucher

Neue Stachelbeersorten

Erkundigen Sie sich in der Baumschule nach robusten regionalen Sorten. Inzwischen sind sogar Sorten auf dem Markt, deren Früchte nicht mehr behaart sind bzw. bei denen die Triebe keine Stacheln mehr tragen und die Beeren deshalb viel leichter geerntet werden können.

Brombeeren

Brombeeren

Die Heimat der Brombeere ist der Waldrand, der durch eine dicke Mulchschicht aus herabgefallenem Laub, einen leicht sauren Boden und einen sonnigen bis halbschattigen Standort gekennzeichnet ist.

► Brombeeren brauchen deshalb auch im Garten möglichst humusreichen Boden, den Sie gegebenenfalls vorher verbessern sollten (Seite 190).

► Eine stetige Mulchschicht, am besten aus reifem Kompost (Seite 194), hält den Boden nicht nur feucht und unkrautfrei, sondern versorgt die Pflanzen auch mit allen notwendigen Nährstoffen.

Einkaufstipp Obststräucher

Neue Brombeersorten

Mittlerweile werden auch stachellose, äußerst pflegeleichte Sorten angeboten, von denen die meisten jedoch weniger intensiv im Geschmack sind als die herkömmlichen Züchtungen.

Himbeeren

Einkaufstipp Obststräucher

Himbeersorten

Bei Himbeeren, die im Container oder als ballenlose Ware angeboten werden, können Sie zwischen Sorten wählen, die im Sommer und/oder im Herbst Früchte tragen.

► Als Kletterpflanze benötigt die Brombeere außerdem unbedingt einen Zaun oder ein Rankgerüst mit Querstreben von mindestens 2 x 2 m. Binden Sie die Brombeerranken mit Bast oder Schnur an diesem Gerüst fest.

► Wichtig ist außerdem, dass Sie zu dicht stehende und/oder verbrauchte Triebe nach der Ernte um etwa die Hälfte zurückschneiden.

Himbeeren

Die Standort- und Bodenansprüche der Himbeere entsprechen denen der Brombeere. Hinsichtlich des Wuchscharakters unterscheiden sich die beiden Beerenarten jedoch stark voneinander. Himbeeren verjüngen sich aus ihrem Wurzelsystem heraus und bilden mit ihren bis zu 3 m langen Ruten, die nach der Fruchtung absterben, im Lauf der Zeit ein dichtes Gestrüpp.

Pflanzen & pflegen

► Wässern Sie die Wurzeln ballenloser Sträucher vor dem Einpflanzen, und schneiden Sie die Triebe auf etwa 10 cm zurück.

► Setzen Sie die Pflanzen so tief in das Pflanzloch, dass sich der Wurzelhals gut 5 cm unter der Erde befindet.

RÜCKSCHNITT HIMBEERE

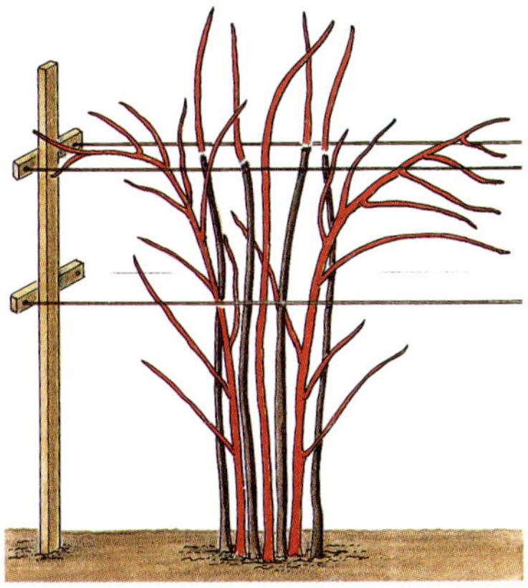

Himbeeren brauchen einen starken Rückschnitt.

► Schneiden Sie die verbrauchten Ruten nach der Ernte bis auf den Boden zurück, und kürzen Sie überzählige Jungtriebe im März leicht ein (siehe Abbildung).

Weinreben

Wein gedeiht nicht nur in Gegenden mit mildem Weinbauklima, sondern auch in raueren Lagen und in der Großstadt bis 800 m ü. N. N. An einem geschützten Standort – möglichst in voller Sonne und ohne kalte Zugluft – erreichen die Reben eine Höhe von 3 bis 6 m. Bei ungünstigen Standorten und einem kalten Winter können sie bis auf 1 m herunterfrieren, treiben dann aber meist im nächsten Frühjahr wieder aus.
► Als Kletterpflanzen benötigen Weinreben eine Rankhilfe wie etwa ein Spalier oder eine Pergola, an das die einzelnen Triebe horizontal mit Schnur oder Bast angebunden werden.

Pflanzen & pflegen

► »Wein mag keine nassen Füße«, sagt ein altes Sprichwort. Heben Sie die Pflanzgrube deshalb etwa 80 cm tief aus und füllen Sie eine Drainageschicht aus Kiessand oder Bauschutt ein, damit das Wasser gut ablaufen kann und keine Staunässe entsteht, die den Pflanzen schadet (Seite 187).
► Vermischen Sie die ausgehobene Erde mit der gleichen Menge Humus und Kompost (Seite 195), und setzen Sie die Pflanze so in das Pflanzloch, dass die Veredelungsstelle einige Zentimeter über dem Boden liegt.
► Bei einer Pergola setzen Sie eine Pflanze an jeden Stützpfosten, ansonsten beträgt der Abstand zwischen den Reben etwa 2 m.
► Neben gelegentlichen Gaben mit organischem Volldünger (Seite 196) und einer Mulchschicht, am besten aus reifem Kompost (Seite 194), ist außer einem Rückschnitt im Frühjahr keine weitere Pflege erforderlich.

RÜCKSCHNITT WEINREBE

Für hohe Erträge werden die Reben im Winter auf zwei bis drei Augen zurückgeschnitten.

Schneiden

► Wenn Sie auf hohe Erträge Wert legen, schneiden Sie im Winter alle Jungtriebe bis auf zwei bis drei Augen (Knospen) zurück. Da Weinreben nur schlecht verholzen, belassen Sie ein ca. 2 cm langes »Zäpfchen« zum Eintrocknen, um die Knospen zu schützen.

Einkaufstipp
Obststräucher

Weinsorten

In den letzten Jahren sind viele sehr robuste Sorten auf den Markt gekommen, die sich sogar zur Begrünung von Westseiten eignen, sofern Sie ein paar Jahre Geduld haben. Die Farbe der Trauben variiert von schwarz über blau und rot bis zu weiß.

► Dient die Weinrebe dagegen vor allem zur Begrünung einer Wand oder Pergola, können Sie den Schnitt auch etwas sanfter ausfallen lassen, um eine üppige und rasche Entwicklung zu erzielen.

Mit Weinreben lassen sich auch Hauswände begrünen.

Ziersträucher

Zusammen mit Bäumen und Großsträuchern bilden die Ziersträucher das Gerüst eines Gartens und werden meist im Verbund als natürlicher Sichtschutz gepflanzt. Neben den Sträuchern, die gerne mit anderen zusammen stehen – entweder in Gruppen oder als Hecken –, gibt es aber auch empfindlichere Arten, die einen Einzelstand erfordern – in der Gärtnersprache »Solitär« genannt – und meist durch ihren filigranen Aufbau, besonders dekoratives Laub oder eine lang anhaltende Blüte bestechen. Wieder andere können zwar mit anderen Sträuchern zusammen stehen, sind aber trotzdem attraktiv genug, um als Solitär gepflanzt zu werden.

Solitär

In der Gärtnerfachsprache heißt ein Strauch »Solitär«, wenn er aus einem Einzelstand kommt, viel Raum zum Wachsen hatte und dementsprechend buschig ist.

► Durch gezieltes Platzieren von Ziersträuchern, am besten in Kombination mit Stauden (Seite 92), können Sie den Garten größer wirken lassen, indem Sie scheinbar neue »Räume« schaffen und damit für den Betrachter neue Perspektiven entstehen lassen (siehe nebenstehende Abbildung).

► Je nach dem Charakter der Pflanze können Sie mit einem oder mehreren Sträuchern einen Standort entweder dezent verkleiden oder markant betonen (siehe Abbildung Seite 47).

Gemischte Blütenhecken sind eine schöne Gartenbegrenzung.

Eine attraktive Kombination aus duftendem Flieder und Spireen.

Welche Sträucher passen zu Ihrem Garten?

Achten Sie bei der Planung Ihrer Sträucher auf folgende Punkte:

► Die Wuchshöhe der Sträucher schwankt zwischen 50 cm und mehr als 6 m.

► Je nach Art variiert auch die Breite. Es gibt sowohl filigrane, aufrechte Sträucher, die nur wenig Platz beanspruchen, als auch solche, die sich meterweit ausbreiten. Achten Sie deshalb bei der Auswahl Ihrer Sträucher unbedingt auf die angegebenen Wuchshöhen und den jeweils notwendigen Platzbedarf. Genaue Angaben dazu finden Sie auch in den Tabellen auf der Seite 48 und den Seiten 52/53.

► Die Formenvielfalt der Äste variiert zwischen licht und straff aufrecht stehend bis zu dicht und bogig überhängend. Dieses Gerüst be-

Ziersträucher im Garten

Durch geschicktes Platzieren von einzelnen Sträuchern oder Strauchgruppen entstehen ganz neue Blickwinkel im Garten.

stimmt neben den Blättern den Charakter eines Strauchs.

▶ Unterschiedlichste Blattformen und -färbungen in den verschiedenen Jahreszeiten setzen weitere Akzente: Dunkles, dichtes Laub reflektiert ein anderes Licht und wirft einen anderen Schatten als helles, lichtes Laub. Auch bei der Farbe des Austriebs, des Sommergrüns und des Herbstlaubs gibt es die verschiedensten Varianten.

▶ Ein weiteres wichtiges Kriterium, vor allem bei gemischten Hecken (Seite 50), ist die Blüte. Neben den bekannten Frühjahrsblühern wie Forsythie und Flieder gibt es auch eine Reihe attraktiver Sommer- und Herbstblüher wie etwa Hibiskus oder Sommerflieder, die den Garten mit ihren Blüten schmücken.

▶ Nicht zuletzt spielen auch die Früchte eine wichtige Rolle, die oft schon im Sommer ansetzen und den Garten mit ihren leuchtenden Farben bis weit in den Herbst hinein verschönern.

▶ **Tipp:** Achten Sie bei der Auswahl Ihrer Ziersträucher aber auf die Wirkung während des gesamten Jahres, und lassen Sie sich nicht nur von einer üppigen Blütenpracht beeindrucken. Eine Forsythie in voller Blüte ist zwar im Frühling für kurze Zeit ein besonders schöner Anblick, während des restlichen Jahres ist ihr Zierwert jedoch eher begrenzt.

▶ Vor allem wenn Sie eine größere Strauchpflanzung planen, ist es ratsam, sich bei der Auswahl ausreichend Zeit zu nehmen, um sich durch Besuche im botanischen Garten oder in einer Baumschule zu unterschiedlichen Jahreszeiten einen ganzjährigen Eindruck von Ihren künftigen Sträuchern zu verschaffen.

Pflanztipp
Ziersträucher

Niedrige und hohe Sträucher

▶ Pflanzen Sie niedrige Arten wie den Fingerstrauch oder Ginster zu einem Beet oder einer Terrasse, um kleine Akzente zu setzen. Diese Wirkung können Sie noch verstärken, wenn Sie Gruppen mit mehreren gleichen Sträuchern pflanzen.

▶ Hoch wachsende Arten wie Flieder oder Felsenbirne setzen dagegen auffällige architektonische Akzente und benötigen relativ viel Platz.

Schön und ungewöhnlich: eine Hecke aus Blutjohannisbeeren.

Sträucher pflanzen

▶ Die Bodenansprüche der meisten Sträucher sind nicht besonders hoch. Wenn nichts anderes angegeben ist, kommen sie mit fast jedem Boden zurecht.

▶ Wenn nicht anders vermerkt, bevorzugen die meisten Ziersträucher einen sonnigen Standort, d. h., sie sollten wenigstens während des halben Tages in der Sonne stehen. Bei schattigen Plätzen kann die Blüte dagegen sehr mager ausfallen oder auch ganz ausbleiben.

▶ Beim Pflanzen von Sträuchern gehen Sie auf die gleiche Weise vor wie bei einer Baumpflanzung (Seite 31), bei Sträuchern unter 2 m brauchen Sie jedoch keine Stützen.

▶ Wenn Sie keine einzelstehenden Sträucher, sondern eine Hecke pflanzen wollen: Egal ob gemischte Blütenhecke (Seite 50) oder Schnitthecke (Seite 60) – halten Sie die vorgegebenen Abstände zwischen den Pflanzen nach Möglichkeit ein, auch wenn Ihre Hecke am Anfang sehr licht und dünn aussieht. Jede Hecke braucht ihre Zeit, wobei eine

Wirkung von Bäumen und Sträuchern

Nahe einer Terrasse gepflanzt, setzen Sträucher und Bäume ganz unterschiedliche Akzente.

Schöne Solitärsträucher

Art (botanischer Name)	Höhe/Breite nach ca. 5 Jahren	Wuchsstärke	Licht-/Bodenansprüche	Merkmale/Wirkung
Hibiskus (*Hibiscus*-Hybriden)	bis 2 m/1 m	schwach	anspruchslos, braucht aber viel Sonne	lang anhaltende, reiche Sommerblüte, feines, aufstrebendes Astwerk und kleine Blätter; wirkt wegen des späten Austriebs im Mai eher unauffällig; kommt erst durch die Blüte zur Geltung
Fächerahorn/Schlitzahorn (*Acer palmatum* und ähnliche Arten)	1–3 m/1–2 m	schwach	anspruchslos, bei starker Sonne und Hitze reichlich wässern	mehr oder weniger stark geschlitztes rotes oder grünes Laub, schöne Herbstfärbung, herrlicher Blickfang durch bizarren Wuchs, der gut mit Steinen und/oder Wasser harmoniert
Sommerflieder (*Buddleia*-Hybriden)	2–3 m/2–3 m	stark	anspruchslos	üppige, lang anhaltende Sommerblüte, wuchtige Erscheinung mit Wildcharakter, lange Blütenrispen; starker Rückschnitt im Frühjahr (Seite 54) fördert die Blütenbildung
Fingerstrauch (*Potentilla fruticosa*)	0,5–1 m/0,4 m	schwach	anspruchslos	lange Sommerblüte nach Sorten in verschiedenen Gelbtönen, wirkt auch in Gruppen; durch die geringe Größe eher unauffällig, gute Lösung für Problemstandorte; ein Rückschnitt (Seite 54) fördert die Blütenbildung
Winterschneeball (*Viburnum fragrans* und *V. ›Dawn‹*) ☠	bis 2,5 m/1–2 m	schwach	braucht etwas Sonne	duftende, filigrane Blüte von Oktober bis April, aufrechter Stand, gefurchte, frischgrüne Blätter; stattliche Erscheinung, die durch die Winterblüte noch unterstrichen wird; eignet sich gut für den Eingangsbereich
Zaubernuss (*Hamamelis*-Hybriden)	bis ca. 2 m/1–2 m	schwach	braucht etwas Sonne, anspruchslos, kalkempfindlich	schöne Herbstfärbung vor der Winterblüte; wirkt durch die großen Blätter und die filigranen Blüten sehr ruhig; Heilpflanze
Aralie (*Aralia elata*)	ca. 3 m/1–2 m	schwach	anspruchslos	fein gefiederte, große Blätter mit schöner Herbstfärbung an wenigen aufrechten Trieben, die Stämme haben Stachelborsten; durch ihren ungewohnten Wuchs auffällige Erscheinung
Ginster (*Genista*- und *Cytisus*-Arten) ☠	bis 1 m/1 m	schwach	bevorzugt saure, trockene Böden, verträgt Hitze und Trockenheit	viele kleine, flügelartige Blätter, kurze, reichhaltige Blüte im Frühjahr; wirkt wegen des Wildcharakters sehr natürlich; passt gut auf Terrassen und in Steingärten
Hortensie (*Hydrangea*-Arten)	1–2 m/1–2 m	schwach	braucht Halbschatten oder Schatten, liebt sauren Boden	sechswöchige Blütezeit, große, auffällige Blütendolden mit teils samtigen Blättern; durch ihren straffen, aufrechten Wuchs und das markante Laub eine sehr ruhige Erscheinung
Buchs (*Buxus sempervirens*) ☠	0,4–1m/0,4 m	schwach	braucht Halbschatten oder Schatten	ganzjähriges, eiförmiges, duftendes Laub, kleine, sehr dichte Blätter; ruhige Erscheinung, trotzdem dezente Betonung des Standorts, auch typische Heckenpflanze für niedrige Einfassungen

Blütenhecke etwa dreimal schneller wächst als eine Schnitthecke.

► Wollen Sie eine gemischte Blütenhecke trotzdem dichter pflanzen, setzen Sie die überzähligen Sträucher so, dass sie beim späteren Herausnehmen keine Lücken hinterlassen. Dies erreichen Sie durch Pflanzen im Dreiecksverband, wobei

Felsenbirne im Herbst

die Basis des Dreiecks den Verlauf der Hecke bildet. Die »Spitze« davor können Sie dann nach Bedarf später

Ginster

Hibiskus

Fächerahorn

Ranunkelstrauch

ausdünnen (siehe Abbildung). Fängt die Blütenhecke an, sich zu schließen, ist nur noch ein gezielter Schnitt erforderlich (Seite 54).

Pflanztipp
Ziersträucher

Abstände einplanen

► Bedenken Sie bei Ihrer Planung, dass Ziersträucher ihre endgültige Größe meist erst nach einigen Jahren erreichen. Wollen Sie mehrere Einzelsträucher pflanzen, müssen Sie deshalb immer ausreichend Abstand zu seinem Nachbarn einplanen.

► Die meisten sehr hoch wachsenden Sträucher neigen dazu, im unteren Bereich zu verkahlen. Hier können Sie sehr gut kleinere Sträucher unterpflanzen, die diese Lücken schließen.

Sträucher pflegen

Damit Ihre Sträucher nach dem Einpflanzen möglichst kräftig wachsen, sind während der ersten drei bis fünf Jahre einige Pflegemaßnahmen notwendig:

► Halten Sie den Boden um die Pflanzen – mindestens in Größe der Baumscheibe – durch Hacken und Mulchen unkrautfrei (am besten geeignet ist Kompost, Seite 194).

► Bringen Sie reichlich organischen Dünger oder anderen Langzeitdünger aus (Seite 196), und wässern Sie die Pflanzen ausreichend; bei Trockenheit müssen Sie spätestens alle drei Tage gießen.

► Eine 10 cm dicke Mulchschicht aus Reisig, Zweigen und Laub schützt die Pflanzen im Winter vor starkem Frost. Danach kommen die Sträucher meist gut allein zurecht. Nur bei großer Trockenheit müssen Sie die Sträucher gelegentlich gießen.

► Wünschen Sie nach der Pflanzung einer Hecke einen schnellen Sichtschutz, mulchen Sie die Baumscheiben um die Sträucher herum kräftig, am besten mit reifem Kompost, und geben Sie zusätzlich organischen Dünger, um das Wachstum in den ersten Jahren noch etwas zu beschleunigen.

Hecken pflanzen

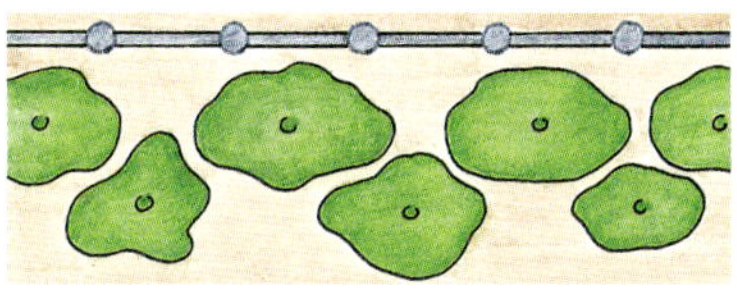

So pflanzen Sie eine gemischte Blütenhecke im Dreiecksverband.

Sträucher versetzen

Ziersträucher erreichen ihre endgültige Größe meist erst nach fünf bis sieben Jahren, langsam wachsende Arten brauchen sogar noch länger. Bei der Anlage eines Gartens wird aber meist viel dichter gepflanzt, um einen schnellen »Schulterschluss« der Sträucher herbeizuführen, sodass die Blütenhecke mit zunehmendem Alter zu dicht wird und schwachwüchsige Sträucher von den starkwüchsigen buchstäblich erdrückt werden. Diesen Prozess können Sie in der Regel jedoch durch rechtzeitiges rigoroses Schneiden wieder korrigieren (Seite 54). Manchmal bedrängen sich die Sträucher allerdings so sehr, dass es besser ist, sie zu versetzen. Völlig unproblematisch ist dies bei jungen Pflanzen, doch selbst wenn die Sträucher schon zehn Jahre an ihrem Platz gestanden haben, ist ein Umsetzen noch ohne weiteres möglich. Verwenden Sie dazu am besten einen Spaten und – sehr nützlich für solche groben Erdarbeiten – eine Kreuzhacke, mit der Sie den Wurzelstock heraushebeln können.

Pflanztipp
Ziersträucher

Zeit zum Umsetzen

Die beste Zeit zum Versetzen von Sträuchern ist der späte Herbst (Oktober) oder das Frühjahr (März), sobald der Boden nicht mehr gefroren ist.

► Bevor Sie den Strauch versetzen, sollten Sie ihn zuerst zurückschneiden (Seite 54). Ein solcher Rückschnitt hilft der Pflanze, die Wurzelverluste beim Ausgraben auszugleichen und erleichtert Ihnen die Arbeit am Wurzelstock.

► Binden Sie stark überhängende Sträucher mit Schnur zusammen, damit die Zweige Sie nicht stören.

► Bereiten Sie als Nächstes an seinem neuen Standort ein ausreichend großes Pflanzloch vor (Seite 31).

► Stechen Sie mit dem Spaten einen großen Graben rund um den Wurzelballen und hebeln Sie ihn vorsichtig mit der Kreuzhacke heraus, sodass möglichst wenige Wurzeln verletzt werden. Beschädigte oder gequetschte Wurzeln schneiden Sie mit einer Handschere ab.

► Setzen Sie den Strauch senkrecht in das neue Pflanzloch und füllen Sie es mit dem Aushub auf.

► Legen Sie um die Pflanze eine Baumscheibe (Seite 32) an und wässern Sie den Wurzelstock noch eine Zeit lang, um ihm das Anwachsen zu erleichtern.

Strauch versetzen

① 

Den Strauch zurückschneiden, um die entstehenden Wurzelverluste auszugleichen.

② 

Einen großen Graben ausstechen und den Wurzelstock vorsichtig heraushebeln.

③ 

Den Strauch senkrecht in das Pflanzloch setzen. Die Erde auffüllen und gut festtreten.

④ 

Eine Baumscheibe anlegen und den Strauch zum Abschluss gründlich wässern.

Eine gemischte Blütenhecke anlegen

Stehen Sträucher nicht einzeln, sondern im Verband, dienen sie in der Regel zur Einfriedung des Gartens und/oder als Sichtschutz. Anstelle der üblichen Schnitthecke, die nur aus einer einzigen Strauchart besteht (Seite 60), können Sie auch eine gemischte Blütenhecke pflanzen. Sie benötigt zwar doppelt so viel Raum wie eine Schnitthecke, belohnt dafür aber mit einem besonders schönen Zusammenspiel von Blüten, Blättern und Früchten unterschiedlicher Charaktere. Ein weiterer Vorteil ist, dass Sie keine einheitliche Höhe einhalten müssen, sondern je nach Bedarf und Geschmack Kontur in Ihre Blütenhecke bringen können.

Die Höhe des Sichtschutzes

Je höher eine Hecke ist, desto mehr Schatten wirft sie auch. Deshalb sollten Sie bei der Planung auch die Höhe Ihres künftigen Sichtschutzes sorgfältig abwägen, damit er zwar seinen Zweck erfüllt, nämlich vor unerwünschten Einblicken zu schützen, Ihren Garten aber dennoch nicht zu schattig werden lässt.

Pflegetipp
Ziersträucher

Einige rasch wachsende Sträucher wie Haselnuss oder Holunder zeigen nach einigen Jahren einen besonders starken Ausbreitungsdrang, der fast nicht mehr zu bändigen ist. Deshalb sollten Sie bei diesen Sträuchern bereits ab einer Höhe von ca. 3 m mit einem leichten Auslichtungsschnitt beginnen (Seite 54).

► **Sträucher bis 1,80 m:** Hier sind Sie nur bis Kopfhöhe abgeschirmt, und es darf Sie nicht stören, wenn Sie ab und zu »Köpfe« an Ihrem Garten vorbeigehen sehen. Dafür behalten Sie den Blick über den Garten hinaus, und der Schattenfall ist noch relativ gering. Für diesen Sichtschutz eignen sich kleinere Ziersträucher, die sich am wohlsten fühlen, wenn sie in kleinen Gruppen zusammen stehen.

► **Sträucher von 1,80 bis 3 m:** Diese Höhe empfiehlt sich, wenn Sie einen dichten Schutz gegen Passanten und Nachbarn brauchen. Allerdings sind auch hier eher Pflanzen bis gut 2 m Höhe ratsam, damit Sie noch etwas darüber hinaus sehen können und kein unnötiger Schatten entsteht.

Schöne Kombinationen

► Für das Frühjahr (April/Mai): Forsythie (gelb) und Blutjohannisbeere (rot), beide 2,5 m hoch, mit Felsenbirne (weiß), 5 m hoch.

► Für den Sommer (Juni/Juli): Maiblumenstrauch (rosa), Falscher Jasmin (weiß), Weigelie (rot) und dazwischen Ranunkelstrauch (gelb), alle etwa 2,5 m hoch.

► Für den Spätsommer (August bis September): Sommerflieder (violett oder rosa), etwa 2 m hoch, mit einer Unterpflanzung aus hohen Fingersträuchern (gelb) oder niedrigen Spireen (weiß oder rosa), beide bis 1 m hoch.

Sommerflieder mit einer Unterpflanzung aus Spireen

Ein hoher Sichtschutz aus Falschem Jasmin und Kolkwitzie

Viel Abwechslung bringt eine hohe ungeschnittene Blütenhecke.

► **Sträucher von 3 bis 5 m:** Einen sehr hohen Sichtschutz brauchen Sie, wenn Sie Ihren Garten gegen ein Gebäude oder Ähnliches abschirmen wollen. Die hoch wachsenden Sträucher neigen allerdings dazu, im unteren Bereich zu verkahlen. Diese Lücke können Sie durch die Nachbarschaft mit breit wachsenden, robusten Arten wie Weigelie oder Falscher Jasmin ausgleichen.

Pflanztipps
Ziersträucher

Schutz vor ungebetenen Gästen

► An den Stellen Ihres Gartens, an denen Sie nicht nur einen Sichtschutz brauchen, sondern auch ein mögliches Eindringen unerwünschter Besucher verhindern wollen, können Sie auf Straucharten mit Stacheln oder Dornen zurückgreifen wie Berberitze, Feuerdorn und Strauchrose.

► Im Winter geben nur die Pflanzen einen sicheren Sichtschutz, die immergrünes Laub bzw. Nadeln besitzen wie etwa der Kirschlorbeer oder die Thuja, bzw. die ihre alten Blätter bis zum Frühjahr behalten wie etwa die Hainbuche (Seite 60) oder die ein so dichtes Astwerk bilden wie z. B. die Spireen. Eine Zusammenstellung der schönsten Nadelgehölze und immergrünen Sträucher finden Sie auf Seite 64.

Schöne Sträucher für gemischte Blütenhecken

Pflanzenname (botanischer Name)	Höhe/Breite nach ca. 5 Jahren	Wuchsstärke	Licht-/Bodenansprüche
Spierstrauch/Spiree (*Spiraea arguta, Sp. bumalda, Sp. vanhouttei*)	0,8–1,8 m/bis 2 m	anfangs schwaches, später stärkeres Wachstum	Halbschatten bis Sonne
Berberitzen (*Berberis*-Arten) ☠	0,5–2 m/ca. 1 m	schwach	Sonne bis Halbschatten
Maiblumenstrauch (*Deutzia gracilis, Deutzia* ›Mont Rose‹, *Deutzia rosea*)	0,8–1,8 m (manche Arten bis 4 m!)/0,8–1,8 m	fast immer stark	Sonne bis Halbschatten
Kartoffelrose (*Rosa rugosa*)	bis 1,5 m/bis 2 m	stark	Sonne, leichter Boden
Strauchmispel (*Cotoneaster*-Arten) ☠	ca. 2 m/2 m	mittelstark	Sonne bis Halbschatten
Kirschlorbeer (*Prunus laurocerasus*) ☠	ca. 1,8 m/1,8 m	stark	Halbschatten
Weigelie (*Weigelia*-Hybriden)	2,5 m/3 m	mittelstark	Sonne bis Halbschatten
Forsythie (*Forsythia intermedia*)	2,5 m/2,5 m	stark	Sonne bis Halbschatten
Blutjohannisbeere (*Ribes sanguineum*)	2,5 m/2 m	mittelstark	Sonne bis Halbschatten
Maiblumenstrauch (*Deutzia magnifica* und *Deutzia scabra*)	3 m/3 m	stark	Sonne bis Halbschatten
Falscher Jasmin (*Philadelphus*-Hybriden)	2–4 m/über 2 m	stark	Sonne bis Halbschatten
Ranunkelstrauch (*Kerria japonica*)	2 m/2 m	mittelstark	Sonne bis Halbschatten
Sibirischer Hartriegel (*Cornus alba* ›Sibirica‹)	2,5 m/3 m	mittelstark	Sonne bis Halbschatten
Schneeball (*Viburnum lantana*) ☠	3 m/3 m	mittelstark	Sonne bis Schatten
Strauchmispel (*Cotoneaster acutifolius, C. multiflorus, C. divaricatus*) ☠	bis 3 m/2 m	mittelstark	Sonne bis Halbschatten
Felsenbirne (*Amelanchier lamarckii*)	bis 5 m/2 m	mittelstark	Sonne
Weißdorn (*Crataegus monogyna*)	ca. 5 m/3 m	mittelstark	Sonne bis Halbschatten
Kornelkirsche (*Cornus mas*)	bis 5 m/4 m	schwach	Sonne bis Halbschatten
Korkenzieherweide (*Salix* ›Tortuosa‹)	5 m/3 m	mittelstark	Sonne bis Halbschatten
Goldregen (*Laburnum* ›Vossii‹) ☠	bis 5 m/bis 2 m	schwach	Sonne bis Halbschatten, braucht ab der Pflanzung hin und wieder Kalkgaben
Holunder (*Sambucus nigra*)	bis 5 m/3 m	stark	Sonne bis Halbschatten
Flieder (*Syringa*-Arten)	3–6 m/ca. 2,5 m	schwach	Sonne, manche Arten auch Halbschatten
Haselnuss (*Corylus avellana*)	5–7 m/2 m	stark	Sonne bis Halbschatten

Merkmale	Schnittmaßnahmen
teils lang anhaltende weiße oder rosa Blüte im späten Frühjahr oder Frühsommer, wirkt durch die kleinen Blätter trotz ihrer Breite sehr zierlich; gut als Solitär geeignet	2-jährlicher Rückschnitt erforderlich
grünes, rotes oder immergrünes Laub, auffällige, gelbe Blüte, rote Beeren im Herbst, dichte, stachelige Erscheinung, die Abstand halten lässt	2- bis 3-jährlicher Rückschnitt oder Auslichtungsschnitt erforderlich
anspruchslos, robust; Blütenpracht im späten Frühjahr; gut als Solitär geeignet	jährliches bis 2-jährliches leichtes Auslichten erforderlich
schlichte Wildrose mit einfacher, aber lang anhaltender Blüte, verwertbare Hagebutten im Herbst, steht gern in Gruppen	jährlicher Rückschnitt und gelegentliches 3-jährliches Auslichten im Alter fördern die Blütenbildung
im Spätfrühling auffällige weiße oder rote Blüten, ab Sommer rote Beeren, sehr stattliche Erscheinung, die einen lichten Sichtschutz bietet; auch Arten mit Herbstfärbung und wintergrünem Laub erhältlich	Auslichten im Abstand von mehreren Jahren erforderlich
glänzendes, immergrünes, dunkles, dichtes Laub, weiße Blüten; wuchtige Erscheinung	bei ausgewachsenen Pflanzen jährlicher Rück- und Auslichtungsschnitt erforderlich
rote Blüte im Frühsommer, Nachblüte möglich, anspruchsloser, solider Sichtschutz, überhängende Äste; auch gut als Solitär geeignet	Rückschnitt nach der Blüte bewirkt eine Nachblüte, 2- bis 3-jährliches Auslichten erforderlich
die gelbe Blüte erscheint vor den Blättern, prächtige Blütezeit, ansonsten unauffälliger, dichter Zierstrauch mit stark überhängenden Zweigen; auch gut als Solitär geeignet	leichtes 2- bis 3-jährliches Auslichten erforderlich
treibt früh aus und blüht rot (etwa zur selben Zeit wie die Forsythie), der Wuchs ist aufrechter als bei den beiden vorgenannten, dadurch auffälligere Erscheinung	leichtes 2- bis 3-jährliches Auslichten erforderlich
weiße bzw. rosa Blütenfülle im Vorsommer, wuchtige Erscheinung wegen des starken Wachstums	leichtes 2- bis 3-jährliches Auslichten erforderlich
duftende, weiße Blüten, ähnelt dem Maiblumenstrauch und der Kolkwitzie	leichtes 2- bis 3-jährliches Auslichten erforderlich
gelbe Blütenfülle im Vorsommer, Nachblüte möglich, wächst straff aufrecht mit vielen dichten Trieben, leichter Wildcharakter	Rückschnitt nach der Blüte fördert die Nachblüte
unbedeutende Blüte, aber wunderschöne leuchtend rote Zweige, die vor allem im Winter wirken, aufrechter Wuchs, freundlicher Charakter	leichter 3-jährlicher Rückschnitt erforderlich
einheimischer Wildstrauch mit duftenden, cremeweißen Blüten im Mai/Juni und Früchten im Herbst, wegen des straffen Wuchses sehr ruhige Erscheinung	leichtes 2- bis 3-jährliches Auslichten erforderlich
treibt früh aus, rosa Blüte im Spätfrühling, rötliche Herbstfärbung mit schwarzen Früchten. Arten mit unterschiedlichem Laub, Sorten mit bizarrem Wuchs	leichtes 2- bis 3-jährliches Auslichten erforderlich
roter Austrieb mit gleichzeitiger weißer Blüte im April, lichtes Laub, essbare Früchte, rote Herbstfärbung; durch die aufstrebende Form ein Ruhepunkt im Garten, ideal zum Verdecken von Gebäuden; auch gut als Solitär geeignet	3-jährlich auslichten, aber nicht zurückschneiden
weiße Blütenfülle im Mai/Juni, dunkelrote Früchte im Herbst. Ruhige, einheimische Heckenpflanze mit wunderschönen Blättern, lichte Erscheinung	bei Bedarf etwas auslichten
gelbe Blüte zusammen mit Forsythie, auffallende, essbare Früchte, gelbe Herbstfärbung; einheimische Heckenpflanze mit sehr natürlicher Ausstrahlung	2-jährliches Auslichten erforderlich
hübsches, verdrehtes Astwerk, das vor allem im Winter zur Geltung kommt; die Äste und silbergrauen Blätter wirken spielerisch leicht; auch gut als Solitär geeignet	bei Bedarf etwas auslichten
gelbe Blütentrauben im Mai, zierliches, dreifingriges Laub, Hülsenfrüchte im Winter, leichte Erscheinung; auch gut als Solitär geeignet Vorsicht: Goldregen ist in allen Teilen stark giftig (Seite 214)!	bei Bedarf etwas auslichten
klassische einheimische Wildpflanze, Blüten- und Fruchtstrauch; Blüten und Früchte essbar; durch die korkige Borke sehr auffällig	radikaler Rückschnitt alle 4 bis 5 Jahre verhindert Vergreisen, jährlich auslichten
herzförmige Blätter mit frischem Grün, Blüte im Mai/Juni, aufrechter Wuchs, geriffelte Rinde, ruhige, stattliche Erscheinung, viele Sorten und Variationen	3-jährlich auslichten, Rückschnitt der alten Blüten
auffallende gelblichgrüne Kätzchenblüte, beliebte Früchte; wuchtige Erscheinung, Wildpflanze, auch Sorten mit rotem Laub erhältlich	jährlich leicht auslichten, verträgt radikalen Rückschnitt

Sträucher schneiden

Stehen verschiedenartige Sträucher im Verband zusammen, kann es aufgrund ihrer unterschiedlichen Wuchsstärke zu einem Ungleichgewicht in der Pflanzung kommen, was sich jedoch durch einen Schnitt leicht wieder korrigieren lässt.

Forsythie: Hinreißende Blütenpracht im Frühjahr, aber sonst unauffällig.

► **Als Faustregel gilt:** Je enger die Sträucher zusammen stehen, desto mehr Schnittmaßnahmen sind erforderlich, um ein harmonisches Gesamtbild zu erhalten und ein vorzeitiges »Vergreisen« zu verhindern, bei dem der Strauch zwar ein dichtes Astwerk bildet, dieses aber aus immer dünneren Trieben besteht, das den Strauch mit der Zeit unansehnlich macht. Der Schnitt von Ziersträuchern ist noch einfacher als der Obstbaumschnitt und richtet sich nach dem jeweiligen Wuchscharakter des Strauches:

► **Rückschnitt:** Ein Rückschnitt ist erforderlich bei Sträuchern wie Spirea, Fingerstrauch und Ranunkelstrauch, deren Astwerk sich nach oben hin immer dichter verzweigt. Hier werden alle Spitzen mit einer Heckenschere – eventuell auch mit einer Handschere – um etwa 20 Prozent eingekürzt, um neue Verzweigungen aus dem alten Holz anzuregen. Dieser Rückschnitt führt zu keiner Veränderung des Erscheinungsbildes, sondern fördert das Wachstum und meist auch die Blütenbildung (siehe Abbildung 1).

► **Auslichtungsschnitt:** Bei vielen größeren Ziersträuchern dürfen die Spitzen dagegen nicht geschnitten werden, da sich sonst der Wuchscharakter zu stark verändert. Die Felsenbirne etwa verliert durch einen Rückschnitt der Spitzen ihre ganze Schönheit, denn sie reagiert darauf mit übermäßig vielen, schwachen Verzweigungen in der Krone und wird zu »kopflastig« (siehe Abbildung 2). Solche Sträucher werden nur ausgelichtet, das heißt, mit der Astschere oder einer Baumsäge werden vollständige Äste vom Stamm bzw. sogar von der Basis oder von anderen starken Ästen entfernt (»abgeleitet«, Seite 40), um den Strauch licht zu halten (siehe Abbildung 3). Der erste Auslichtungsschnitt ist in der Regel erst nach fünf Jahren nötig, danach genügt meist ein zwei- bis dreijähriger Turnus, um den Strauch licht zu halten.

Pflanztipp
Ziersträucher

Einheitliche Blütenhecke

Anstelle einer kunterbunten Blütenhecke können Sie kurze Strecken (bis etwa zehn Meter Länge) auch nur mit einer einzigen Art bepflanzen. Solche einheitlichen Blütenhecken sind meist äußerst wirkungsvoll; sehr imposant – vor allem zur Blütezeit, aber auch durch die oft schöne Herbstfärbung – ist beispielsweise eine Hecke nur aus Sommerflieder, Forsythie oder Blutjohannisbeere.

Rückschnitt Sträucher

1

Rückschnitt der Spitzen bei einer Spiree.

2

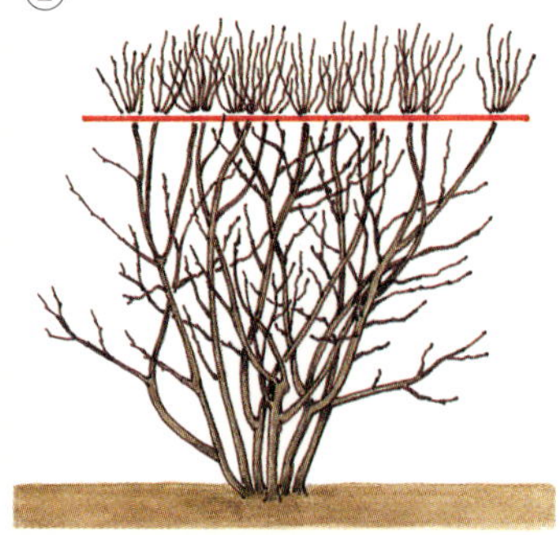

Falscher Rückschnitt bei der Felsenbirne

3

Richtiger Auslichtungsschnitt bei der Felsenbirne

► **Auf Stock setzen:** Als Sonderfall gilt das so genannte »Auf Stock setzen« eines Strauchs. Dabei entfernt man fast alles oberirdische Holz, sodass es am Hauptstamm zu einem Neuaustrieb kommt. Diese Maßnahme wird dann angewandt, wenn der Aufbau eines Strauchs durch einen Rück- oder Auslichtungsschnitt nicht mehr zu reparieren ist oder um alte Sträucher zu neuem Wachstum anzuregen. Auch bei den frischen Trieben muss man dann gleich nachschneiden, damit der Aufbau nicht zu dicht wird (siehe Abbildungen 1 bis 3 rechts).

Keine Angst vor dem Schneiden

Für das Schneiden von Sträuchern gilt das gleiche wie für Obstbäume: Selbst als Anfänger brauchen Sie keine Angst vor einem falschen Schnitt zu haben, denn fast alle Sträucher wachsen schnell nach, sodass sich mögliche Schnittfehler meist rasch wieder ausgleichen.

► Noch ein Wort zum Schnitt: In vielen Gemeinschaftsanlagen werden gemischte Blütenhecken häufig nicht von Fachkundigen geschnitten, das heißt, die Sträucher werden ohne Rücksicht auf ihren unterschiedlichen Wuchscharakter nach Art eines Heckenscherenschnitts auf die gleiche Höhe – meist 1,80 bis 2 m – »getrimmt«, wodurch jedoch der Aufbau beispielsweise einer Felsenbirne dauerhaft zerstört wird. Auch ausladende Ziersträucher wie Forsythie, Weigelie, Falscher Jasmin und Maiblumenstrauch vertragen eine solche radikale »Behandlung« nicht, da sie so immer dünneres Astwerk ausbilden und vorzeitig vergreisen. Sie benötigen stattdessen ein regelmäßiges Auslichten.

Spät blühende Sträucher werden im Winterhalbjahr geschnitten.

► Dieser Auslichtungsschnitt hat allerdings den optischen »Nachteil«, dass der Strauch anschließend nicht »geschnitten« aussieht, und mancher Gärtner, der eine Strauchpflanzung professionell ausgelichtet hat, muss sich danach die Klage anhören, dass man ja gar nichts von seiner Arbeit sehe. Als Qualitätsmerkmal gilt jedoch, dass man den Schnitt eines guten Gärtners auf den ersten Blick nicht sehen darf, egal ob es sich dabei um Sträucher oder Bäume handelt! Nur bei einem sehr starken Rückschnitt oder beim »Auf-Stock-Setzen« eines alten bzw. falsch geschnittenen Strauches darf der Schnitt ins Auge springen, andernfalls handelt es sich in der Regel um eine unsachgemäß ausgeführte Arbeit.

Wann schneiden?

► Alle Sträucher, die im Frühjahr blühen, haben ihre Blütenknospen im Vorjahr angelegt, sodass man sie erst nach der Blüte im späten Frühjahr schneidet. Ein Winterschnitt würde die angelegten Blütenknospen entfernen.

► Alle später blühenden Sträucher können vom Herbst bis ins Frühjahr geschnitten werden. Wie bei den Obstbäumen führt ein später Schnitt im Frühjahr zu einem besonders starken Austrieb.

Alten Strauch auf Stock setzen

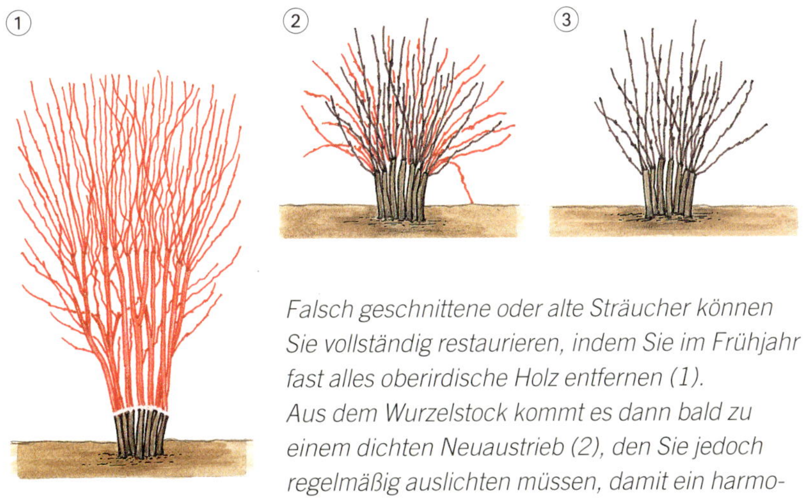

Falsch geschnittene oder alte Sträucher können Sie vollständig restaurieren, indem Sie im Frühjahr fast alles oberirdische Holz entfernen (1). Aus dem Wurzelstock kommt es dann bald zu einem dichten Neuaustrieb (2), den Sie jedoch regelmäßig auslichten müssen, damit ein harmonischer und lichter Aufbau entsteht (3).

Rhododendren

Ein ganz besonderer Strauch ist der Rhododendron. Er steht in der Beliebtheitsskala vieler Gartenbesitzer ganz weit oben, und das aus gutem Grund: Zur Blütezeit sind die Sträucher über und über mit großen Blüten besetzt, und vor allem größere Sträuchergruppen verwandeln

Rhododendren beeindrucken vor allem durch ihre schönen großen Blüten.

sich im Mai in ein einziges Meer aus weißen, violetten, rosafarbenen oder roten Blüten. Aber auch außerhalb der Blütezeit bieten die immergrünen Sträucher mit ihren dunkelgrünen Blättern einen schönen Anblick, und selbst im Winter sind sie dekorativer Sichtschutz und ruhige Kulisse zugleich.

Der richtige Standort

Dass Rhododendren reine Schattenpflanzen sind, ist ein weit verbreitetes Vorurteil, denn im tiefen Schatten blühen sie nur wenig. Richtig ist, dass ihnen ausgesprochen sonnige Standorte zwar weniger behagen, doch wenn alle anderen Bedingungen wie saurer Boden und ausreichend Wasser und Nährstoffe erfüllt sind, vertragen sie auch diese. Ideal ist jedoch ein heller, halbschattiger Platz, an dem sie im Sommer vor der heißen Mittagssonne geschützt sind. Als Waldrandpflanzen gedeihen sie auch gut im leicht schattigen Bereich von tief wurzelnden Bäumen wie Eichen und Kiefern. Nicht gepflanzt werden sollten sie dagegen in der Nähe flach wurzelnder Bäume wie Buche, Birke, Linde, Ahorn oder Kastanie, da ihnen die Konkurrenz zu viel Wasser und Nahrung entzieht.

Der richtige Boden

Rhododendren brauchen einen sauren Boden mit einem pH-Wert von 4,5 bis 5,5 (Seite 189) und reagieren daher empfindlich auf alkalische (kalkhaltige) Böden. Selbst

Die immergrünen Rhododendren sind relativ anspruchsvoll.

wenn Sie in einer Gegend mit saurem Boden wohnen, kann es sein, dass sich der pH-Wert durch Kalkgaben in den neutralen oder alkalischen Bereich verschoben hat, sodass es sich in jedem Fall empfiehlt, den pH-Wert vor der Pflanzung zu messen bzw. einen Bodentest zu machen (Seite 188) und den Boden dann entsprechend zu verbessern.

► Früher war es nötig, bei Rhododendren stark torfhaltige Erde zu verwenden. Inzwischen wird aber in den Gartencentern auch fertige torfreduzierte Rhododendrenerde angeboten, mit der Sie die Pflanzgrube einfach weitläufig auskleiden. Gut geeignet ist beispielsweise Flora-Pflanzerde, die aus kompostierter Rinde, Torf und Flachsstreu besteht.

Besonders robuste Rhododendren

Rhododendren werden wie Obstgehölze und Rosen veredelt (Seite 35). Von der Interessengemeinschaft kalkresistenter Rhododendrenunterlagen INKARHO (Adresse Seite 216) werden inzwischen auch Rhododendren vertrieben, die auf einer neuen Unterlage veredelt wurden und dadurch mit wesentlich höheren pH-Werten zurecht kommen.
Von diesen veredelten Rhododendren sind bislang allerdings nur wenige Sorten erhältlich, die außerdem wegen der hohen Entwicklungskosten etwa doppelt so viel kosten wie herkömmliche Pflanzen, dafür aber besonders pflegeleicht und unempfindlich sind.

Rhododendren pflanzen

► Heben Sie eine Pflanzgrube aus, die mindestens dreimal so breit ist wie der Durchmesser des Wurzelballens und etwa anderthalbmal so tief

Rhododendren können auch in Gruppen gepflanzt werden.

wie die Höhe des Ballens. Wenn Sie mehrere Pflanzen nebeneinander setzen möchten, heben Sie eine entsprechend größere zusammenhängende Pflanzgrube aus.

► Lockern Sie den Untergrund mit der Grabgabel. Wenn der Boden zu lehmig, das heißt nicht genügend wasserdurchlässig ist, graben Sie zuerst groben Kies unter, um Staunässe zu verhindern, durch die die Wurzeln leicht faulen (Seite 188).

► Wenn Ihr Boden bereits schwach sauer ist, das heißt der pH-Wert zwischen 5,5 und 6,5 liegt, genügt es, wenn Sie den Aushub zur Hälfte mit reiner Rhododendrenerde mischen. Andernfalls füllen Sie reine Rhododendrenerde in die Pflanzgrube, oder Sie gehen nach dem nebenstehenden »Rezept« vor.

► Setzen Sie den Strauch in die Pflanzgrube, und verfahren Sie dann weiter wie auf Seite 32 beschrieben.

► Um den Boden immer schön feucht und unkrautfrei zu halten, mulchen Sie den Boden um die Pflanzen zum Abschluss mit einer 5 cm dicken Schicht aus Rindenmulch. Weil dieser Stickstoff bindet, streuen Sie vorher Stickstoffdünger in Form von Hornspänen aus (100 g/qm).

► Erneuern Sie die Mulchschicht gelegentlich, aber geben Sie nicht mehr als verrottet, damit der Wurzelbereich darunter nicht erstickt. Eine 5 cm dicke Schicht alle fünf Jahre ist

Pflanztipp
Ziersträucher

Saurer Boden für Rhododendren

Mit dem folgenden »Rezept« können Sie einen sauren Boden erzeugen, der gleichzeitig luftig und stets feucht bleibt. Die Mengenangaben genügen für eine Pflanzung von drei mittelgroßen Rhododendren mit 1 m Höhe:

► 240 Liter gedüngte Rhododendrenerde oder Rindenhumus

► 160 Liter grober Rindenmulch oder Holzhäcksel

► 150 g Hornspäne

► 300 Liter Torf

► 1–2 Schubkarren Koniferenschnitt (auch Heckenschnitt), falls vorhanden

Und so wird's gemacht:

► Heben Sie wie nebenstehend beschrieben eine ausreichend große und tiefe Pflanzgrube aus.

► Füllen Sie die Zutaten hinein, und mischen Sie alles mit einer Schaufel kräftig durch. Feuchten Sie die Mischung dabei ständig stark mit Wasser an, da sie später nur noch schlecht Wasser aufnimmt.

► Nach dem Einsetzen der Rhododendren mulchen Sie die Baumscheibe zum Abschluss wie angegeben mit einer Extraportion Rindenmulch, um den Boden feucht und unkrautfrei zu halten.

Schöne Begleitpflanzen für Rhododendren

Name	Botanischer Name	Höhe in cm	Sonstiges
Schattenglöckchen	*Pieris japonica*	200–300	hängende weiße Blütenrispen im April/Mai
Heidelbeere	*Vaccinium corymbosum*-Hybriden	100	dichte weiße Blütenbüschel im Mai bis Juni, Früchte im Herbst
Blumen-Hartriegel	*Cornus florida*	bis 400	große weiße Scheinblüten im Juli, leuchtend rote Herbstfärbung
Schönfrucht	*Callicarpa bodinieri* ›Profusion‹	bis 300	rosa-lila Früchte im Herbst, deshalb auch »Liebesperlenstrauch« genannt
Prachtglocke	*Enkianthus campanulatus*	200–300	hellgelbe Glockenblüte, gelborangefarbenes Herbstlaub
Preiselbeere	*Vaccinium vitis-idaea*	15–20	Bodendecker mit weißen Blütenglocken im Mai/Juni, schöne Früchte im Herbst
Teppich-Hartriegel	*Cornus canadensis*	10–20	weiße Scheinblüten ab Juni, korallenrote Früchte im Herbst, hübscher Bodendecker
Heidekraut (Sommerheide)	*Calluna vulgaris*	20–40	weiße, rosa, rote oder purpurfarbene Blüten zwischen August und Oktober, schöner Bodendecker
Scheinbeere	*Gaultheria procumbens*	15–20	Bodendecker mit rotem Fruchtschmuck

Hartriegel sind schöne Begleitpflanzen.

nicht mehr als der natürliche Laubfall und daher unbedenklich.

Rhododendren gießen und düngen

► Damit Ihre Rhododendren kräftig und widerstandsfähig bleiben, brauchen sie gute Ernährung. Geben Sie ihnen alljährlich im Frühjahr einen organischen Volldünger (100 g/qm), der speziell für Rhododendren entwickelt wurde (Seite 196).

► Hinsichtlich der Wasserversorgung reichen die normalen Niederschlagsmengen bei eingewachsenen Pflanzen in der Regel aus. Bei frisch gepflanzten Rhododendren sowie bei Pflanzen in sonnigen Lagen oder in Trockenperioden sollten Sie dagegen gelegentlich gießen, wobei als Faustregel gilt: Besser seltener, aber dafür ausgiebig wässern als häufig und kurz gießen.

► Besonders wichtig ist die Wasserversorgung im Herbst: Da die immergrünen Pflanzen vor allem an sonnigen Wintertagen Wasser über die Blätter verdunsten, der Boden aber trotz Sonnenschein häufig gefroren ist, können die Rhododendren kein

Heidekraut passt gut als Bodendecker.

Wasser über die Wurzeln aufnehmen und erleiden Trockenschäden. Gießen Sie daher im Herbst noch einmal ausgiebig, und zwar ausnahmsweise eher zu viel als zu wenig. Wenn sich die Pflanzen dann richtig vollgesaugt haben, überstehen sie den Winter problemlos.

Pflegetipp
Ziersträucher

Verblühtes entfernen

Bei jungen Rhododendren sollten Sie verwelkte Blüten grundsätzlich mit zwei Fingern herausbrechen, da den Pflanzen auf diese Weise mehr Kraft zum Wachsen bleibt. Aber auch älteren Sträuchern tut das Entfernen der Blüten gut.

Name	Blütenfarbe	Blütezeit	Höhe/Breite
Starkwüchsige Rhododendren (Sortiment I)			
Rhododendron catawbiense ›Boursault‹	purpurlila	Mitte Mai–Mitte Juni	4–6/4–5 m
Rhododendron catawbiense ›Grandiflorum‹	helllila	Ende Mai–Ende Juni	4–6/3–4 m
Rhododendron ›Cunningham's White‹	knospig hellrosa, offen reinweiß	Ende April–Mitte Mai	3–4/3–5 m
Rhododendron ›Roseum Elegans‹	rosafarbenlila	Ende Mai–Ende Juni	3–4/4–5 m
Starkwüchsige Rhododendren (Sortiment II)			
Rhododendron ›Album Novum‹	lila, weiß	Mitte–Ende Mai	2,5–3,5/2–3 m
Rhododendron ›Lee's Dark Purple‹	dunkelviolett	Ende Mai–Anfang Juni	1,5–2,5/2–3 m
Rhododendron ›Nova Zembla‹	leuchtend rot	Ende Mai–Anfang Juni	2–2,5/2–2,5 m
Schwachwüchsige Rhododendren (Sortiment III)			
Rhododendron yakushimanum ›Fantastica‹	rothellrosa	Mitte Mai–Anfang Juni	0,8–1,2/1–1,2 m
Rhododendron yakushimanum ›Polaris‹	karminrot-rosa	Mitte Mai–Anfang Juni	0,6–0,8/1–1,2 m
Rhododendron yakushimanum ›Schneewolke‹	rosaweiß	Mitte Mai–Anfang Juni	0,6–0,8/1,2–1,5 m
Wildsorten			
Rhododendron minus	karminrotrosa	Ende Mai–Anfang Juni	0,8–1,5/0,8–1,5 m
Rhododendron praecox	lilarosa	Ende März–Mitte April	1,2–1,8/1–1,5 m
Rhododendron russatum	dunkelviolett	Mitte April–Mitte Mai	0,8–1/0,6-0,8 m

► Weiches Regenwasser zum Gießen ist ideal. Wenn Ihnen nur hartes, das heißt sehr kalkhaltiges Leitungswasser zur Verfügung steht, sollten Sie den Boden um die Rhododendren jährlich mit einem den pH-Wert senkenden Präparat wie etwa Rhodovital® behandeln.

Was tun bei Problemen?

Ist der Boden nicht sauer genug, das heißt der pH-Wert zu hoch, zeigen sich auf den Blättern so genannte chlorotische Erscheinungen, die auf Eisenmangel zurückzuführen sind – die Blätter werden gelb, während die Adern grün bleiben. In diesem Fall sollten Sie sofort handeln, denn je früher Sie reagieren, desto leichter erholen sich die Sträucher.
Als erste Hilfe können Sie in Wasser gelösten Eisendünger, z. B. Fetrilon®, regelmäßig über die Blätter gießen, doch ist die Ursache – ein zu hoher pH-Wert des Bodens – damit noch nicht beseitigt. Dieser entsteht meist dadurch, dass die Pflanzgrube zu klein bemessen war und nicht ausreichend richtige Erde enthält. Graben Sie die Rhododendren in diesem Fall aus – der Ballen ist meist relativ klein und kompakt –, und setzen Sie die Pflanzen wie auf Seite 57 beschrieben noch einmal mit neuer Rhododendrenerde ein. Nach zwei Jahren haben sie sich dann allerdings in der Regel wieder vollständig erholt.
Eine weitere mögliche Ursache ist zu kalkhaltiges Gießwasser, das den pH-Wert im Boden ansteigen lässt. In diesem Fall sollten Sie unbedingt regelmäßig Rhodovital® auf dem Boden ausbringen (1 kg/5 qm), denn mit diesem natürlichen Algenpräparat kann der pH-Wert des Bodens innerhalb eines Jahres um den Wert 1,0 gesenkt werden.

AZALEEN

Die kleinen Schwestern der Rhododendren, die eng mit den Rhododendren verwandt sind und auch sehr ähnliche Ansprüche stellen, ergänzen ihre großen Verwandten ideal:

► Japanische Azaleen (*Azalea japonica*) sind wintergrün, behalten also in milden Wintern ihr Laub. Sie vertragen keine Sonne, und nicht alle Sorten sind frosthart. Es gibt großblumige Arten, die bis 1,5 m hoch und 2 m breit werden, und kleinblumige Azaleen, die 0,5 bis 1 m hoch und bis 1,5 m breit werden.

► *Azaleahybriden* verlieren zwar ihr Laub im Winter, allerdings in Form einer prachtvollen Herbstfärbung, werden dafür aber 1,5 bis 2 m hoch und blühen reich in leuchtenden Farben.

Pflanztipp
Ziersträucher

Rhododendrensortimente

Wie bei Rosen gibt es auch bei den Rhododendren unzählige Sorten, die in den Baumschulen in ein Standard- und Liebhabersortiment unterteilt sind.

► Im Standardsortiment I finden Sie die robusteren, starkwüchsigen Sorten mit großen Blüten.

► Im Sortiment II finden Sie ebenfalls robuste, starkwüchsige Rhododendren mit großen Blüten. Diese Sorten stellen jedoch schon etwas höhere Ansprüche an Boden und Pflege.

► Sortiment III umfasst langsamwüchsige Liebhabersorten, die hohe Ansprüche stellen.

► Auch die Wildsorten sind eher für Liebhaber geeignet, weil die Bedingungen ihres Naturstandortes in unseren Gärten nur schwer nachgestellt werden können. In der Tabelle auf Seite 58 finden Sie deshalb nur die robustesten Wildsorten. Alle Arten sind leicht giftig.

Azaleen brauchen sauren Boden.

Bestechen durch ihre Blüten: Azaleen.

Pflegetipp
Ziersträucher

Rhododendron schneiden

Rhododendren sollten im Gegensatz zu anderen Sträuchern nur dann geschnitten werden (mit der Handschere), wenn sie zu hoch werden oder verkahlen.

Schnitthecken

Strauchpflanzungen aus einer einzigen Pflanzenart sind das, was man gemeinhin unter einer Hecke versteht. Solche Hecken ermöglichen, sofern sie durch Schneiden gut in Form gebracht sind, eine blickdichte Abgrenzung auf engem Raum.

► Mit großen Pflanzen wie etwa Thuja, Feldahorn, Fichte oder Hainbuche können Sie hohe grüne Wände schaffen.

► Daneben gibt es auch kleinere Schnitthecken, etwa aus Buchs, kleinen Spireen oder Berberitzen, die selten mehr als 1 m hoch werden. Sie dienen in der Regel als Einfassung von Wegen und Beeten oder in Vorgärten als »Hundesperre«.

Die wintergrüne Hainbuche behält ihr Laub bis zum Frühjahr.

In einer Thujahecke finden viele Vögel den Winter über Schutz.

Richtig planen

Bei einer Schnitthecke müssen Sie sich nicht nur auf eine Pflanzenart festlegen, sondern auch zwischen einer Laub- und einer Nadelgehölzhecke entscheiden. Beides hat Vor- und Nachteile:

► Bei einer Hecke aus sommergrünen Laubgehölzen erleben Sie den Wechsel der Jahreszeiten vom Austrieb bis zum Blattfall. Das bringt zwar viel Abwechslung, aber auch einen großen Nachteil mit sich: Wenn die Gehölze im Herbst ihr Laub abwerfen, ist es mit dem dichten Sichtschutz bis zum Frühjahr vorbei.

► Ein immergrüner Sichtschutz aus Nadelgehölzen (Seite 66) ist oft an Straßen oder bei sehr belebter Nachbarschaft erwünscht. Diese Hecken, die auch einen guten Winterschutz für Singvögel bieten – bei Minusgraden sind sie oft der einzige Unterschlupf –, vermitteln zwar einen ruhigen, konstanten Eindruck, können mit der Zeit aber auch etwas langweilig werden, da sie sich das ganze Jahr über kaum verändern. Bei einer solchen immergrünen Hecke sollten Sie deshalb auch besonders gut auf die Farbausprägungen der einzelnen Arten achten. So gibt es etwa bei der Scheinzypresse bestimmte Arten mit blauen Blättern, die nicht jedermanns Geschmack sind.

► Eine Alternative zu den Nadelgehölzen sind die wintergrünen Laubgehölze wie Hainbuche, Rotbuche oder Liguster, die ihr altes Laub bis zum Frühjahr behalten und damit im Winter einen passablen Sichtschutz bieten (Seite 68).

► Interessant ist auch eine Kombination aus Nadel- und wintergrünen

Eine wintergrüne Schnitthecke aus Feuerdorn zur Blütezeit

Die gleiche Hecke im Herbst

Laubgehölzen (Seite 67). Nicht kombinieren dürfen Sie allerdings Nadelgehölze mit »normalen« Laubgehölzen, da die Koniferen darauf mit dem Abwerfen ihrer Nadeln reagieren.

► Bedenken Sie bei Ihrer Planung auch die Höhe Ihrer künftigen Hecke: Je höher die Gehölze sind, desto mehr Sichtschutz bieten sie zwar, aber desto mehr Schatten werfen sie auch.

Richtig einkaufen

Kaufen Sie auch die Pflanzen für Ihre Schnitthecke nur in erstklassigen Baumschulen und Gartencentern, wo Sie eine große Auswahl haben und gut beraten werden.

► Je größer die angebotenen Pflanzen sind, desto teurer sind sie natür-

LAUBHECKE SCHNEIDEN

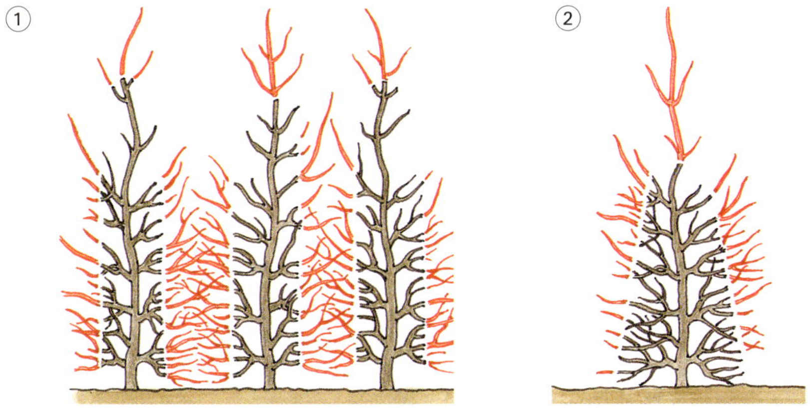

(1) Beim Erziehungsschnitt werden alle neuen Triebe (rot) mit der Heckenschere um die Hälfte eingekürzt, damit die Hecke schmal und dicht wird.
(2) Beim Erhaltungsschnitt schneiden Sie nach oben hin schmaler, damit die Hecke nicht »kopflastig« wird.

lich auch, was vor allem bei langsam wachsenden Arten wie etwa der Eibe stark ins Gewicht fällt, zumal Sie bei einer Schnitthecke meist viele Sträucher auf einmal kaufen.

► Dafür können Sie bei Heckensträuchern auf ballenlose Pflanzen zurückgreifen (Seite 30), für die Sie etwa um die Hälfte weniger bezahlen als für Ballen- oder Containerware. Sie sind allerdings nicht so anwuchssicher wie diese, können aber, vor allem bei weniger teuren Pflanzen, bei einem Ausfall leichter ersetzt werden.

► Etwas sparen können Sie auch durch den Rabatt, den manche Geschäfte bei einem »Großeinkauf«, wie er bei einer Heckenpflanzung nötig ist, einräumen.

Als Entscheidungshilfe bei Ihrer Planung können Sie sich auch an nebenstehender Tabelle orientieren, die Ihnen zeigt, mit welchen Ausgaben Sie bei den bekanntesten Heckenpflanzen pro laufendem Meter (lfm) rechnen müssen. Aufgrund der großen regionalen Unterschiede können die angegebenen Preise allerdings nur einen ungefähren Vergleichswert darstellen.

Nach dem Einkauf

Wenn Sie Ihre Heckenpflanzen nach dem Einkauf nicht sofort pflanzen, können Sie sie auf folgende Weise lagern:

► **Containerpflanzen:** Stellen Sie die Pflanzen aufrecht an einen schattigen Ort und wässern Sie sie ausreichend, sodass sie auf keinen Fall austrocknen.

► **Ballenpflanzen:** Stellen Sie die Pflanzen an einem schattigen Platz dicht zusammen. Bedecken Sie die Ballen mit reichlich Erde und halten Sie diese stets leicht feucht.

► **Wurzelware:** Legen Sie die Pflanzen an einen schattigen Platz, und bedecken Sie die Wurzeln mit reichlich Erde. Oder lagern Sie die Sträucher liegend in einem kühlen, frostsicheren Raum, etwa im Keller oder im Schuppen, und decken Sie die Wurzeln mit Säcken oder Decken ab. Wichtig ist auch hier, dass Sie den Wurzelbereich immer feucht halten, indem Sie ihn täglich überbrausen.

Was kosten Heckenpflanzen?

Art/Einkaufshöhe	Zeit bis zum Heckenschluss auf ca. 2 m Höhe	Preis für gute/sehr gute Qualität
Hainbuche/1,5 m	4–6 Jahre	ca. DM 100,–/lfm
Hainbuche/2 m	2–3 Jahre	ca. DM 140,–/lfm
Rotbuche/1,5 m	4–6 Jahre	ca. DM 75,–/lfm
Feldahorn/2 m	2–3 Jahre	ca. DM 60,–/lfm
Thuja, Zypresse/1,5 m	5–7 Jahre	ca. DM 120,–/lfm
Thuja, Zypresse/2 m	3–4 Jahre	ca. DM 250,–/lfm
Serbische Fichte/1,5 m	4–6 Jahre	ca. DM 120,–/lfm
Serbische Fichte/2 m	3–4 Jahre	ca. DM 180,–/lfm
Eibe/1 m	6–8 Jahre	ca. DM 160,–/lfm
Liguster/1 m	5–7 Jahre	ca. DM 15,–/lfm
Liguster/1,5 m	3–5 Jahre	ca. DM 80,–/lfm

Schnitthecken pflanzen

Als Faustregel gilt: Je niedriger eine Hecke ist, desto geringer darf der Abstand zwischen den Pflanzen sein. Halten Sie den empfohlenen Pflanzabstand aber möglichst genau ein, denn die Gehölze brauchen diesen Raum. Bei zu dichter Pflanzung gehen die überzähligen Pflanzen später leicht ein und hinterlassen dann unschöne Lücken.
Schnitthecken werden auf die gleiche Weise gepflanzt wie Bäume und Sträucher (Seite 31), wobei es jedoch einen Unterschied gibt: Da die Pflanzen nicht einzeln, sondern je nach Größe mehr oder weniger dicht stehen, werden sie anstatt in einzelne Pflanzlöcher in einen Pflanzgraben gesetzt:

► Der Pflanzgraben sollte mindestens die Breite der Wurzelballen haben.

► Beim Hineinstellen werden die Pflanzen so ausgerichtet, dass sie mit der Breitseite dem Heckenverlauf folgen und in ausreichendem Abstand zueinander stehen. (In der Tabelle auf Seite 64/65 ist angegeben, wie viele Pflanzen Sie pro laufenden Meter (lfm) setzen können.)

Pflanztipp Schnitthecken

Pflanzzeit für Schnitthecken

Die beste Pflanzzeit für Schnitthecken ist der Herbst oder das Frühjahr, sobald der Boden nicht mehr gefroren ist. Trübes bzw. bedecktes Wetter am Pflanztag ist von Vorteil, da die Pflanzen dann weniger verdunsten und der Pflanzschock geringer ausfällt.

Pflanzgraben

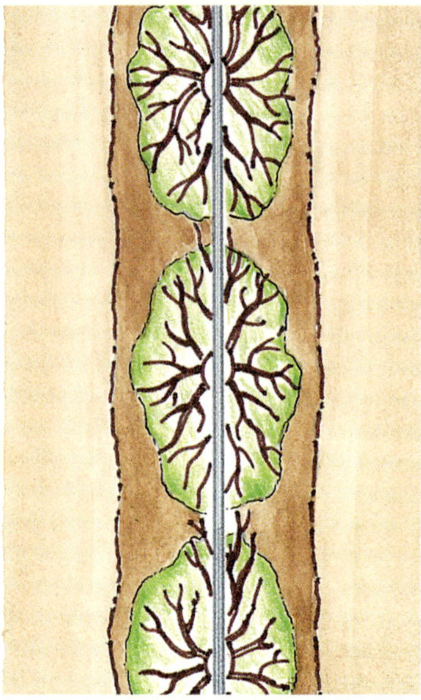

Setzten Sie die Pflanzen in ausreichendem Abstand mit der Breitseite in den Pflanzgraben.

Schnitthecken gießen und düngen

► Bei Trockenheit sollten Sie die dicht stehenden Pflanzen ausreichend wässern.

► Damit die Sträucher besser anwachsen, sollten Sie den Pflanzgraben mit Rindenmulch regelmäßig mulchen (Seite 194) und während der ersten Jahre mit organischem Dünger versorgen – am besten geeignet ist reifer Kompost (Seite 195).

Schnitthecken schneiden

Wie ein Obstbaum braucht auch eine Laub tragende Schnitthecke während der ersten Jahre einen regelmäßigen Erziehungsschnitt, damit sie dicht wird und später einen kontinuierlichen Erhaltungsschnitt, da sie sonst im Lauf der Zeit übermäßig breit und hoch wird.

Der Erziehungsschnitt

Eine Laub tragende Hecke wie etwa Hainbuche und Liguster braucht ab dem Zeitpunkt der Pflanzung einen rigorosen Erziehungsschnitt, damit sie schmal und dicht wird. Dabei werden alle neuen Triebe mit der Handschere um etwa die Hälfte eingekürzt, wodurch viele dichte Verzweigungen entstehen (siehe Abbildung 1 auf Seite 61).

► Dieser Erziehungsschnitt sollte während der ersten drei Jahre zweimal jährlich erfolgen.

Der Erhaltungsschnitt

Ab dem vierten Jahr folgt der Erhaltungsschnitt mit der Heckenschere. Schneiden Sie Ihre Hecke konisch, sodass sie oben ca. 10 bis 20 cm schmaler ist als an der Basis, damit sie nicht »kopflastig« wird (siehe Abbildung 2 auf Seite 61).

Bei Schnitthecken wird ein langer Pflanzgraben ausgehoben.

► Bei Koniferenhecken ist der beste Zeitpunkt für den Schnitt im Mai und Juni, also kurz nach dem Austrieb.
► Laubhecken sollten zweimal jährlich geschnitten werden: das erste Mal im Juni, das zweite Mal im September. Haben Sie einmal einen Schnitt verpasst, können Sie ihn im Winterhalbjahr nachholen.

Was tun bei einer zu großen Hecke?

Wurde bei einer Schnitthecke regelmäßiges Schneiden versäumt, wird sie im Lauf der Zeit übermäßig breit und hoch (in der Gärtnersprache ist sie »durchgegangen«), was sich jedoch relativ einfach korrigieren lässt.
► **Höhe:** Bei jeder Art von Schnitthecke können Sie die Höhe ganz

HÖHE SCHNEIDEN

Jede Schnitthecke können Sie in der Höhe auf das gewünschte Maß zurückschneiden.

Bei einer hohen Hecke brauchen Sie eine Leiter oder ein stabiles Gerüst.

einfach dadurch regulieren, dass Sie die Äste mit einer Säge oder Handschere bis auf das gewünschte Maß zurückschneiden (siehe Abbildung links). Die dabei entstehende »nackte« Oberseite belaubt sich schnell wieder, und vom Schnitt ist schon bald nichts mehr zu sehen.
► **Seitenwände:** Bei Laubhecken schneiden Sie die Seitenwände im ausgehenden Winter bis auf das gewünschte Maß zurück. Sie wird sich aus dem alten Holz heraus schnell wieder belauben.
Bei immergrünen Hecken dürfen Sie die Seitenwände nur bis auf das grüne Laub bzw. die Nadeln zurückschneiden. Ein tieferer Schnitt hinterlässt braune Löcher, die sich nicht mehr begrünen!

ELEKTRISCHE HECKENSCHERE

Ab einer Heckenlänge von zehn Metern empfiehlt sich die Verwendung einer elektrischen Heckenschere; ansonsten genügt die klassische Handheckenschere, deren Schnitt außerdem etwas sauberer ist als der von elektrischen Heckenscheren.

Schnitthecken restaurieren

Zu breit oder löchrig gewordene Laubhecken wie etwa Hainbuche, Liguster, Berberitze und Spiree können Sie auch vollständig restaurieren:
► Schneiden Sie die Hecke im späten Winter oder im zeitigem Frühjahr mit der (Motor-)Säge bis auf den Wurzelstock zurück (»auf Stock setzen«, Seite 55).

Kostentipp
Schnitthecken

Hilfe vom Fachmann

Wenn Ihnen das Restaurieren einer ganzen Hecke und der Abtransport des Schnittmaterials zu arbeitsaufwändig ist, können Sie natürlich auch einen Gärtner damit beauftragen. Dabei müssen Sie zwar je nach Höhe der Hecke mit etwa 300,- bis 400,- DM pro 10 lfm Hecke inklusive Entsorgung rechnen. Dies ist aber immer noch billiger als das Roden und die Neupflanzung einer Hecke.

► Kürzen Sie die zahlreichen Neuaustriebe wie beim Erziehungsschnitt (Seite 62) in den folgenden 3 Jahren mit der Handschere stark ein, damit viele Verzweigungen entstehen. Nach vier bis fünf Jahren ist eine vollständig neue Hecke entstanden, die dann mit einem Erhaltungsschnitt weiter gepflegt wird.

NISTPLATZ FÜR VÖGEL

Im Gegensatz zu Laubhecken bieten Hecken aus Nadelgehölzen vielen Vögeln im Winter einen wärmenden Unterschlupf.

Immergrüne Gehölze für hohe Schnitthecken

Name (botanischer Name)	Pflanzen/lfm	Höhe/Breite	Wuchsstärke
Lebensbaum/Thuja (*Thuja occidentalis*) ☠	2–3	1,6–3 m/ca. 1,5 m	mittelstark
Baumzypresse (*Chamaecyparis Cupressocyparis*)	2–2,5	ab 2 m/1,5–2 m	sehr stark
Eibe (*Taxus baccata*) ☠	2–3	1–3 m/1–2 m	sehr schwach
Fichte (*Picea abies*)	2–2,5	2–3m/1,5–3 m	stark
Serbische Fichte (*Picea omorika*)	2–2,5	2–3 m/1,5–2,5 m	stark
Scheinzypresse (*Chamaecyparis lawsoniana*)	2–2,5	1,8–3 m/1–2 m	stark

Laubgehölze für hohe Schnitthecken

Hainbuche (*Carpinus betulus*)	2,5–3	1,6–4 m/ca. 1,5 m	stark
Rotbuche (*Fagus sylvatica*)	2,5–3	ab 2 m/bis 3 m	stark
Liguster (*Ligustrum vulgare* ›Lodense‹) ☠	ca. 3	1–2 m/0,8–2 m	stark
Feldahorn (*Acer campestre*)	3	1,5–3 m/1,5–2,5 m	mittelstark
Berberitze (*Berberis julianae*) ☠	3–3,5	1,5–2 m/1–1,5 m	sehr schwach

Gehölze für niedrige Schnitthecken

Liguster (*Ligustrum vulgare*)	4–5	bis 1 m	stark
Berberitze (*Berberis* ›Nana‹) ☠	ca. 4	bis 0,5 m	schwach
Buchs (*Buxus sempervirens* ›Suffruticosa‹) ☠	4–6	0,4–1 m	schwach
Johanniskraut (*Hypericum* ›Hidcote‹)	4	0,6–1 m	stark
Fingerstrauch (*Potentilla* in Sorten)	4–5	ca. 0,6–1 m	stark
Spiree/Spierstrauch (*Spiraea albiflora*)	3–4	0,5–1 m	stark
Lavendel (*Lavandula angustifolia*)	5–6	0,4 m	mittelstark

Nicht alltägliche Gehölze für Schnitthecken

Feuerdorn (*Pyracantha* in Sorten)	2–2,5	ca. 1,8 m/ca. 1 m	stark
Strauchmispel (*Cotoneaster acutifolius*) ☠	2	ca. 2 m/2 m	stark
Immergrüne Strauchmispel (*Cotoneaster franchetii*) ☠	2	1,5 m/2 m	mittelstark
Kirschlorbeer (*Prunus laurocerasus* ›Horizontalis‹) ☠	1–2	bis 1,8 m/2 m	sehr stark
Sommerflieder (*Buddleia*-Hybriden)	1	2 m/2 m	stark

Laub/Nadeln/Blüten/Früchte	Besonderheiten, Schnittmaßnahmen
immergrünes Laub, kann im Winter etwas braun werden	der Klassiker unter den immergrünen Hecken, Schnitt mit der Heckenschere, wo erforderlich
immergrüne Blätter	2-jährlicher Schnitt erforderlich
immergrüne, dunkle Nadeln	wegen des langsamen Wuchses sind größere Pflanzen sehr teuer, jährlicher Heckenschnitt
immergrüne Nadeln	jährlicher Heckenschnitt
immergrüne Nadeln, schlanker als andere Fichtenarten	pflegeleicht, braucht jährlichen Schnitt, um dicht zu werden
immergrüne grüne bis blaue Blätter. Vorsicht: Manche Farben sind für eine Heckenpflanzung nicht geeignet	jährlicher Heckenschnitt
sommergrünes Laub	die vertrockneten Blätter bleiben den Winter über hängen
glänzendes grünes Laub, das im Herbst rotbraun wird und den Winter über hängen bleibt, auch rotblättrige Arten	kann auch mit Hainbuche gemischt werden
kleinblättriges Laub, auch wintergrüne Arten	Sonne bis Halbschatten, humusreicher, tiefgründiger Boden
hellgrünes Laub, gelbe Herbstfärbung	robustes und gut schnittverträgliches Gehölz
rotes und grünes, auch immergrünes Laub	die Stacheln ergeben eine natürliche Sperre
wintergrüne Blätter, auch immergrüne Arten vorhanden	Sonne bis Halbschatten, humusreicher, frischer Boden
rote Herbstfärbung bei grünem Laub, auch rotlaubige Sorten	Sonne bis Halbschatten
immergrünes Laub	Halbschatten bis Schatten
immergrünes Laub, lang anhaltende Blüte ab Juli	Sonne
sommergrüne Blätter, lang anhaltende Blüte ab Juli	Sonne bis Halbschatten; robust
sommergrüne Blätter, je nach Sorte lang anhaltende rote oder weiße Blüte ab Juni	Sonne bis Halbschatten; robust
nadelförmige, graublaue Blätter	Sonne; schön in Kombination mit Rosen (Seite 144)
immergrünes, glänzendes Laub, weiße Blüten, reichlich orange-rote Beeren, Dornen	ersetzt jeden Zaun, ist aber genauso durchsichtig; jährlicher leichter Rückschnitt der Jungtriebe erforderlich
sommergrünes Laub mit rötlicher Herbstfärbung, rosa Blüten, schwarze Früchte	bildet auch ohne Schnitt ansprechende Hecken
immergrünes Laub, auffallende weiße Blüte, rote Beeren	2-jährlich auslichten, aber nicht zurückschneiden
dunkel glänzendes, immergrünes Laub, duftende weiße Blüten	jährlich auslichten, aber nicht zurückschneiden
zuerst lichtes Laub, das im Sommer dichter wird, Blütenrispen im Spätsommer	Sonne, im Frühjahr Rückschnitt auf 0,5–1 m

Nadelgehölze

Mit ihrem kompakten, oft eleganten Wuchs und ihren grünen Nadeln bereichern die Nadelgehölze den Garten vor allem durch ihre ruhige, gelassene Ausstrahlung. Auch wenn sie im Sommer eher unauffällig sind und hinter der Fülle der Blumen und Sträucher fast verschwinden – ihre große Zeit kommt nach dem Laubfall im Herbst, sobald sie den Garten fast als Einzige mit ihrem Grün beherrschen. Denn dann zeigt dieser sich von einer ganz anderen Seite, und durch geschicktes Gruppieren von Koniferen kann jetzt ein völlig neues Raumgefühl entstehen.

Obwohl Nadelgehölze weder auffällige Blüten, noch einen besonderen Fruchtschmuck und mit Ausnahme der Lärche schon gar keine spektakuläre Herbstfärbung vorweisen können, sind sie dennoch faszinierend, denn jede Art besticht auf ihre Weise durch die eigenwillige Form und/oder die typische Färbung ihrer Nadeln.

Nadelgehölze-Koniferen

► Zu den Nadelgehölzen zählen neben den benadelten Vertretern wie Eibe, Kiefer, Wacholder und Fichte auch Gehölze mit schuppenartigen Blättern wie Thuja und Scheinzypresse.

► Nadelgehölze mit zapfenförmigen Früchten werden fachsprachlich auch Koniferen (lat. = »zapfentragend«) genannt. Bis auf die Eibe und alle Eibengewächse, die rote Beeren tragen, kann man demnach alle Nadelgehölze auch als Koniferen bezeichnen.

Nadelgehölze verleihen dem Garten eine harmonische Atmosphäre.

Eine gemischte Hecke aus Nadel- und wintergrünen Laubgehölzen.

Farben & Formen

► Schwarzgrüne Nadeln besitzen Eibe und Tanne.

► Frisches Dunkelgrün zeigen die Nadeln von Kiefer, Latsche und Fichte.

► Sattes Hellgrün weisen Thuja, Scheinzypresse und Lärche auf.

► Blau, grau und gelb sind Wacholder, Scheinzypressen und zahlreiche moderne Züchtungen.

► **Säulenform:** Am bekanntesten ist die aufstrebende Säulenform von Thuja und Säulenwacholder, die vor allem im Winter als Blickfang zur Geltung kommen. Diese Nadelgehölze eignen sich besonders gut für Gruppenpflanzungen mit drei bis fünf Pflanzen, aber auch einzeln gesetzt wirken sie bei geschickter Platzierung sehr dekorativ.

► **Pyramidenform:** Die klassische Form des Weihnachtsbaumes, wie man sie bei Tanne, Kiefer und Fichte findet. Diese Bäume lassen sich ausgezeichnet mit den Säulenformen kombinieren.

► **Breite Form:** Breit wachsende Arten wie Eibe, Wacholder, Latsche und Hemlocktanne bekommen

Unterschiedliche Wuchsformen

Nadelgehölze bestechen durch ihre unterschiedlichen Wuchsformen. Von links nach rechts: Thuja, Fichte, Wacholder, Eibe.

meist einen Einzelstand. Durch ihren gedrungenen Wuchs bringen sie sanfte Linien in den Garten.

► **Zwergform:** Spezielle Nadelgehölzsorten, die kaum mehr als 1 m hoch werden, verwendet man in der Regel für die Bepflanzung von Terrassentrögen, Steingärten oder als begleitende Gehölze in Staudenbeeten. Auch bei der Grabpflege werden sie häufig als dauerhafte Bepflanzung eingesetzt und mit saisonalen Blütenpflanzen aufgelockert.

Pflanztipp
Nadelgehölze

Moderne Züchtungen

Auch wenn viele der farblichen »Exoten«, die aus Züchtungen hervorgegangen sind, zunächst durch ihr Aussehen bestechen: Sie benötigen eine besonders aufwändige Pflege und sind deshalb für den Anfänger weniger geeignet. Zudem besteht die Gefahr, dass man sich an diesen »Modefarben« schnell satt sieht.

Eine Kiefer braucht viel Platz und ist ausgewachsen etwa 20 Meter hoch.

Nadelgehölze und Laubgehölze

Bei der Pflanzung von Nadelgehölzen gibt es eine wichtige Einschränkung: Sie vertragen sich nicht besonders gut mit Laubgehölzen. Steht beispielsweise eine Forsythie neben einer Fichte, kahlt die Fichte an den Berührungspunkten aus. Im Sommer stört das zwar nicht weiter, doch nach dem Laubfall der Forsythie wird dieses unschöne Loch sichtbar. Sorgen Sie deshalb für einen ausreichenden Abstand zwischen Laub- und Nadelgehölzen, oder setzen Sie wintergrüne Laubgehölze (Seite 68) neben Ihre Nadelbäume. Dabei kommt es zwar auch zu einer Verkahlung der Bäume durch den Strauch, doch bleibt die Stelle durch dessen wintergrünes Laub ganzjährig verdeckt und wirkt nicht unansehnlich.

Nur für größere Gärten eignet sich eine Gruppe hoher Nadelbäume.

Wirkung von Nadelbäumen

Geschickt plaziert lassen sich mit säulen- und pyramidenförmigen Nadelgehölzen interessante optische Effekte erzielen.

Nadelgehölze richtig planen

Vor allem bei der Planung von größeren Nadelgehölzen müssen Sie langfristig denken: Ein kleines Fichtenbäumchen mit 40 cm sieht frisch gepflanzt zwar sehr niedlich aus, doch ohne stetigen Schnitt wird daraus in den nächsten 15 Jahren ein stattlicher Baum von mehr als 10 m Höhe und 6 m Breite!

Nadelgehölze und wintergrüne Laubgehölze kombinieren

Wenn Sie einen immergrünen Sichtschutz benötigen, können Sie verschiedene Nadelgehölze in Kombination mit wintergrünen Laubsträuchern pflanzen. Ein solcher Sichtschutz besticht nicht wie bei einer gemischten Blütenhecke (Seite 50) durch die Blüten und den Fruchtschmuck, sondern durch das Zusammenspiel unterschiedlicher Nadelfarben und -formen. Zusätzliche Auflockerung bewirken die wintergrünen Laubsträucher durch den sichtbaren Wechsel der Jahreszeiten.

Pflanztipp
Nadelgehölze

Pflanzen in Gruppen

Bepflanzen Sie eine kleine Ecke Ihres Gartens mit einer kleinen, homogenen Gruppe aus Nadelgehölzen. Sie werden staunen, welche Wirkung diese Pflanzen nach einigen Wintern haben. Und wenn sie zu groß geworden sind, lassen sich Nadelgehölze durch einen Schnitt gut bändigen (Seite 70).

Der wintergrüne Kirschlorbeer eignet sich gut als Unterpflanzung.

WINTERGRÜNE LAUBGEHÖLZE

Zu den wintergrünen Laubgehölzen gehören Bambus (*Sinarundinaria murielae*), Liguster (*Ligustrum ovalifolium*), Hainbuche (*Carpinus betulus*), Kirschlorbeer (*Prunus laurocerasus*), Runzelblättriger Schneeball (*Viburnum rhytidophyllum*), Strauchmispel (*Cotoneaster salicifolius*) und Feuerdorn (*Pyracantha coccinea*).

Eine schöne Kombination aus Nadel- und wintergrünen Laubgehölzen.

► Wie bei der Planung einer Blütenhecke bestimmen Sie zuerst die gewünschte Höhe Ihrer Pflanzung.

► Auch die Auswahl der Arten sollten Sie genau überlegen, da die Wuchsstärke bei Nadelgehölzen sehr unterschiedlich ist. Viele Arten wachsen so langsam, dass Sie die Pflanzen am besten im Dreiecksverband setzen, um in absehbarer Zeit einen vernünftigen Sichtschutz zu bekommen (Seite 49). Dafür wird die lange Zeit des Wartens – mindestens fünf Jahre müssen Sie bei einer solchen Hecke rechnen – mit einer Kombination aus Pflanzen mit unterschiedlichstem Charakter belohnt.

WIRKUNG VON BREIT WACHSENDEN KONIFEREN

Mit breit wachsenden Koniferen wie etwa Wacholder können Sie in Ihrem Garten reizvolle optische Bögen gestalten.

FARBE IM WINTER

Mit Nadelgehölzen wirkt der Garten auch im Winter nie kahl.

Nadelgehölze für gemischte Pflanzung oder Einzelstand

Pflanzenname (botanischer Name)	Wuchscharakter	Höhe/Breite nach 7 Jahren/ nach 20 Jahren ohne Schnitt	Wuchsstärke	Nadeln/Blätter	Licht-/Bodenansprüche
Eibe (*Taxus baccata*)	strauchartig, selten durchgehender Stamm, meist breitkronig	2,5 m x 3 m/7 m x 4 m	schwach	schwarzgrüne, zugespitzte Nadeln	Sonne bis Schatten, kalkhaltiger, feuchter Boden
Thuja/Lebensbaum (*Thuja occidentalis*)	Säulenform, durchgehender Stamm	3 m x 0,6 m/9 m x 3 m	schwach	flach gedrückte, schuppenartige Blätter	Sonne bis Halbschatten
Hemlocktanne (*Tsuga canadensis*)	Pyramidenform, licht, meist durchgehender Stamm. Ähnelt der Eibe, jedoch heller und kleiner	bis 2,5 m x 3 m/7 m x 4 m	anfangs schwach, im Alter stark	Nadeln ähnlich der Eibe, aber heller	Sonne bis Halbschatten, verträgt keinen Kalkboden
Scheinzypresse (*Chamaecyparis lawsoniana*)	Säulenform, durchgehender Stamm, schuppenartige Blätter	3 m x 1,5 m/10 m x 4 m	mittelstark	grüne oder graublaue, schuppenartige Blätter	Sonne bis Halbschatten
Baumzypresse (*Chamaecyparis x Cupressocyparis*)	Pyramidenform, durchgehender Stamm, locker verteilte Äste	3 m x 1,5 m/10 m x 3 m	stark	dunkelgrüne, schuppige bis fächerförmige Blätter	Sonne bis Schatten, bevorzugt humusreiche Lehmböden
Zypressenwacholder (*Juniperus virginiana*)	breite, ausladende Form, durchgehender Stamm	1,5 m x 1 m/5 m x 2 m	schwach	grüne, schuppenartige Blätter	Sonne bis Halbschatten
Strauchwacholder (*Juniperus chinensis* ›Hetzii‹)	Pyramidenform oder breitkronige Trichterform, ausladend, bei Pyramidenform durchgehender Stamm	2 m x 1,5 m/4 m x 3 m	anfangs schwach, später stark	graublaue, schuppenartige Blätter	Sonne bis Schatten
Serbische Fichte (*Picea omorika*)	Pyramidenform, durchgehender Stamm	3 m x 1,5 m/10 m x 3 m	mittelstark	Nadeln an der Unterseite silbergrau	Sonne bis Halbschatten, braucht unbedingt durchlässigen Boden
Blaufichte (*Picea pungens* ›Glauca‹)	Pyramidenform, durchgehender Stamm	3 m x 2 m/8 m x 4 m	anfangs schwach, später stark	stahlblaue stachelige Nadeln	Sonne bis Halbschatten, verträgt keine reinen Sand- oder Lehmböden
Fichte (*Picea abies*)	Pyramidenform, durchgehender Stamm	ca. 5 m x 2,5 m/10 m x 4 m	mittelstark	grüne Nadeln in zweizeiliger Anordnung	Sonne bis Halbschatten, auf schweren Böden extrem flach wurzelnd und dadurch sturmgefährdet
Schwarzkiefer (*Pinus nigra*)	zuerst Pyramidenform, im Alter (nach etwa 30 Jahren) Aufbau einer Schirmkrone, durchgehender Stamm	3 m x 2 m/8 m x 7 m	schwach	bis 15 cm lange Nadeln	braucht Sonne, trockenen Standort, kalkhaltigen Boden
Latsche (*Pinus mugo*)	anfangs schmal kegelförmig, später breitbuschig	2,5 m x 1,5 m/3,5 m x 2,5 m	schwach	sichelförmig gekrümmte Nadeln bis 4 cm Länge	relativ anspruchslos, braucht jedoch viel Sonne

Nadelgehölze pflanzen

Nadelgehölze sind anspruchsvoller als Laubgehölze und müssen deshalb hinsichtlich der Bodenverhältnisse und der Pflege ein bisschen »gehätschelt« werden, damit sie gedeihen.

► Wichtig ist, den Boden vor der Pflanzung tiefgründig zu lockern (Seite 192) und ihn bei besonderen Ansprüchen entsprechend zu verbessern (Seite 191).

► Erst dann werden die Gehölze in ausreichendem Abstand auf die gleiche Weise wie Bäume oder Sträucher gepflanzt (Seite 31).

Nadelgehölze gießen und düngen

► Die meisten Nadelgehölze behalten ihre Nadeln oder Blätter mehrere Jahre lang, bis sie abgeworfen und durch neue ersetzt werden. Anders als Laubbäume sind sie dadurch besonders stark der Luftverschmutzung ausgesetzt, da sie sich nicht

Scheinzypressen wirken besonders schön in kleinen Gruppen.

Kleine Koniferen eignen sich ausgezeichnet für die Trogbepflanzung.

wie diese durch einen jährlichen Laubfall reinigen können.
Eine weitere Benachteiligung ergibt sich aus der Wintertrockenheit: Die Pflanzen verdunsten das Wasser über die Blätter bzw. Nadeln auch bei Frost, sodass neues Wasser über die Wurzeln nachgeliefert werden muss. Bei trockenem oder gefrorenem Boden ist dies jedoch unmöglich, sodass es zu Vertrocknungen an den Blättern bzw. Nadeln kommen kann, was Sie an einer Braunfärbung erkennen können. Nadelgehölze sollten deshalb unbedingt im Spätherbst und an frostfreien Tagen im Winter gründlich gewässert werden, damit sie mit einem ausreichenden Wasservorrat unbeschadet über den Winter kommen.

► Regelmäßige Kompost- und Düngergaben sind vor allem in den ersten fünf Jahren nach der Pflanzung wichtig. Dafür gibt es einen speziellen Koniferendünger, der einen hohen Anteil an Magnesium enthält und damit den besonderen Nährstoffbedarf der Pflanzen berücksichtigt. Hinsichtlich der Häufigkeit und Menge richten Sie sich bitte nach den Angaben auf der Düngerpackung. Wichtig ist, dass Sie den Boden nicht überdüngen, da die Pflanzen dadurch schnell Schaden nehmen können.

Auch Bambus zählt zu den wintergrünen Laubgehölzen.

Nadelgehölze schneiden

Durch ihren meist langsamen Wuchs sind Nadelgehölze ideal für einen Schnitt geeignet, auf den sie mit vielen Verzweigungen und dichtem, buschigem Wachstum reagieren. Mit einem regelmäßigen Schnitt können sogar Fichten, die ungeschnitten über 20 m hoch werden, als 2 m hohe Schnitthecke gehalten werden (Seite 60).

Pflegetipp
Nadelgehölze

Spezialdünger

Wenn Sie Ihre Koniferen mit ausreichend Spezialdünger (aus dem Gartencenter oder der Baumschule) versorgen, der relativ viel Magnesium enthält, können Sie dem Braunwerden der Nadeln oder Blätter vorbeugen.

Mit dem Schnitt müssen Sie allerdings rechtzeitig beginnen, um das Gehölz wirklich kompakt zu halten. Denn haben Nadelgehölze erst einmal eine bestimmte Größe erreicht, lassen sie sich im Gegensatz zu den Laubgehölzen allerdings kaum noch verkleinern.

► **Nadelgehölze mit Nadeln:** Nadelbäume wie Eibe und Fichte können Sie mit der Handschere im Zaum halten, indem Sie möglichst viele der langen seitlichen Neutriebe bis zu einer Verzweigung einkürzen und auf einen schwächeren Ast ableiten (Seite 40). Dieser Schnitt wird alle zwei bis drei Jahre angewandt.

JUNGTRIEBE SCHNEIDEN

Bei Nadelbäumen werden mit der Handschere viele lange Jungtriebe bis zu der Verzweigung eingekürzt und auf einen schwächeren Ast abgeleitet.

Besonders kompakte Vertreter wie Nestfichten oder Serbische Fichten können Sie auch mit der Heckenschere schneiden.

► **Nadelgehölze mit schuppenartigen Blättern:** Diese Koniferen, zu denen z. B. Thuja oder Scheinzypresse gehören, werden jährlich mit einer Heckenschere ganz leicht zurückgenommen. Je regelmäßiger dieser Schnitt erfolgt, desto dichter und weniger breit werden die Pflanzen.

► **Wichtig:** Nadelgehölze sind meist nur mit einer dünnen, äußeren Schicht belaubt, während die Triebe im Inneren bereits eingetrocknet und braun sind. Die äußeren Triebe werden deshalb nur ganz leicht zurückgeschnitten, und Sie dürfen dabei auf keinen Fall bis in die braune

Die hübsche Hemlocktanne hat ähnliche Nadeln wie die Eibe.

Schicht hineinschneiden, da sonst eine kahle Stelle entsteht, aus der kein Austrieb mehr erfolgt.

Die Spitze schneiden

Als Sonderfall gilt das Schneiden der Spitze, um ein ungestümes Wachstum in die Höhe zu begrenzen.

Pflanztipp
Nadelgehölze

Nadelgehölze versetzen

Wenn Sie Nadelgehölze versetzen wollen, gehen Sie auf die gleiche Weise vor wie beim Versetzen von Sträuchern (Seite 50). Allerdings dürfen die Pflanzen dafür je nach Art nicht älter als fünf bis zehn Jahre sein, und sie dürfen vor dem Umsetzen auch nicht zurückgeschnitten werden.

► Bei allen pyramidenförmigen Nadelgehölzen kürzen Sie die Spitze in zwei- bis dreijährigen Abständen um etwa 50 cm mit der Handschere bis zu einem Seitentrieb ein.

LATSCHEN UND KIEFERN

Bei Latschen und Kiefern reicht es aus, wenn Sie zweimal pro Jahr die mittlere Knospe am Ende eines Jungtriebs mit den Fingern ausbrechen. Diese Knospe erkennen Sie daran, dass sie etwas länger ist als die direkt daneben liegenden Seitenknospen. Durch das Abbrechen werden die Seitenknospen zum Austrieb angeregt und das Nadelgehölz bleibt gedrungener.

► Bei säulenförmigen Nadelgehölzen, die zu hoch geworden sind, kann die Spitze dagegen um bis zu 20 Prozent eingekürzt werden, ohne dass der Charakter der Pflanzen darunter leidet. Bei einer Thuja beispielsweise, die viele Jahre nicht geschnitten wurde, können dabei ohne weiteres bis zu 4 m abgeschnitten werden. Bei pyramidenförmigen Nadelgehölzen wie etwa der Fichte käme ein solcher Schnitt allerdings einem »Köpfen« gleich, da sie stärker auf den Mitteltrieb angewiesen sind. Deshalb ist bei diesen Formen rechtzeitiges Schneiden alle zwei bis drei Jahre wichtig.

Wann schneiden?

Nadelgehölze können Sie das ganze Jahr über schneiden, den besten Effekt erreichen Sie jedoch, wenn der Schnitt kurz nach dem Austrieb im Frühjahr (April/Mai) erfolgt. Dann können Sie die neu entstandenen Triebe gleich einkürzen und erzeugen dadurch die größte Verzweigung.

Kletter-pflanzen

Neben den einjährigen Kletterpflanzen (Seite 130) gibt es die mehrjährigen Kletterer, die festes Holz ausbilden und sich zum dauerhaften Begrünen von Mauern, Pergolen, Gartenhäuschen, Zäunen, Terrassen, Carports, Regenrohren, Dachrinnen, Säulen oder sogar Baumstämmen und Sträuchern eignen. Viele dieser Kletterer bestechen neben ihrem Blattschmuck durch ihre schönen Blüten und Früchte und können zwischen 2 und 30 m hoch werden. Entsprechend der Weise, in der sie an ihrer Unterlage Halt suchen, werden sie unterteilt in:

- Ranker (z. B. Wilder Wein)
- Schlinger (z. B. Knöterich, Pfeifenwinde)
- Spreizklimmer (z. B. Kletterrose)
- Wurzelkletterer (z. B. Efeu).

Nur Wurzelkletterer benötigen wegen ihrer starken Haftwurzeln keine Kletterhilfe, alle anderen brauchen ein Spalier, Drähte oder andere aufstrebende Formen, z. B. Regenrohre, um daran hochzuklettern.

Clematis gehört zu den Rankgewächsen und blüht besonders schön.

Kletterhilfen

Kletterer benötigt eine ihren Wuchseigenschaften entsprechend hohe Kletterhilfe, an der sie emporwachsen können.

- **Spalier:** Am häufigsten werden Spaliere aus Holz oder Bambus verwendet, die Sie in vielen Formen im Gartencenter oder im Baumarkt bekommen und die mit zwei Haken einfach zu befestigen sind.
- **Metallspalier (Baustahlmatte):** An manchen Plätzen, etwa bei einem modernen Haus, kann eine auf die richtige Größe zugeschnittene Baustahlmatte passender sein als eine Holzkonstruktion. Eine solche Matte ist im Baumarkt erhältlich und wird mit zwei Haken befestigt.

Hopfen kann bis 10 m hoch werden und trägt hübsche Früchte.

- **Drahtkonstruktion:** Die unauffälligste Kletterhilfe sind gespannte Drähte, wobei Sie jedoch darauf achten sollten, alle 50 cm eine Querverbindung zu schaffen, damit sich die Wand gleichmäßig begrünt und die Pflanze nicht nur in die Höhe, sondern auch in die Breite wächst.
- **Säulen, Stützpfosten:** Natürliche Rankhilfen sind auch alle senkrechten Formen wie Säulen oder stabile Stützpfosten.

Knöterich gehört zu den schnellwüchsigen Kletterern.

- **Zaun:** Anstelle einer Sichtschutzhecke können Sie Ihren Garten auch mit einem (Holz-)Zaun einfrieden und ihn je nach Lichtverhältnissen mit den unterschiedlichsten Kletterpflanzen begrünen. Setzen Sie in diesem Fall eine Pflanze pro Meter, und lichten Sie später nach Geschmack aus. Der Raumgewinn durch diese grüne Wand im Vergleich zu einer Hecke ist enorm!

Natürliche Kletterhilfen

In der freien Natur nutzen Kletterpflanzen andere Bäume und Sträucher als Rankhilfe, allerdings kann das betroffene Gehölz dabei buchstäblich abgewürgt werden und als Folge davon eingehen. Ein solches Zusammenspiel von Baum und Kletterpflanze können Sie auch in Ihrem Garten nutzen, doch sollte das Gehölz robust genug sein, um diesem Bewuchs standzuhalten. So vertragen stark wachsende Sträucher wie Forsythie und Falscher Jasmin vor allem Wilden Wein oder Clematis sehr gut. Lassen Sie sich dazu am besten von einem Fachmann beraten.

► **Terrasse/Mauer:** Auf einer Terrasse oder an einer Mauer genügt es oft, eine Platte vom Pflaster bzw. einen Stein aus der Wand herauszunehmen und in das entstandene Loch 80 Liter Pflanzerde einzufüllen. Dieser Raum reicht zum Pflanzen eines grazilen Kletterers wie etwa einer Clematis an einem Spalier aus.
► **Regenrohr:** Fast jedes Regenrohr kann mit Knöterich oder Wildem Wein berankt werden, die beide weit mehr als zehn Meter hoch werden und ein begehrter Nistplatz für Singvögel sind. Daneben besticht Knöterich durch seine malerischen weißen Blüten, Wilder Wein vor allem durch sein leuchtend rotes Herbstlaub.

KLETTERER ALS BODENDECKER

Efeu, Clematis und Wilder Wein können in Strauchpflanzungen auch als Bodendecker verwendet werden: Wenn sie keine Rankhilfen bekommen, breiten sie sich einfach am Boden aus.

Selbstständige Kletterer

Wenn Sie eine Hauswand mit Kletterpflanzen begrünen wollen, die sich mit Hilfe ihrer Haftwurzeln oder -scheiben von allein überall emporranken wie Efeu und selbstklimmender Wilder Wein, sollten Sie bei Ihrer Planung die Vor- und Nachteile genau abwägen:
► **Vorteile:** Die Pflanzen schützen das Mauerwerk vor Sonne und Regen und verbessern das Mikroklima.
► **Nachteil:** Efeu und Wilder Wein krallen sich am Putz fest. Dadurch zerstören sie ihn zwar nicht, aber die Haftwurzeln bleiben auch nach dem Entfernen der Pflanzen am Putz haften. Vor allem wenn Sie in einem Mietshaus wohnen, sollten Sie eine Begrünung mit diesen Kletterern unbedingt vorher mit Ihrem Vermieter besprechen, da Sie die Wand sonst später eventuell auf eigene Kosten verputzen lassen müssen.
► Bedenklich ist auch die starke Wuchskraft dieser Kletterer. Vor allem Efeu kann eine richtige Sprengwirkung erzeugen und Dachziegel, Blenden und Regenrohre einfach wegdrücken, was erhebliche Schäden verursacht. Wichtig ist eine regelmäßige Kontrolle und ein ausreichender Rückschnitt (Seite 75).

Alles Wissenswerte über die Kletterrose erfahren Sie auf Seite 146.

Wilder Wein ist vor allem im Herbst ein wunderschöner Anblick.

Kletterer pflanzen

In der Natur haben alle ausdauernden Kletterpflanzen mit Ausnahme der Kletterrosen (Seite 146) und des Wilden Weins (Seite 75) ihren »Fuß« im Schatten ihrer Wirte, das heißt, eine direkte Sonnenbestrahlung schadet ihren Wurzeln.
► Setzen Sie die Kletterer deshalb mit den Wurzeln an einen schattigen Platz – sie werden auf die gleiche Weise wie ein Strauch gepflanzt (Seite 31) – oder setzen Sie einen kleinen Busch davor. Notfalls können Sie auch eine dicke Kompostschicht (Seite 195) um die Pflanze herum legen. Bedenken Sie aber bei der Wahl des Standortes, dass viele Kletterpflanzen ansonsten Sonne zum Wachsen brauchen.
► Binden Sie Kletterpflanzen, die eine Rankhilfe benötigen, mit Bast, Schnur oder Draht unauffällig an ihrer Rankhilfe fest.
► Alle Kletterpflanzen wurzeln nach der Pflanzung erst einmal ein, so-

Efeu braucht wegen seiner starken Haftwurzeln keine Kletterhilfe.

Die schönsten Kletterpflanzen

Art (botanischer Name)	Höhe; Wuchsstärke	Blütezeit/-farbe	Lichtverhältnisse	Art des Kletterns	Anwendung, Besonderheit
Efeu (*Hedera helix* und *hibernica*)	20–30 m; erst schwach, später stark	IX–X, unauffällig	schattig bis halbschattig	Haftwurzeln	für Mauern, Zäune etc. Vorsicht: Die Pflanze ist giftig!
Wilder Wein (*Parthenocissus quinquefolia*)	bis 30 m; stark	VI–VII, unauffällig	sonnig bis halbschattig	Ranker	für Pergolen, Vordächer, Regenrohre, Zäune, Mauern etc.
Wilder Wein, selbstklimmend (*Parthenocissus ›Veitchii‹*)	bis 15 m; stark	VI–VII, unauffällig	sonnig bis halbschattig	Haftscheiben	für Mauern, Zäune etc.
Knöterich (*Fallopia/ Polygonom aubertii*)	bis 30 m; sehr stark	VII–IX, weiß	sonnig bis halbschattig	Schlinger	für Pergolen, Vordächer, Dachrinnen, Zäune, Mauern etc.
Clematis (*Clematis tangutica*)	bis 5 m; schwach	VI–IX, gelb	sonnig bis halbschattig	Ranker	für Sträucher, Spaliere, Pergolen
Clematis (*Clematis vitalba*)	bis 10 m; stark	VII–VIII, weiß	sonnig bis halbschattig	Ranker	als Bodendecker, für Bäume und Pergolen
Clematis (*Clematis viticella*)	bis 4 m; schwach	VI–VII, violett-purpur	sonnig bis halbschattig	Ranker	für Spaliere, Drahtgerüste
Clematis (*Clematis montana*)	bis 8 m; stark	V–VI, weiß bzw. rosa	sonnig bis halbschattig	Ranker	für Spaliere, Pergolen, Sträucher
Clematis (*Clematis*-Hybriden)	bis 3 m; schwach	je nach Sorte V–IX, unterschiedlichste Farben	sonnig	Ranker	für Spaliere, Zäune etc.
Blauregen/Glyzine (*Wisteria sinensis*)	bis 10 m; zuerst schwach, später stark	IV–V, blauviolette Trauben	sonnig	Schlinger	für stabile Pergolen, Carports, Fassaden mit stabiler Kletterhilfe Vorsicht: Die Pflanze ist giftig!
Geißblatt-Arten (*Lonicera*-Arten)	3–5 m; schwach	V–IX, weiß, gelb, rot	sonnig bis schattig	Schlinger	für Lauben, Spaliere
Pfeifenwinde (*Aristolochia macrophylla*)	ca. 5 m; schwach	VI–VII, grünlich	sonnig bis halbschattig	Schlinger	für Pfosten, Bäume, kleine Pergolen, Vordächer
Kletterhortensie (*Hydrangea petiolaris*)	ca. 5 m; sehr schwach	VI–VII, weiße Doldenrispen	halbschattig bis schattig	Haftwurzeln	für Mauern, Baumstämme, schattige Ecken
Baumwürger (*Celastrus orbiculatus*)	über 10 m; schwach	VI–VII, blassgrün	sonnig bis halbschattig	Schlinger	für Pergolen, stabile Spaliere an Fassaden
Hopfen (*Humulus lupulus*)	bis 10 m; sehr stark	VII–VIII, unauffällig grün	sonnig bis halbschattig	Schlinger	Staude mit Früchten, für schnelle Begrünung von Pergolen, Zäunen, Spalieren, Balkon, treibt immer wieder aus dem Wurzelstock aus

dass der sichtbare Zuwachs in den ersten Jahren sehr gering sein kann. Wichtig ist, dass Sie die Pflanzen reichlich gießen und regelmäßig mit organischem Dünger versorgen (Seite 196), bis sie etwa 2 m hoch geworden sind.

Kletterpflanzen schneiden

Stark wachsende Arten benötigen alle vier bis fünf Jahre im Winter einen kräftigen Rückschnitt, da sie sonst ein zu dichtes Gestrüpp bilden und unansehnlich werden. Dieser Rückschnitt, der bei manchen Pflanzen wie Knöterich, Wilder Wein und Clematis fast bis auf den Boden nötig ist, wird gut vertragen.
Auch bei der Glyzine, die im Alter stark verholzt, ist ein gelegentlicher Rückschnitt erforderlich, der auf die gleiche Weise wie bei der Weinrebe durchgeführt wird (Seite 45).

RÜCKSCHNITT

Stark wachsende Kletterer wie Efeu vertragen auch einen radikalen Rückschnitt problemlos.

Die Klassiker unter den Kletterpflanzen

Efeu (*Hedera helix* und *Hedera hibernica*)
Der immergrüne Efeu ist eine der am vielseitigsten verwendbaren Kletterpflanzen und gedeiht am besten im Schatten. Er verträgt zwar auch etwas Sonne, wird dann allerdings häufig von Spinnmilben befallen (Seite 159). Aufgrund seiner Haftwurzeln braucht er keine Kletterhilfe. Bei uns werden verschiedenen Zuchtformen des einheimischen Efeu (*Hedera helix*) und des eingebürgerten, großblättrigen Efeus (*Hedera hibernica*) mit unterschiedlichen Blattgrößen und -farben angeboten. Nach anfänglich schwachem Wuchs werden die meisten Arten 20 bis 30 m hoch. Ausgewachsen verändern sich auch die Blätter der Pflanze: Aus den anfangs drei bis fünffingrigen, fein gezeichneten Blätter werden später einfache, ungeteilte Blätter.

Wilder Wein (*Parthenocissus quinquefolia* und *P.* ›Veitchii‹)
Durch seine schönen großen Blätter ist Wilder Wein gut zum Begrünen von Wänden, Mauern und Zäunen geeignet. Am auffälligsten ist er allerdings im Herbst, wenn sich seine Blätter leuchtend rot färben. Im Gegensatz zu den Weinreben (Seite 45) trägt er kleine, ungenießbare Trauben.
Wilden Wein gibt es in zwei Arten mit verschiedenen Klettertechniken: *Parthenocissus quinquefolia* klettert mit Wickelranken bis 30 m hoch Zäune, Pergolen, Vordächer und Mauern hinauf, während *Parthenocissus ›Veitchii‹* Haftscheiben ausbildet und auch auf glatten Unterlagen ohne Kletterhilfe etwa 15 m hoch wächst.

Knöterich (*Polygonom aubertii*)
Knöterich ist in unseren Breiten die Kletterpflanze, die am schnellsten wächst: In nur zwei Jahren kann er eine ganze Pergola »eingesponnen« oder eine 12 m hohe Dachrinne hinaufgewachsen sein. Da er stark verzweigt und dann leicht unansehnlich wird, sollte er alle vier bis fünf Jahre kräftig zurückgeschnitten werden. Seine weiße Blütenfülle im Spätsommer ist legendär und bietet vielen Vögeln Unterschlupf.

Die Pfeifenwinde wirkt vor allem durch ihre schönen, großen Blätter.

Clematis (*Clematis*)
Bei dieser rankenden Kletterpflanze können Sie wählen zwischen den heimischen Arten, von denen die meisten relativ hoch wachsen, und den etwas niedrigeren Zuchtformen, die dafür besonders imposante Blüten in unterschiedlichen Farben haben. Clematis eignet sich dadurch sowohl zum Bepflanzen von kleineren Spalieren als auch zum Begrünen einer hohen Pergola.

DER BLUMENGARTEN

Vielfalt der Farben und Formen – Stauden, Zwiebelpflanzen, Rosen, Sommerblumen & Co. bringen buntes Leben in den Garten.

DER BLUMENGARTEN

Edeldistel
Seite 122
Eryngium alpinum

Marienglockenblume
Seite 141
Campanula medium

Mohnblume
Seite 139
Papaver

Gemswurz
Seite 105
Doronicum orientale

Einjährige, zweijährige und mehrjährige Pflanzen

Der Botaniker unterscheidet zwischen den Holz bildenden Pflanzen wie Sträuchern und Bäumen und den krautigen Pflanzen. Innerhalb der krautigen Pflanzen differenziert man wiederum zwischen den »Einjährigen«, den »Zweijährigen« und den mehrjährigen Pflanzen, die wir in diesem Kapitel vorstellen.

- Zu den Einjährigen zählen viele Sommerblumen (Seite 126) und Kräuter (Seite 173), die nach der Blüte absterben oder bei uns nicht winterhart sind und jedes Jahr neu gepflanzt oder ausgesät werden.
- Auch unter den Zweijährigen gibt es zahlreiche Sommerblumen und einige Kräuter, bei denen sich jedoch im ersten Jahr nur die Blätter und erst im zweiten Jahr die Blüten bilden (Seite 140).
- Stauden (Seite 92) haben dagegen einen winterharten Wurzelstock, aus dem sie jedes Jahr neu austreiben. Sie werden deshalb als mehrjährige Pflanzen bezeichnet.
- Mehrjährig sind auch Zwiebel- und Knollengewächse, Gräser (Seite 122), Farne (Seite 120), viele Wasserpflanzen, zahlreiche Wildkräuter (Seite 142) und manche Kletterpflanzen (Seite 72).
- Botanisch gesehen zählen die Rosen (Seite 144) zwar zu den Gehölzen. Sie wurden aber in dieses Kapitel aufgenommen, weil sie meist im Blumenbeet angepflanzt werden.

Zwiebel- und Knollenpflanzen

Die ausdauernden Zwiebel- und Knollenpflanzen sind Überlebenskünstler mit einer im Vergleich zu anderen Pflanzen äußerst kurzen Vegetationsperiode, das heißt, sie durchlaufen alle Lebensvorgänge, für die sich andere Pflanzen fast das ganze Jahr über Zeit lassen können, in nur wenigen Wochen.
Die meisten Zwiebelpflanzen blühen im Vorfrühling und Frühjahr, manche entfalten ihre Blütenpracht dagegen im Sommer, einige wenige sogar erst im Herbst.
Ob gemischt oder einzeln, ob in Gruppen oder in Kombination mit Stauden, Sträuchern oder Rosen – die relativ pflegeleichten Zwiebel- und Knollenpflanzen bereichern jeden Garten durch ihre große Formen- und Farbenvielfalt.

Saison für Zwiebelpflanzen

Alljährlich werden in Gartencentern und Supermärkten von September bis zum Frühjahr Blumenzwiebeln und -knollen angeboten – entweder getrennt nach Arten oder auch als Mischung aus verschiedenen Arten bzw. Sorten.
► Auf der Packung finden Sie in der Regel neben den allgemeinen Angaben zur Pflanze und Blütezeit alle wichtigen Informationen über Standort, Pflanztiefe und den richtigen Abstand der Zwiebeln.

Der richtige Boden

Die meisten Zwiebelpflanzen brauchen einen gut durchlässigen Boden, da die Zwiebeln sonst leicht faulen. Haben Sie in Ihrem Garten eher lehmigen Boden, bei dem das Wasser nur schlecht ablaufen kann (Seite 188), sollten Sie diesen vor dem Zwiebelsetzen mit Hilfe von Sand etwas durchlässiger machen:
► Besorgen Sie sich Quarzsand oder Spielkastensand aus dem Baumarkt, und verteilen Sie eine 5 cm dicke

Was tun bei Fäulnis?

Wenn Ihre Blumenzwiebeln im Winterquartier faulen sollten, etwa weil sie zu dicht gelagert wurden, sollten Sie sie sofort entfernen, damit sie nicht auch die übrigen Zwiebeln »anstecken«.

Sandschicht (= 50 Liter pro qm) auf dem Boden, die Sie mit der Grabgabel oder einem Spaten untermischen. (Auf kleinen Flächen verwenden Sie dazu am besten eine Pflanzkelle, auf größeren einen Spaten.)
► Bei sehr großen Zwiebeln wie Lilien und Kaiserkronen, die sehr tief gesetzt werden, sollten Sie zusätzlich etwa 10 cm Kiessandgemisch ins Pflanzloch geben. (Weitere Tipps zur

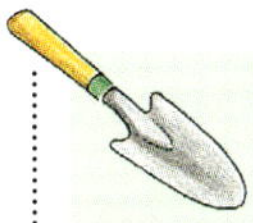

Pflanztipp
Zwiebeln und Knollen

Pflanzzeit für Zwiebelblumen

► Frühjahrsblüher werden im Spätsommer/Frühherbst gepflanzt. Je früher Sie die Zwiebeln setzen, desto besser können sie an warmen Herbsttagen noch einwurzeln.
► Sommerblüher wie Dahlien oder Gladiolen sind nicht winterhart. Die Zwiebeln werden deshalb im Frühjahr gepflanzt und im Herbst nach den ersten leichten Frostnächten zum Überwintern wieder herausgenommen.

Bodenvorbereitung finden Sie auf Seite 98.)
Einige Zwiebelblumen stellen besondere Anforderungen an den Boden. Genaue Angaben dazu finden Sie in den jeweiligen Pflanzenporträts ab Seite 82.

Die Zwiebeln auslegen

► Bevor Sie mit dem Zwiebelsetzen beginnen, legen Sie die Zwiebeln am besten zuerst an ihrem künftigen Standort aus, um eine Vorstellung vom späteren Pflanzbild zu bekommen. Eine Möglichkeit ist, die Zwiebeln kunterbunt durcheinander zu

Zwiebelpflanzen sind die ersten Frühlingsboten.

Dahlien gehören zu den Sommerblühern.

Einkaufstipp
Zwiebeln und Knollen

► Wichtig ist, dass die Zwiebeln bzw. Knollen nicht eingetrocknet oder verschrumpelt sind. Beste Qualität garantiert Ihnen der Fachhandel (Seite 213), zweifelhaft sind dagegen die oft sehr günstigen Supermarktangebote. Hier gilt, dass sich das billigste Angebot häufig als das teuerste entpuppt, da kein Verfallsdatum auf den Packungen angegeben ist und Sie nicht überprüfen können, wie frisch die Zwiebeln sind.
► Hochwertige Zwiebeln oder ungewöhnliche Sorten bekommen Sie auch über Versandgärtnereien (Seite 218).
► Wählen Sie innerhalb einer Art bzw. Sorte immer möglichst große Zwiebeln aus, denn je größer die Zwiebeln sind, desto besser blühen sie.
► Pflanzen Sie Zwiebeln und Knollen möglichst bald nach dem Einkauf, damit sie nicht austrocknen. Wenn Sie nicht gleich pflanzen können, lagern Sie die Zwiebeln trocken, kühl und dunkel, z. B. im Keller mit Zeitung bedeckt in einer Holzkiste.

pflanzen, noch schöner aber sind farblich aufeinander abgestimmte kleine oder größere Pflanzgruppen (Tuffs). Mit den höheren Arten bilden Sie kleine (fünf bis sieben Stück) bis mittelgroße (neun bis elf Stück) Tuffs, mit niedrigen Zwiebelpflanzen können Sie »Teppiche« um die Tuffs herumlegen.
► Verteilen Sie zuerst die hohen Zwiebeln, die das Gerüst bilden, und legen Sie danach die kleineren Zwiebeln aus. Beachten Sie dabei auch die Pflanzabstände der Zwiebeln zueinander, die – wie auch die Pflanztiefe – auf der Zwiebelpackung angegeben sind.
► Bedenken Sie bei der Auswahl des geeigneten Standortes, dass die meisten Zwiebeln im Frühjahr blühen, also zu einer Zeit, in der Sie sich noch relativ wenig im Garten aufhalten. Bepflanzen Sie deshalb vor allem die Bereiche, die vom Fenster Ihres Wohnzimmers, der Küche oder des Arbeitsplatzes gut sichtbar sind. Im Vorgarten bereiten sie Ihnen und Ihren Gästen ein freundliches Willkommen.
► Ein weiterer Punkt ist, dass die meisten Zwiebeln an dem ihnen einmal zugewiesenen Platz bleiben und möglichst nicht gestört werden sollten. Ideal ist deshalb ein Standort in der Nähe von Laub abwerfenden Gehölzen oder im Blumenbeet in unmittelbarer Nachbarschaft von langlebigen Stauden.
► Berücksichtigen Sie bei Ihrer Planung auch die unterschiedlichen Blühzeiten, die in den jeweiligen Pflanzenporträts (ab Seite 82) bzw. in der Tabelle (Seite 91) angegeben sind.

Zwiebeln und Knollen pflanzen

► Heben Sie an der betreffenden Stelle mit einem Zwiebelpflanzer oder einem Löwenzahnstecher ein ausreichend tiefes Loch aus. (Bei sehr kleinen Zwiebeln, deren Pflanzabstand gering ist, können Sie gleich eine ganze Fläche ausheben.)
► Verbreitern Sie das Loch so weit, dass die Zwiebel beim Hineinsetzen nicht an den Seitenwänden hängen bleibt und dadurch keine Wurzeln bilden kann.
► Setzen Sie die Zwiebel so in das Pflanzloch, dass die Spitze, aus der der Trieb wachsen wird, nach oben zeigt und die flache Seite, aus der die Pflanze ihre Wurzeln bildet, nach unten zeigt.
► Schließen Sie das Loch mit der ausgehobenen Erde und drücken Sie diese etwas an. Im Gegensatz zu Staudenpflanzen brauchen Sie die Zwiebeln anschließend nicht zu gießen.

Blumenzwiebeln pflanzen

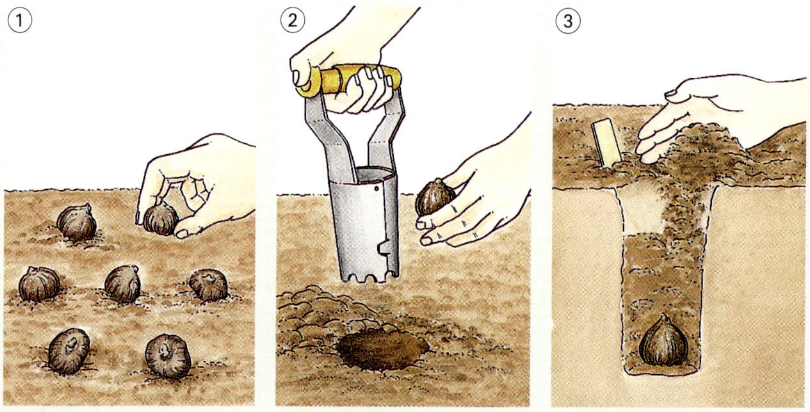

(1) Die Zwiebeln im richtigen Pflanzabstand auslegen. (2) Mit dem Zwiebelpflanzer ein Loch ausstechen, das zwei- bis dreimal so tief wie die Zwiebel dick ist. (3) Eventuell Sand zugeben, Zwiebel setzen, locker mit Erde auffüllen.

Pflanztipp
Zwiebeln und Knollen

Pflanztiefe

Auf den meisten Zwiebelpackungen ist die jeweilige Pflanztiefe aufgedruckt. Sie können sich aber auch nach folgender einfacher Faustregel richten:

► Blumenzwiebeln und -knollen werden etwa zweimal so tief gepflanzt, wie ihr »Bauch« dick ist.

► Auf leichteren, das heißt sandigeren Böden können sie auch zwei- bis dreimal so tief gesetzt werden, damit sie mehr Standfestigkeit bekommen.

Nach der Blüte

► Wenn die Pflanzen verblüht sind, entfernen Sie die Blütenstände von Kaiserkronen, Tulpen, Hyazinthen und Narzissen. So sparen die Pflanzen Kraft, die sie für das nächste Jahr in der Zwiebel speichern.

► Bei Krokussen, Anemonen und Schneeglöckchen lassen Sie die Blütenstände dagegen stehen, damit sich die Pflanzen über die Samen vermehren können.

► Schneiden Sie die Blätter nach der Blütezeit nicht ab, bzw. warten Sie mit dem Mähen, bis die Blätter vergilbt sind, da die Pflanzen auf diese Weise Kraft für den nächsten Frühling sammeln. Dieses Vergilben und Vertrocknen der Blätter wird in der Gärtnersprache auch »Einziehen« genannt.

Zwiebelpflanzen vermehren

Viele Wildformen vermehren sich durch Tochterzwiebeln von allein, sofern ihnen der Standort zusagt: Schneeglöckchen, Märzenbecher, Anemone und Winterling im Schatten von Bäumen und Sträuchern, Blausternchen auf vermoostem Rasen oder Elfenkrokus auf schütterem, sonnigem Rasen. Gut zum Verwildern in Steingärten und sonnigen Beeten eignen sich auch der Bunte Krokus, Goldkrokus, Traubenhyazinthe und Narzisse.

Dagegen bildet der großblumige Gartenkrokus nur wenige Tochterzwiebeln aus und versamt zudem erst nach einigen Jahren, ist dafür aber sehr dauerhaft.

Die züchterisch stark bearbeiteten Tulpen und Hyazinthen vermehren sich zwar ebenfalls ohne weiteres Zutun, doch werden ihre Blüten von Jahr zu Jahr kleiner, was viele Naturgärtner allerdings nicht stört. Wenn Sie dagegen auf große Blüten Wert legen, ist eine Vermehrung durch Tochterzwiebeln sinnvoll:

► Am Ende der Blütezeit, wenn die Blätter eingezogen sind, die Zwiebeln vorsichtig mit einer Grabgabel herausnehmen. Die Zwiebeln sollten dabei möglichst unversehrt bleiben, damit sie nicht faulen.

► Die Zwiebeln von anhaftenden Erdresten befreien und die seitlich gebildeten Tochterzwiebeln vorsichtig abbrechen. Je kleiner die Bruchstellen sind, desto geringer ist die Gefahr von Fäulnisbildung.

Zwiebeln & Stauden

Wenn Sie Zwiebelblumen ins Staudenbeet pflanzen (Seite 92), werden die unschönen einziehenden Blätter von den heranwachsenden Stauden gut verdeckt.

► Mutter- und Tochterzwiebeln den Sommer über an einem kühlen, trockenen Platz lagern, z. B. im Keller mit Zeitung bedeckt in einer Holzkiste, und im Herbst wieder einpflanzen. Große Zwiebeln werden bereits im folgenden Frühjahr kräftig blühen, kleinere Zwiebeln brauchen dagegen noch ein weiteres Jahr.

Blumenzwiebeln überwintern

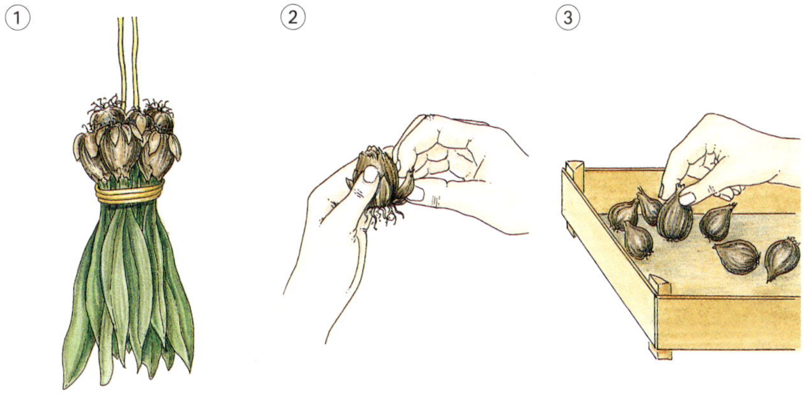

(1) Die Zwiebeln mit dem Laub gebündelt kopfüber zum Trocknen aufhängen. (2) Die Tochterzwiebeln vorsichtig abbrechen. (3) Mutter- und Tochterzwiebeln kühl und trocken aufbewahren und im Herbst wieder einpflanzen.

Frühlings-blüher

Sonnige bis halb-schattige Lagen

Zwiebel- und Knollenpflanzen stellen hinsichtlich der Licht- und Bodenverhältnisse unterschiedliche Ansprüche an ihre Umgebung. Je ähnlicher die Bedingungen in Ihrem Garten denjenigen sind, unter denen sich die Pflanzen natürlicherweise ansiedeln, desto besser werden sie gedeihen.

Ein gutes Beispiel dafür ist der Krokus, dessen ursprüngliche Heimat in Südosteuropa liegt, wo er auf steinigen Berghängen und kargen Rasenflächen wächst. Weil es dort im Sommer heiß und trocken ist, blüht er während des kühlen, feuchten Frühjahrs. Im Garten wird der Krokus deshalb überall dort gut gedeihen, wo es im Sommer trocken und warm ist. Allerdings ist er wegen der harten Lebensbedingungen an seinem natürlichen Standort nicht an den Konkurrenzdruck anderer Pflanzen gewohnt und hält diesem nicht lang stand, das heißt, in gepflegten Rasenflächen kann er sich nicht dauerhaft ansiedeln. Auf schütteren Rasenflächen und am lichtschattigen Rand von Sträuchern vermehren sich dagegen bestimmte Wildarten wie der Elfenkrokus ohne weiteres Zutun durch Tochterzwiebeln und Ameisen, die die Samen verbreiten. Ähnliche Bedingungen wie der Krokus verlangen auch Kaiserkrone, Hyazinthe, Traubenhyazinthe, Tulpe, Narzisse, Zierlauch, Steppenkerze, Zwiebeliris und Lilie.

Krokus

(Crocus) ☠

II – IV ☀ – ◐ H 5 – 15 cm

Aussehen/Merkmale: Einer der ersten Frühjahrsblüher, der am schönsten in großen Gruppen wirkt.

Pflanztipp: Die farbenfrohen Blumen gedeihen an sonnigen, trockenen Standorten und in schütteren Rasenflächen. Wildarten eignen sich gut zum Verwildern. Leicht giftig.

Besonderheit: Leider sind die meisten Krokusse ein Leckerbissen für Wühlmäuse. Mögliche Hilfen: Pflanzung von Kaiserkronen (Seite 85), deren moschusartiger Wildtiergeruch die Mäuse vertreibt, oder eine großzügig angelegte Pflanzgrube mit Kaninchendraht auskleiden. Blumenzwiebelkörbe (aus dem Fachhandel) schützen die Zwiebeln ebenfalls.

Amseln haben es auf die gelben Narben der Blüten abgesehen und zerstören dabei häufig die Blütenblätter. Dagegen helfen – allerdings nur bedingt – Vogelscheuchen und Nachbars Katze.

Arten/Sorten:

► **Goldkrokus** (*Crocus flavus*) (II–III, Sonne, H 5–10 cm): Leuchtend goldgelbe Blüte; breitet sich auch im sonnigen Steingarten weitläufig aus.

► **Gartenkrokus** (*Crocus*-Hybriden) (III–IV, H 10–15 cm): Holländischer Krokus mit großen, bunten Blüten, der sich anfangs nur wenig ausbreitet. Beliebte Sorten: ›Jeanne d'Arc‹ (weiß), ›Pickwick‹ (lila), ›Großer Gelber‹ (goldgelb) ›Queen of the Blues‹ (blauviolett).

► **Bunter Krokus** (*Crocus chrysanthus*) (II–III, H 5–10 cm): Breitet sich nur wenig aus und hat gedecktere Farben als der Gartenkrokus. Beliebte Sorten: ›E.P. Bowles‹ (goldgelb mit purpurnen Streifen) ›Cream Beauty‹ (cremegelb), ›Blue Peter‹ (violett).

► **Elfenkrokus** (*Crocus tommasinianus*) (II–IV, Sonne–Halbschatten, H 10 cm): Hellviolett; vermehrt sich stark durch Aussamung in schütterem Rasen und unter lichtschattigen Sträuchern; wird von Wühlmäusen verschont.

► Neben den Frühjahrsblühern gibt es noch den Herbst-Krokus (*Crocus speciosus*), der erst im Herbst blüht (IX–XI) und schöne, große blauviolette Blüten trägt. Er braucht ebenfalls Sonne bis Halbschatten und eignet sich gut für die Steingartenbepflanzung (Seite 116.)

Schöne Kombinationen

► Das klassische Frühlingsdreigespann besteht aus Osterglocken (Seite 83), Krokus und Tulpen (Seite 84).

► Ein besonders schöner Anblick ist das weiße Schneeglöckchen (Seite 86) oder der gelbe Winterling (Seite 87) bzw. das Blausternchen (Seite 87) in Verbindung mit Tulpen (Seite 84) und Narzissen (Seite 83).

► Zur rot blühenden Blutjohannisbeere (Seite 47) passt ein blauer Teppich aus Traubenhyazinthen (Seite 84) sehr gut.

☀ Sonne ◐ Halbschatten ● Schatten ☠ Gering giftig ☠ Giftig/sehr giftig

Narzisse
(Narcissus)
III – V Sonne – Halbschatten H 30 – 60 cm Gering giftig

Aussehen/Merkmale: Klassische Frühjahrsblume mit gelben oder gelbweißen Blüten.

Pflanztipp: Die Pflanze bevorzugt einen sonnigen bis halbschattigen sommertrockenen Platz mit durchlässigem Boden.

Besonderheit: Narzissen sind leicht giftig. Sie werden im Gegensatz zu vielen anderen Zwiebelpflanzen nicht von Wühlmäusen angerührt.

Arten/Sorten:
- Die gelb-weiße oder gelbe Osterglocke (*Narcissus pseudonarcissus*) (III–IV, Sonne–Halbschatten, H 40–60 cm), läutet schon seit Generationen zusammen mit der Tulpe und dem Krokus die Gartensaison ein.
- Der herrliche Duft der Dichternarzisse (*Narcissus poeticus*) (IV–V, H 30–50 cm) ist seit Jahrhunderten beliebt. Die großblumige Sorte ›Actaea‹ hat weiße Blüten mit gelber Mitte. An leicht feuchten, licht-schattigen Stellen verwildert die früh und ausdauernd blühende Alpenveilchennarzisse (*Narcissus cyclamineus*). Sorten: ›February Silver‹ (gelb), ›Peeping Tom‹ (goldgelb), ›Jack Snipe‹ (cremegelb).

Hyazinthe *(Hyacinthus-Orientalis-Hybriden)*
IV – V Sonne H 20 – 30 cm Gering giftig

Aussehen/Merkmale: Traditionelle Gartenblume mit schwerem, süßlichem Duft, die in großen Gruppen ihre barocke Pracht entfaltet.

Pflanztipp: Breitet sich an sonnigen, trockenen bis frischen Plätzen eher langsam aus. Leicht giftig.

Besonderheit: Im Lauf der Jahre verwildern die Pflanzen, wodurch die Blüten kleiner und glockiger werden. Für große Blüten die Tochterzwiebeln nach dem Einziehen der Blätter abtrennen (Seite 81).

Arten/Sorten: ›Amsterdam‹ (karminrot); ›L'Innocence‹ (weiß); ›Pink Pearl‹ (dunkelrosa); ›Carnegie‹ (weiß); ›Bismarck‹ (hellblau); ›Ostara‹ (tiefblau).

DURCHLÄSSIGER BODEN

Zwiebelpflanzen für sonnige Lagen mögen meist trockene Böden. In lehmiger Erde, die viel Feuchtigkeit speichert, faulen die Zwiebeln dagegen schnell. In diesem Fall mischen Sie vor dem Zwiebelsetzen etwas Spielkasten- oder Quarzsand unter, damit der Boden durchlässiger wird.

KINDERTIPP
Hyazinthen

Blumen, die zur Winterzeit blühen

Eine schöne und einfache Möglichkeit ist im Herbst das Ziehen von Hyazinthenzwiebeln in Spezialgefäßen mit präparierten Zwiebeln:

- Füllen Sie das Gefäß Anfang Oktober mit kaltem Wasser, und setzen Sie die Zwiebel mit der Spitze nach oben darauf, ohne dass der Zwiebelboden nass wird

(Fäulnisgefahr). Der Abstand zum Wasser sollte 1 cm betragen, wodurch die Wurzeln dem Wasser entgegenwachsen.
- Stellen Sie das Gefäß auf eine Fensterbank über der Heizung. Da das Wasser hier relativ schnell verdunstet, muss es jeden Tag aufgefüllt werden.
- Basteln Sie mit Ihrem Kind ein Hütchen und verdunkeln Sie die Zwiebel damit für etwa zwei Monate. Dadurch täuschen Sie der Pflanze vor, sie sei in der Erde und beginnt zu treiben.
- Entfernen Sie das Hütchen, wenn der Trieb es nach oben hebt. Zu Weihnachten kann Ihr Kind sich dann über die blühende Pflanze freuen, die nicht nur schön aussieht, sondern auch stark duftet (nachts unbedingt aus dem Kinderzimmer stellen!).

Sonne Halbschatten Schatten Gering giftig Giftig/sehr giftig

Traubenhyazinthe

(Muscari armeniacum)

IV–V ☀ H 15–25 cm

Aussehen/Merkmale: Besonders schön kommt die azurblaue Traubenhyazinthe zur Geltung, wenn sie unter rote Tulpen und gelbweiße Narzissen gepflanzt wird, wo sie dichte, duftende Teppiche bildet.

Pflanztipp: In Gruppen gepflanzt kommen die Traubenhyazinthen am besten zur Geltung.

Besonderheit: Traubenhyazinthen vermehren sich rasch und halten sich über viele Jahre.
Achtung: Die Pflanze ist giftig!

Arten/Sorten: Die leuchtend blaue Sorte ›Blue Spike‹ blüht lange und üppig. Besonders gut sät sich die himmelblaue *Muscari botryoides* aus, von der es auch eine weiße Sorte gibt: ›Alba‹ (IV–V, H 10–20 cm). Völlig andere Blüten als die übrigen Traubenhyazinthen hat die *Muscari comosum* mit der Sorte ›Monstrosum‹ (V–VI, H 20–30 cm). Hier sind die Blütenstände zwar auch traubenförmig angeordnet, aber nicht als kleine Kugelblüten, sondern leicht verkümmert. Dafür sind die Blütenstiele besonders lang, sodass die Blüte wie eine buschige, violette Feder aussieht.

Tulpe

(Tulipa)

IV–V ☀ H 15–60 cm

Aussehen/Merkmale: Die bunten Tulpen mit ihren vielen Arten und den inzwischen schier unzähligen Sorten, zu denen jedes Jahr neue hinzukommen, gehören schon seit langem zu den beliebtesten Frühjahrsblumen. Leicht giftig.

Pflanztipp: Meist werden Tulpen kunterbunt gepflanzt. Versuchen Sie es stattdessen doch einmal mit größeren Gruppen einer Farbe und passender Unterpflanzung, z. B. weiße Tulpen mit azurblauen Traubenhyazinthen (links). Auch die Wildtulpen sehen auf einem Frühlingsbeet schön aus. Sie sind besonders langlebig und können jahrelang am gleichen Platz stehen.

Besonderheit: Die züchterisch stark bearbeiteten Beetsorten eignen sich nicht wie die Wildformen zum Verwildern. Sie bilden zwar viele Nebenzwiebeln aus, doch werden diese immer kleiner, sodass ihre Kraft im folgenden Jahr oft nicht mehr für eine Blüte ausreicht. Beettulpen sollten außerdem jedes Jahr im Herbst an eine andere Stelle gepflanzt werden, weil sie sonst wegen ihrer eigenen Wurzelausscheidungen verkümmern können.

Arten/Sorten: Aus der riesigen Anzahl der Tulpenarten und -sorten können hier nur einige besonders schöne genannt werden:
► **Einfache Frühe Tulpen** (IV, H 25–40 cm): ›Apricot Beauty‹ (aprikosenfarben, duftend), ›Belona‹ (hellgelb), ›Brilliant Star‹ (scharlachrot mit gelbschwarzem Grund), ›Couleur Kardinal‹ (dunkelrot), ›Diana‹ (reinweiß).
► **Gefüllte Frühe Tulpen** (IV, H 25–35 cm): ›Peach Blossom‹ (rosa, stark duftend, alte Kultursorte), ›Schoonord‹ (weiß mit gelber Mitte), ›Elektra‹ (kirschrot).
► **Darwin-Hybrid-Tulpen** (IV, H 40–60 cm): ›Apeldoorn‹ (außen rot mit gelber Basis, innen mit schwarzem Grund), ›Elisabeth Arden‹ (rosaviolett), ›Big Chief‹ (lachsrosa).
► **Triumphtulpen** (IV, H 40–55 cm): ›Lustige Witwe‹ (dunkelrot mit brei-

Der Tulpenreigen

Mit einer Kombination aus frühen und späten Tulpen können Sie kleine Gruppen mit unterschiedlichen Blütezeiten anlegen:

► Beginnen Sie im April mit den Einfachen Frühen Tulpen, dann folgen die mittelfrüh blühenden Darwin-Hybrid-Tulpen und die Triumphtulpen. Den Abschluss bilden die Einfachen Späten Tulpen im Mai.

► Bei den Gefüllten Tulpen können Sie wählen zwischen den Gefüllten Frühen Tulpen, die im April blühen, und den Späten Gefüllten Tulpen, die von Ende April bis Ende Mai blühen.

► Eleganz verbreiten die Viridiflora-Tulpen mit ihrer grünbunten Zeichnung und die schlanken Lilienblütigen Tulpen, während die Papageientulpen oder die Gefransten Tulpen besonders ausgefallen sind.

Sonne · Halbschatten · Schatten · Gering giftig · Giftig/sehr giftig

ten weißen Spitzen), ›Pax‹ (reinweiß), ›Peerless Pink‹ (rosa).

► **Lilienblütige Tulpen** (IV-V, H 50 - 65 cm): ›White Triumphator‹ (weiß), ›Queen of Sheba‹ (rot mit orangefarbenem Rand), ›West Point‹ (leuchtend gelb), ›China Pink‹ (rosa mit weißem Grund).

► **Einfache Späte Tulpen** (V, H 50 - 65 cm): ›Ossi Oswalda‹ (zuerst weiß, dann rosa), ›Rosy Wings‹ (hellrosa mit weißem Grund), ›Sorbet‹ (cremeweiß/rotgeflammt).

► **Papageientulpen** (V, H 40–50 cm): ›White Parrot‹ (weiß), ›Blue Parrot (lila), ›Fantasy‹ (rosarot und weiß).

► **Viridiflora-Tulpen** (IV–V, H 30–40 cm): ›Artist‹ (rosa/grün geflammt), ›Spring Green‹ (weiß/grün geflammt).

► **Gefranste Tulpen** (IV–V, H 40–60 cm): ›Fancy Hill‹ (rosa mit weißem Grund und weißen Fransen), ›Swan Wings‹ (reinweiß).

► **Fosteriana-Tulpen** (III–IV, H 15–50 cm): ›Red Emperor‹ (scharlachrot mit gelber Basis), ›Orange Emperor‹ (orange), ›White Empress‹ (oder ›Purissima‹, weiß mit gelber Basis), ›Rose Empress‹ (oder ›Pinkeen‹, kirschrosa).

► **Greigii-Tulpen** (III–IV, H 15–30 cm): ›Plaisir‹ (cremegelb und karminrot), ›Cape d'or‹ (gelb mit rotem Muster), ›Pinocchio‹ (rosarot mit weißem Rand), ›Engadin‹ (rot mit gelben Streifen).

► **Kauffmaniana-Tulpen** (III–IV, H 15–30 cm): ›Alfred Cortot‹ (rot mit scharzem Grund), ›Daylight‹ (orange mit schwarzem Grund), ›The First‹ (elfenbeinfarben mit goldgelbem Grund).

Pflanztipp
Tulpen

Wildtulpen

Wildtulpen wie die heimische Gelbe Weinbergtulpe (*Tulipa sylvestris*, IV–V, H 20–40 cm) eignen sich gut zum Verwildern. Eng mit ihnen verwandt sind die Kauffmaniana-Tulpe, Greigii-Tulpe und Fosteriana-Tulpe. Ihre Nähe zu den Wildtulpen merkt man ihnen zwar noch deutlich an, sie sind jedoch bereits züchterisch stark bearbeitet. Deswegen sind sie zwar langlebig und können jahrelang am gleichen Platz stehen, ohne kleinblütig zu werden, verwildern jedoch nicht so stark wie die echten Wildtulpen.

Gefranste Tulpe

Kauffmaniana-Tulpen

Späte Zweigtulpen

Kaiserkrone
(Fritillaria imperialis)

IV ☀ H 60 – 100 cm

Aussehen/Merkmale: Schöne, alte Bauerngartenpflanze von imposanter Größe, die durch ihren Geruch eine abschreckende Wirkung auf Wühlmäuse hat.

Pflanztipp: Drainieren Sie bei diesen wertvollen Zwiebeln, die einzeln oder in kleinen Gruppen zwischen August und September gepflanzt werden, schwere Böden unbedingt vorher mit Sand (Seite 191). Weil die stattlichen Zwiebelpflanzen außerdem einen großen Nährstoffbedarf haben, mischen Sie am besten gleich noch eine Hand voll organischen Dünger (Seite 196) oder eine halbe Schaufel Kompost (Seite 195) pro Pflanzloch unter, und versorgen Sie die Pflanzen jedes Frühjahr erneut mit ausreichend organischen Nährstoffen.

Arten/Sorten: ›Lutea Maxima‹ (goldgelb); ›Aurora‹ (leuchtend orange) und ›Rubra Maxima‹ (ziegelrot). Besonders interessant ist die seltene einheimische Schachbrettblume (*Fritillaria meleagris*) mit schachbrettartig gemusterten violetten oder weißgrünlichen Blüten, die im Gegensatz zu ihren Verwandten halbschattige, feuchte Standorte bevorzugt.

Sonne Halbschatten Schatten Gering giftig Giftig/sehr giftig

Zwiebelpflanzen für halbschattige bis schattige Lagen

Zwiebelpflanzen, die eine halbschattige bis schattige Lage benötigen, unterscheiden sich in ihrer Herkunft erheblich von denen, die in sonniger, trockener Umgebung gedeihen.
Ein gutes Beispiel dafür ist das Schneeglöckchen, das ursprünglich aus unseren heimischen Laubwäldern kommt und während der Vorfrühlingszeit blüht, in der es genügend Licht bekommt, weil die Bäume noch unbelaubt sind, die Sonne den Boden auch schon etwas erwärmt. Dabei macht es dem eisernen Überlebenskünstler nichts aus, wenn es zwischendurch noch einmal kräftig schneit oder klirrend kalt wird. Mit den Blättern fängt die Pflanze jeden Sonnenstrahl auf, und über die Wurzeln sammelt sie alle notwendigen Nährstoffe für das nächste Jahr, um sie in der Zwiebel und den Blättern zu speichern.
Weil der Boden um diese Jahreszeit häufig noch sehr feucht ist, würden die Samen bei Windaussaat nicht weit fliegen. Sie werden deshalb von den ersten Ameisen im Vorfrühling des Jahres verbreitet. Außerdem bildet das Schneeglöckchen ohne weiteres Zutun Tochterzwiebeln aus, die seine Vermehrung auch dann sichern, wenn es für Ameisen noch zu kalt ist.
Schneeglöckchen werden sich in Ihrem Garten also besonders wohl fühlen, wenn Sie sie an schattigen, leicht feuchten Plätzen pflanzen, wo sie im Laufe der Jahre große Kolonien bilden und sich überall dort ausbreiten, wo sie geeignete Bedingungen vorfinden.

Schneeglöckchen

(Galanthus nivalis) ☠

II – IV ◐ H 10 – 15 cm

Aussehen/Merkmale: Heimische Waldpflanze, die zu den ersten Frühjahrsblühern gehört.

Pflanztipp: Unter Bäumen und Sträuchern an den Stellen verwildern lassen, die im Frühjahr Sonne, im Sommer Schatten bekommen. Auch eine Laubschicht tut dem Schneeglöckchen gut. Leicht giftig.

Besonderheit: Schneeglöckchen werden häufig mit dem Märzenbecher verwechselt (Seite 87).

Arten/Sorten: In den Gartencentern wird häufig nur das Großblütige Schneeglöckchen (*Galanthus elwesii*) angeboten, das auf dem Balkan heimisch ist. Besser geeignet ist jedoch das einheimische Schneeglöckchen, das sich stärker ausbreitet und gut an unsere Boden- und Klimaverhältnisse angepasst ist. Allerdings ist es geschützt und darf im Wald nicht ausgegraben werden (Seite 117). Sie können es aber über einen Blumenzwiebelversand (Seite 218) beziehen oder auch von Nachbarn. (Schon ein Tuff genügt für den Start einer großen Kolonie!). Die beste Zeit zum Verpflanzen ist kurz nach der Blüte.

Anemone

(Anemone nemorosa) ☠

III – IV ● – ◐ H 15 – 25 cm

Aussehen/Merkmale: Hübscher, weißer Vorfrühlingsblüher, der auch als »Buschwindröschen« bekannt ist.

Pflanztipp: Anemonen an eher feuchten Plätzen anpflanzen. Leicht giftig.

Besonderheit: Ungestört unter Bäumen und Sträuchern verwildern die Pflanzen zu großen Kolonien.

Arten/Sorten: Neben dem Buschwindröschen gibt es noch die *Anemone blanda* (III–V, H 20–25 cm).

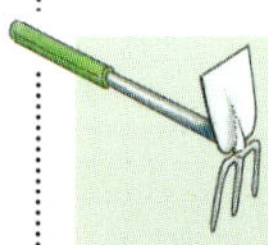

Pflegetipp
Zwiebeln und Knollen

Laub als natürliche Schutzschicht

Lassen Sie das Laub bei Zwiebel- und Knollenpflanzen in schattigen Lagen unter Bäumen und Sträuchern als Mulchschicht einfach liegen. So bleibt der Boden für die Zwiebeln auch während der trockenen Sommermonate feucht genug. Wie die meisten Waldblumen lieben sie die Ruhe, die sie von ihrem heimatlichen Standort, dem Wald, gewohnt sind. Pflanzen Sie sie deshalb nur an solche Stellen unter Sträucher und Bäume, an denen Sie nicht viel graben.

☼ Sonne ◐ Halbschatten ● Schatten ☠ Gering giftig ☠ Giftig/sehr giftig

Winterling
(Eranthis hyemalis)
II – III ●–◐ H 5 – 10 cm

Aussehen/Merkmale: Zusammen mit dem Schneeglöckchen eine der beliebtesten Vorfrühlingspflanzen.

Pflanztipp: Die Knollen lassen sich nur schlecht lagern und sind daher beim Kauf im Gartencenter oft schon vertrocknet. Deshalb ist es besser, sie bereits im August über eine Versandgärtnerei zu bestellen (Adressen Seite 218) und dann sofort zu pflanzen.

Besonderheit: Der Gelbe Winterling verbreitet sich durch Samen und Tochterknollen, so dass als Start bereits eine Hand voll Knollen genügt. Bei guten Bedingungen verbreitet er sich zu großen Teppichen.

Pflanztipp
Zwiebeln und Knollen

Zwiebeln wässern

Winterling und Anemone überdauern den Sommer als trockene Knollen im Boden. Im Herbst nehmen die Knollen Wasser auf, beginnen zu quellen und Wurzeln zu bilden. Ein früher Wintereinbruch kann diesen Prozess allerdings unterbrechen, deshalb die Knollen vor dem Setzen über Nacht in Wasser legen.

Märzenbecher
(Leucojum vernum)
II – III ●–◐ H 20 cm

Aussehen/Merkmale: Heimische Waldblume, die auch als »Frühlingsknotenblume« bekannt ist und sehr häufig mit dem Schneeglöckchen verwechselt wird. Sie unterscheidet sich von diesem durch kleine gelbgrüne Flecken auf allen Blütenblättern.

Pflanztipp: Wächst auf feucht-frischem, nicht zu sandigem, humosem Lehmboden unter Sträuchern und Bäumen, wo er weitläufig verwildert. Im Gegensatz zu vielen anderen Zwiebelpflanzen braucht der Märzenbecher feuchten Boden, und die Zwiebeln dürfen auf keinen Fall zu trocken werden. Aus diesem Grund sollte man sie möglichst früh kaufen und so bald wie möglich pflanzen. Die beste Pflanzzeit ist August/September.

Besonderheit: Die Blüte duftet intensiv nach Honig.

Arten/Sorten: Neben der Frühlingsknotenblume gibt es die Sommerknotenblume (*Leucojum aestivum,* IV–V, Halbschatten, H 30–50 cm) und die hübsche Herbstknotenblume (*Leucojum autumnale,* IX–X, Sonne, H 10–20 cm).

Blausternchen ☠
(Scilla sibirica)
III – V ●–◐ H 15 – 60 cm

Aussehen/Merkmale: Das leuchtende Blau der zarten Blüten kommt im dunkelgrünen Moos von schattigen Rasenflächen besonders gut zur Geltung.

Pflanztipp: An halbschattigen Plätzen unter Bäumen und Sträuchern vor der Laubentwicklung verbreitet sich das Blausternchen durch Selbstaussaat und Tochterzwiebeln.

Wichtig: Feuchter Boden

Die gleichen Wachstumsbedingungen wie das Blausternchen, also feucht und schattig bis halbschattig, haben auch das Schneeglöckchen, die Anemone (Buschwindröschen), der Winterling, das Maiglöckchen und der Märzenbecher.

Besonderheit: Rechen Sie im Herbst allzu dichte Laubschichten beiseite, damit die zarten Pflänzchen im Frühjahr nicht darunter ersticken. Die Pflanze ist leicht giftig!

Arten und Sorten: ›Spring Beauty‹ hat besonders große, aber sterile Blüten und vermehrt sich daher nur über Tochterzwiebeln.

Sonne · Halbschatten · Schatten · Gering giftig · Giftig/sehr giftig

Maiglöckchen
(Convallaria majalis)
V – VI ☀ – ◐ H 10 – 20 cm

Aussehen/Merkmale: Stark duftende heimische Waldpflanze mit weißen glockenförmigen Blüten, die an leicht gebogenen Blütenrispen steht. Maiglöckchen gehören zu den geschützten Pflanzen.

Pflanztipp: Maiglöckchen vermehren sich nicht über Knollen oder Zwiebeln, sondern über dicke weiße Rhizomwurzeln und sind daher im Gartencenter auch nicht in Tütchen, sondern als vorgezogene Topfballen bei den Stauden zu finden. Die Wurzeln können Sie nach der Blüte auf die gleiche Weise wie Stauden teilen und umsetzen (Seite 101).

Besonderheit: Das dichte Teppiche bildende Laub zieht im Sommer nicht ein. In homöopathischer Aufbereitung wird das Maiglöckchen als Heilmittel (*Convallaria*) bei nervöser Herzschwäche eingesetzt.

Achtung: Alle Pflanzenteile des Maiglöckchens sind stark giftig! Aus den Blüten entwickeln sich zudem auffällige rote, giftige Kugelfrüchte, die kleine Kinder leicht zum Naschen verführen (Seite 214).

Sorte: ›Grandiflora‹ (großblumig).

Sommerblüher

Sonnige bis halbschattige Lagen

Zwiebel- und Knollenpflanzen, die im Sommer blühen, sind mit Ausnahme der Lilie nicht winterhart und müssen deshalb ab dem Herbst an einem kühlen Platz im Haus überwintern. Sommerblüher wie Dahlien oder Gladiolen, die nach den letzten Bodenfrösten ab Mitte Mai gepflanzt werden, sind hinsichtlich der Bodenverhältnisse und des Nährstoffbedarfs allerdings etwas anspruchsvoller als andere Zwiebelpflanzen und brauchen daher regelmäßige Düngergaben – je nach Art sollten Sie hier neben organischem Volldünger noch etwas mineralischen Kalidünger geben (Seite 196). Die hoch wachsenden Sorten von Dahlien, Lilien und Gladiolen benötigen außerdem eine stabile damit sie bei stärkerem Wind nicht umknicken (Seite 100).
Im Frühjahr sind die Frühblüher die ersten Farbtupfen im Garten und haben nur wenig Konkurrenz. Da im Sommer aber sehr viele Blumen blühen, sollten Sie bei der Pflanzung von sommerblühenden Zwiebelpflanzen auf die richtigen Kombinationen achten, um in der Blütezeit ein schönes, harmonisches Farbenspiel zu erreichen. Das gilt vor allem für die Kombination mit Stauden, die in den warmen Monaten in Blüte stehen. Bei den folgenden Pflanzenporträts finden Sie deshalb immer wieder besonders ansprechende Kombinationsmöglichkeiten.

Dahlien
(*Dahlia*-Hybriden)
VII – X ☀ H 20 – 150 cm

Aussehen/Merkmale: Beliebte Sommerblume, die früher meist in eigenen Beeten angepflanzt wurde, heute dagegen häufig zur Belebung gemischter Staudenbeete verwendet wird. In Kombination mit farblich abgestimmten Stauden, z. B. mit Gelenkblume (*Physostegia virginiana*), Kerzenehrenpreis (*Veronica longifolia*) oder Rittersporn (*Delphinium*) und Gräsern wie Chinaschilf (*Miscanthus sinensis* ›Gracillimus‹) oder Rutenhirse (*Panicum virgatum*), sind die schönen, farbenfrohen Dahlienblüten eine echte Bereicherung für jeden Garten.

Pflanztipp: Dahlien benötigen humosen, durchlässigen, nicht zu feuchten Boden und werden bei der Pflanzung im Frühjahr nur 2 bis 3 cm tief gesetzt. Da die Pflanzen einen hohen Nährstoffbedarf haben, geben Sie den Knollen gleich beim Setzen neben organischem Volldünger zusätzlich noch etwas Kalidünger (Seite 196), wodurch sie widerstandsfähiger werden. Hohe Sorten müssen außerdem gestützt werden. Dafür gibt es im Fachhandel so genannte Link-Stakes, oder Sie verwenden die altbewährten Bambusstangen und Bast (Seite 100). Im Herbst müssen

☀ Sonne ◐ Halbschatten ● Schatten Gering giftig Giftig/sehr giftig die Dahlienknollen nach den ersten leichten Frösten zum Überwintern ins Haus geholt werden (Seite 90).

Besonderheit: Für Schnecken sind Dahlien ein ausgesprochener Leckerbissen, sodass in diesem Fall leider meist nur das Ausbringen von Schneckenkorn hilft (Seite 205).

Arten/Sorten:
- ► **Mignon-Dahlien** (H 40 cm): Mit ihren einfachen, ungefüllten Blüten wirken sie am natürlichsten und lassen sich gut mit Sommerblumen und Stauden kombinieren.
- ► **Paeonien-Dahlien** (H 60–100 cm): Einfach und anmutig wirken auch diese Dahlien mit ihren halbgefüllten großen Blüten.
- ► **Anemonenblütige Dahlien** (H 40 cm): Ebenfalls halbgefüllt sind die Anemonenblütigen Dahlien, bei denen sich die sehr dicht stehenden Röhrenblüten im Inneren der Blüte wie zu einem Kissen aufwölben. Außen sind sie von einem einfachen Blütenkranz umgeben.
- ► **Halskrausendahlien:** Sie ähneln den Mignon-Dahlien, besitzen jedoch noch einen zweiten, inneren Blütenkranz, der eine andere Färbung aufweist.
- ► **Schmuckdahlien:** Die gefüllten Blüten dieser klassischen Dahlien ähneln teilweise denen der Seerosen. Je nach Sorte werden sie bis zu 150 cm hoch.
- ► **Pompon- und Balldahlien:** Mit ihren stark gefüllten Blüten eignen sie sich gut als Schnittblumen. Balldahlienblüten sind kugelrund, Pompondahlienblüten haben die Form einer abgeflachten Kugel.
- ► **Kaktusdahlien:** Hier sind die Blütenblätter der stark gefüllten Blüten zusätzlich spitz zusammengerollt.

Gladiolen
(*Gladiolus*-Hybriden)
VI – IX ☀ H 40 – 140 cm

Aussehen/Merkmale: Auffällige Knollenpflanze mit langen Blütenstielen in vielen leuchtenden Farben.

Pflanztipp: Achten Sie beim Einkauf auf möglichst große Knollen: Je größer sie sind, desto früher blühen die Pflanzen. Die Knollen werden Anfang Mai 10 cm tief (in leichten Böden 15 cm) gesetzt und im Herbst wieder herausgenommen (Seite 90). Die langen, schweren Blütenstiele müssen mit Bast an Bambusstangen gestützt werden, damit sie nicht umknicken (Seite 100).
Da Gladiolen für Pilz- und Viruskrankheiten anfällig sind (Seite 200), sollten Sie beim Pflanzen ausreichend Abstand zu den Nachbarpflanzen halten, damit die Blätter nach einem Regenguss schneller abtrocknen. Geben Sie zur Vorbeugung außerdem schon beim Setzen neben organischem Volldünger noch etwas Kalidünger (Seite 196), wodurch die Knollen widerstandsfähiger werden und zugleich ihr hoher Nährstoffbedarf gedeckt wird. Spritzungen mit biologischen Brühen oder Jauchen (Seite 204) bzw. mit einem Fertigpräparat (Fachhandel) in 14-tägigen Abständen wirken zusätzlich vorbeugend gegen Pilze und Viren.

Besonderheit: Gladiolen werden im Gegensatz zu Dahlien und Lilien nicht von Schnecken befallen.

Arten/Sorten:
- ► **Großblumige Gladiolen** (H 100–140 cm): Typische Edelgladiolen mit langen Blütenstielen.

Schöne Kombinationen
Wenn Sie Gladiolen in Gemeinschaft mit Stauden (Seite 90) und einjährigen Sommerblumen (Seite 126) pflanzen, wirken sie weniger »steif«. Geeignete Partner sind beispielsweise der Weiße und Blaue Rittersporn *(Delphinium)*, die hellrosa blühende Gelenkblume *(Physostegia virginiana)* oder der blaue Kerzenehrenpreis *(Veronica longifolia)*.

- ► **Babygladiolen** (H 40 cm) sind wesentlich kleiner und haben lockerere Blütenstände als die großen Gladiolen.
- ► **Schmetterlingsgladiolen** (H 80–100 cm): haben anmutige Blüten mit gewellten Rändern.

Gladiolen sind nicht standfest und brauchen eine Stützhilfe.

☀ *Sonne* ◐ *Halbschatten* ● *Schatten* ☠ *Gering giftig* ☠ *Giftig/sehr giftig*

Lilie
(Lilium)

VI – VII ☀ **H 40 – 120 cm**

Aussehen/Merkmale: Diese eleganten, wunderschönen Blumen in herrlichen Farben gedeihen bei richtiger Pflege relativ problemlos.

Pflanztipp: Lilien stehen gerne mit den Füßen im Schatten und mit dem Kopf in der Sonne. Diese Bedingung ist gegeben, wenn Sie niedrige Pflanzen, z. B. die Karpaten-Glockenblu-

Pflanztipp
Zwiebeln und Knollen

Lilien-Hybriden

Probieren Sie auch einmal die farbenprächtigen Lilien-Hybriden, z. B. die asiatischen Midcentury-Hybriden mit ihren wunderbar duftenden Blütenpyramiden. Auch wenn die eine oder andere Sorte nach einigen Jahren ersetzt werden muss, weil sie relativ kurzlebig ist – der Aufwand lohnt sich!

men (*Campanula carpatica*, Sorte ›Blaue Clips‹) oder den Grauen Storchschnabel (*Geranium renardii*), darunter pflanzen. Pflanzzeit ist der Herbst oder das Frühjahr. Eine 5 cm starke Sandschicht am Boden des Pflanzlochs lässt das Wasser besser abfließen und verhindert so Fäulnis an den wertvollen Zwiebeln (Seite 79). Eine 5 cm dicke Mulchschicht aus Laub und Reisig (Seite 194), schützt die Triebe vor Spätfrösten.

Besonderheit: Wühlmäuse sind eine echte Bedrohung für Lilien (Seite 206). Sie können die Zwiebeln davor schützen, indem Sie sie in einen Gittercontainer (aus dem Fachhandel) pflanzen.

Arten/Sorten:

▶ **Weiße Madonnenlilie** (*Lilium candidum,* siehe Foto)*:* Sie ist relativ kälteempfindlich, weil sie nur 3 cm tief gepflanzt wird. Eine Decke aus Rindenhumus und Fichtenzweigen schützt sie vor Frost.

▶ **Scharlachlilie** (*Lilium davidii*): Die reich blühende scharlachrote Lilie ist leichter zu kultivieren als die Madonnenlilie. Sie wird im Herbst 15 bis 20 cm tief in Gruppen im Abstand von 30 cm gepflanzt und blüht nicht vor dem Juli.

▶ **Tigerlilie** (*Lilium lancifolium*): Einfach zu ziehen ist auch diese orangefarbene, schwarz getupfte Lilie, die im Herbst 15 bis 20 cm tief gesetzt wird.

Tigerlilien werden im Herbst gesetzt.

Sommerblüher überwintern

Dahlien und Gladiolen sind nicht winterhart und werden daher im Herbst nach den ersten leichten Frostnächten wieder aus dem Boden genommen.

▶ Graben Sie die Knollen vorsichtig aus der Erde, säubern Sie sie von Erdresten, und lagern Sie sie mit dem Laub nach unten hängend, bis dieses abgetrocknet ist. Schneiden Sie das Laub über der Knolle handhoch ab, damit die sich darunter befindende Triebspitze nicht eintrocknet.

Pflegetipp
Zwiebeln und Knollen

Zwiebeln vermehren

Zwiebeln und Knollen vermehren sich durch Samen und Tochterzwiebeln bzw. -knollen. Da die Samenernte und -aufzucht recht schwierig ist, sollten Sie dies besser dem professionellen Züchter überlassen; eine Vermehrung durch Tochterzwiebeln ist dagegen völlig unkompliziert (Seite 81).

▶ Lagern Sie die Knollen im Keller dunkel, frostfrei und mäßig kühl. Dahlienknollen sollten außerdem mit etwas leicht feuchtem Torf oder Sand abgedeckt werden, damit sie nicht austrocknen. Kontrollieren Sie die Knollen im Winterlager regelmäßig auf Fäulnis, und sortieren Sie befallene Exemplare aus, damit sie die übrigen nicht »anstecken«.

▶ Anfang Mai können Sie die Knollen wieder an ihren Standort pflanzen. Sie brauchen damit nicht bis nach den Eisheiligen zu warten, weil die letzten Nachtfröste nicht mehr tief genug in den Boden eindringen und so die Pflanzen nicht schädigen können.

Sonne | Halbschatten | Schatten | Gering giftig | Giftig/sehr giftig

Weitere schöne Zwiebelpflanzen

Name	Botanischer Name	Blütezeit	Blütenfarbe	Höhe in cm	Standort/Boden	Besonderheit	Stück/qm
Gelbe Zwiebel-Iris	*Iris danfordiae*	I–III	Gelb	10–15	Sonne/Steingarten	Blüht erst nach Jahren wieder	25
Schneestolz	*Chionodoxa luciliae*	III–IV	Lila	15	Sonne/durchlässig	Bildet Kolonien	25
Puschkinie	*Puschkinia scilloides*	III–IV	Weißhellblau	10–15	Sonne/humos, nährstoffreich, durchlässig	Gedeiht in schütterem Rasen und unter Sträuchern	25
Hohler Lerchensporn	*Corydalis cava*	IV–V	Weißlila	15–25	Halbschatten/frisch	Selbstaussaat an geeigneten Plätzen	25
Milchstern ☠	*Ornitholagum umbellatum*	IV–V	Weiß	10–25	Sonne/humos, nährstoffreich, durchlässig	Verwildert im Rasen. Vorsicht: Die Pflanze ist giftig!	25
Blauglöckchen	*Hyacinthoides hispanica*	V	Blaulila	20–30	Halbschatten bis Schatten/frisch bis feucht, humos, durchlässig	Eignet sich gut zum Verwildern	25
Holländische Iris	*Iris hollandica*	V–VI	Bunt	30–60	Sonne/durchlässig	Preiswerte Schnittblume	20
Iran-Lauch	*Allium aflatunense*	V–VI	Purpurviolett	70–100	Sonne/durchlässig	Laub vergilbt schnell	3
Blauzungen-Lauch	*Allium karataviense*	V–VI	Weißrosa	15–25	Sonne/trocken	Schöner Blattschmuck	16
Goldlauch	*Allium moly*	V–VI	Goldgelb	20–30	Sonne/mäßig trocken bis frisch	Bildet rasch große Kolonien	15
Sternkugel-Lauch	*Allium christophii*	V–VII	Amethyst-farben	40–60	Sonne/leicht	Ähnelt dem Iran-Lauch, ist aber niedriger	12
Riesenlauch	*Allium giganteum*	VI-VII	Purpurviolett	150–180	Sonne/sandig	Eindrucksvolle Größe	3
Steppenkerze	*Eremurus robustus*	VI–VII	Weiß	200–250	Sonne/durchlässig, humos, nährstoffreich	Majestätische Erscheinung mit langen Blütenkerzen	3
Indisches Blumenrohr	*Canna-Indica-* Hybriden	VI–X	Gelbrot	60–130	Sonne/humos, nährstoffreich, durchlässig	Exotische Blüte, dekoratives Laub	1-3
Herbstzeitlose ☠	*Colchicum autumnale*	IX–X	Lilarosa	15–20	Sonne/Steingarten	Heimisches Liliengewächs, Pflanzzeit August. Vorsicht: Alle Teile der Pflanze sind stark giftig!	25
Herbstkrokus	*Crocus speciosus*	IX–XI	Lila	10–15	Sonne bis Halbschatten/durchlässig	Blüht im Herbst und bildet größere Kolonien	25

Stauden

Stauden werden alle mehrjährigen Blütenpflanzen genannt. Mit ihrer unglaublichen Vielfalt an Farben, Formen und Größen sorgen sie neben den Zwiebel- und Knollenpflanzen, den Rosen und Sommerblumen für die bunten Farbakzente im Garten.

Einen Pflanzplan machen

Wenn Sie Ihr Blumenbeet neu bepflanzen, machen Sie sich am besten zuerst anhand einer Skizze einen Plan, wie Sie das Beet gestalten möchten. Ihren »Wunschzettel« können Sie nach unterschiedlichen Kriterien zusammenstellen, z. B. nach den Blühzeiten:

► Sie können die Pflanzen so aussuchen, dass Sie eine ständige Blüte vom Frühling bis zum Herbst haben.

► Sie können aber auch einzelne Blütenhöhepunkte setzen. Dann blühen zur selben Zeit viele Pflanzen auf einmal in einem imposanten Feuerwerk, das umso wirkungsvoller ist, je besser die Farben aufeinander abgestimmt sind.

Ein anderer Aspekt sind die unterschiedlichen Blütenfarben, Wuchsformen und -größen der Pflanzen sowie die verschiedenen Blattformen und -strukturen:

► Kunterbunt gepflanzte Stauden fallen zwar ins Auge, auf Dauer aber kann dieses bunte Einerlei leicht etwas langweilig werden.

► Harmonische Ton-in-Ton-Farben ziehen dagegen den Blick durch ihre Ästhetik auf sich, wirken mitunter aber auch einfach »zu« schön. Durch einige konträre Farbakzente lässt sich diese Wirkung jedoch sehr gut wieder auflockern.

► Eindrucksvoll ist außerdem die Kombination verschiedener Wuchsformen und -größen, wobei Kontraste auch hier für einen interessanten optischen Spannungsbogen sorgen.

► Unterschiedliche Blattformen, -größen und -strukturen ergeben ebenfalls schöne Kontraste. Nach dem Prinzip »Gegensätze ziehen sich an« ergänzen sich etwa breite, tellerartige, fein behaarte Blätter wie beispielsweise die des Frauenmantels (Seite 111) und große, gerippte Blätter wie etwa die der Funkien, z. B. *Hosta sieboldiana* (Seite 110).

► Außerdem lassen sich Stauden gut mit anderen Pflanzen wie Gräsern (Seite 122), Zwiebel- und Knollenpflanzen (Seite 79) und Rosen (Seite 144) kombinieren, die Sie zwischen die Stauden setzen. (Vorschläge für schöne Beetgestaltungen finden Sie auf Seite 94 und Seite 96.)

► Unschöne Lücken, die verblühte und bereits wieder eingezogene Stauden hinterlassen, können Sie wiederum gut mit ein- oder zweijährigen Sommerblumen füllen (Seite 126).

Wichtig für Ihre Planung ist außerdem die Lage des Beets:

Optischer Anziehungspunkt: das sommerliche Blumenbeet.

► Je nach Lage können Sie innerhalb der einzelnen Staudengruppen für sonnige (Seite 102) oder halbschattige (Seite 108) wählen, wobei die Übergänge nicht selten fließend sind.

► Ist das Beet nach hinten begrenzt, stößt es beispielsweise an einen Zaun, pflanzen Sie die hohen Stauden weiter nach hinten und die niedrigen nach vorne.

► Ist das Beet rundherum einsichtig, das heißt, liegt es innerhalb einer Rasenfläche, kommen die hohen Stauden in die Mitte und die niedrigeren werden drumherum gepflanzt.

Ein weiterer Punkt ist die Höhe der Stauden und die Größe der Pflanzgruppen:

► Pflanzen Sie hohe Stauden einzeln oder in kleinen Tuffs (Gruppen) mit drei bis fünf Pflanzen.

► Bei mittelhohen Stauden können Sie ebenfalls kleinere oder größere Tuffs bilden, die durchaus 1 Quadratmeter oder größer sein dürfen.

► Niedrige Stauden können Sie auch als große Kolonien von mehreren Quadratmetern pflanzen.

Realistisch planen!

Ein wichtiger Faktor bei der Gestaltung Ihres Blumengartens ist auch

Bei geschickter Sortenwahl blühen die Stauden bis zum Herbst.

die Zeit, die Sie für die Pflege der Beete aufbringen können und wollen. Oder andersherum: Damit Sie später nicht enttäuscht sind, sollten Sie sich bei Ihrer Planung nicht allzu sehr von den oft opulenten Fotos in den Fachbüchern und -zeitschriften beeindrucken lassen, denn derart üppige Beetbepflanzungen erfordern natürlich einen entsprechend großen Arbeitsaufwand. Auch wenn es je nach Beetgröße vielleicht nur ein paar Stunden pro Woche sind – bei einem Blumenbeet müssen Sie mit zwar leichter, aber stetiger Pflege rechnen. Überlegen Sie also genau, wie viel Zeit Sie in Ihre Blumenbeete investieren wollen und richten Sie danach Ihre Planung aus.

Pflanztipp
Stauden

Erlaubt ist, was gefällt!
Gehen Sie bei Ihrer Planung von dem Grundsatz aus, dass Schönheit immer subjektiv ist. Auch ein professioneller Gartenplaner kann letztlich nur nach seinem eigenen Geschmack entscheiden!

► Eine Hilfe bei der Auswahl der Pflanzen können Ihnen dabei die Empfehlungen im weiteren Verlauf dieses Kapitels sein, für die wir weitgehend unkomplizierte Arten und Sorten ausgewählt haben.

Stauden richtig einkaufen

► Stauden kaufen Sie am besten in einer Staudengärtnerei in Ihrer Nähe. In einem solchen Spezialbetrieb, der sich ausschließlich mit der Anzucht und Vermehrung von Stauden beschäftigt, haben Sie die größte Auswahl und bekommen außerdem noch eine erstklassige Beratung. Die Stauden werden mit dem Wurzelballen in kleinen Plastiktöpfchen angeboten und sind mit einem Pflanzetikett versehen, auf dem Name, Blühzeit, Standort und andere Merkmale stehen (Seite 212).

► Wenn Sie keine geeignete Staudengärtnerei in Ihrer Nähe haben, können Sie die Pflanzen auch bei einer auf Stauden spezialisierten Versandgärtnerei bestellen und schicken lassen (Adressen Seite 216). Diese Gärtnereien versenden auf Wunsch auch einen (meist kostenpflichtigen) Katalog, und Sie bekommen die Pflanzen in wenigen Tagen ins Haus geliefert.

► Eine große Auswahl an Stauden und kompetente Beratung finden Sie natürlich auch im Gartencenter, wo Sie gleich noch das notwendige Werkzeug und Bodenverbesserungsmittel kaufen können, und – was viele nicht wissen – sogar in der Baumschule bekommen Sie schöne Stauden.

► Eine weitere Möglichkeit ist, im (gartenbesitzenden) Familien- und Freundeskreis nach Stauden zu fragen: Viele Beetstauden müssen nämlich, wenn sie nach einigen Jahren »blühfaul« geworden sind, geteilt und neu eingesetzt werden (Seite 101). Auf diese Weise bekommen Sie gratis schöne, bewährte Sorten (und vielleicht auch gleich noch wertvolle Tipps).

Qualität erkennen

Beim Einkauf von Stauden machen Sie es am besten wie der Fachmann: Drehen Sie die Pflanze auf den Kopf, und ziehen Sie den Plastiktopf vorsichtig herunter.

Sogar im Winter kann ein Staudenbeet noch attraktiv aussehen.

► Wenn Ihnen dabei die Erde entgegen fällt und Sie bloß ein paar nackte Wurzeln in der Hand halten, stellen Sie die Pflanze besser zurück. Gute Qualität erkennt man nämlich daran, dass der Topfballen bereits ausreichend durchwurzelt ist, wobei ruhig einige Wurzeln aus den Löchern am Topfboden, herausschauen dürfen.

► Wachsen die Wurzeln jedoch schon in langen Bärten aus dem Topfboden und bestehen die Wände des Topfballens nur noch aus Wurzelfilz, hat die Pflanze schon zu lange im Topf gestanden – in der Fachsprache wird dies »überständig« genannt – und wächst in der Regel schlechter an.

► Weniger problematisch ist, wenn die Wurzeln innerhalb der Topfwand ringförmig im Kreis wachsen. Hier genügt es, die Wurzeln vor der Pflanzung vorsichtig etwas aufzureißen, damit sie wieder gerade wachsen.

► Wenn Sie Stauden im Spätherbst kaufen und aus den Töpfen kein einziges grünes Blatt mehr herausschaut, ist dies kein Hinweis auf schlechte Qualität: Die Staude hat sich lediglich zur Winterruhe zurückgezogen.

Staudenbeet für sonnige Lagen

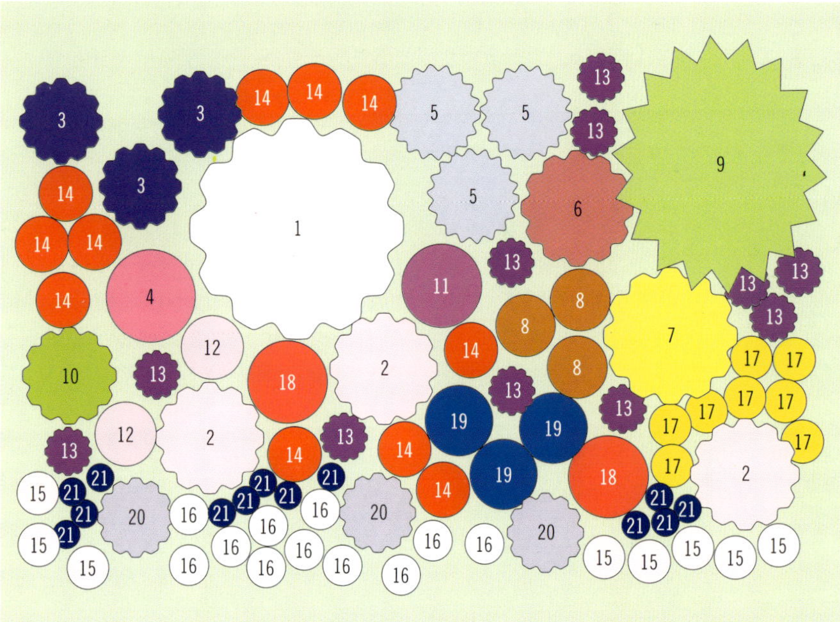

Wenn Sie nach diesem Pflanzplan vorgehen, haben Sie vom Frühling bis in den Herbst hinein Freude an Blumen (Maßstab 1:35; Länge 3,80 m, Breite 2,40 m).

Stauden und Zwiebeln kombiniert

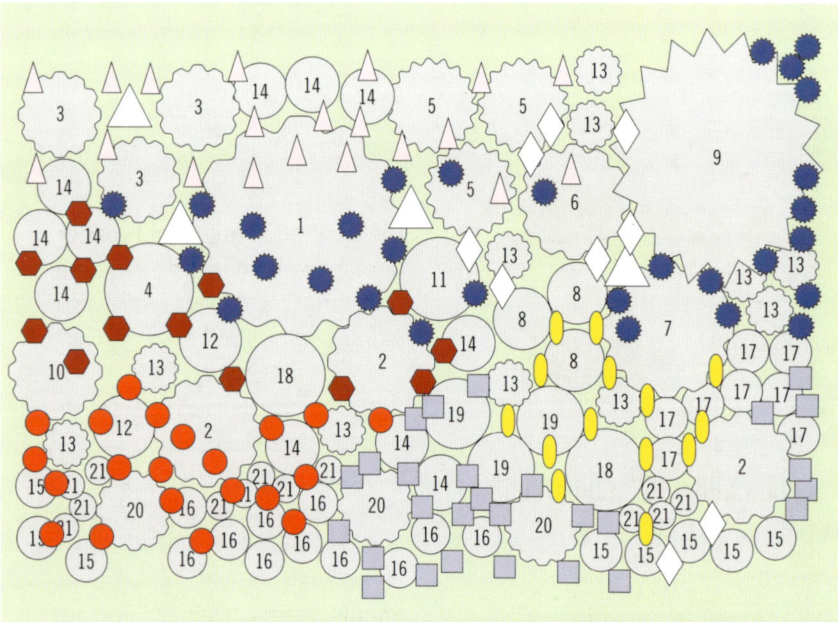

Noch üppiger wird diese Pracht, wenn Sie Stauden und Zwiebeln geschickt miteinander kombinieren (Maßstab 1:35; Länge 3,80 m, Breite 2,40 m).

1 *Beetrose ›Schneewittchen‹*
2 *Beetrose ›Bonica‹*
3 *Rittersporn (Delphinium cultorum)*
4 *Bauerngarten-Pfingstrose (Paeonia officinalis ›Rubra Plena‹)*
5 *Hoher Phlox (Phlox paniculata)*
6 *Rauhblattaster (Aster noveae-angliae ›Rudelsburg‹)*
7 *Sonnenauge (Heliopsis helianthoides var. scabra)*
8 *Purpur-Fetthenne (Sedum telephium ›Herbstfreude‹)*
9 *Chinaschilf (Miscanthus sinensis ›Gracillimus‹)*
10 *Lampenputzergras (Pennisetum compressum)*
11 *Kissenaster (Aster dumosus)*
12 *Marienglockenblume (Campanula medium)*
13 *Eisenkraut (Verbena bonariensis)*
14 *Schmuckkörbchen (Cosmos bipinnatus)*
15 *Niedriges Schleierkraut (Gypsophila repens ›Rosenschleier‹)*
16 *Schleifenblume (Iberis sempervirens ›Schneeflocke‹)*
17 *Gemswurz (Doronicum orientale)*
18 *Taglilie (Hemerocallis-Hybriden)*
19 *Staudenlein (Linum perenne)*
20 *Lavendel (Lavandula angustifolia)*
21 *Jungfer im Grünen (Nigella damascena)*

- *Seerosentulpe ›The First‹*
- *Einfache Frühe Tulpe ›Couleur Kardinal‹*
- *Einfache Späte Tulpe ›Ossy Oswalda‹*
- *Dichternarzisse (Narcissus poeticus ›Actaea‹)*
- *Alpenveilchen Narzisse (Narcissus cyclamineus ›Peeping Tom‹)*
- *Traubenhyazinthe (Muscari armeniacum)*
- *Elfenkrokus (Crocus tommasinianus)*
- *Königslilie (Lilium regale)*

Krokus • Lavendel • Traubenhyazinthe • Dichternarzisse • Rose • Gemswurz

Frühling

Wenn Sie im Sonnenbeet Stauden und Zwiebeln kombiniert haben, dann sind nach der Schneeschmelze Krokusse, Traubenhyazinthe und Dichternarzisse die ersten bunten Frühlingsboten. Zwischen der Rose und den Hyazinthen blüht die gelbe Gemswurz. Der buschige Lavendel, der erst im Sommer blüht, bildet einen grünen Farbtupfer zwischen den Krokussen. Der Illustration entspricht im Pflanzplan links unten der Ausschnitt vorne rechts.

Lampenputzergras • Lavendel • Marienglockenblume • Rose • Taglilie • Eisenkraut

Sommer

Die Illustration entspricht dem Ausschnitt vorne links des unteren Pflanzplans. Der Lavendel (vorne links und rechts außen) steht nun in voller Blüte und lockt die Bienen an. Die Taglilie (Mitte rechts oben), eingerahmt von zwei üppig blühenden Beetrosen der Sorte ›Bonica‹, entfaltet ihre gelbe Blütenpracht. Das Büschel Lampenputzergras links oben gibt dem Ensemble einen reizvollen Akzent.

Kissenaster • Schmuckkörbchen • Staudenlein • Sonnenauge • Chinaschilf

Herbst

Die Illustration entspricht wieder dem Ausschnitt vorne rechts des Pflanzplans. Jetzt haben die Spätblüher ihren großen Auftritt. Das Eisenkraut (rechts hinter der Rose) steht in voller Pracht, und Astern, Sonnenauge sowie Schmuckkörbchen beleben nun das Blumenbeet. Zwischen Kissenaster und Staudenlein blüht die Purpur-Fetthenne (links oben vor dem Eisenkraut). Rechts oben schließt ein üppiges Büschel des dekorativen Chinaschilfs das Bild ab.

Staudenbeet für halbschattige Lagen

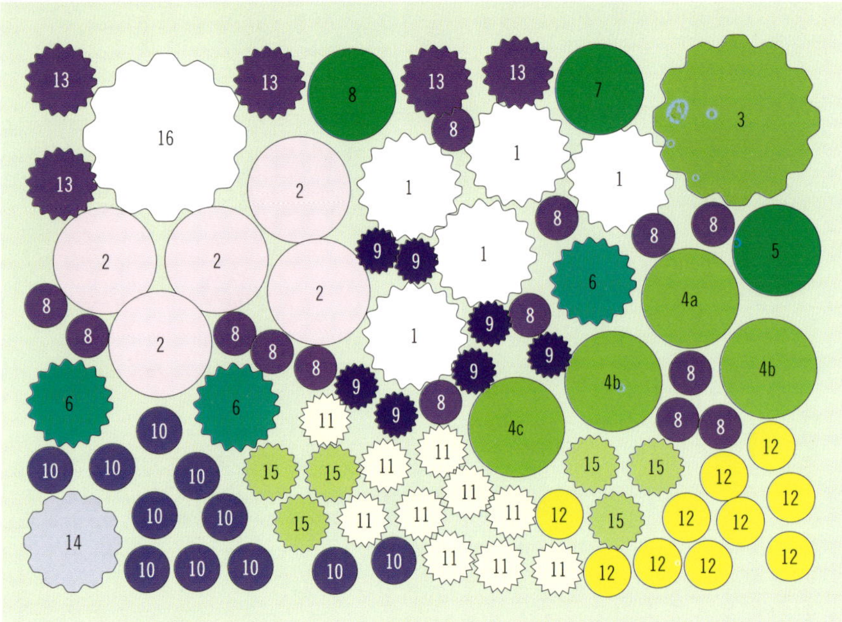

Auch ein Halbschattenbeet lässt sich so geschickt bepflanzen, dass es in jeder Jahreszeit ein schönes Bild abgibt (Maßstab 1:35; Länge 3,80 m, Breite 2,40 m).

Stauden und Zwiebeln kombiniert

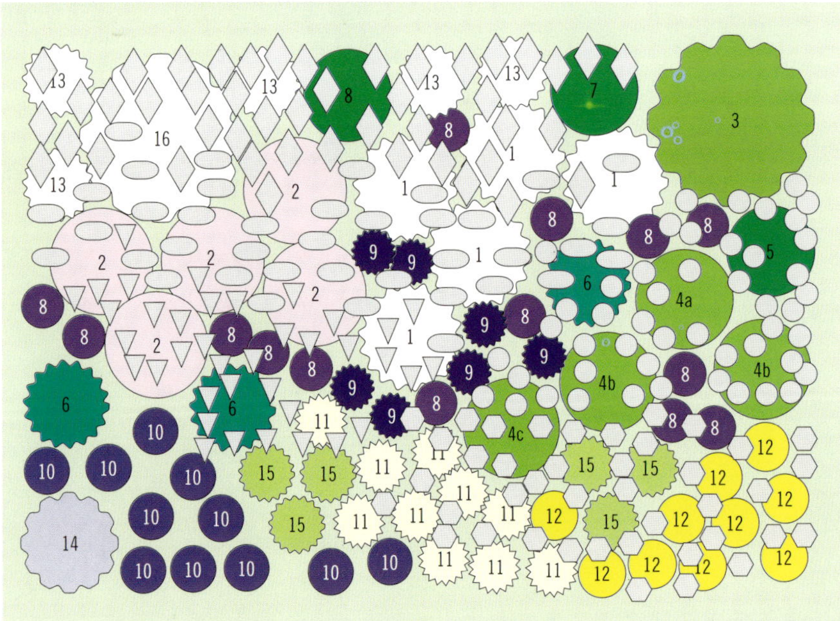

Viele Zwiebelpflanzen vertragen die pralle Sonne nicht, sie ergänzen auch hier wieder die Stauden hervorragend (Maßstab 1:35; Länge 3,80 m, Breite 2,40 m).

1 Japanische Anemone (Anemona japonica ›Honorine Jobert‹)

2 Japanische Anemone (Anemona japonica ›Königin Charlotte‹)

3 Schaublatt (Rodgersia aesculifolia)

4a Große Blaublattfunkie (Hosta sieboldiana)

4b Blaublattfunkie (Hosta sieboldiana ›Elegans‹)

4c Weißrandfunkie (Hosta undulata ›Albomarginata‹)

5 Salomonssiegel (Polygonatum-Hybride)

6 Wurmfarn (Dryopteris filix-mas)

7 Tränendes Herz (Dicentra spectabilis)

8 Akelei (Aquilegia vulgaris)

9 Waldglockenblume (Campanula latifolia var. macrantha)

10 Prachtstorchschnabel (Geranium x magnificum)

11 Frauenmantel (Alchemilla mollis)

12 Elfenblume (Epimedium pinnatum ssp. colchicum)

13 Herbst-Eisenhut (Aconitum carmichaelii x arendsii)

14 Bodendeckende Waldrebe (Clematis x jouiniana ›Praecox‹)

15 Christrose (Helleborus niger)

16 Waldgeißbart (Aruncus dioicus)

▽ Blausternchen (Scilla sibirica)

◇ Winterling (Eranthis hyemalis)

○ Schneeglöckchen (Galanthus nivalis)

⬡ Anemone (Anemone blanda)

⬭ Blauglöckchen (Hyacinthoides hispanica)

Schneeglöckchen • Blausternchen • Anemone • Elfenblume • Christrose

Waldglockenblume • Prachtstorchschnabel • Frauenmantel • Funkie • Wurmfarn

Herbst-Eisenhut • Japanische Anemone • Waldgeißbart • Wurmfarn

Frühling

Auch Bereiche, die nicht von der Sonne verwöhnt sind, lassen sich abwechslungsreich gestalten, etwa nach den vorgestellten Pflanzplänen. Schneeglöckchen gehören bekanntlich zu den ersten Boten des nahenden Frühlings. Neben Blausternchen, Anemonen, Elfenblumen dürfen Christrosen hier natürlich auch nicht fehlen. Die Illustration bezieht sich auf den Ausschnitt vorne rechts des kombinierten Pflanzplans.

Sommer

Derselbe Beetausschnitt bietet im Sommer ein ganz anderes Bild. Dominant sind die verschiedenen Spielarten der Funkie (Blaublattfunkie und Weißrandfunkie). Die gliedernde Funktion der Ziergräser im Sonnenbeet übernehmen hier die schattenliebenden Farne. Elfenblumen – im Bild rechts vor den Funkien – nehmen auch weniger Sonne nicht übel.

Herbst

In dieser Jahreszeit kommt der Beetbereich hinten links im kombinierten Plan besonders zur Geltung. Einen üppigen Blickfang bilden hier die Japanischen Anemonen mit ihren rosafarbenen (›Königin Charlotte‹) oder weißen Blüten (›Honorine Jobert‹). Doch auch der schöne blau-violette Herbst-Eisenhut muss sich nicht verstecken. Wurmfarne rahmen das Beet ein, dazwischen erkennt man das Laub des abgeblühten Prachtstorchschnabels. Im Hintergrund schließt der ausladende Waldgeißbart das Beet ab.

Die beste Pflanzzeit

Heutzutage werden Stauden in kleinen Plastiktöpfen verkauft und können so das ganze Jahr über gepflanzt werden. Dennoch gilt:

► Der ideale Zeitpunkt für Staudenpflanzungen ist der Frühherbst, sodass die Wurzeln noch etwas Zeit zum Anwachsen haben und bis zum Frühjahr gut eingewurzelt sind.

Der ideale Boden

Sonnige Lagen: Die meisten Stauden für sonnige Lagen brauchen einen nährstoffreichen, humosen Boden (Seite 188), dessen pH-Wert leicht sauer bis neutral (6 bis 7) sein sollte (Seite 189).
Halbschattige Lagen: Die Mehrzahl der Stauden für halbschattige oder schattige Lagen benötigen einen sehr humosen Boden, dessen pH-Wert leicht sauer bis neutral (5,5 bis 7) sein sollte.

► Auch das Frühjahr eignet sich gut zum Pflanzen, weil die Stauden dann in der ersten Sonnenwärme gut anwachsen können.

► Pflanzen Sie die Stauden dagegen sehr spät im Herbst, können die Stauden »hochfrieren«: Da die Wurzeln bis zum ersten Frost noch nicht ausreichend im Boden verankert sind, werden die Pflanzen bei gefrierendem Boden um einige Zentimeter nach oben geschoben und müssen dann im Frühjahr noch einmal festgedrückt werden, damit sie sich fest im Boden einwurzeln können.

► Weniger gut zum Staudenpflanzen ist auch der Hochsommer, denn dann müssen Sie ständig gießen, weil die Wurzeln noch nicht genügend ausgebildet sind, um sich das Wasser aus den tieferen Bodenschichten zu holen.

Stauden pflanzen

► Graben Sie den Boden mit einer Grabgabel um (Seite 192).

► Entfernen Sie sorgfältig Unkräuter wie Quecke, Giersch und Winde, die Sie an ihren dicken weißen Wurzeln erkennen (Seite 142), sowie größere Steine und Wurzeln.

► Verteilen Sie bei Bedarf Bodenverbesserungsmittel (Seite 190) und Dünger (Seite 196) auf der Beetfläche und graben Sie sie mit der Grabgabel unter. Wenn viele Unkräuter zu erwarten sind, lassen Sie das Beet möglichst zwei Wochen liegen, damit auch die letzten Unkräuter noch einmal keimen können.

► Weil auch die kleinsten Wurzeln der Wurzelunkräuter immer wieder austreiben, lohnt sich der Aufwand, den Boden noch ein zweites und eventuell sogar noch ein drittes Mal gründlich umzugraben, denn später lassen sich die lästigen Unkräuter nur mühsam wieder entfernen.

Staudentuffs

Stauden, die als Tuffs gesetzt werden, pflanzt man am besten im Dreiecksverband.

Zahlreiche attraktive Stauden wachsen auch im Halbschatten.

Die richtigen Pflanzabstände

Wichtig ist, dass Sie beim Staudensetzen auf die richtigen Pflanzabstände achten, damit sich die Pflanzen nicht bedrängen:

► In den Pflanzenporträts ab Seite 102 bzw. in den Tabellen ist bei jeder Staude angegeben, wie viele Pflanzen Sie setzen müssen, um 1 qm Boden zu bedecken. Allerdings dauert es dann noch etwa zwei bis drei Jahre, bis die Beetfläche geschlossen ist und das Unkraut keinen Platz mehr findet.

► Wenn Sie die Pflanzen etwas weniger dicht setzen als angegeben, haben Sie zwar mehr Arbeit mit dem Jäten, dafür bedrängen sich die Pflanzen aber auch umso weniger und müssen erst später geteilt und umgesetzt werden (Seite 101). Wenn Ihnen die Abstände zwischen den Stauden anfangs zu groß sind, können Sie als Übergangslösung einjährige Sommerblumen dazwischen pflanzen (Seite 126).

Die Stauden einsetzen

► Bevor Sie mit dem Einsetzen beginnen, stellen Sie die Pflanzen anhand Ihres Plans in ausreichendem Abstand an ihren künftigen Platz, denn jetzt können Sie den Stand noch ein letztes Mal korrigieren. Platzieren Sie dabei die Stauden, die als Tuffs (Gruppen) gepflanzt werden, im Dreiecksverband (siehe Abbildung Seite 98).

► Legen Sie die Pflanze, die Sie einsetzen wollen, etwas zur Seite, und graben Sie mit der Pflanzkelle ein ausreichend tiefes und breites Loch. Es sollte so tief sein, dass der Wurzelballen später nicht aus der Erde herausragt, bzw. so breit, dass Sie die Pflanze mühelos einsetzen können (siehe Abbildung 1).

Pflanztipp
Stauden

Trockene Ballen vorher wässern

Sind die Wurzelballen vor dem Einpflanzen stark ausgetrocknet, nehmen sie später nur schlecht Wasser an. In diesem Fall sollten Sie die Ballen vor dem Einpflanzen in einen Eimer mit Wasser tauchen, sodass sie sich richtig vollsaugen können.

► Nehmen Sie die Pflanze vorsichtig aus dem Topf. Wenn der Ballen bereits stark durchwurzelt ist, reißen Sie den Wurzelfilz mit den Fingern vorsichtig etwas auseinander. Dadurch wird die Pflanze zu neuem Wurzelwachstum angeregt.

► Setzen Sie die Pflanze gerade in das Pflanzloch. Füllen Sie die ausgehobene Erde wieder ein und drücken Sie sie um die Pflanze fest mit den Fingern an (siehe Abbildung 2).

Reichlich gießen!

Legen Sie einen kleinen Gießrand in Form eines Erdwalls um die Pflanze, und gießen Sie die Stauden einzeln mit einer sanften Brause aus dem Schlauch oder der Gießkanne, bis die Erde richtig eingeschlämmt ist (siehe Abbildung 3). Wichtig ist, dass Sie jede Pflanze einzeln wässern, je näher Sie also mit der Gießkanne an die Staude herangehen, desto besser. Zum Abschluss lockern und glätten Sie die Fläche zwischen den Stauden noch einmal vorsichtig mit einer Hacke, belassen dabei aber den Gießrand für das nächste Gießen.

Letzter Arbeitsgang: Mulchen

Mit einer 2 bis 3 cm starken Mulchschicht schützen Sie das Beet vor Unkraut, und der Boden trocknet weniger schnell aus. Verwenden Sie dazu am besten Rindenhumus, bei sehr kleinen und empfindlichen Stauden auf keinen Fall jedoch Rindenmulch (Seite 194), weil die in Rindenmulch reichlich enthaltene Gerbsäure zwar das Unkraut unterdrückt, aber auch die Stauden schädigen kann. Wichtig ist außerdem, dass die Mulchschicht nicht zu dick ist, weil manche Stauden darauf empfindlich reagieren.

Auch Kompost (Seite 194) eignet sich gut als dünne Mulchdecke. Da er sehr viele Nährstoffe enthält, ist er Dünger und Mulch zugleich, sodass Sie in diesem Fall keinen weiteren Dünger bei einer eventuellen Bodenverbesserung brauchen (Seite 190).

Pflanztipp
Stauden

Hohe Pflanzen stützen

Hoch wachsende Stauden wie Sonnenauge, Rittersporn, Pfingstrose oder Glockenblume können ohne Stützen bei starkem Wind und heftigem Regen leicht umknicken. Zum Stützen der Pflanzen eignen sich so genannte Link-Stakes, oder Sie binden die Pflanzen mit etwas Bast oder Schnur an einem unauffällig neben der Staude im Boden verankerten Holzpflock fest (Seite 100).

Stauden pflanzen

(1) Mit der Pflanzkelle ein ausreichend großes Pflanzloch ausheben.
(2) Die Staude einsetzen und mit Erde auffüllen.
(3) Die Pflanze gut wässern.

Stauden pflegen

Unkraut jäten

Zwei bis drei Jahre braucht eine Neuanpflanzung, um vollständig einzuwachsen. Dann bedecken die Stauden den Boden so dicht, dass Sie nur noch gelegentlich jäten müssen. Bis dahin sollten Sie allerdings am Ball bleiben, denn je öfter Sie jäten, desto müheloser ist es und desto weniger haben hartnäckige Wurzelunkräuter eine Chance, Ihr Beet zu »unterwandern« (Seite 142).

► Jäten Sie am besten häufig und bei trockenem Boden, indem Sie die Keimlinge mit einer Ziehhacke herausziehen. So werden die Unkräuter entwurzelt und vertrocknen.

► Sobald die Unkräuter jedoch höher geworden sind, müssen Sie mit der Hand, einem Handgrubber oder einem Löwenzahnstecher jäten. Das gelingt am leichtesten bei feuchtem Boden, wobei man hier natürlich auch mit dem Gartenschlauch etwas nachhelfen kann.

Gießen

Stauden mit der richtigen Wassermenge zu versorgen, erfordert etwas Fingerspitzengefühl: Da viele Stauden einen hohen Wasserbedarf haben, müssen Sie während besonders heißer und sonniger Perioden häufig gießen. Andererseits lässt ständige Feuchtigkeit die Wurzeln faulen, sodass es ratsam ist, den Boden zwischendurch immer wieder mal kurz austrocknen zu lassen.

► Als Faustregel gilt deshalb: Lieber seltener und dafür ausgiebig, als zu oft und zu wenig gießen. Damit Sie nicht zu viel des Guten tun, prüfen Sie die Bodenfeuchtigkeit mit den Fingern in 5 bis 10 cm Tiefe. Ist der Boden auch hier trocken, wird es Zeit zum Gießen.

► Wichtig ist, jede Pflanze einzeln mit dem Schlauch (sanfte Brause) oder der Gießkanne bodennah zu wässern. Damit die Pflanzen keinen Schock bekommen, wenn Sie sie in der Mittagshitze mit eiskaltem Leitungswasser gießen, ist es besser, sie abends oder morgens mit möglichst abgestandenem Leitungswasser oder – im Idealfall – mit Regenwasser aus der Regentonne zu wässern.

Pflegetipp
Stauden

Gießen bei schlechtem Wetter

Da Pflanzen auch bei bedecktem Himmel und durch Wind Wasser verdunsten, müssen Sie die Stauden auch dann ein- bis zweimal pro Woche gießen, wenn es nicht regnet.

Nach der Blüte

► Verwelkte Blüten von Staudenzüchtungen sollten Sie regelmäßig abschneiden, damit das Beet immer gepflegt aussieht. Außerdem sparen die Pflanzen dadurch die Kraft, die sie sonst zur Samenbildung verwenden würden und blühen länger und reicher. Blüten von Wildarten können Sie dagegen stehen und versamen lassen bzw. die Samen ernten und aussäen.

► Ob Sie im Herbst auch die Blätter vollständig, teilweise oder gar nicht zurückschneiden, kommt auf den persönlichen Geschmack (und Ordnungssinn) an. Spätestens im Frühjahr ist dann aber »Großputz« angesagt.

Stauden zweimal blühen lassen

Rittersporn und Lupinen, die im Frühsommer blühen, können im Spätsommer mit etwas Hilfe zu einer zweiten Blüte gebracht werden: Schneiden Sie die Pflanzen nach der ersten Blüte bis auf etwa 10 cm zurück, damit sie neu austreiben. Wenn Sie dann noch etwas reifen

STAUDEN STÜTZEN

(1) (2)

Hohe Stauden wie Pfingstrose, Glockenblume oder Rittersporn werden mit Bast locker an einer stabilen Stützhilfe (z. B. Bambus) festgebunden (1) oder durch Link-Stakes gehalten (2).

Kompost geben und die Stauden ausreichend wässern, werden sie ein zweites Mal, dann allerdings etwas weniger kräftig blühen.

Was tun bei verkahlten Stauden?

Stauden beginnen im Lauf der Zeit von innen heraus zu verkahlen, denn jedes Jahr bilden sich mehr Wurzeln, bis irgendwann in der Mitte des Wurzelstocks, dem Horst, überhaupt kein Platz mehr ist und nur noch außen neue Wurzeln gebildet werden können. Dann beginnen die Pflanzen sich im Inneren zurückzubilden, weil der Hauptteil der Nährstoffe und des Wassers von den jungen äußeren Wurzelspitzen aufgenommen wird. In diesem Fall ist es ratsam, die Pflanzen zu teilen, sodass sich wieder neue Wurzeln bilden können.

> **Pflegetipp**
> Stauden
>
> **Winterschutz gegen Kahlfröste**
>
> Im Allgemeinen sind Stauden winterhart, sodass höchstens eine Laub- und Reisigabdeckung sinnvoll ist, um sie vor Kahlfrösten, d. h. vor länger andauernden schneefreien Kälteperioden zu schützen.

Schädlinge & Pilze

Die meisten Schädlinge und Krankheitserreger sind Schwächeparasiten, die sich umso besser entwickeln können, wenn die Pflanze durch einen falschen Standort, fehlende Pflege oder zu viel Dünger bereits geschwächt ist (Seite 196).

► Manche Stauden wie etwa Rittersporn sind jedoch besonders anfällig für Pflanzenkrankeiten wie Mehltau oder Rost bzw. für Schädlinge wie Blattläuse oder Nematoden. Was Sie vorbeugend oder im akuten Fall dagegen tun können, finden Sie ab Seite 200 bzw. in den jeweiligen Pflanzenporträts ab Seite 102.

► Viele Stauden sind leider auch ein Leckerbissen für Schnecken. Damit Sie nicht auf Sorten verzichten müssen, die bei den Weichtieren besonders begehrt sind, sollten Sie rechtzeitig einige Vorsorgemaßnahmen treffen (Seite 205).

Stauden teilen und umsetzen

Manche Stauden wie Phlox, Aster, Feinstrahlaster, Sonnenbraut, Mädchenauge oder Margerite werden im Lauf der Jahre »blühfaul« und krankheitsanfällig, sodass ihnen eine Verjüngungskur im Herbst nach der Blüte oder im Frühjahr durch Teilen und Umsetzen gut tut. Auf diese Weise werden die Pflanzen gestärkt und blühen in den folgenden Jahren wieder kräftig.

► Bereiten Sie zuerst ein ausreichend großes Pflanzloch vor.

► Ziehen Sie mit dem Spaten in Spatentiefe einen halbkreisförmigen Graben um die Pflanze.

► Teilen Sie die Pflanze mit einer Grabgabel vorsichtig senkrecht in der Mitte. Bei alten, sehr kräftigen Stauden können Sie dafür auch einen Spaten verwenden, kleine Stauden lassen sich dagegen am besten mit den Händen teilen.

► Nehmen Sie die abgetrennte Pflanzenhälfte an der Grabenseite heraus, und schneiden Sie verletzte Wurzeln sauber mit der Schere ab, ebenso verletzte Wurzeln bei der in der Erde verbliebenen Hälfte.

► Setzen Sie die zweite Pflanze in das neue Pflanzloch, und füllen Sie beide Pflanzlöcher mit Erde auf.

► Drücken Sie die Erde jeweils gut fest, legen Sie um beide Pflanzen einen Gießrand, und wässern Sie die Pflanzen gründlich.

STAUDEN TEILEN

(1) Einen halbkreisförmigen Graben um die Pflanze ziehen und die Staude mit der Grabgabel teilen. (2) Kleine Stauden herausnehmen und mit den Händen teilen.

Stauden für sonnige Lagen

Auf den folgenden Seiten finden Sie bewährte, schöne »Evergreens«, die Sie als Pflanzgemeinschaft übernehmen und/oder nach Belieben durch die in den Tabellen auf Seite 107 und Seite 114 vorgestellten Stauden verändern und ergänzen können. Dabei bilden die hohen Stauden das »Gerüst« und werden durch die mittleren und niedrigen Stauden ergänzt.

Beet in sonniger Lage

Ein Blumenbeet für sonnige Lagen, in dem Stauden, aber auch Sommerblumen und Gräser gedeihen, lässt sich überall da anlegen, wo im Sommer täglich mindestens sechs Stunden die Sonne scheint. Bei einigen Stauden wie Rittersporn, Astern und Phlox sollten Sie jedoch zu heiße Standorte mit stauender Hitze, etwa vor Wänden, möglichst vermeiden, da sich sonst leicht Krankheiten wie Mehltau ausbreiten (Seite 200). Am besten sind Standorte mit häufiger, leichter Luftbewegung, ohne dass die Pflanzen dabei jedoch im Zug stehen.

Bei einem sonnigen Beet ist die Pflanzenauswahl am größten.

Pfingstrose

(Paeonia officinalis)

IV – V ☀ 80 cm 3/qm

Aussehen/Merkmale: Duftende Heilpflanze mit dunkelroten, gefüllten Blüten, die seit Jahrhunderten ihren Platz in Kloster- und Bauerngärten hat. Schöne Schnittblume.

Pflanztipp: Pfingstrosen dürfen nicht zu tief gepflanzt werden, da sie sonst nicht blühen. Sie werden Jahrzehnte alt, beginnen aber erst zwei bis drei Jahre nach dem Einpflanzen zu blühen, deshalb den Pflanzplatz gut überlegen. Die Pflanze ist giftig.

Besonderheit: Die Staude benötigt nährstoffreichen, humosen Boden, der trocken bis frisch sein kann, und ab dem zweiten oder dritten Jahr nach der Pflanzung im Frühjahr eine kräftige Düngergabe mit organischem Dünger (Seite 196) und Kompost (Seite 195). Die gefüllten Formen müssen wegen den schweren Blüten häufig gestützt werden (Seite 100).

Arten/Sorten: *Paeonia officinalis:* ›Alba Plena‹ (weiß, gefüllt); ›Rosea Plena‹ (rosa, gefüllt); ›China Rose‹ (lachsrot mit goldenen Staubgefäßen, einfach). *Paeonia lactiflora:* Edelpfingstrose mit zahlreichen Sorten, die etwa 14 Tage später als die Bauerngarten-Pfingstrose blüht.

Hoher Phlox

(Phlox paniculata)

VI – IX ☀ 50 – 150 cm 5/qm

Aussehen/Merkmale: Phlox, der volkstümlich auch »Flammenblume« genannt wird, ist eine beliebte Beetstaude mit langer Blütezeit und großer Blütenfülle in Weiß, Rosa, Rot und Violetttönen, oft zweifarbig mit andersfarbiger Mitte. Der angenehme Duft macht sich vor allem abends bemerkbar.

Pflanztipp: Phlox ist ein Flachwurzler und braucht einen luftigen und sonnigen, aber nicht zu heißen Standort sowie reichlich Wasser und Nährstoffe, weil er sonst schnell anfällig wird für Nematoden und Mehltau (Seite 206). Am richtigen Platz und mit ausreichender Pflege kann die Pflanze aber sehr langlebig sein.

Besonderheit: Wenn Sie Ende Juni einige Blütentriebe einkürzen, können Sie die Blütezeit erheblich verlängern, das heißt, es bilden sich viele Seitentriebe, die die Pflanze wochenlang nachblühen lassen.

Arten/Sorten: ›Kirmesländler‹ (H 120 cm, weiß mit roter Mitte), ›Landhochzeit‹, (H 140 cm, hellviolettrosa), ›Sommerfreude‹ (H 80 cm, rosa)‹ ›Aida‹ (H 80 cm, rotviolett).

Sonne *Halbschatten* *Schatten* *Gering giftig* *Giftig/sehr giftig*

Rittersporn
(Delphinium cultorum) ☠
VI – VII ☀ 120 – 180 cm 3/qm

Aussehen/Merkmale: Durch seine imposante Größe nimmt der Rittersporn als »Gerüstpflanze« eine Leitfunktion im Blumenbeet ein. Und wegen seiner hohen, leicht verzweigten Blütenkerzen, die in strahlenden Blautönen vom hellen Himmelblau über leuchtendes Enzianblau bis zu Dunkelviolett leuchten, ist er im Staudenbeet nahezu unverzichtbar.

Pflanztipp: An Plätzen mit wenig Luftbewegung und stauender Hitze kann es leicht zu Mehltaubefall kommen, wobei aber nicht alle Sorten im gleichen Maße anfällig sind. Bei Befall setzen Sie die Pflanzen im Herbst oder Frühjahr an einen luftigeren, aber windgeschützten Platz, damit die hohen Blütenkerzen nicht umknicken (am besten zusätzlich stützen, Seite 100). Jährliche Düngergaben im Frühjahr mit organischem Dünger (Seite 196) und eine gute Wasserversorgung sind weitere Voraussetzungen für eine üppige Blüte. Rittersporn ist sehr beliebt bei Schnecken, deshalb rechtzeitig vorsorgen (Seite 205). Die Pflanze ist leicht giftig.

Besonderheit: Wenn Sie die Pflanze nach der Blüte auf 10 bis 20 cm zurückschneiden, können Sie sich im Herbst über eine zweite Blüte freuen.

Arten/Sorten:
► ***Delphinium-Elatum*-Hybriden** sind die typischen hohen Rittersporne mit einigen weitgehend mehltauresistenten, standfesten Sorten: ›Berghimmel‹ (H 180 cm, hellblau), ›Lanzenträger‹ (H 200 cm, enzianblau mit weißem Auge), ›Sommernachtstraum‹ (H 150 cm, dunkelblau).
► ***Delphinium-Belladonna*-Hybriden** sind wegen ihrer geringeren Größe (80–120 cm) auch für kleinere Beete geeignet. Mit der 80 cm hohen azurblauen Sorte ›Piccolo‹ können Sie bei ausreichendem Gießen sogar auf dem Balkon Erfolg haben. Ähnlich leuchtend blaue Blüten hat die Sorte ›Völkerfrieden‹ (H 100 cm).
► ***Delphinium-Pacific*-Hybriden** sind amerikanische Prachtzüchtungen, die sich über Samen vermehren lassen. Wegen der schweren Blüten sind sie allerdings nicht sehr standfest, eignen sich aber hervorragend als Schnittblumen.

Empfindliche Stauden

»Ein Sommer ohne Phlox ist ein Irrtum« sagte einst der berühmte Staudenzüchter Karl Förster, und wie recht er damit hat, weiß jeder, der die duftenden Blütenstauden in seinem Garten hat. Doch sind die Pflanzen leider nicht ganz einfach, da es bei ihnen – wie auch bei Rittersporn, Glattblattaster oder Lupine – vor allem auf den richtigen Standort ankommt. Ist der nicht gegeben, sollten Sie lieber weniger heikle Pflanzen wählen: Absolut robust sind Sonnenauge, Taglilie, Sonnenhut, Sommersalbei, Schafgarbe oder Mädchenauge.

Glockenblume
(Campanula persicifolia) 5/qm
VI – VIII ☀ – ◐ 50 – 100 cm

Aussehen/Merkmale: Romantischer Sommerblüher mit weißer und blauer Blüte, der sich bei gutem Standort durch Selbstaussaat verbreitet.

Pflanztipp: Die Pfirsichblättrige Glockenblume, die vor allem in heißen Trockenperioden gut gewässert werden sollte, ist am sonnigen Waldrand zu Hause und fühlt sich deshalb nicht nur im lichten Schatten, sondern auch auf sonnigen Beeten wohl. Die weiße Sorte eignet sich sehr gut zur Ergänzung in Rosenbeeten (Seite 144).

Besonderheit: Die hohen Arten benötigen eine Stütze, damit sie nicht umknicken (Seite 100).
Alle Arten sind außerdem sehr schneckengefährdet, deshalb rechtzeitig vorsorgen (Seite 205).

Arten/Sorten: Die Sorte ›Grandiflora Coerulea‹ blüht hellblau. Daneben gibt es zahlreiche hohe, halbhohe und sogar niedrige polsterförmige Arten in Weiß, Blau und Lila, von denen die meisten sonnige bis lichtschattige Standorte bevorzugen. Nur die Waldglockenblume (*Campanula latifolia* var. *macrantha*) gedeiht auch an halbschattigen Plätzen.

☀ *Sonne* ◐ *Halbschatten* ● *Schatten* ☠ *Gering giftig* ☠ *Giftig/sehr giftig*

Sonnenauge *(Heliopsis helianthoides var. scabra)*

VI – IX ☀ 70 – 170 cm 5/qm

Aussehen/Merkmale: Robuste, pflegeleichte Staude mit üppiger Blüte und besonders langer Blütezeit. Die leuchtenden Gelbtöne des Sonnenauges bringen Licht und Leben ins Staudenbeet.

Pflanztipp: Sonnenaugen bevorzugen einen nährstoffreichen, eher lehmigen Boden (Seite 189). Bei trockenem Boden werden sie leicht standschwach und müssen deshalb regelmäßig ausgiebig gewässert werden. Hohe Sorten sollten Sie zusätzlich stützen (Seite 100).

Besonderheit: Wegen ihres starken Wachstums und des Blütenreichtums sollten Sie die Stauden alljährlich im Frühjahr mit organischem Dünger (Seite 196) und Kompost (Seite 195) versorgen. Die Pflanzen brauchen zwar einige Jahre, bis sie voll entwickelt sind, werden dann aber sehr alt und liefern unermüdlich Blüten, sofern Sie Verwelktes regelmäßig abschneiden (Seite 100).

Arten/Sorten: ›Spitzentänzerin‹ (H 130 cm, goldgelb, halbgefüllt), ›Hohlspiegel‹ (H 130 cm, goldgelb, einfach), ›Goldgefieder‹ (H 130 cm, goldgelb, gefüllt).

Rauhblattaster *(Aster novae-angliae)*

IX – X ☀ 100 – 160 cm 3-5/qm

Aussehen/Merkmale: Herbstblüher, deren Farbtöne gut zum Licht und Laub dieser Jahreszeit passen.

Pflanztipp: Wegen der späten Blütezeit ist der beste Platz im Hintergrund von Staudenbeeten, wobei hohe Sorten gestützt werden sollten (Seite 100). Weil sie häufig verkahlen, ist es ratsam, herbstblühende Partner wie etwa Purpurfetthenne (Seite 106) davor zu pflanzen. Wenn sie tonsurartig von innen her verkahlen, sollten sie geteilt werden (Seite 101).

Besonderheit: Die Blüten der meisten Sorten schließen sich nachts und oft auch bei trübem Wetter. Für eine lange Blüte im Herbst müssen die Pflanzen in sommerlichen Trockenperioden gut gegossen werden.

Arten/Sorten: ›Andenken an Alma Pötschke‹ (H 100 cm, kräftig rosa), ›Rudelsburg‹ (H 120 cm, kräftig rosa), ›Barr's Blue‹ (H 50 cm, tiefblau). Die Glattblattaster (*Aster novi-belgii*) ist ähnlich, bietet aber ein breiteres Sortenspektrum und die Blüten bleiben auch bei trübem Wetter geöffnet. Allerdings ist sie anfälliger für Mehltau (Vorbeugung: Gut gießen in Trockenperioden!).

Taglilie *(Hemerocallis-Hybriden)*

VI – IX ☀ 60 – 100 cm 1-3/qm

Aussehen/Merkmale: Obwohl ihre Blüten an eine empfindliche tropische Pflanze erinnern, sind die schönen Taglilien absolut anspruchslos und pflegeleicht. Durch ihre grasähnlichen Blätter sind sie bei guter Platzierung auch außerhalb der Blütezeit sehr attraktiv.

Pflanztipp: Nährstoffreicher, guter Boden und Licht ist alles, was die Taglilie zum Gedeihen braucht. Sie wächst zwar auch im Halbschatten, aber je dunkler der Platz ist, desto weniger Blüten setzt die Pflanze an.

Besonderheit: Die Blüten halten nicht länger als einen Tag, während der Blütezeit werden jedoch ständig neue Blüten gebildet.

Arten/Sorten: Bei den Taglilien mit ihren ein- oder zweifarbigen Blüten können Sie unter zahlreichen Blütenfarben wählen – vom feurigen oder samtigen Rot über Zitronen-, Hell- oder Goldgelb bis hin zu zartem Apricot. Neben den großblumigen Sorten gibt es auch Miniaturtaglilien mit 50 bis 60 cm Höhe sowie Wildarten, die am besten an feuchten Stellen, etwa an Gartenteichen, gedeihen.

Sonne · Halbschatten · Schatten · Gering giftig · Giftig/sehr giftig

Gemswurz
(Doronicum orientale)
IV–V ◐ 40–60 cm 7/qm

Aussehen/Merkmale: Sehr pflegeleichte margeritenähnliche, gelbe Schnittblume mit besonders früher Blütezeit.

Pflanztipp: Natürlicherweise wächst Gemswurz an Plätzen, die zur Blütezeit im Frühjahr vollsonnig sind, aber halbschattig werden, sobald das Laub herauskommt. Deshalb pflanzt man sie am besten zwischen höhere Stauden, damit sie später von diesen beschattet werden. Außerdem verdecken die hohen Stauden das im Sommer einziehende Laub der Gemswurz und die dadurch entstehenden hässlichen Lücken. Ideale Partner der leuchtend gelben Gemswurzblüten sind frühjahrsblühende Zwiebelpflanzen wie etwa rote Tulpen und/oder blaue Traubenhyazinthen (Seite 84).

Besonderheit: Sie können die Blütezeit verlängern, wenn Sie die verwelkten Blüten regelmäßig entfernen.

Arten/Sorten: Die Gemswurz hat offene Blüten, die denen von ungefüllten Margeriten ähneln. Die Sorte ›Frühlingspracht‹ blüht gefüllt, ›Riedels Goldkranz‹ hat dagegen halb gefüllte Blüten.

Großer Ehrenpreis
(Veronica austriaca)
V–VI ☀ 25–50 cm 9/qm

Aussehen/Merkmale: Altbewährte Staude für größere Tuffs mit schönen blauen Blüten.

Pflanztipp: Der Wasser- und Nährstoffbedarf dieser Pflanze ist geringer als bei anderen Stauden.

Besonderheit: Ehrenpreis bildet den blauen Höhepunkt unter den niedrigen Stauden, der von dem anschließend blühenden hohen Rittersporn abgelöst werden kann.

Arten/Sorten: Die Bezeichnung »Großer Ehrenpreis« ist etwas irreführend, weil Kerzenehrenpreis (*Veronica longifolia*, VII–VIII, blau, H 60–120 cm) und Riesenehrenpreis (*Veronica virginica*, VII–IX, bläulich-weiß, H 120–200 cm) wesentlich höher werden (beide passen übrigens auch ins sonnige Beet). Der Name dient jedoch als Unterscheidung zum winzigen, meist auf Rasenflächen kriechenden Persischen Ehrenpreis (Gewitterblume), einem häufigen Wildkraut mit blauen Blüten. Aus den silbergrauen Blättern und blauen Blüten des Silbergrauen Ehrenpreis (*Veronica spicata* ssp. *incana*, VI–VII) lassen sich schöne Teppiche unter Rosen legen.

Sommersalbei
(Salvia nemorosa)
V–VIII ☀ 40–80 cm 7/qm

Aussehen/Merkmale: Anspruchslose Staude mit langer Blütezeit, die viele Bienen anlockt.

Pflanztipp: Verträgt auch etwas trockeneren Boden. Mit einem Rückschnitt nach der Blüte auf mindestens die halbe Höhe blüht die Pflanze nochmals im September/Oktober.

Besonderheit: Durch die dunkle Blütenfarbe und das silbrige Laub ein guter Begleiter zu Rosen.

Arten/Sorten: ›Blauhügel‹ (VII–X, H 30 cm, blau),‹Mainacht‹ (V–X, H 40 cm, nachtblau), Ostfriesland‹ (VII–IX, H 50 cm, dunkelviolett). Gartensalbei (*Salvia officinalis*, VII–VIII, H 50 cm) passt mit seinen grauen Blättern und violetten Blütenähren auch gut ins Staudenbeet (wegen des wintergrünen Laubes erst im Frühjahr zurückschneiden). Innerhalb der Sorten gibt es auch buntlaubige, aber frostempfindliche Varianten, die im Winter durch Reisig geschützt werden sollten: ›Berggarten‹ (VI–VII, H 50 cm, lila), ›Purpurascens‹ (VI–VII, H 50 cm, lilablau, rotlaubig), ›Tricolor‹ (VI–VII, lavendelblau, H 40 cm, rot- und grünlaubig mit weißem Rand).

Sonne · Halbschatten · Schatten · Gering giftig · Giftig/sehr giftig

Rote Schafgarbe
(Achillea millefolium)
VI – IX ☀ 60 cm 7/qm

Aussehen/Merkmale: Anspruchslose, robuste alte Heilpflanze, die durch ihre bescheidene Einfachheit und zuverlässige Blüte besticht. Den Namen »millefolium« trägt sie wegen der fein zerteilten Blätter, die aussehen wie Tausende kleiner Einzelblättchen. Die schirmartigen Blütendolden bestehen aus zahllosen winzigen Einzelblüten.

Pflanztipp: Guter, durchlässiger Boden und ein sonniger Standort ist alles, was die Schafgarbe zum Gedeihen benötigt.

Besonderheit: Eignet sich auch gut als Trockenblume.

Arten/Sorten: ›Kelwayi‹ (karminrot, H 50 cm), ›Sammetriese‹ (tief dunkelrot, H 80 cm, spät blühend), ›Kirschkönigin‹ (VI–VIII, rot, H 65 cm). Von der Gelben Schafgarbe (*Achillea filipendulina*) gibt es auch höhere Sorten mit gleichen Standortansprüchen: ›Parker‹ (VI–VIII, goldgelb, H 120 cm) oder ›Coronation Gold‹ (VI–VIII, gelb, H 100 cm). Die Sumpfschafgarbe (*Achillea ptarmica*) ›Schneeball‹ (VII–VIII, weiß, H 70 cm, gefüllt) braucht frischen bis feuchten Boden.

Purpur-Fetthenne
(Sedum telephium)
VIII – X ☀ 50 cm 9/qm

Aussehen/Merkmale: Spät blühende Staude, deren rostrote Blüten auf den Herbst einstimmen und die letzten Schmetterlinge anziehen.

Pflanztipp: Ihren Namen trägt die Fetthenne wegen ihrer dicken fleischigen Blätter, in denen sie Wasser speichert. Deshalb fühlt sie sich auch an trockeneren, nährstoffarmen Standorten besonders wohl. Sie gedeiht aber ebenso gut auch auf feuchterem Boden, der dann allerdings gut durchlässig sein muss (Seite 187), da die Wurzeln sonst rasch zu faulen beginnen.

Besonderheit: Die Fetthenne ist auch gut für Trockensträuße geeignet. Wenn Sie die Blütenstände stehen lassen und erst im März zurückschneiden, ist die Fetthenne auch im Winter eine Zierde für Ihr Beet. Besonders schön ist der Anblick der von glitzerndem Raureif überzogenen Staude in Gemeinschaft mit passenden Gräsern wie etwa dem Lampenputzergras (Seite 122).

Arten/Sorten: Etwas früher als die Purpur-Fetthenne blüht die Pracht-Fetthenne (*Sedum spectabile* ›Carmen‹, VIII–IX, dunkelrosa, H 50 cm).

Kissenaster
(Aster dumosus)
IX – X ☀ 50 cm 9/qm

Aussehen/Merkmale: Diese Astern mit ihren kräftigen Farben lassen das Gartenjahr mit einem letzten Blütenhöhepunkt ausklingen. Im Staudenbeet vor hohe Astern gepflanzt überdecken sie gut die meist im unteren Teil kahl werdenden Stängel ihrer großen Brüder. Bei geeigneter Standortwahl und ausreichender Wasserversorgung – vor allem bei Trockenheit – sind Kissenastern ausgesprochen robust, langlebig und pflegeleicht. Einige Sorten beginnen bereits im August zu blühen.

Pflanztipp: Kissenastern vertragen weder trockenen Boden noch Plätze, an denen sich im Sommer die Hitze staut, da sie dann häufig von Mehltau befallen werden (Seite 206). Geben Sie ihnen deshalb einen Platz mit leichtem Luftzug, und gießen Sie an heißen Sommertagen kräftig.

Besonderheit: Mit Kissenastern können Sie sehr gut auch größere Flächen bepflanzen.

Arten/Sorten: ›Herbstgruß vom Bresserhof‹ (VIII–IX, purpurrosa, H 45 cm), ›Kassel‹ (IX, karminrot, H 40 cm), ›Prof. Anton Kippenberg‹ (IX–X, lavendelblau, H 50 cm).

Sonne · Halbschatten · Schatten · Gering giftig · Giftig/sehr giftig

Schöne Stauden für sonnige Lagen

Name	Botanischer Name	Blütezeit	Blütenfarbe	Höhe in cm	Licht/Boden	Besonderheit	Stück/qm
Gelenkblume	*Physostegia virginiana*	IX–X	rosa, weiß	70	Sonne, frisch bis feucht	viel gießen und gut düngen, evtl. Stütze nötig	7
Grasnelke	*Armeria maritima*	V–VI	rosa, weiß	15	Sonne, anspruchslos	für den Vordergrund, grasartige Blätter, hübsche kleine Polster	12
Katzenminze	*Nepeta x faassenii*	VI–IX	lilablau	25	Sonne, anspruchslos	wächst teppichartig mit langen Trieben, Dauerblüher	12
Kerzenknöterich	*Polygonum amplexicaule*	VI–IX	scharlachrot	120	Sonne bis Halbschatten, frisch bis feucht	elegante wuchernde Wildstaude	5
Kriechendes Schleierkraut	*Gypsophila repens* ›Rosenschleier‹	V–VIII	rosa	15	Sonne, anspruchslos	sehr pflegeleicht, für den Vordergrund, hübsch überhängend	12
Lavendel	*Lavandula angustifolia*	VI–VII	lavendelblau	30–50	Sonne, anspruchslos	typischer Rosenbegleiter mit aromatischem Duft, bildet große, buschige Polster	9
Lupine	*Lupinus-Polyphyllus-*Hybriden	V–VII/IX	rosaweiß, blauweiß, rot, gelb, weiß	80–120	Sonne, trocken bis frisch, durchlässig, humos	reagiert empfindlich auf zu viel Kalk im Boden, radikaler Rückschnitt nach der Blüte fördert Zweitblüte	5
Mädchenauge	*Coreopsis verticillata*	VI–VII	gelb	30–60	Sonne, frisch	nur mäßig mit Nährstoffen versorgen, pflegeleicht	3–6
Purpurglöckchen	*Heuchera brizoides* ›Red Spangles‹	VI–VIII	scharlachrot	60	Sonne bis Halbschatten, anspruchslos	filigrane Blütenrispen, die besonders schön im Halbschatten leuchten	12
Purpursonnenhut	*Echinacea purpurea* ›Magnus‹	VIII–IX	karminrosa	80	Sonne, frisch	vermehrt sich durch Selbstaussaat	5
Sonnenhut	*Rudbeckia fulgida* var. *sullivantii* ›Goldsturm‹	VIII–X	gelb/schwarze Mitte	60	Sonne, anspruchslos	gut düngen, sonst pflegeleicht	7
Spornblume	*Centhrantus ruber* ›Coccineus‹	VI–IX	karminrot	60	Sonne, anspruchslos	leichter Rückschnitt nach der Blüte fördert Zweitblüte, sehr blühwillig, versamt sich leicht	7
Staudenlein	*Linum perenne*	V–VII	blau	40–50	Sonne, mäßig trocken, mager	blaue Blumensträuße mit zarten Blüten, meist kurzlebig, samt sich aus	12
Thymian	*Thymus doerfleri* ›Bressingham Seedling‹	V–VII	rosa	5–10	Sonne, mager	besonders dichte, duftende Blütenteppiche, akzeptiert auch karge Böden	16

Stauden für halbschattige Lagen

Hier fühlen sich Pflanzen wohl, deren natürlicher Standort der Waldrand oder größere Lichtungen sind. Der ideale Platz für ein halbschattiges Beet ist also auch in Ihrem Garten dort, wo es weder zu sonnig noch zu düster ist, etwa vor und zwischen Sträuchern und Hecken.

Stauden unter Bäumen

Wenn Sie Ihr Beet unter einem großen Baum anlegen wollen, sollten Sie bedenken, dass dieser eine starke Konkurrenz für die Stauden sein kann. Prüfen Sie deshalb vorher anhand von Probegrabungen, wie stark der Boden durchwurzelt ist: Manche Bäume wie Ahorn wurzeln so dicht und nah an der Oberfläche, dass der wenige Regen, der im Bereich der Baumkrone fällt, sofort vom dichten Wurzelfilz des Baums wie von einem Schwamm aufgesogen wird und der Boden deshalb relativ trocken ist. Den Stauden, die wir in den folgenden Porträts vorstellen, ist jedoch bis auf einige Ausnahmen ein lockerer, feuchtfrischer Boden lieber.

Außerdem sind Pflanzen, die ursprünglich am Waldrand zu Hause waren, humosen, lockeren Boden gewöhnt, der dadurch entsteht, dass das Falllaub der Bäume liegen bleibt und langsam verrottet. Das bedeutet, dass Ihr Gartenboden im Idealfall an diesen Stellen genau so beschaffen ist, das heißt, die Pflanzen werden sich umso wohler fühlen, wenn Sie im Herbst etwas Laub liegen lassen. Bei manchen Stauden wie Storchschnabel (Seite 113), Taubnessel (Seite 113) oder Frauenmantel (Seite 111) ist dies sogar notwendig, weil diese Stauden jedes Jahr etwas nach oben wachsen. Diese Eigenschaft haben sie aus ihrer waldigen Heimat

Funkien gehören zu den schönsten Blattschmuckstauden.

mitgebracht, wo sie sich der durch Falllaub ständig wachsenden Humusschicht anpassen. Wenn Sie das Laub also über Jahre hinweg weggeräumt haben oder ein neues Staudenbeet bepflanzen, ist es ratsam, den Humusgehalt vorher zu testen (Seite 188) und den Boden gegebenenfalls zu verbessern (Seite 190).

Die meisten niedrigen Stauden, die für halbschattige bis schattige Plätze geeignet sind, ergänzen nicht nur die hohen Stauden, indem sie davor gepflanzt werden, sondern wirken auch als flächendeckende Bodendecker vor Sträuchern oder an schattigen Rasenrändern, wo das Gras nur noch schlecht gedeiht. Solche Staudenteppiche sind zudem durch ihr schönes Blattwerk auch außerhalb der Blütezeit sehr attraktiv.

Pflanzen für schattige Lagen

Hier finden die schattenverträglichen Spezialisten unter den Pflanzen wie manche Stauden, aber vor allem Farne (Seite 120) oder Zwiebelpflanzen (Seite 79) ihren Platz. Wie an ihrem heimischen Waldstandort entwickeln sie sich dann am besten, wenn sie zwar alles vorfinden, was sie brauchen, ansonsten aber in Ruhe gelassen werden.

► **Tipp:** Für Schattenplätze, die sich für eine Bepflanzung mit Stauden nicht eignen, ist Efeu ideal. Er gedeiht auch noch auf stark von Bäumen durchwurzelten Böden (Seite 75).

Schöne Blattschmuckstauden für den Halbschatten

Name	Botanischer Name	Blütezeit	Höhe in cm
Elfenblume	*Epimedium pinnatum* ssp. *colchicum*	IV–V	20–30
Frauenfarn	*Athyrium felix-femina*	–	70–90
Hirschzungenfarn	*Phyllitis scolopendrium*	–	40
Wurmfarn ☠	*Dryopteris filix-mas*	– Vorsicht: schwach giftig!	100
Frauenmantel	*Alchemilla mollis*	VI–VII	30
Funkie	*Hosta in Sorten*	VI–VIII	30–100
Salomonssiegel	*Polygonatum*-Hybriden	V	90
Schaublatt	*Rodgersia aesculifolia, R. tabularis*	VII–VIII	100
Storchschnabel	*Geranium* in Sorten	VI–VIII	10–50

Tränendes Herz
(Dicentra spectabilis)
V – VI ◐ 80 cm 3/qm

Aussehen/Merkmale: Seit langer Zeit beliebte Staude mit rotweißen, herzförmigen Blüten und früher Blüte.

Pflanztipp: Da die Pflanze bald nach der Blüte wieder im Boden verschwindet, wählen Sie am besten einen Standort, an der die entstehenden Lücken nicht stören: Weil sie relativ früh blüht, kann man sie auch etwas weiter hinten im Beet ansiedeln, wo sie von später blühenden Stauden verdeckt wird.

Besonderheit: Durch Kombination mit den zeitgleich blühenden Stauden Akelei (rechts) und Elfenblume (Seite 144) wird die Wirkung der hübschen Blüten noch gesteigert.

Arten/Sorten: *Dicentra spectabilis* ›Alba‹ blüht weiß. Eng verwandt ist die kleinere Farnherzblume (*Dicentra eximia*, VI–VII, H 20–30 cm), deren Blüten in kleinen rosa Trauben erscheinen und deren Blätter denen des Farnkrauts ähneln. Sie eignen sich auch für größere Anpflanzungen, weil das hübsche Laub nicht einzieht. Ähnlich im Aussehen, aber mit späterer Blüte ist *Dicentra formosa* ›Luxuriant‹ (VI–VII, H 25–40 cm, dunkelrosa).

Akelei
(Aquilegia vulgaris) ☠
V – VI ◐ H 60 – 70 cm 12/qm

Aussehen/Merkmale: Zarte Wild- und Gartenstaude mit apart geformten Blüten in unterschiedlichen Farben.

Pflanztipp: Akelei fühlt sich auf lockerem, frischem Boden wohl. Dass sie relativ kurzlebig ist, fällt nicht allzu sehr ins Gewicht, weil sie sich an geeigneten Standorten immer wieder von selbst aussät und dadurch stark verbreitet (Tipp: Prägen Sie sich die Blattform gut ein, damit Sie die jungen Blättchen beim Jäten nicht aus Versehen mit entfernen). Wegen der zerbrechlichen Pfahlwurzel lässt sich Akelei allerdings nicht oder nur schlecht teilen und verpflanzen.

Besonderheit: Bei ausreichender Feuchtigkeit gedeiht Akelei auch an sonnigen Plätzen. Leicht giftig.

Arten/Sorten: Bei der Wildform kommen neben den blauvioletten gelegentlich auch rosa oder weiße Blüten vor. Die Gartenform *Aquilegia caerulea* bietet zahlreiche Hybriden mit bunt gefärbten Blüten: ›Olympia Rotgold‹ mit rotgoldener Blüte, ›Blue Star‹ mit hellblauweißen Blüten und ›Crimson Star‹ mit rotweißen Blüten. Die Sorte ›Kristall‹ blüht reinweiß.

Waldglockenblume
(Campanula latifolia)
VI – VII ◐ 80 – 100 cm 5/qm

Aussehen Merkmale: Hohe, attraktive Wildstaude mit violetten, glockenförmigen Blüten.

Pflanztipp: Wegen ihrer langen Pfahlwurzeln lässt sich die Waldglockenblume nicht teilen (Seite 101), sondern vermehrt sich durch Aussaat.

Besonderheit: Waldglockenblumen sind leider bei Schnecken sehr beliebt, deshalb rechtzeitig Vorsorgemaßnahmen treffen (Seite 205)!

Arten/Sorten: *Campanula latifolia* var. *macrantha* ›Alba‹ mit weißen Blüten.

Pflegetipp
Stauden

Stauden zurückschneiden

Manche halbhohe Stauden sollten Sie nach der Blüte stark zurückschneiden, damit die Horste nicht auseinander fallen. Außerdem sehen die neuen Blätter, die sich rasch wieder bilden, für den Rest der Saison frischer und kräftiger aus, und manche Stauden blühen dann sogar noch ein zweites Mal im Herbst. Vor allem bei Frauenmantel (Seite 111) ist das Zurückschneiden wichtig und kann sogar mit dem Rasenmäher geschehen.

Sonne · Halbschatten · Schatten · Gering giftig · Giftig/sehr giftig

Funkie
(Hosta) 7/qm
VI – VIII Halbschatten – Schatten 30 – 100 cm

Aussehen/Merkmale: Die meisten Stauden werden nach der Schönheit ihrer Blüten ausgesucht. Bei dieser Pflanze, die lange Zeit als »altmodisch« galt, heute aber wieder überaus gefragt ist – für manche Sorten zahlen Liebhaber inzwischen sogar fast jeden Preis –, liegt der Reiz jedoch in etwas ganz anderem (obwohl die Staude durchaus auch hübsche Blüten hat): Mit ihren Blättern in unterschiedlichen Grüntönen und weiß-grünen Schattierungen gehören Funkien, die volkstümlich auch als »Herzlilien« bezeichnet werden, zu den edelsten Blattschmuckstauden überhaupt.

Pflanztipp: Um die Schönheit der großen Blätter und Blüten zu betonen, können Sie Stauden mit feinem Laub dazu pflanzen, z. B. Farne (Seite 120) oder Waldgräser wie Japansegge oder Waldmarbel (Seite 124). Auch Frauenmantel (Seite 111) und Storchschnabel (Seite 113) ergeben schöne Kontraste. Düngen im Frühjahr mit organischem Dünger (Seite 196) sorgt für ein besonders gutes Wachstum.
► Die blaublättrigen Arten werden an sonnigen Standorten zunehmend grünlicher!

Besonderheit: Die jungen Blätter sind bei Schnecken beliebt, deshalb rechtzeitig vorbeugen (Seite 205)!

Arten/Sorten:
► **Große Blaublattfunkie** (*Hosta sieboldiana*, VIII, H 100 cm) mit helllila Blüten und stark gerippten, herzförmigen grünen bis blauen Blättern.
► **Blaublattfunkie** (*Hosta sieboldiana* ›Elegans‹, VI–VII, H 40–50 cm) mit hellvioletten Blüten und blaugrünen, stark gerippten Blättern (blaue Blätter nur an feuchten, schattigen Plätzen, sonst werden sie grün!).
► **Gelbrandfunkie** (*Hosta fortunei* ›Aureomarginata‹, VII–VIII, H 70 cm) mit violetten Blüten und grünen Blättern mit gelbem Rand.
► **Weißrandfunkie** (*Hosta undulata* ›Albomarginata‹, VIII, H 50 cm) mit violetten Blüten und weißrandigen Blättern.
► **Lanzenblattfunkie** (*Hosta lancifolia,* VII–VIII, H 30 cm) mit helllila Blüten und grünen Blättern.

Zu den attraktiven Funkien passen zarte Stauden und Gräser.

Japan-Anemone
(Anemone japonica)
VIII – X Halbschatten 60 – 100 cm 3/qm

Aussehen/Merkmale: Die Japan Anemone ist eine der wichtigsten Leitpflanzen im sommerlich-herbstlichen Halbschattenbeet und blüht lange und reich.

Pflanztipp: Am schönsten wirken ein oder mehrere Tuffs mit je drei Pflanzen einer Sorte. Um ihren asiatischen Charakter zu unterstreichen, können Sie andere Pflanzen aus Fernost dazu pflanzen, wie Funkien (*Hosta,* links), Herbst-Eisenhut (*Aconitum carmichaelii,* rechts), oder Japansegge (*Carex morrowii* ›Variegata‹, Seite 124).

Besonderheit: In Gegenden, in denen es wenig schneit, sollten Sie die Pflanzen im Winter mit einer 5 bis 10 cm starken Laubschicht und Fichtenzweigen schützen.

Arten/Sorten: *Anemone hupehensis* ›Septembercharme‹ (zartrosa, einfach). *Anemone tommentosa* ›Robustissima‹ (hellrosa, einfach, frostunempfindlich, besonders frühe Blüte), ›Honorine Jobert‹ (weiß, einfach, besonders vital und edel), ›Königin Charlotte‹ (zartrosa, halb gefüllt), ›Prinz Heinrich‹ (kräftigrosa, halb gefüllt).

Sonne · Halbschatten · Schatten · Gering giftig · Giftig/sehr giftig

Herbst-Eisenhut
(Aconitum carmichaelii) ☠
IX – X ◐ – ● H 100 cm 5/qm

Aussehen/Merkmale: Die Blütenrispen des Eisenhuts sind aus vielen kleinen, helmförmigen Blüten zusammengesetzt, die der Pflanze ihren Namen gaben.

Pflanztipp: Auf dem Halbschatten- oder Schattenbeet ist der Eisenhut die letzte blau blühende Staude des Jahres.

Besonderheit: Vorsicht: Sämtliche Eisenhutarten mit ihren hübschen, leuchtenden Blüten sind in allen Teilen stark giftig (Seite 214)! In entsprechender Aufbereitung ist Eisenhut dagegen unter seinem lateinischen Namen »Aconitum« ein wichtiges Heilmittel in der Homöopathie. Die Blüten des gelben Wolfseisenhuts (*Aconitum vulparia*) wurden einst bei uns zur Herstellung von Pfeilgift für die Wolfsjagd oder als giftiger Köder verwendet.

Arten/Sorten:
Aconitum napellus ›Bergfürst‹ (VI–VII, H 120 cm) mit blauen Blüten.
Aconitum napellus ›Album‹ (VI–VII, H 120 cm) mit weißen Blüten.
Aconitum x cammarum ›Bicolor‹ (VII–VII, H 120 cm) mit weißblauen Blüten.

Frauenmantel
(Alchemilla mollis)
VI – VII ◐ 30 – 40 cm 9/qm

Aussehen/Merkmale: Die grüngelben Blüten wirken wie ein zarter Schleier, und die hübschen Blätter sind auch außerhalb der Blütezeit eine Zierde. An den Blatträndern scheidet die Pflanze kleine Wassertropfen aus, die im morgendlichen Sonnenlicht wie Perlen auf den Blättern glitzern. Ob vor höhere Stauden und Sträucher oder als Flächendecker gepflanzt, der alles Unkraut unterdrückt – Frauenmantel passt gut zu fast allen anderen Pflanzen.

Pflanztipp: Auf ausreichend feuchtem Boden gedeiht Frauenmantel auch an sonnigen Plätzen. Wenn Sie die Pflanze nach der Blüte stark zurückschneiden, bilden sich schnell wieder frische, kräftige Blätter, und die Staude blüht im Herbst noch ein zweites Mal.

Besonderheit: Der Frauenmantel, dessen samtige Blätter tatsächlich an einen weichen Mantelstoff erinnern, wird in der Volksmedizin bei vielen Frauenleiden eingesetzt.

Arten/Sorten: *Alchemilla alpina* (VII–IX, H 10–20 cm) ist niedriger und eignet sich deshalb besonders gut für das Steingartenbeet (Seite 116).

Duftveilchen
(Viola odorata)
III – IV/IX ◐ 10 cm 20/qm

Aussehen/Merkmale: Wo dieser liebliche Frühlingsblüher mit seinen herzförmigen Blättern und den hübschen, tief violetten Blüten in Massen wächst, verbreitet sich sein legendärer Duft an warmen Tagen im ganzen Garten.

Pflanztipp: Hinsichtlich der Pflegeansprüche machen Veilchen ihrem Ruf, besonders bescheiden zu sein, alle Ehre. Betrachtet man dagegen ihren Ausbreitungsdrang – Ameisen tragen die Samen durch den ganzen Garten und bis zum Nachbarn –, wirken sie eher selbstbewusst. Die Wildpflanzen sind allerdings nicht besonders konkurrenzstark, sodass sie andere Pflanzen auch nicht von ihrem Platz verdrängen.

Besonderheit: Die Blätter des Duftveilchens gelten in der Volksmedizin als wertvolles Heilmittel und werden als Tee bei Bronchitis oder Hautproblemen eingesetzt.

Sorten: Im Handel wird meist die großblumige Sorte ›Königin Charlotte‹ angeboten, die im Herbst noch ein zweites Mal kurz blüht. Weniger häufig ist die Sorte ›Rubra‹, die dunkelrote Blüten hat.

☼ *Sonne* ◐ *Halbschatten* ● *Schatten* ☠ *Gering giftig* ☠ *Giftig/sehr giftig*

Kaukasus-Vergissmeinnicht
(Brunnera macrophylla)
III – V ◐ 30 – 40 cm 9/qm

Aussehen/Merkmale: Die wochenlang blühende Staude ist eng verwandt mit dem Vergissmeinnicht (*Myosotis*), nicht jedoch mit dem ähnlich aussehenden Gedenkemein (*Omphalodes verna,* Seite 114), das deutlich kleinere Blätter trägt.

Pflanztipp: Die pflegeleichten Stauden verbreiten sich überall da, wo sie geeignete Bedingungen vorfinden, und sind ideal als Bodendecker für Flächen bis 5 qm geeignet (um eine weitläufige Ausbreitung zu verhindern, die Blütenstände vor der Samenbildung abschneiden!). Bei ausreichend feuchtem Boden gedeihen die Stauden auch an sonnigen Plätzen und sind dann eine schöne Unterpflanzung von Rosen. Auch rote Tulpen (Seite 84) und gelbe Narzissen (Seite 83) passen gut zum reinen Blau ihrer Blüten.

Besonderheit: Nach der Blüte im Frühjahr bieten auch die großen hellgrünen Blätter mit der rauen Oberfläche einen schönen Anblick.

Arten/Sorten: ›Blaukuppel‹ hat aufrechte Blütenkuppeln, ›Longtrees‹ silbrige Flecken auf den Blättern.

Kissenprimel
(Primula vulgaris/acaulis)
III – IV ◐ 10 cm 20/qm

Aussehen/Merkmale: Bekannte Frühlingsblume, auch »Aurikel« genannt, die im Frühjahr in jedem Supermarkt in kunterbunten »Ostereierfarben« angeboten wird. Schöner wirkt sie jedoch, wenn sie nach Farben gepflanzt und/oder mit zeitgleich blühenden Zwiebelpflanzen (Seite 82) kombiniert wird.

Pflanztipp: Die robuste, anspruchslose Staude braucht einen kühlen Platz mit frischem, nährstoffreichem Boden. Die Blütenfarben der Pflanze, die sich bei gutem Standort selbst aussamt, verlieren im Lauf der Jahre an Intensität: Aus grellem Gelb wird Hellgelb-weiß, aus Bonbonrosa Mauve und aus kräftigem Violett ein zartes Lila.

Besonderheit: Es gibt so viele Arten von Primeln, dass das Sortiment selbst für Fachleute fast unüberschaubar ist. Viele Wildformen wie die asiatische Etagen-, Sumpf- und Orchideenprimeln oder die Alpenaurikel aus dem Hochgebirge stellen besondere Ansprüche und lassen sich deshalb nur schwer im Garten kultivieren. Problemlos sind dagegen neben der Kissenprimel die Schlüsselblumen und die Kugelprimeln.

Arten/Sorten:
► **Julische Primel** (*Primula juliae*, IV–V, purpur, H 5–10 cm), die als Teppichprimel dichte Rasen bildet. Bei nachlassender Blüte sollte man sie regelmäßig jährlich düngen (100 g organischer Dünger/qm) oder teilen und an andere Stellen im Garten verpflanzen (Seite 101). *Primula-Juliae*-Hybriden sind in violetten, roten und weißen Farbtönen erhältlich.
► **Hohe Schlüsselblume** (*Primula elatior*, III–V, hellgelb, H 15–25 cm), eine einheimische Art, die sich über Samen ausbreitet. Die *Primula-Elatior*-Hybriden in bunten Farben blühen etwas später (IV–V).
► **Echte Schlüsselblume** (*Primula veris*, IV–V, H 10–25 cm), eine andere heimische Art mit duftenden Blüten, braucht einen etwas trockeneren Boden, versamt sich dann aber gut.
► **Kugelprimeln** (*Primula denticulata*, III–V, lila, H 35 cm) tragen kugelrunde Blütenstände und passen gut in naturnahe Gärten und in die Nähe von Gartenteichen. Die bekanntesten Sorten sind ›Alba‹ (weiß), ›Dunkle Farben‹ (dunkellila) und ›Rubin‹ (rubinrot).

Gelbe Primeln und Leberblümchen an einem naturbelassenen Standort.

☼ Sonne ◐ Halbschatten ● Schatten ☠ Gering giftig ☠ Giftig/sehr giftig

Prachtstorchschnabel
(Geranium x magnificum)
VI – VII ◐ 40 – 60 cm 12/qm

Aussehen/Merkmale: Der Storchschnabel ist verwandt mit der Pelargonie (Geranie), und wie bei dieser duften seine Blätter aromatisch, wenn man sie zwischen den Fingern reibt. Die Früchte vieler Arten erinnern an den Schnabel eines Storchs.

Pflanztipp: Storchschnabel bevorzugt halbschattige bis leicht sonnige Standorte und leicht feuchten Boden, verträgt aber auch kurzzeitige Trockenheit. Auch außerhalb der Blütezeit ist er attraktiv und eignet sich als dichter Bodendecker – besonders schön im Wechsel mit Frauenmantel –, der kein Unkraut aufkommen lässt. Die Pflanze nach der Blüte stark zurückschneiden!

Besonderheit: *Geranium x magnificum* trägt im Frühsommer attraktive violett-blaue Blüten, bildet jedoch keine Früchte aus. Er hat wie alle Storchschnäbel besonders dekoratives Laub, dessen spektakuläre Herbstfärbung in Gelb-, Orange- und Rottönen umso intensiver ist, je größer der Pflanzenteppich ist. Er harmoniert gut mit Rittersporn, Pfingstrose, anderen Geranium-Arten oder Rosen wie ›Schneewittchen‹, ›Centenaire de Lourdes‹, ›Rose de Resht‹, ›Märchenland‹, ›Bonica‹, ›Friesia‹, ›Graham Thomas‹ (Seite 154), deren Farben er besonders schön zur Geltung bringt.

Arten/Sorten:
► **Dalmatinischer Storchschnabel** (*Geranium dalmaticum*, VII–VIII, hellrosa, H 10 cm): Ist an den sonnigen Felshängen des südlichen Balkans zu Hause und fühlt sich im Steingarten wohl.
► **Pyrenäen-Storchschnabel** (*Geranium endressii*, VI–VIII/IX, hell rosa, H 30–50 cm): Braucht einen sonnigen bis halbschattigen Platz mit frischem bis trockenem Boden und blüht den ganzen Sommer über.
► **Himalaya-Storchschnabel** (*Geranium himalayense*, V–IX, violett-blau, H 40 cm): Braucht einen Halbschattenplatz mit leicht feuchtem Boden. Eine schöne Sorte ist die violettblaue ›Gravetye‹ (siehe Foto).
► **Balkan-Storchschnabel** (*Geranium macrorrhizum* ›Spessart‹, VI–VII, weiß, H 40 cm): Hübsche Blüte und schöne Herbstfärbung, pflegeleicht. Weitere Sorten: ›Ingwersen‹ (V–VII, zart rosa, H 40 cm), ›Czakor‹(V–VII, leuchtend rosa, H 40 cm).
► **Grauer Storchschnabel** (*Geranium renardii*, VI–VII, weiß mit blauen Adern, H 25 cm): Der edelste Storchschnabel, dessen schöne Blätter an samtiges Wildleder erinnern. Er verträgt sogar Hitze, bevorzugt aber hellen Schatten und frischen bis mäßig trockenen Boden. Die Sorte ›Tschelda‹ trägt weiße Blüten mit rosafarbenen Adern.
► **Blutstorchschnabel** (*Geranium sanguineum*, VI–VIII, karminrot, H 30 cm): Sehr farbige Blüten und aparte, fein geschnittene Blätter. Braucht Halbschatten bis Sonne und frischen bis trockenen Boden.

Gefleckte Taubnessel
(Lamium maculatum)
V – VI ◐ 20 cm 9/qm

Aussehen/Merkmale: Die äußerst pflegeleichte Taubnessel ist trotz ihrer Ähnlichkeit nicht mit der Brennnessel verwandt.

Pflanztipp: Taubnesseln passen gut zu anderen Stauden oder Farnen, wirken aber auch allein als Bodendecker auf Flächen bis etwa 10 qm.

Besonderheit: Durch die silbrige Zeichnung auf den dunkelgrünen Blättern sehen die Stauden als Bodendecker besonders edel aus.

Arten/Sorten: ›Silbergroschen‹ (silberfarbene Blattfläche mit schmalem grünem Rand und violetter Blüte) oder ›White Nancy‹ mit weiß gezeichneten Blättern und weißen Blüten. Eng verwandt ist die Goldnessel (*Lamiastrum galeobdolon* ›Florentinum‹) mit goldgelben Blüten und silbern gezeichneten Blättern. Durch ihr starkes Wachstum – sie bildet lange, oberirdische Triebe – erobert sie rigoros große Flächen. Als einer der pflegeleichtesten Bodendecker, der auch im Winter meist grün bleibt, eignet sie sich gut für große Flächen. Wenn Sie die Triebe jährlich in der Mitte durchschneiden, wächst die Staude dichter.

☼ *Sonne* ◐ *Halbschatten* ● *Schatten* ☠ *Gering giftig* ☠ *Giftig/sehr giftig*

Schöne Stauden für halbschattige Lagen

Name	Botanischer Name	Blütezeit	Blütenfarbe	Höhe in cm	Licht/Boden	Besonderheit	Stück/qm
Christrose ☠	*Helleborus niger*	XII–III	weiß	30	Halbschatten, humos, lehmig, kalkhaltig	Vorsicht: stark giftig! Edle Blüten im Schnee	5–7
Elfenblume	*Epimedium pinnatum* ssp. *colchicum*	IV–V	gelb	20–30	Halbschatten, nährstoffreich	immergrüner Bodendecker mit schönem Laub	12
Gedenkemein	*Omphalodes verna*	III–IV	blau	10	Halbschatten, anspruchslos	niedrige Waldstaude mit himmelblauen Blüten	12–16
Immergrünchen	*Vinca minor*	IV–V	blau	15	Halbschatten	bewährter, dankbarer, immergrüner Bodendecker	9–12
Lungenkraut	*Pulmonaria angustifolia* ›Azurea‹	IV–V	blau	30	Halbschatten, kühl, humos	hübscher niedriger Bodendecker; behaarte Blätter, enzianblaue Blüten	12
Prachtspiere	*Astilbe-Hybriden*	VII–IX	alle Farben außer Blau	40–100	Halbschatten, nährstoffreich, frisch, hohe Luftfeuchtigkeit	auffällige, aufrechte Blütenrispen, bringt Farbe in dunkle Ecken; großflächig setzen	7
Roter Fingerhut ☠	*Digitalis purpurea*	VI–VII	rosa bis purpurrot	50–100	Halbschatten, schwach sauer, anspruchslos	Vorsicht: stark giftig! Kurzlebig, samt sich aber gerne aus. Hohe Kerzen mit glockenförmigen Blüten	12
Salomonssiegel ☠	*Polygonatum*-Hybride ›Weihenstephan‹	V–VI	weiß	80–100	Halbschatten, frisch	Vorsicht: giftig! Blattschmuckstaude mit hängenden, duftenden Blüten; bei Schnecken beliebt	9
Waldgeißbart	*Aruncus dioicus*	VI–VIII	weiß	150–200	Halbschatten, humos, frisch (!)	beeindruckende große Wildstaude. Benötigt mehrere Jahre für ihre Entwicklung. Auffällige, gefiederte lange Rispenblüten, schön vor Gehölzen. Die ganz jungen Triebe sind essbar (wie Spargel zubereiten)	1–3
Waldmeister	*Galium odoratum*	V	weiß	15–20	Halbschatten bis Schatten, frischhumos	bringt als Bodendecker mit seinem hellgrünen Laub etwas Licht unter Bäume; berühmtes Aroma für die Maibowle	12–16
Waldsteinie	*Waldsteinia geoides*	IV–V	gelb	25	Halbschatten, anspruchslos	wintergrüner Flächendecker	20
Ziest	*Stachys grandiflora* ›Superba‹	VII–VIII	violettrot	30–60	Halbschatten, frisch, tiefgründig	bildet dichte Horste mit großen leuchtenden Blüten	9

Schöne Schnittblumen für's ganze Jahr

Name	Botanischer Name	Pflanzenart	Blütezeit	Blütenfarbe/Sonstiges
Akelei	*Aquilegia*-Hybriden	Staude	V–VI	alle Farben, auch zweifarbig
Bartnelke	*Dianthus barbatus*	ein-/zweijährige Sommerblume	V–VIII	rosa, weiß, rot, ein- und zweifarbig
Bechermalve	*Lavatera trimestris*	ein-/zweijährige Sommerblume	VII–IX	weiß, rosa, dunkelrosa
Christrose	*Helleborus niger*	ein-/zweijährige Sommerblume	XII–III	weiß/Vorsicht: stark giftig! ☠
Dahlie	*Dahlia*-Hybriden	Zwiebel- und Knollengewächs	VII–X	alle Farben außer blau
Duftwicke	*Lathyrus odoratus*	ein-/zweijährige Sommerblume	VII–IX	lila, rosa, weiß, rot
Feldrittersporn	*Delphinium cheilanthum*	ein-/zweijährige Sommerblume	V, VI–VIII	weiß, rosa, blau, rot
Frauenmantel	*Alchemilla mollis*	Staude	VI–VIII	grünlich gelb
Gelenkblume	*Physostegia virginiana*	ein-/zweijährige Sommerblume	VII–IX	rosa
Gladiole	*Gladiolus*-Hybriden	Zwiebel- und Knollengewächs	VI–IX	alle Farben außer blau
Glattblattaster	*Aster novi-belgii*	Staude	IX–X	alle Farben außer gelb
Gold-Schafgarbe	*Achillea filipendulina*	Staude	VIII–IX	gelb
Hyazinthe	*Hyacinthus-Orientalis*-Hybriden	Zwiebel- und Knollengewächs	IV–V	alle Farben
Japan-Anemone	*Anemone-Japonica*-Hybriden	Staude	VIII–X	weiß, rosa
Japansegge	*Carex morrowii* ›Variegata‹	Gras	IV	weiß-buntes Laub
Knäuelglockenblume	*Campanula glomerata*	Staude	VI–VIII	weiß, violett
Königslilie	*Lilium regale*	Zwiebel- und Knollengewächs	VII	weiß-gelb, duftend
Lampenputzergras	*Pennisetum compressum*	Gras	IX–X	flaschenbürstenähnliche Ähren
Lilien-Hybriden	*Lilium-Hybriden*	Zwiebel- und Knollengewächs	VI–VIII	fast alle Farben
Löwenmäulchen	*Anthirrhinum majus*	ein-/zweijährige Sommerblume	VI–IX	Rot-, Rosa- und Gelbtöne
Madonnenlilie	*Lilium candidum*	Zwiebel- und Knollengewächs	VI–VII	weiß
Maiglöckchen	*Convallaria majalis*	Zwiebel- und Knollengewächs	V–VI	weiß/Vorsicht: stark giftig! ☠
Marienglockenblume	*Campanula medium*	ein-/zweijährige Sommerblume	V–VII	hellblau, weiß, rosa
Narzisse	*Narcissus* in Sorten	Zwiebel- und Knollengewächs	III–IV	gelb, weiß, orange, ein-/zweifarbig
Pfingstrose	*Paeonia officinalis u. lactiflora*	ein-/zweijährige Sommerblume	V–VI	weiß, rosa, rot, duftend
Purpurglöckchen	*Heuchera brizoides*	ein-/zweijährige Sommerblume	V–VII	weiß, rosa, scharlachrot
Ringelblume	*Calendula officinalis*	ein-/zweijährige Sommerblume	VI–IX	gelb, orange
Rote Schafgarbe	*Achillea-Millefolium*-Hybriden	Staude	VI–VIII	rosa, rot
Sonnenauge	*Heliopsis helianthoides* var. *scabra*	Staude	VII–IX	goldgelb
Sonnenhut	*Rudbeckia fulgidia* var. *sullivantii* ›Goldsturm‹	ein-/zweijährige Sommerblume	VIII–X	goldgelb mit schwarzer Mitte
Spinnenblume	*Cleome spinosa*	ein-/zweijährige Sommerblume	VII–X	weiß, rosa, rot, lila
Tränendes Herz	*Dicentra spectabilis*	Staude	V–VI	rosa-weiße Herzen
Traubenhyazinthe	*Muscari armeniacum*	Zwiebel- und Knollengewächs	IV–V	blau, duftend/Vorsicht: Giftig! ☠
Tulpe	*Tulipa* in Sorten	Zwiebel- und Knollengewächs	VI–V	alle Farben außer blau
Waldglockenblume	*Campanula latifolia*	Staude	VI–VII	blau, weiß
Zittergras	*Briza media*	Gras	V–VI	herzförmige Blüten an kleinen Ähren

Der Steingarten

Hier wachsen die Hungerkünstler und Asketen unter den Pflanzen, die größtenteils in den kargen, steinigen Gebirgsgegenden, aber auch auf trockenen Rasenflächen oder Schotterebenen zu Hause sind. Ihnen ist Regen, Schnee oder Tau lieber als die Gießkanne, und bei allzu üppigen Mahlzeiten versagen sie die Blüte. In mageren, steinig-sandigen Böden, in denen das Wasser rasch abfließt, überraschen sie dagegen im Frühjahr immer wieder aufs Neue mit einer zwar zierlichen, aber überreichen Blütenfülle.

VIELSEITIGE ASKETEN

Die Einsatzgebiete für Steingartenpflanzen sind vielseitig, denn durch ihre Anspruchslosigkeit lassen sie sich auch in solchen Bereichen pflanzen, in denen anspruchsvollere Stauden keine Überlebenschance hätten.

Der niedrige Polsterphlox bildet große bunte Kissen.

Auch klirrende Kälte macht ihnen nichts aus, denn die Polsterpflanzen werden durch ihren niedrigen Wuchs im Winter mit einer Schneedecke geschützt. Weil es in Gebirgsgegenden häufig Niederschläge gibt, sollten Sie natürlich während langer Hitzeperioden gelegentlich trotzdem gießen. Auch jährliches vorsichtiges Düngen, vorzugsweise mit organischem Dünger, schadet den Pflanzen mit Sicherheit nicht.

Neben klassischen Polsterstauden gedeihen im Steingarten auch viele Kräuter (Seite 173) wie Thymian, Lavendel, Rosmarin oder Salbei, die umso aromatischer sind, desto magerer der Standort ist. Auch Zwiebelpflanzen wie der als Gewürz begehrte Safrankrokus oder der Wildkrokus finden hier einen naturnahen Platz.

Ein Steingarten muss nicht immer gehegt und gepflegt sein. Wenn Sie die Flora stillgelegter Bahnstrecken oder Baustellen genauer betrachten, werden Sie zwischen Kies und Schutt den aparten Blütenreichtum von Königskerze, Ruprechtskraut, Nachtkerze, Wegwarte und Johanniskraut entdecken! Auf die gleiche Weise können Sie auch Ihren Steingarten begrünen, d. h., gestalten Sie ihn einfach nur mit schönen Steinen und Schotter, und lassen Sie sich überraschen, was sich dort ansiedelt. Oder Sie pflanzen zum Start ein paar Königskerzen, säen eine Wildblumenmischung dazu und warten ab, was herauskommt. Denn hier ist die Natur der Gärtner, wobei Sie als »Hilfsgärtner« natürlich korrigierend eingreifen können.

Die immergrüne weiße Schleifenblume braucht sehr viel Sonne.

Pflanztipp
Steingarten

Polsterstauden

Die Ränder von eingefassten Wegen können gut mit Polsterpflanzen begrünt werden, die sich im Laufe der Zeit auf das Pflaster legen und strenge Linien weich verschwinden lassen. Viele Polsterpflanzen können Sie auch zum Begrünen von Mauerfugen einsetzen.

Der richtige Boden

► Steingartenstauden brauchen durchlässigen, mageren Boden mit einem meist neutralen bis leicht alkalischen pH-Wert (7 bis 8), in dem das Regenwasser zügig abfließen kann. Machen Sie deshalb am besten eine Bodenprobe (Seite 188), und magern Sie den Boden entsprechend ab, indem Sie Kies oder Sand im Verhältnis bis 1:1 dazu mischen und pro Quadratmeter bis zu 100 g Urgesteinsmehl dazugeben. Ideal ist es, wenn diese Mischung bis in eine Tiefe von etwa 20 bis 30 cm reicht.

► Sehr wichtig ist auch, dass die Polsterpflanzen auf Steinen aufliegen, wie sie es aus ihrer Heimat gewohnt sind. (Wachsen sie auf dem

Kellerböschungen begrünen

Wenn Sie mit Fenstern ausgestattete Kellerräume in Ihrem Haus nutzen, bietet es sich an, den Bereich vor den Fenstern mit einem großzügigen Steingarten abzuböschen. So haben Sie einen erweiterten schönen Ausblick, denn die niedrig wachsenden Pflanzen verdunkeln die Fenster nicht bzw. helle Steine reflektieren das Licht und bringen zusätzliche Helligkeit. Weil sich hier nur wenig Unkraut ansiedelt, ist ein solcher Steingarten außerdem sehr pflegeleicht. Zum Bau einer solchen Abböschung braucht man allerdings die entsprechenden Werkzeuge und Maschinen, sodass Sie die Anlage besser einem Fachmann überlassen. Bepflanzen können Sie sie natürlich selbst, aber setzen Sie nicht zu viele Pflanzen: Sie werden staunen, wie schnell sich die kleinen Polster zu großen Matten ausbreiten, und schon nach einigen Jahren ist von den Steinen fast nichts mehr zu sehen.

Erdboden, können sie leicht faulen!) Wenn Sie nicht den ganzen Boden mit Kies abdecken möchten, legen Sie einfach einige flache Steine neben die Polster.

► Manche Steingartenpflanzen wie etwa Blaukissen, die schon lange im Garten kultiviert werden, können Sie auch in normalen, durchlässigen Gartenboden setzen, da sie durch die lange Kultur bereits höhere Nährstoffansprüche haben.

Gießen & düngen

► Mit dem Wasser sollten Sie sparsam umgehen. Nur wenn Sie in langen, heißen Trockenperioden den

Steinkraut eignet sich gut als Weg- oder Treppeneinfassung.

Eindruck haben, dass die Pflanzen unter der Trockenheit leiden, sollten Sie gießen, da sie weitaus weniger Wasser benötigen als die meisten anderen Stauden. Bedenken Sie dabei auch, dass es bei einem Boden, der mit Kies und Steinen abgedeckt ist, darunter oft noch feucht ist, wenn ein unbedeckter Boden schon längst trocken ist.

► Als Düngung reichen 30 g organischer Dünger pro Quadratmeter und Jahr (Seite 196). Geben Sie den

Steingartenpflanzen sind genügsam und machen nur wenig Arbeit.

Der gelbe Scharfe Mauerpfeffer blüht von Juni bis Juli.

Dünger grundsätzlich im Frühjahr, damit die Pflanzen nicht zu spät im Jahr zu treiben beginnen und dann im Winter möglicherweise Frostschäden erleiden. Ansonsten brauchen Ihre Steingartenpflanzen keine weitere Pflege.

Geschützte Pflanzen

Nehmen Sie in freier Natur keine Pflanzen mit, von denen Sie nicht genau wissen, ob sie geschützt sind! Damit Sie nicht aus Versehen doch bedrohte Arten ausgraben, ist es grundsätzlich besser, Pflanzen an ihrem natürlichen Standort zu belassen, zumal sie im Garten ohnehin meist eingehen, und statt dessen in einer gut sortierten Staudengärtnerei nach Edelweiß, Enzian oder Silberdistel zu fragen, da fast alle geschützten Arten als Nachzüchtungen erhältlich sind. An ihren Naturstandorten sind sie dagegen unersetzlich, und ein Verstoß wird mit so hohen Geldstrafen belegt, dass Sie dafür einen ganzen Garten bepflanzen können.

Die schönsten Steingartenstauden

Name	Botanischer Name	Blütezeit	Blütenfarbe	Höhe in cm
Blaukissen	*Aubrieta*-Hybriden	IV–V	lila, violett, samtrot, dunkelrosa	10–15
Dalmatiner-Glockenblume	*Campanula portenschlagiana*	VI–VII	hellviolett	10
Fetthenne	*Sedum floriferum* ›Weihenstephaner Gold‹	VII–VIII	gelb	15
Gänsekresse	*Arabis caucasica*	IV–V	weiß	20
Grasnelke	*Armeria maritima*	V–VI	rosa, weiß	15
Hauswurz	*Sempervivum*-Hybriden	VI–VII	rosa	10–20
Karpaten-Glockenblume	*Campanula carpatica* ›Blaue Clips‹ und ›Weiße Clips‹	VII–VIII	blau, weiß	15
Königskerze	*Verbascum densiflorum*	VII–VIII	gelb	bis 20
Kriechendes Schleierkraut	*Gypsophila repens* ›Rosenschleier‹	V–VIII	rosa	15
Küchenschelle ☠	*Pulsatilla vulgaris*	III–IV	violett	20
Lerchensporn	*Corydalis lutea*	V–X	gelb	20–30
Nachtkerze	*Oenothera missouriensis*	VII–IX	hellgelb	20
Polsterphlox	*Phlox subulata*	IV–V	rosa, blau, rot, violett, weiß	15
Porzellanblümchen	*Saxifraga umbrosa*	V–VI	weiß-zartrosa	30
Scharfer Mauerpfeffer	*Sedum acre*	VI–VII	gelb	5
Schleifenblume	*Iberis sempervirens*	IV–V	weiß	20–30
Sonnenröschen	*Helianthemum-Hybriden*	VI–VIII	gelb, rot	20
Steinbrech	*Saxifraga x arendsii*	IV–V	rot, rosa, weiß	15
Steinkraut	*Alyssum saxatile*	V–VI	gelb	30
Steinsame	*Buglossoides purpurocaerulea*	VI	blau	30
Stängelloser Enzian	*Gentiana acaulis*	VI–VII	dunkelblau	10
Teppichprimel	*Primula-Juliae*-Hybriden	VI	violett	5
Thymian	*Thymus doerfleri* ›Bressingham Seedling‹	V–VII	rosa	5–10
Thymian	*Thymus serpyllum* ›Coccineus‹	VII–IX	karminrot	5

Die schönsten Steingartenzwiebeln

Name	Botanischer Name	Blütezeit	Blütenfarbe	Höhe in cm
Bunter Krokus	*Crocus chrysanthus*	II–III	cremegelb, hellblau, violett	5–10
Gartenkrokus	*Crocus*-Hybriden	III–IV	weiß, gelb, lila	10–15
Goldlauch	*Allium moly*	V–VI	gelb	20–30
Seerosentulpe	*Tulipa kauffmaniana*	III–IV	gelb, rot, weiß, häufig zwei- und dreifarbig	15–30
Fosteriana-Tulpe	*Tulipa fosteriana*	III–IV	gelb, rot, weiß, orange	15–50
Blauzungenlauch	*Allium karataviense*	V–VI	weiß bis rosa	15–25

Lichtverhältnisse	Besonderheit	Stück/qm
sonnig	beliebte Polsterpflanze, nach der Blüte stark zurückschneiden, sonst nach einigen Jahren von innen tonsurartiges Verkahlen	16
sonnig	anpruchslos, hin und wieder gießen, blüht wochenlang	16
sonnig	pflegeleichter immergrüner Teppich, der reich und hübsch blüht	16
sonnig	bildet hübsche Teppiche	16
sonnig	für den Vordergrund, grasartige Blätter, hübsche kleine Polster, anspruchslos	12
sonnig	auch für Dachgärten geeignet, große Rosetten aus dickfleischigen Blättern	16
sonnig	liebenswerte kleine Glockenblume, samt sich von allein aus	16
sonnig	große, kurzlebige Staude für trockene heiße Plätze, Selbstaussaat	16
sonnig	hübsch überhängend, sehr pflegeleicht	12
sonnig	alpine Frühlingsboten mit liebenswerten Glockenblüten. Achtung: leicht giftig!	16
schattig	versamende zarte Staude für schattige Steingärten	16
sonnig	die großen gelben Blüten öffnen sich erst am Abend	12
sonnig	bildet leuchtend bunte Kissen, auch gut für Wegeinfassungen geeignet	12
schattig	zarter Blütenschleier über porzellanartigen Blattrosetten	16
sonnig	auch zum Würzen geeignet, Blätter schmecken scharf	16
sonnig	immergrün, reiche weiße Blüte	16
sonnig	trägt viele zierliche Blüten auf grauem oder dunkelgrünem Laub	12
halbschattig	moosartiger Schattensteinbrech mit leuchtenden Blüten	12
sonnig	robuste, langlebige Polsterpflanze mit üppiger, nach Honig duftender Blütenfülle	16
sonnig bis halbschattig	anspruchslose heimische Wildstaude, die sich stark ausbreitet	10
sonnig	blüht in unbeschreiblichem Blau!	16
schattig	zierlicher Frühsommerblüher für steinige Schattengärten	16
sonnig	bildet besonders dichte, duftende Blütenteppiche	16
sonnig	bildet aromatische Blütenteppiche	16

Lichtverhältnisse	Besonderheit	Stück/qm
sonnig	farbenfroher Frühlingsblüher	25
sonnig bis halbschattig	farbenfroher Frühlingsblüher	25
sonnig bis halbschattig	kolonienbildender gelb blühender Lauch	16
sonnig	seerosenartige Blüten bei Sonne	16
sonnig	edler Wildtulpencharakter	16
sonnig	attraktive Kugelblüten und Blätter	16

Farne und Gräser

Farne und Gräser beeindrucken nicht wie Stauden oder Sommerblumen durch ihre Blüten, sondern vor allem durch ihre Gesamterscheinung. Aufgrund ihrer filigranen Blätter bzw. Halme eignen sie sich gut als »Begleitpflanzen«, die die Wirkung der Blütenpflanzen verstärken.

Farne

Die ersten Farne wuchsen bereits vor rund 350 Millionen Jahren und gehören damit zu den ältesten Pflanzen überhaupt. Als baumlange Gewächse bildeten sie einst zusammen mit den verwandten Bärlapp- und Schachtelhalmarten ganze Wälder, heute wachsen sie dagegen im schattigen, feuchten Bereich von Bäumen und eignen sich damit auch hervorragend zur Bepflanzung von tiefschattigen Plätzen, an denen keine anderen Pflanzen mehr gedeihen. Zu Farnen passen sehr gut

Farne sind Waldbewohner und brauchen einen schattigen Platz.

- niedrige, Schatten liebende Waldgräser wie Japansegge, Haarmarbel oder Schneemarbel (Seite 124).
- Schattenverträgliche Stauden wie Waldmeister (Seite 114).
- Blattschmuckstauden wie Salomonssiegel (Seite 114).
- Zwiebelpflanzen wie Winterling (*Eranthis hyemalis,* Seite 87) oder Buschwindröschen (*Anemone nemorosa,* Seite 86), die bereits im Vorfrühling blühen, wenn von den meisten Farnen noch nicht viel zu sehen ist.

Pflanztipp
Farne

Farne vermehren

Farne entwickeln nach der Blüte keine Samen, sondern Sporen, die in kleinen Kapseln an der Unterseite der Wedel sitzen und deren Anzucht sehr kompliziert ist. Wesentlich einfacher ist dagegen die Vermehrung von Ausläufer bildenden Farnen, indem Sie die Ausläufer vorsichtig von der Mutterpflanze abtrennen und in ein eigenes Pflanzloch setzen.

- Als begleitender Bodendecker eignet sich die violette wintergrüne Gefleckte Taubnessel (*Lamium maculatum* ›Chequers‹, Seite 113) sehr gut.
- Eine schöne Waldstimmung entsteht, wenn Sie größere Flächen mit dem filigranen Waldmeister (*Galium odoratum*) begrünen, aus dem größere Gruppen von hoch wachsenden, geschwungenen Farnen herauswachsen.
- Attraktiv und sehr gepflegt wirken Winterpflanzungen mit dem immergrünen Hirschzungenfarn, der mit seinen glänzenden, hellgrünen Blättern auch aus einem dunkelgrünen Efeuteppich herausschauen kann (Seite 75). Im Sommer bringen dann sommergrüne Farne und höhere Schattenstauden Leben in die Pflanzung.

Trichterfarne bestechen durch ihre schönen hohen Wedel.

Farne können auch strengste Kälte unbeschadet überstehen.

Standort & Pflege

Farne sind äußerst pflegeleicht, sofern sie am richtigen Standort stehen. Obwohl sie einmal eingewurzelt auch gelegentliche Trockenperioden oft erstaunlich gut überstehen, benötigen sie grundsätzlich humosen, feuchten Boden, der im Wald durch verrottendes Falllaub entsteht.

- Wenn in Ihrem Garten eine solche über viele Jahre entstandene Laubschicht fehlt, wie es in der Regel der Fall ist, verbessern Sie den Boden vor der Bepflanzung am besten mit Rindenhumus oder Kompost (25 l/qm), und gönnen Sie Ihren Farnen alljährlich im Frühjahr eine 2 bis 3 cm hohe Mulchschicht (Seite 192).

Die schönsten Farne

Name	Botanischer Name	Höhe in cm	Standort/Boden	Besonderheit	Stück/qm
Frauenfarn	*Athyrium filix-femina*	70–90	humoser Boden	robuster, heimischer Farn mit fein gefiederten hellgrünen Wedeln	3
Frauenradfarn (Hufeisenfarn)	*Adiantum pedatum*	50	leicht saurer, frischer bis feuchter Boden	wirkt durch die fein gefiederten, hufeisenförmig gebogenen Wedel sehr zierlich	7
Hirschzungenfarn	*Phyllitis scolopendrium*	40	humoser Boden	glänzend, immergrün, robust; trägt seinen Namen, weil das Blatt im Gegensatz zu anderen Farnen nicht gefiedert ist	8
Königsfarn	*Osmunda regalis*	120–180	schwach saurer, leicht feuchter Moorboden (Seite 191)	langlebig; trägt seinen Namen wegen seiner großen, eindrucksvollen Gestalt	1–3
Trichterfarn	*Matteucia struthiopteris*	80	liebt hohe Luftfeuchtigkeit und fühlt sich daher in Wassernähe wohl, breitet sich an geeigneten Standorten stark aus	bildet mit den Wedeln schlanke Trichter, die bei Trockenheit häufig gewässert werden müssen, damit sie nicht welken und dann knicken	3
Tüpfelfarn	*Polypodium vulgare*	20	leicht saurer Boden, wächst auch auf Bäumen	im Winter ein hübscher Anblick, da er wintergrün ist	12
Weicher Schildfarn	*Polystichum setiferum*	40–60	benötigt milde Winter (Weinbauklima) und hohe Luftfeuchtigkeit, deshalb idealer Standplatz an Teich oder Bachlauf	immergrün	7
Wurmfarn ☠	*Dryopteris filix-mas*	100	humoser Boden	hat seinen Namen von der Wirkung der Wurzeln, die gegen Bandwürmer helfen; beliebter, robuster, hoher Farn, der größere Bestände bildet; die Pflanze ist schwach giftig!	3

► Schneiden Sie verwelkte Farnwedel, wenn sie im Herbst braun werden und zusammenfallen, nicht vor dem Frühjahr ab, denn mit ihnen bilden die Pflanzen den Winter über eine Art »Haube«, die, mit Schnee bedeckt, wie ein kleiner Iglu einen Kälte isolierenden Luftraum bildet und die Pflanze vor Frost schützt.

► Achten Sie beim Abschneiden der alten Wedel im Frühling darauf, dass Sie dabei nicht die darunter liegenden jungen, zusammengerollten Farnblätter verletzen, denn in diesen Blattrollen, die Schneckenhäusern ähneln, ist bereits das gesamte neue Blatt angelegt.

► Nicht alle Farne sind in jedem Garten leicht zu halten, weil sie oft hohe Ansprüche an den Standort stellen. Ist dieser nicht gegeben, werden sie schnell braun und unansehnlich. In den meisten Gärten dürften jedoch Wurmfarn, Frauenfarn und Hirschzungenfarn relativ problemlos wachsen. Bei den anderen Arten ist es wichtig, die Angaben zum Standort genau zu beachten.

Farne sind auch im Herbst schön.

Gräser

Der Reiz vieler Gräser liegt in der Wirkung ihrer feinen Halme und Blütenrispen. Besonders gut zur Geltung kommen die höheren Arten

Die weißen Blüten der Schneemarbel erinnern an Schneeflocken.

im Herbst und Winter, wenn die Saison der Blütenstauden vorbei ist und sich die herbstlich gelb gefärbten Halme mit den weißen oder rötlichen Blütenständen im Wind wiegen. Und auch im Winter mit Raureif behangen sind sie ein schöner Anblick.

Durch die filigrane Struktur ihrer Halme passen Gräser hervorragend zu bunten wie gedeckten Blütenfarben und können dadurch viele Pflanzen in ihrer Wirkung noch verstärken. Umgekehrt wirken ihre leuchtenden Herbstfarben noch intensiver in der Nachbarschaft von Sträuchern mit ausgeprägter Herbstfärbung.

Ob als Schattengräser im feuchten Wald oder als sonnen- und windstrapazierte Gräser in der trockenen Prärie, Heide und Steppe – in der Natur wachsen Gräser immer in größeren Gruppen und kommen auch im Garten am besten in Tuffs von drei bis fünf Stück zur Geltung, brauchen allerdings immer ausreichend Abstand voneinander. Wachsen sie zu dicht, fehlt den Wurzeln der Raum, und die Pflanzen altern früher.

► Gräser, die im Schatten wachsen, stammen wie die Farne ursprünglich aus dem Wald und benötigen deshalb wie diese einen humosen, durchlässigen Boden und die gleiche Pflege (Seite 120).

► Gräser, die einen sonnigen Standplatz brauchen, kommen aus der nordamerikanischen Prärie, den asiatischen Steppen oder den mitteleuropäischen Heide- und Gebirgslandschaften, wo fast nichts anderes mehr wächst. Sie haben weit reichende, kräftige Wurzeln, mit denen sie auch auf mageren, steinigen Böden Halt finden, und ihren bieg-

Schöne Gräser, Zweige und Blüten für Trockensträuße

Name	Botanischer Name	Blütenfarbe	Höhe in cm
Zittergras	*Briza media*	kleine hängende Ähren	30–40
Schillergras	*Koeleria glauca*	kurze grünliche Ähren	40–60
Lampenputzergras	*Pennisetum compressum*	rotbraune Ähren	60–80
Purpur-Fetthenne	*Sedum telephium*	rostrot	50
Edeldisteln	*Eryngium alpinum* ›Blue Star‹	tiefblau	80
Hortensienblüten	*Hydrangea macrophylla*	rosa, blau, weiß	80–120
Strohblumen	*Helichrysum bracteatum*	alle Farben außer Blau	30–100
Mondviole	*Lunaria annua*	weiß, rot, violett	100–120
Lampionblume	*Physalis franchetii*	weißlich, gelb	60–100
Waldrebe	*Clematis vitalba*	cremeweiße Früchte	500–1000
Jungfer im Grünen	*Nigella damascena*	weiß, rosa, himmelblau, violett	30–50

Kindertipp
Gräser

Getreidehalme im Blumenbeet

Getreidehalme von Hafer, Gerste und Weizen sehen im Staudenbeet hübsch aus und eignen sich auch gut für Trockensträuße. Da das Getreide bereits im Juli reif ist, braucht Ihr Kind auch nicht allzu lange auf die Ernte zu warten.

Sommergetreide – Hafer, Weizen und Gerste – wird im März angesät, sobald der Boden im Beet etwas abgetrocknet ist. Das entsprechende Saatgut bekommen Sie im Naturkostladen (nach ungemahlenem Koch- oder Backgetreide fragen). Sehr schön sieht es auch aus, wenn Ihr Kind unter die Getreidekörner noch einige Sommerblumensamen mischt (Seite 126), oder Sie nehmen gleich das blühende Kornfeld als fertige Mischung (Seite 131).

Lassen Sie Ihr Kind zuerst 2 bis 4 cm tiefe Pflanzrillen ziehen und dann die Getreidekörner im Abstand von 5 x 5 cm in die Erde setzen (Seite 126).

► **Tipp:** Wenn Sie etwa zwei Wochen vor Ostern in der Wohnung Erde in flache Schalen füllen und darin Getreidekörner dicht an dicht ansäen (immer feucht halten!), haben Sie bis Ostern hübsche lebende Osternester.

Die Ähren des Lampputzergrases erinnern an Flaschenbürsten.

Die Rutenhirse wirkt vor allem durch ihr rotes Herbstlaub.

Im Herbst sind die zarten Gräser eine Zierde für jedes Beet.

samen Halmen macht auch stärkster Wind nichts aus. Bei lang anhaltender Trockenheit werden sie braun, sind jedoch nach einem Regenguss schnell wieder grün. Im Garten kommen die meisten an trockenen Standorten gut zurecht, brauchen also einen durchlässigen Boden, während sich andere Gräser vor allem in Wassernähe wohl fühlen.

Grundnahrungsmittel Nummer Eins

Gräser sind seit alters her weltweit das wichtigste Grundnahrungsmittel, denn aus den einstigen Wildgräsern entstanden durch Züchtung alle heutigen Getreidearten wie Reis, Roggen, Gerste, Hafer, Weizen, Mais und Hirse!

Das Blauschwingelgras beeindruckt durch seine blauen Halme.

Riesengräser

Riesengräser wie Chinaschilf, die einzeln als Solitärpflanze oder in kleinen Gruppen bis zu drei Stück am schönsten wirken, benötigen wegen ihres außerordentlich schnellen Wachstums, das sie im Laufe eines Jahres absolvieren, besonders viele Nährstoffe und sollten deshalb mit reichlich Wasser und organischem Dünger versorgt werden.

Chinaschilf wird bis zu 3 Meter hoch und braucht viel Wärme.

Blaulaubige Gräser

Der Reiz dieser Gräser liegt in der blau-silbrigen bis grauen Farbe ihrer Halme. In der Natur an extreme Standorte gewöhnt, schützt die blaue Färbung die Halme durch Reflexion vor allzu starker Sonneneinstrahlung. Werden sie allerdings zu stark gedüngt oder stehen sie zu schattig, lässt der Blauton nach und sie färben sich grün.

Die schönsten Steingartengräser

Name	Botanischer Name	Blütezeit	Blütenfarbe	Höhe in cm	Lichtverhältnisse	Besonderheit	Stück/qm
Bärenfell-schwingel	*Festuca scoparia*	VI–VII	hellgrün	20–40	halbschattig	dichte, fellartige Polster, schöne Blüten	12
Blauschwingel	*Festuca cinerea*	V–VII	graugrün	25–50	sonnig bis halbschattig	schmale bläuliche Halme	12
Perlgras	*Melica ciliata*	V–VI	weißlich	30–60	sonnig	für große Steingärten und Gräsermotive	7
Schillergras	*Koeleria glauca*	VI–VII	grünlich	40–60	sonnig	aufrechte mittelhohe Grasbüschel mit vielen dekorativen Ährchen	7–9

Die schönsten Gräser

Name	Botanischer Name	Höhe in cm	Licht-/Bodenverhältnisse
Bärenfellschwingel	*Festuca scoparia*	20–40	halbschattig, trockener Boden (gut für Steingärten!)
Blauschwingel	*Festuca cinerea*	25–50	Sonne bis Halbschatten, trockener Boden
Blaustrahlhafer	*Helictotrichon* (früher *Avena*) *sempervirens*	40–100	Sonne bis Halbschatten
Breitblattsegge	*Carex plantaginea*	25–40	braucht leichten, frischen Boden im Halbschatten bis Schatten
Haarmarbel	*Luzula pilosa*	15–25	Halbschatten, humoser Waldboden
Japansegge	*Carex morrowii* ›Variegata‹	25–40	für halbschattige bis schattige Bereiche, braucht frischen bis leicht feuchten, humosen Boden
Lampenputzergras	*Pennisetum compressum* ›Hameln‹	60	Sonne, verträgt keine lange Trockenheit
Pampasgras	*Cortaderia selloana*	80–200	Sonne, nährstoffreicher, durchlässiger Boden, reichlich Wasser, im Winter trocken halten
Reitgras	*Calamagrostis x acutiflora* ›Karl Förster‹	100–150	Sonne bis Halbschatten, mäßig trockener bis frischer Boden
Riesen-Chinaschilf	*Miscanthus sinensis*	90–300	braucht wegen des starken Wachstums sonnigen Platz, nährstoffreichen Boden und ausreichend Wasser
Riesenpfeifengras	*Molinia arundinacea*	60–180	Sonne bis Halbschatten, mäßig trockener bis frischer Boden
Riesensegge	*Carex pendula*	50–80/100–150	schattenverträgliches Gras für feuchte, dunkle Plätze
Ruten-Hirse	*Panicum virgatum*	50–100	Sonne, mäßig trockener bis feuchter Boden
Schillergras	*Koeleria glauca*	15–30	Sonne, normaler Gartenboden, auch trocken und mager
Schneemarbel	*Luzula nivea*	20–40	Halbschatten, humoser Waldboden
Süßgras	*Glycira maxima* ›Variegata‹	70	Sonne, frischer bis trockener Boden
Waldmarbel	*Luzula sylvatica*	20–40	Halbschatten, humoser Waldboden

Farbe/Aussehen/Besonderheit	Blütezeit	Stück/qm
sieht aus wie eine grüne Bärenfellmütze, schöne Blüten	VI–VII	12
blaues Laub, wächst weniger hoch, dafür aber lockerer als der Blaustrahlhafer	V–VII	12
blaugrüne, gerollte, wintergrüne Blätter, die strahlenförmige wuschelige Horste bilden; die Sorte ›Pendula‹ hat überhängende Halme	VII–VIII	3
wintergrünes Gras mit 2 cm breiten, hellgrünen Blättern	V–VI	12
fein behaarte Blätter, blüht bereits ab März	III–V	12
wintergrüne, weißgrün gestreifte Blätter	III–IV	7
sehr schöne Blüten in Form weißer Ähren, die erst im Spätsommer/Herbst erscheinen und an Flaschenbürsten erinnern	IX–X	5
Gras aus der südamerikanischen Pampa mit sehr großen, silbrigweiß schimmernden Blütenbüscheln; um den Wurzelballen im Winter vor starkem Bodenfrost zu schützen und Niederschläge abzuleiten, die Halme im Winter oben zusammenbinden; Solitärpflanze	IX–X	1
nach der Blütezeit (sehr attraktive Blüten!) folgt schöne Herbstfärbung in warmen Gelb- und Brauntönen	VII–VIII	3
sehr hohes Gras (guter Sichtschutz!) mit vielen Zuchtformen, blüht nur in langen, warmen Sommern: ›Kleine Fontäne‹ (90/150 cm, VII–IX, blüht früh und reich, silbrig weiß mit rosa Hauch, feine Halme, rotbraune Herbstfärbung), ›Malepartus‹ (150/200 cm, VII–IX, blüht mittelfrüh, silbrig weiß mit rötlichem Hauch, beeindruckende rotbraune Herbstfärbung), ›Silberfeder‹ (125/200 cm, VIII–X, eignet sich mit den jährlich sicher erscheinenden, lockeren silbrig-weißen Blütenfedern sehr gut zum Schnitt), ›Zebrinus‹ (150 cm, hat schmale goldgelbe Querbänder im Abstand von 5–10 cm), ›Gracillimus‹ (130 cm, bildet mit den feinen Halmen dichte Büschel von elegantem Wuchs und bleibt in milden Wintern grün), *Miscanthus giganteus* ›Aksel Olsen‹ (300 cm, IX–X, das größte Chinaschilfgras)	VII–X	1–3
schöne, gelbe Herbstfärbung; besonders hohe Sorten sind ›Windspiel‹ (250 cm) und ›Transparent‹ (besonders grazil, 180 cm)	VI–VIII	3
hohes Gras mit überhängenden Ähren, verträgt sogar sumpfige Plätze	VI–VII	3
sehr auffällige Herbstfärbung: ›Rotstrahlbusch‹ (›Hänse Herms‹) mit weinroter Färbung, Kupferhirse ›Rehbraun‹ (›Rotbraun‹) mit besonders früher hellbrauner Färbung, die später rot- und kupferbraun wird, ›Strictum‹ mit 130/180 cm die höchste Sorte, besonders standfest	VII–IX	3
kleines Gras für Heidegärten, hübsche grünliche Ähren	VI–VII	12
reinweiße Blütenstände, die lockeren, großen Schneeflocken ähneln; feines, immergrünes Laub	VI–VIII	12
elegante Erscheinung mit schönen Blüten und weiß bunt gestreiften Blättern; die süß schmeckenden Samen wurden früher gegessen	VII–IX	3
einheimische Waldart mit mehreren Sorten: ›Marginata‹ mit schmalen, weißen Blatträndern, ›Tauernpass‹ bildet breitere Horste	V–VI	12

Ein- und zweijährige Sommerblumen

Einjährige Sommerblumen

Kurz, aber intensiv – so lautet das Motto der einjährigen Sommerblumen, denn mit verschwenderischer Blütenfülle leben sie jeden Tag, als wäre es der letzte, und Sonne und Wärme sind ihr Lebenselixier, bis ihnen der erste starke Frost ein jähes Ende bereitet.
Doch Sommerblumen wachsen nur scheinbar in den Tag hinein, denn zur Vermehrung haben sie, anders als die Stauden, eine eigene Strategie entwickelt: Sie blühen vom Frühjahr bis zum Spätherbst, um in dieser Zeit möglichst viele Samen zu erzeugen und auf diese Weise das Überleben der Art zu sichern.

Mit Sommerblumen können Sie Beete und Balkonkästen bepflanzen.

Der Grund dafür ist, dass viele Einjährige ursprünglich aus fernen Ländern mit langen Trockenzeiten kommen. In solchen Dürreperioden sterben die Pflanzen zwar relativ schnell ab, aber ihre Samen überdauern im Boden – bei großer Trockenheit manchmal sogar viele Jahre lang. Sobald jedoch wieder ausreichend Regen fällt, wachsen diese Samen mit unglaublicher Geschwindigkeit zu neuen Pflanzen heran, um schnell wieder Blüten und Samen zu bilden. Mit Sommerblumen können Sie deshalb im Garten zaubern, und ein schneller Erfolg ist Ihnen sicher!

Attraktive »Lückenbüßer«

Einjährige Sommerblumen bringen kurzfristig die nötige Fülle in neu angelegte Beete, weil Stauden zwei bis drei Jahre brauchen, bis sie sich soweit entwickelt haben, dass die durch die notwendigen Pflanzabstände bedingten hässlichen Lücken geschlossen sind (bei stark wachsenden Arten wie etwa der Kapuzinerkresse, Seite 133, muss man allerdings durch ausreichenden Pflanzabstand und gelegentlichen Rückschnitt rechtzeitig dafür sorgen, dass die Stauden nicht von den Sommerblumen verdrängt werden).

► Auch die Stauden profitieren von der Nachbarschaft mit den Sommerblumen, weil der beschattete Boden dann nicht so schnell austrocknet und weniger Wildkräuter keimen können, das heißt, Sie müssen im Sommer etwas weniger gießen und auch weniger Unkraut jäten.

► Und last, not least sind die bunten Sommerblumen ideal zur variablen Bepflanzung von Balkonkästen oder Blumentrögen für die Terrasse geeignet.

Sommerblumen selbst aussäen

Vor allem bei Sommerblumen wie Kosmee, Kapuzinerkresse, Sonnen- und Ringelblume, die als Pflanzen im Handel nicht immer zu haben und/oder häufig schnell ausverkauft sind, lohnt sich die Selbstaussaat durch Voranzucht auf der Fensterbank oder direkt ins Freibeet. Dabei gilt, dass auf der Fensterbank vorgezogene Pflanzen meist einen deutlichen Wachstumsvorsprung vor der Freilandaussaat haben und dementsprechend früher blühen.

► Die Samentüten bekommen Sie für wenig Geld im Gartencenter, wobei Sie möglichst robuste Arten auswählen sollten.

► Ab März/April können Sie auf der Fensterbank, ab Ende April auch direkt ins Beet aussäen.

Schnelle Wandbegrüner

Besonders die kletternden Einjährigen (Seite 130) eignen sich als schnelle Wandbegrünung und hübscher Sichtschutz am Spalier – bis zur Jahresmitte kann ein 2 Meter hohes Spalier bereits komplett begrünt sein!

Aussaat auf der Fensterbank

► Verwenden Sie für die Aussaat vorzugsweise flache Schalen mit Abzugslöchern und füllen Sie diese bis 1 cm unter den Rand mit Erde. Dafür empfiehlt sich eine spezielle Aussaaterde (aus dem Gartencenter), die keine Nährstoffe enthält, da im Samenkorn bereits alles enthalten ist, was die Pflanze für den Start benötigt. Der winzige Sämling begibt sich dann sofort auf Nahrungssuche, wenn diese in seiner Umgebung fehlt, und bildet entsprechend kräftige Wurzeln aus.

► Verteilen Sie die Samen gleichmäßig auf der Erde – kleine Samen brauchen 1 cm, größere Samen 2 bis 3 cm Abstand – und drücken Sie die Samen mit einem Küchenbrettchen leicht an.

► Bedecken Sie die Samen mit einer dünnen Schicht Erde – bei größeren Samen sollte sie etwa 0,5 cm dick sein, bei kleineren Samen genügt eine hauchdünne Erdschicht.

► Gießen Sie die Samen mit der feinen Brause der Gießkanne nur leicht an, damit sie nicht weggeschwemmt werden, und halten Sie die Erde auch danach gleichmäßig feucht. Sie können den Keimvorgang beschleunigen, indem Sie die Schale mit einem perforierten Deckel oder einer Folie abdecken. Damit sich kein Schimmel bilden kann, sollten Sie die Schale jedoch zweimal täglich lüften (oder Sie verwenden gleich ein beheizbares Kleingewächshaus).

► Stellen Sie die Schale an das hellste Fenster im Haus. Achten Sie aber darauf, dass die Pflanzen dort weder zu kalt, noch im Zug, noch zu warm stehen, also nicht direkt auf der Heizung.

Pflanztipp
Sommerblumen

Übrig gebliebenes Saatgut

Wenn Sie nach dem Aussäen noch etwas Saatgut übrig behalten, heben Sie es an einem kühlen, dunklen, trockenen Platz auf, denn meist keimt es auch noch im nächsten Jahr. Machen Sie im nächsten Frühjahr eine Keimprobe auf feuchtem Löschblatt: Gehen von 10 Samen 5 auf, ist Ihr Saatgut noch nicht überlagert.

Aussaat im Freien

Robuste Arten können Sie auch direkt an Ort und Stelle in das fein geharkte Beet aussäen. Der Boden sollte allerdings nicht frisch gedüngt sein, damit die Sämlinge auch hier zu kräftigem Wurzelwachstum angespornt werden.

► Streuen Sie kleine Saatkörner breitwürfig an Ort und Stelle aus und harken Sie sie leicht unter.

► Große Samen stecken Sie mit der Hand etwas tiefer in den Boden, wobei die genauen Angaben über die jeweilige Saattiefe auf der Samenpackung zu finden sind.

Pikieren und vereinzeln

Mit zunehmender Größe brauchen die Sämlinge mehr Platz und müssen deshalb pikiert bzw. vereinzelt werden. Geschieht das nicht, werden die Pflanzen wegen des Platz- und Nährstoffmangels lang, dünn und schwach.

► **Pikieren:** Nehmen Sie die Sämlinge vorsichtig mit einem Löffelstiel oder einem speziellen Pikierholz aus der Anzuchterde und pflanzen Sie die kräftigsten im Abstand von 3 bis 5 cm in eine zweite vorbereitete Schale oder in einzelne Blumentöpfe. Für Jungpflanzen gibt es eine spezielle Pikiererde, die weniger Nährstoffe enthält als normale Topferde, aber immer noch genug, damit die kleinen Pflanzen wachsen, ohne allzu stark zu treiben. Wenn Sie noch etwas von der Aussaaterde übrig haben, können Sie diese auch mit normaler Blumenerde im Verhältnis 1:1 mischen, um den richtigen Nährstoffgehalt zu erhalten.

► **Vereinzeln:** Wenn Sie direkt ins Beet ausgesät haben, werden die Pflanzen vereinzelt, indem Sie überzählige, schwache Sämlinge einfach herausziehen und die stärksten Pflanzen stehen lassen. Hier können Sie gleich die endgültigen Pflanzabstände einhalten. (Der richtige Abstand ist auf der Samenpackung angegeben, deshalb die Packung immer aufheben!)

AUSSÄEN UND PIKIEREN

(1) Die Samen auf der Anzuchterde verteilen, mit Erde bedecken und leicht angießen. (2) Die Sämlinge mit einem Pikierholz vorsichtig herausnehmen. (3) Die Pflänzchen einzeln wieder einpflanzen, z. B. in Torftöpfe.

Ins Beet umsetzen

Sobald es draußen wärmer wird, können Sie die Pflanzen tagsüber zum Abhärten auf den Balkon oder auf das Außenfensterbrett stellen – allerdings nicht in die pralle Sonne, sondern an einen halbschattigen Platz – und sie nachts, so lange es noch sehr kühl wird, wieder hineinnehmen. Endgültig ins Beet oder in

Eine der schönsten Einjährigen ist die exotische Spinnenblume.

die Balkonkästen dürfen sehr wärmebedürftige Arten wie etwa die Glockenrebe erst Ende Mai. Etwas robustere Pflanzen können Sie nach den letzen Nachtfrösten (die Spätfrostgefahr ist nach den Eisheiligen Mitte Mai vorbei), robuste Arten schon Ende April ins Beet umsetzen. Achten Sie aber auch hier auf die richtigen Pflanzabstände, damit sich die Blumen später nicht bedrängen.

Balkon- und Trogbepflanzung

Pflanzen Sie Ihre Sommerblumen ins Blumenbeet, genügt nährstoffreicher, durchlässiger Gartenboden. Bei einer Bepflanzung von Trog- und Balkonkästen muss die Erde dagegen besonders gut sein, da den Pflanzen im Vergleich zum Beet nur relativ wenig Erde zur Verfügung steht, von der jeder Zentimeter von den Wurzeln genutzt wird. Gute Erde für Tröge und Balkonkästen hat allerdings ihren Preis und enthält neben Torf noch Stoffe wie Rindenhumus, Kompost und Holzfaserstoff. Weitere Zutaten sind Tonminerale, die besonders viel Wasser und Nährstoffe speichern, und ein Grundvorrat an Dünger, der für die ersten Wochen ausreicht.

Pro & contra Torf

Auch wenn Kompost inzwischen längst das zeitgemäße Düngemittel ist, kann man bei Blumenerde für die Balkon- und Trogbepflanzung auf Torf leider noch nicht ganz verzichten. Versuchen Sie aber eine Erde zu bekommen, der nur noch der absolut notwendige Torfanteil beigemischt ist (je grobfaseriger, desto besser, weil er so den Luft- und Wasserhaushalt im Topf günstig beeinflusst). Mittlerweile gibt es auch solche torfreduzierte Erde in sehr guter Qualität. Sollte Ihr Gartencenter sie noch nicht vorrätig haben, fragen Sie beim Filialleiter nach und versuchen Sie als Verbraucher auf diese Weise Einfluss zu nehmen.

► Gute Ergebnisse lassen sich aber auch mit torffreier Erde erzielen, selbst wenn die Fachleute davon abraten. Allerdings sind generelle Empfehlungen hier schwierig, sodass Sie ruhig selbst einmal ausprobieren sollten, ob Ihre Sommerblumen diese Erde akzeptieren.

Die hübsche Fächerblume eignet sich auch gut als Balkonpflanze.

Sommersalbei ist eng verwandt mit der beliebten Gewürzpflanze.

► Eine gute Alternative sind auch Kokosfaserbriketts, die in Wasser gelöst stark aufquellen und sich gut zum Mischen mit Blumenerde als Torfersatz eignen. Geben Sie dann aber noch etwas organischen Langzeitdünger hinzu (Seite 196). Kokosfaserbriketts sind in jedem Fall ein umweltfreundliches Recyclingprodukt, das allerdings um den halben Erdball transportiert werden muss, bis es in Ihren Blumentopf gelangt.

Sommerblumen kaufen

Vorgezogene Sommerblumen bekommen Sie zur Hauptsaison im April und Mai in Gärtnereien oder Gartencentern sowie in vielen Supermärkten. Allerdings ist es sogar beim Einkauf im Fachhandel nicht immer einfach, harmonische Farbkombinationen zu finden, und meist muss man das nehmen, was gerade angeboten wird, sodass sich vorher nur schlecht planen lässt. Kaufen Sie deshalb besser nicht den ganzen Bedarf auf einmal, sondern vervollständigen Sie Ihre »Sammlung« Stück um Stück. Hinsichtlich der Qualitätskriterien bei der Auswahl der Pflanzen können Sie auf die gleiche Weise vorgehen wie bei den Stauden (Seite 93).

Sommerblumen gießen

Sommerblumen leben verschwenderisch und brauchen deshalb neben reichlich Sonne und Nährstoffen genügend Wasser. Einmal zu trocken geworden, erholen sich viele nur mühsam wieder, sodass Sie im Sommer unter Umständen täglich gießen müssen.

► **Tipp:** Wenn Sie auch im Herbst noch einen üppigen Blumenflor genießen möchten, überlegen Sie sich am besten schon vor der Aussaat im Frühjahr, ob die Pflanzen auch während Ihres Sommerurlaubs ausreichend mit Wasser versorgt werden können!

Sommerblumen düngen

So schnell sie wachsen und so reich sie blühen, so groß ist auch ihr Appetit. Weil jede Nahrung sofort in Blättern und Blüten angelegt wird, müssen die Pflanzen in Abständen immer wieder mit Blumendünger versorgt werden, der das für Sommerblumen ideale Verhältnis an Nährstoffen besitzt. Ob Sie dabei mineralischen oder organischen Dünger verwenden (Seite 196), ist letztlich eine Frage der Einstellung:

► Langfristig gesehen verbessert organischer Dünger den Boden, während Mineraldünger ihn belastet. Bei Balkonkästen oder Blumentrögen wird die Erde dagegen jährlich ausgetauscht, sodass Sie mit Mineraldünger, bei dem die Pflanzen etwas schneller wachsen als bei organischem Dünger, nicht viel falsch machen können.

► Auch die Frage, ob flüssiger oder fester Dünger besser ist, lässt sich nicht einfach beantworten. Da beide Vor- und Nachteile haben, ist es ratsam, bei Sommerblumen zweigleisig zu fahren und einen Teil als

KINDERTIPP
Blumenbeet

Gameboy contra Blumenbeet

Sonnenblumenkerne aus eigener Produktion ernten anstatt Computer zu spielen? Das kann großen Spaß machen – nämlich dann, wenn Ihr Kind erlebt, wie viele Möglichkeiten in einem eigenen Beet (oder Balkonkasten) stecken. Damit die

Lust am ersten Gärtnern nicht bald wieder vergeht, machen Sie Ihrem Kind am besten ein paar Vorschläge, lassen es dann aber selbst bestimmen, was es wachsen lassen möchte, und helfen ihm seinem Alter entsprechend (nicht in zu jungen Jahren anfangen!) »dezent« bei der Umsetzung seiner Pläne:

► Immer gut sind schnelle Erfolge: Einjährige Sommerblumen lassen sich kinderleicht ziehen und beginnen schon nach einigen Wochen zu blühen (einjährigen Kletterpflanzen, Seite 130, kann man beim Wachsen förmlich zusehen). Und wenn Ihr Kind dann die ersten Schnittblumen aus »eigener Herstellung« für die Vase bringt, oder Sie mit den essbaren Blüten »seiner« Kapuzinerkresse den Salat garnieren, wird es mit Sicherheit vor Stolz platzen. Dass es mit den eigenen Sonnenblumenkernen im Winter die Vögel füttern kann, ist ein weiterer möglicher Verwendungszweck »seiner« Blumen.

► Stauden (Seite 92) und Zwiebelpflanzen (Seite 79) kommen jedes Jahr wieder, was auch wichtig ist, denn dann muss Ihr Kind nicht jedes Jahr von vorne mit dem Aussäen beginnen. Außerdem erfährt es darüber, wie die im Sommer gehegten und im Winter scheinbar abgestorbenen Pflanzen im Frühling urplötzlich wieder »lebendig« werden.

Reizvoll kann es auch sein, eigenes Obst, Gemüse und Kräuter zu ernten:

► Ein Johannisbeer-Hochstämmchen

(Seite 42) in der Mitte des Beets sieht hübsch aus, und die Beeren wandern direkt vom Baum in den Mund.

► Bei den Monatserdbeeren (Seite 164) kann Ihr Kind immer wieder neu ernten und mit selbst gezogener Minze (Seite 175) seinen eigenen Pfefferminztee kochen (aber Vorsicht: Minze wuchert stark, deshalb besser in einen – eingegrabenen – Blumentopf pflanzen).

► Auch ein paar Kartoffeln für die eigenen Pommes frites könnten interessant sein und gelingen leicht (im April Biokartoffeln im Abstand von 50 cm mit den Augen nach oben 5 cm tief setzen; die Ernte ist etwa im September, wenn das Laub gelb zu werden beginnt). Und Radieschen (Seite 167) sind sogar schon nach wenigen Wochen erntereif.

Grunddüngung in Form von Kügelchen oder Pulver zu geben und anschließend alle zwei Wochen flüssig nachzudüngen, bis Sie die Düngergaben dann im Spätsommer langsam reduzieren und schließlich ganz beenden können.

Düngen mit Augenmaß

Verwenden Sie niemals mehr Dünger, als auf der Packung angegeben ist, da eine Überdüngung weder besseres Wachstum noch mehr Blüten, sondern höchstens Schädlinge bringt. Dabei gilt, dass Kasten- und Trogpflanzen mehr Nährstoffe

Die Zinnie blüht reich und lange.

brauchen als Beetpflanzen, da ihnen weniger Erde zur Verfügung steht, aus der sie sich mit Nahrung versorgen können. Bei Beetpflanzen dürfen Sie die Dosis dagegen unbesorgt etwas geringer halten.
Gerade bei den Sommerblumen lässt sich sehr gut erkennen, ob die Pflanzen Mangel leiden: Wenn sie weniger gut wachsen und nicht oder kaum noch blühen, sind die einzigen möglichen Ursachen entweder

- ständiges Regenwetter
- ein zu schattiger Platz oder
- Nährstoffmangel.

Mit einer guten Portion Flüssigdünger im Gießwasser helfen Sie ihnen bei Letzterem jedoch schnell wieder auf die Beine.

Nach der Blüte

Wie bei den Stauden sollten Sie auch bei den Sommerblumen Verblühtes immer wieder entfernen. So sorgen Sie für eine ständige Nachblüte, denn der Pflanze dient die Blüte einzig zur Frucht- und Samenbildung. Indem Sie die verwelkten Blüten mit zwei Fingern ausbrechen oder mit dem ersten (grünen) Blatt abschneiden, vereiteln Sie dieses Vorhaben, und die Pflanze steckt ihre ganze Kraft in eine nächste Blüte.
Wenn Sie die Samenbildung fördern wollen, dürfen Sie die verwelkten Blüten natürlich nicht entfernen. Lassen Sie sich dann im nächsten Jahr überraschen, an welchen Plätzen unerwartet neue Pflanzen erscheinen!

Saatgut aus eigener Produktion

Wenn im Spätherbst die letzten Sommerblumen verblüht sind, warten Sie mit dem Abräumen des Beets am besten so lange, bis die Samen ausgereift sind. Anschließend können Sie sie wieder auf dem Beet verstreuen oder an solchen Stellen von den Blüten streifen, an denen im nächsten Jahr neue Blumen erscheinen sollen.
Zur Samenernte hängen Sie die abgeblühten Pflanzen gebündelt

Eisenkraut wird relativ hoch.

Sonnenwende duftet nach Vanille.

einfach mit dem Kopf nach unten und stülpen eine Papiertüte über die Blütenstände, sodass die Samen hineinfallen. Trocken und kühl aufbewahrt halten sie bis zum Frühjahr, und Sie können die Samen dann entweder direkt ins Beet oder zur Vorkultur auf der Fensterbank (Seite 126) aussäen.

► **Tipp:** Selbst geerntetes Saatgut von besonders schönen Sommerblumen ist – hübsch verpackt – auch ein originelles Geschenk für Nachbarn und Freunde.

Einjährige Kletterpflanzen

Einjährige Kletterer – wir stellen sie ab Seite 137 vor –, eignen sich wie keine andere Pflanze zur schnellen Begrünung von Wänden, Zäunen und Spalieren und wachsen in der Regel so schnell, dass man ihnen dabei fast zuschauen kann. Einige der Pflanzen können Sie sehr gut selbst aussäen, während Sie andere besser vorgezogen kaufen.
Als Kletterhilfe für eine kurzfristige Begrünung reicht einfacher Draht, der schon bald unter den Pflanzen verschwindet (auch hässliche

Maschendrahtzäune werden schnell von ihnen überwuchert!). Besonders schöne Pflanzen bringt dagegen erst ein gut gemachtes Spalier richtig zur Geltung.
Einjährige Kletterer benutzen unterschiedliche Methoden, um sich an der Kletterhilfe hochzuranken:

► Schlingpflanzen wie die Schwarzäugige Susanne oder Prunkwinde winden sich spiralförmig um ihre Unterlage.
► Rankpflanzen wie Duftwicke oder Glockenrebe besitzen dagegen Halteorgane, mit denen sie sich an ihren Drahtgeflechten oder Spalieren festhalten.

Einjährige Wildblumenmischungen

Ein bisschen »Naturschutz« im Blumenkasten lässt sich einfach und schnell mit Wildblumenmischungen verwirklichen, die Sie schon für ein paar Mark bekommen und einfach in den Blumenkasten oder an einen sonnigen Gartenplatz säen. Dann brauchen Sie nur noch gelegentlich zu gießen, und bald entsteht ein wunderbares Kleinstbiotop, das von Schmetterlingen, Hummeln und Bienen dankend angenommen wird.

► In den Wildblumenmischungen sind neben den heimischen oft auch fremdländische Arten zu finden.
Da gibt es so klingende Namen wie »Sommerblumenteppich 1001 Nacht«, »Japanischer Blumenrasen«, »Feld- und Wildblumen« (nicht zu verwechseln mit der Mischung für Blumenwiesen, Seite 19!), »Schlingpflanzen«, »Traumgarten in Blau« oder »Traumgarten in Weiß« usw. – fragen Sie einfach in Ihrem Gartencenter nach.

Den meisten Wildblumen ist magere Erde am liebsten, sonst schießen sie zwar ins Kraut, blühen aber nur wenig. Für Blumenkästen mischen Sie Blumenerde mit je ein Viertel normaler Gartenerde und Sand (Spielkastensand oder Quarzsand).

Insektennisthilfe

Wenn Sie noch mehr für Ihr Biotop tun möchten, kaufen Sie eine Insektennisthilfe (Bezugsquelle Seite 218) oder basteln Sie selbst eine. Ein Stück Hartholz wird dabei wie ein Schweizer Käse durchlöchert, indem Sie 2 bis 10 mm breite und 5 bis 10 cm tiefe Löcher im Abstand von 2 cm hineinbohren und die Oberfläche mit Schleifpapier etwas abschleifen. Wichtig ist, dass Sie wegen der Harzbildung kein Nadelholz, sondern Laubholz verwenden. Mit dieser Nisthilfe werden Sie bald Wildbienen bei der Brutpflege auf dem Balkon zuschauen können.

Wildblumen auf einer Bergwiese

Wildblumen locken Nützlinge an

Orangen-Schmuckkörbchen

Die schönsten Einjährigen

Selbst wenn Sie vielleicht noch kein Gartenprofi sind – mit den Sommerblumen, die wir auf den folgenden Seiten vorstellen, werden Sie ohne viel Mühe sicheren (und schnellen) Erfolg haben. Darunter sind sowohl robuste Arten, die Sie direkt ins Beet aussäen können (Seite 127), als auch empfindlichere Pflanzen, die in jedem Fall eine Vorkultur im Warmen benötigen (Seite 126), bevor sie ins Freie gesetzt werden dürfen. Wenn Ihnen eine solche Vorkultur zu aufwendig ist – bei manchen Arten lohnt sie sich auch gar nicht –, kaufen Sie die Pflanzen am besten vorgezogen.

Sommerblumen schneiden

Sommerblumen sollten Sie nie in der prallen Mittagshitze schneiden, sondern morgens. Außerdem sollten die Pflanzen beim Schneiden teilweise aufgeblüht sein. Bevor Sie sie in die Vase stellen, entfernen Sie am besten zuerst die untersten Stielblätter, damit sie im Wasser nicht zu faulen beginnen.

Schmuckkörbchen
(Cosmos bipinnatus)

50 – 120 cm

Aussehen/Merkmale: Auch »Kosmee« genannt. Große, zarte Blüten in Weiß, Rosa und Rot an langen Stielen, die besonders apart wirken, wenn sie sich leicht im Wind wiegen. Der luftige Eindruck wird durch das hübsche, fein geschnittene Laub noch verstärkt. Gute Schnittblume.

Pflanztipp: Blüht auch im Halbschatten. Weniger Nährstoffe bringen mehr Blüten, vor allem wenn die verwelkten Blüten laufend abgeschnitten werden. Ab Ende April im Beet aussäen oder März/April auf der Fensterbank und Mitte Mai auspflanzen.

Besonderheit: Mit Gruppen lässt sich sehr schön eine schwebende »zweite Etage« über einer niedrigen Bepflanzung, etwa Jungfer im Grünen (Seite 133), schaffen.

Arten/Sorten: ›Gloria‹ (rosa mit karminrotem Ring, H 100 cm), ›Unschuld‹ (reinweiß, H 100 cm, edle Auflockerung zwischen Rosen und Stauden), ›Karminkönig‹ (karminrot, H 100 cm). Die leuchtend gelborangefarbenen Orangen-Schmuckkörbchen (*Cosmos sulphureus,* ›Feuerwerk‹) passen sehr schön zu tiefem Blau.

Ringelblume
(Calendula officinalis)

20 – 60 cm

Aussehen/Merkmale: Äußerst robuste, pflegeleichte, uralte Bauerngarten- und Heilpflanze, die sich gerne von selbst aussät.

Pflanztipp: Ausaat im März/April ins Beet bzw. Vorkultur im Februar oder März auf der Fensterbank und im Mai auspflanzen. Die Blütezeit beginnt etwa im Juli.

Besonderheit: Im Bauerngarten wächst sie nicht nur im Blumenbeet, sondern auch zwischen Gemüse und Kräutern. Schöne Schnittblume und wertvolle Heilpflanze, aus der die bekannte Ringelblumensalbe zur Wundheilung und bei Sonnenbrand hergestellt wird. Mit den aromatischen Blüten lassen sich auch Salate garnieren.

Arten/Sorten: Ein Evergreen bleibt die Urform der Garten-Ringelblume, (*Calendula officinalis,* H 25–50 cm), die ungefüllt in Goldgelb und Orange blüht. Die ›Pacific‹-Sorten sind halbgefüllt, z. B. ›Pacific Prachtmischung‹, eine großblumige Sorte (H 50–60 cm), die sich gut zum Schnitt eignet. Die ›Kablouna‹-Sorten blühen dicht gefüllt, z. B. ›Kablouna Orange‹ (H 50 cm).

Sonnenblume
(Helianthus annuus)

40 – 300 cm

Aussehen/Merkmale: Als Riese unter den Einjährigen gut als Blickfang und Sichtschutz geeignet.

Pflanztipp: Braucht reichlich Sonne, Wasser und Dünger. Damit sich das kräftige Wurzelsystem gut entwickeln kann, das Beet vorher kräftig umgraben (Seite 98). Aussaat im Freien ab April im Abstand von 50 cm, die Samen 3 cm tief stecken. Für Hecken 25 cm Abstand, dann jedoch gegebenenfalls vereinzeln (Seite 127). Besonders kräftig werden die Pflanzen mit einer Vorkultur in Töpfen (Mitte Mai auspflanzen).

Besonderheit: Dreht im Laufe des Tages den Blütenkopf immer in Richtung Sonne.

Arten/Sorten: Es gibt einfache oder gefüllte Blüten, hohe Sorten mit einem Stiel und einer Blüte, aber auch buschig verzweigte und niedrige Sorten; die Blütenfarbe reicht bis zu braun-blutroten Tönen (›Intermedius Abendgold‹, H 200 cm). Typische Sorten mit einfachen goldgelben Blüten und meist dunkler Mitte: ›Goldener Neger‹ (H 250–300 cm), ›Holiday‹, (buschig, H 120–150 cm), ›Sunspot‹ (einfarbig, H 40 cm).

Sonne | Halbschatten | Schatten | Gering giftig | Giftig/sehr giftig

Bechermalve

(Lavatera trimestris)

50 – 70 cm

Aussehen/Merkmale: Hohe, stark verästelte, reich blühende Sommerblume in Rosa und Weiß. Schöne Schnittblume.

Pflanztipp: Ab April im Freiland aussäen und später auf 50 cm vereinzeln. Oder ab März in der Wohnung vorziehen und Mitte Mai auspflanzen. Reichliches Düngen sorgt für kräftiges Wachstum, aber weniger Blüte.

Besonderheit: Jährlicher Standortwechsel (nicht an feuchten, staunasse Plätze pflanzen!) und ausreichender Pflanzabstand helfen bei der Vorbeugung von Pilzkrankheiten wie Rost (Seite 206).

Arten/Sorten: Die bekannteste Sorte ist ›Silver Cup‹ (H 60 cm), dessen sehr kräftiges Rosa gut mit der reinweißen ›Mont Blanc‹ (H 50 cm) abgemildert werden kann. Sehr schön ist auch die ›Prachtmischung‹ aus Rosa und Weiß.
Zum Verwechseln ähnlich ist die Trichtermalve (*Malope trifida,* H 70–120 cm), die sich nur durch ihre feine dunkle Äderung im Inneren der Blüten von der Bechermalve unterscheidet.

Jungfer im Grünen

(Nigella damascena)

30 – 50 cm

Aussehen/Merkmale: Zauberhaft altmodische und inzwischen wieder modern gewordene Blume mit zarten Blüten und ungewöhnlichen Fruchtständen sehr stark, die wie aufgeblasene Kapseln aussehen. Passen auch sehr schön zu Trockensträußen. Leicht giftig.

Pflanztipp: Obwohl zart und empfindlich wirkend vermehrt sich die Pflanze stark. Aussaat zwischen Ende März und Ende April direkt ins Freibeet. Wird sie in drei- bis vierwöchigen Abständen immer wieder ausgesät, lässt sich die kurze Blütezeit verlängern.

Besonderheit: Eignet sich gut als »Lückenbüßer« auf größeren Flächen und für außergewöhnliche Unterpflanzungen. Eng verwandt ist der Schwarzkümmel (*Nigella sativa*), der aufgrund seiner zahlreichen wertvollen Inhaltsstoffe in der Heilkunde genutzt wird und dessen Öl in letzter Zeit auch bei uns sehr beliebt geworden ist.

Arten/Sorten: ›Miss Jekyll‹ (himmelblau, H 45 cm), ›Miss Jekyll White‹ (reinweiß, H 45 cm), ›Persische Juwelen‹ (weiß, rosa, hellblau, violett, H 30 cm).

Kapuzinerkresse

(Tropaeolum-Hybriden)

30 cm/300 – 400 cm

Aussehen/Merkmale: Zier- und Nutzpflanze, deren ungewöhnliche Blüten nicht nur schön aussehen, sondern auch gut (im Salat) schmecken.

Pflanztipp: Die wärmeliebenden Pflanzen werden im Mai im Freien ausgesät oder ab April im Haus vorgezogen (die Samen 2 cm tief in kleine Blumentöpfe setzen).

Besonderheit: Es gibt niedrige, buschige Sorten und flächig wachsende Sorten, die sich auch zum Beranken von Wänden eignen.

Arten/Sorten: Buschig wachsen die kleinwüchsigen *Majus-Nanum*-Sorten: ›Alaska‹ blüht wenig und hat weiß-buntes Laub, die dunkellaubige ›Empress of India‹ mit roten Blüten ist etwas schwierig; empfehlenswert ist dagegen die halb gefüllte ›Juwelenmischung‹ (H 30 cm).
Majus-Sorten wachsen flächig oder klettern am Spalier 3 bis 4 m hoch, z. B. ›Doppelter Glanz‹-Hybriden, eine Prachtmischung mit halb gefüllten Blüten. Reingelbe Blüten hat ›Goldglanz‹, rot blüht ›Scharlachglanz‹. Ein starker Kletterer ist *Tropaeolum peregrinum* mit zahlreichen hellgelben Blüten.

Viel gießen *Mäßig gießen* *Viel düngen* *Mäßig düngen*

Feldrittersporn
(Delphinium cheilanthum)

80 – 110 cm

Aussehen/Merkmale: Feldrittersporn, der je nach Sorte blaue, aber auch rötliche oder weiße Blüten trägt, wurde schon im Mittelalter für Blumensträuße gepflückt. Ursprünglich ein gewöhnliches »Ackerkraut« passt er wegen seines lockeren Wuchses aber auch gut ins sommerliche Blumenbeet.

Pflanztipp: Die Aussaat erfolgt im März/April, er blüht von Juni bis August. Wollen Sie ihn als Schnittblume in die Vase stellen, sollten Sie ihn am besten dann schneiden, wenn sich die Blüten gerade eben geöffnet haben, da sie so länger halten.

Besonderheit: Feldrittersporn ist bei Schnecken sehr beliebt, deshalb rechtzeitig Vorsorgemaßnahmen treffen (Seite 205)!

Arten/Sorten: ›Blaue Wolke‹ (lila, H 90 cm) oder ›Blaue Glocke‹ (hellblau, H 100 cm). Sommerrittersporn (*Delphinium ajactus*) mit der Sorte ›Hyazinthenblütiger‹ ist eine gefüllte Mischung in hellem Rosa, Weiß, Blau und Violett, die in hoher und niedriger Form (H 50–110 cm) angeboten wird.

Löwenmäulchen
(Anthirrhinum majus)

20 – 100 cm

Aussehen/Merkmale: Sehr pflegeleichte, kerzengerade, buschig wachsende Pflanze in vielen kräftigen Farbtönen, die sich auch von selbst immer wieder aussamt.

Pflanztipp: Vorkultur im Haus ab Ende Januar und die Jungpflanzen ab Mitte Mai ins Freie pflanzen. Ab April können Sie auch ins Beet aussäen, denn leichte Spätfröste schaden den Pflanzen nicht. Oft überdauern sie sogar den Winter, wenn man sie mit ein paar Fichtenzweigen vor der Kälte schützt.

Besonderheit: Durch die Vielfalt an Farben ist viel Kitsch, aber auch Schönes auf dem Markt. Suchen Sie Saatgut oder Jungpflanzen deshalb besonders aufmerksam aus. Im Blumenbeet passen Löwenmäulchen gut zu weißen Duftsteinrich- oder zu weißen Schmuckkörbchensorten.

Arten/Sorten: Es gibt hohe (H 80–120 cm), halbhohe (H 50–80 cm) sowie Zwergsorten in Mischungen oder Einzelfarben in Weiß-, Gelb- und Rottönen. Die *Sonnet F1*-Hybriden blühen besonders früh und lange: ›Sonnet Gelb‹ (H 50 cm) und ›Sonnet Dunkelrot‹ (H 50 cm).

Duftsteinrich
(Lobularia maritima)

5 – 15 cm

Aussehen/Merkmale: Duftende Sommerblume, die sich auch im Steingarten wohl fühlt. In der Nähe von Sitzplätzen auf der Terrasse und dem Balkon kommt der honigsüße Duft der Pflanzen besonders gut zur Geltung.

Pflanztipp: Sie bevorzugen magere, steinige Plätze, die jedoch immer feucht sein sollten. Bei Trockenheit werden sie schnell schlapp, erholen sich nach dem Wässern aber bald wieder. Ab April kann man direkt ins Beet aussäen (wichtig: später ausdünnen; fünf bis sieben Sämlinge reichen für ein kräftiges Kissen), wobei Sie am besten in Intervallen von zwei bis drei Wochen nachsäen, sodass sich die Blütezeiten überlappen.

Besonderheit: Wenn die Blüte nachlässt, können Sie die Pflanze durch Rückschnitt um etwa ein Drittel zu einer zweiten Blüte bringen.

Arten/Sorten: ›Snow Chrystals‹ (große, reinweiße Blüten), ›Orientalische Nächte‹ (purpurviolett, dunkelste Sorte), ›Wonderland‹ (kräftig rosa, kompakter Wuchs), ›Apricot Shades‹ (aprikotfarben) oder ›Pastell-Mischung‹.

Sonne · Halbschatten · Schatten · Gering giftig · Giftig/sehr giftig

Petunie
(Petunia-Hybriden)

20 – 50 cm

Aussehen/Merkmale: Seit langem beliebte Balkonpflanze mit großen Trichterblüten in intensiven Modefarben (Pink, Purpur, Violett, aber auch Weiß und gestreift) und süßem, schwerem Duft.

Pflanztipp: Die eigene Vorkultur ist wegen der winzigen Samen nicht ganz einfach, doch ab Mai erhalten Sie überall blühende Pflanzen. Dabei haben Sie die Wahl zwischen kompakten Sorten und Hängepetunien. In voller Sonne, bei guter Düngung und ausreichender Wasserversorgung blühen Petunien ohne Unterbrechung bis zum ersten starken Herbstfrost. Voraussetzung für eine permanente Blüte ist allerdings ständiges, am besten tägliches Entfernen der verwelkten Blüten, weil die Pflanze sonst besonders schnell Samen bildet.

Besonderheit: Wie bei allen Nachtschattengewächsen ist der süße Duft am Abend besonders stark. **Vorsicht:** Die Pflanze ist giftig!

Arten/Sorten: Die Sortenfülle sprengt jeden Rahmen. Achten Sie bei der Auswahl im Gartencenter oder in der Gärtnerei auf schöne Farben.

Gauklerblume
(Mimulus tigrinus)

15 – 30/100 cm

Aussehen/Merkmale: Farbenfrohe Blumen mit mehr oder weniger stark gesprenkelten Blüten. Die dezenteren Sorten mit harmonischen Farbzusammenstellungen erinnern teilweise an etwas derbe Orchideen. Mit der Gauklerblume lassen sich bei geschickter Sortenauswahl interessante optische Effekte erzielen.

Pflanztipp: Die Gauklerblume eignet sich im Gegensatz zu den meisten anderen Sommerblumen für feuchte (aber nicht nasse!) Plätze im lichten Halbschatten. Direkte Aussaat ins Freibeet ab Anfang Mai. Die Blütezeit lässt sich verlängern, wenn Sie regelmäßig in Intervallen von 14 Tagen nachsäen.

Besonderheit: Leider sind nicht immer schöne Sorten erhältlich, Sie können es aber auch bei Versandgärtnereien probieren (Adressen Seite 218).

Arten/Sorten: Von der Gauklerblume sind viele Sorten mit reicher Farbenvielfalt erhältlich. *Mimulus lutea* ist eine aus Chile eingebürgerte Staude für feuchte Plätze wie etwa Teichränder, und hat hübsche, leuchtend gelbe Blüten mit roten Sprenkeln.

Spinnenblume
(Cleome spinosa)

80 – 150 cm

Aussehen/Merkmale: Hohe Sommerblume mit etwas bizarrer, aber sehr dekorativer Blütenform und schönen, klaren Farben, die schon im 19. Jahrhundert sehr beliebt war und jetzt wieder »in« ist. Die tropische Pflanze mit der exotischen Wirkung macht sich auch in größeren Trögen etwa auf der Terrasse gut. Im Gegensatz zu den meisten anderen Sommerblumen beginnt die Spinnenblume erst im Juli zu blühen, wenn der Sommerflorverkauf schon vorbei ist. Sie wird daher oft übersehen!

Pflanztipp: Die Spinnenblume fühlt sich an sonnigwarmen Plätzen wohl und braucht einen mäßig trockenen bis frischen, durchlässigen Boden. Vorkultur ist ab März, die Jungpflanzen sollten jedoch nicht vor Ende Mai ins Freie gepflanzt werden.

Besonderheit: Manche Sorten tragen den Namen »Königin« zurecht, denn die Spinnenblume regiert mit Prunk und Würde im Blumenbeet.

Arten/Sorten: ›Kirschkönigin‹ (intensiv karminrosa), ›Rosa Königin‹ (hellrosa), ›Violettkönigin‹ (dunkelviolett), ›Helen Campell‹ (weiß), ›Fliederfarbe‹ (mauve).

Viel gießen *Mäßig gießen* *Viel düngen* *Mäßig düngen*

Eisenkraut
(Verbena bonariensis)
90 – 120 cm

Aussehen/Merkmale: Eisenkraut hat feste Blätter an aufrechten, dünnen, sparrigen Stielen, die sich im Verlauf des Sommers immer ausladender verzweigen. Wenn man die Pflanze in Gruppen zusammen mit niedrigeren Sommerblumen oder Stauden (Seite 92) pflanzt, bilden sie mit ihren dichten lilafarbenen Doldenblüten eine zweite Ebene, die wie ein zarter Schleier über der Pflanzung schwebt.

Pflanztipp: Eisenkraut braucht viel Sonne und einen durchlässigen Boden. Am schönsten wirkt es in kleinen Gruppen mit farblich passender Unterpflanzung.

Besonderheit: Die Stiele sind nicht rund, sondern viereckig. Hübsch sieht es aus, wenn Sie die abgeblühten Pflanzen im Winter wie Trockenblumen auf dem Beet stehen lassen.

Arten/Sorten: Eine andere Eisenkrautart (*Verbena rigida*) ist ähnlich, wird aber nur 30 bis 40 cm hoch (siehe Foto). *Verbena*-Hybriden (H 20–30 cm), von denen es auch Hängeformen gibt, sind farbenfroher und großblumiger als *Verbena bonariensis.*

Ziertabak
(Nicotiana x sanderae)
30 – 100 cm

Aussehen/Merkmale: Dieses Nachtschattengewächs wird von Schädlingen und Krankheiten verschont, aber gerne von Schmetterlingen besucht. Wegen des schönen Duftes ist es auch gut für eine Bepflanzung in der Nähe eines abendlichen Sitzplatzes geeignet. Die röhrenförmigen weißen Blüten sind in lockeren Trauben angeordnet.

Pflanztipp: Ziertabak, der ursprünglich in Südamerika beheimatet ist, braucht viel Sonne und Wärme und einen nährstoffreichen Boden. Aussaat auf der Fensterbank im März und die Pflanzen nicht vor Ende Mai ins Freie setzen.

Besonderheit: Wie bei vielen Nachtschattengewächsen ist der süße Duft am Abend besonders stark. **Vorsicht:** Sämtliche Teile der Pflanze sind giftig!

Arten/Sorten: ›Scharlachkönig‹ (scharlachrot, H 80 cm), ›Idol‹ (dunkelrot, H 40–50 cm), ›Nicky Rose‹ (rosa, H 40 cm), ›Nicky White‹ (weiß, H 40 cm), ›Nicky Lime‹ (hellgelb, H 40 cm), ›Sperlings Brasilia‹, eine Mischung in Weiß, Rosa und schönem, samtigem Dunkelrot.

Fleißiges Lieschen
(Impatiens walleriana)
20 – 60 cm

Aussehen/Merkmale: Diese bekannte Pflanze gedeiht im Gegensatz zu den meisten anderen Sommerblumen am besten im Halbschatten oder Schatten, wächst aber auch an sonnigen Plätzen. Bei einem sonnigen Standort sollten Sie Sorten mit hellen Blütenfarben wählen, weil diese das Licht besser reflektieren.

Pflanztipp: Das Fleißige Lieschen benötigt eine sehr gute Wasserversorgung. Vor allem an sonnigen Plätzen müssen Sie die Pflanze ausreichend gießen, da sie sonst schnell unansehnlich wird. Auch Nachttemperaturen unter 5 °C werden schlecht vertragen, deshalb sollte sie sicherheitshalber erst Ende Mai ausgepflanzt werden.

Besonderheit: Die stark wasserhaltigen Triebe wirken zerbrechlich wie Glas und brechen tatsächlich leicht, deshalb vorsichtig transportieren und pflanzen.

Arten/Sorten: Es gibt unzählige Sorten in vielen verschiedenen Farben. Die großblumigen Neuguinea-Hybriden wachsen sehr kompakt und haben dunkles, zum Teil bronzefarbengrünes oder buntes Laub.

Sonne · Halbschatten · Schatten · Gering giftig · Giftig/sehr giftig

Bartfaden
(Penstemon-Hybriden)
40 – 90 cm

Aussehen/Merkmale: Aufrechte, zum Teil hohe Sommerblume mit schönen Farben, deren Blüten etwas an Fingerhut erinnern. Schöne, lang haltbare Schnittblume.

Pflanztipp: Aus dem sonnig warmen Süden der USA kommend, mag sie geschützte, warme Plätze. Ab Februar Vorkultur auf der Fensterbank und Ende Mai ins Freie pflanzen.

Besonderheit: In geschützten Lagen, beispielsweise in Innenhöfen, ist die Pflanze mit etwas Winterschutz (Laub und Fichtenreisig, Seite 140) auch bei uns mehrjährig.

Arten/Sorten: ›Sonnerie‹ (Mischung mit nostalgischen, auffälligen Farben, H 60 cm), ›Skyline F1-Prachtmischung‹ (großblumig mit schöner Zeichnung, H 60 cm), ›Scharlachkönigin‹ (scharlachrot mit weiß gezeichneter Mitte). ›Southgate Gem‹ (H 50 cm) blüht rot. Die *Penstemon-Barbatus*-Hybriden sind etwas niedriger: ›Alba‹ (H 40 cm) blüht weiß, ›Evelyn‹ (H 40 cm) trägt rosafarbene Blüten. In Großbritannien gibt es viele weitere schöne Farbnuancen, die aber leider hierzulande nur selten angeboten werden.

Männertreu
(Lobelia erinus)
10 – 30 cm

Aussehen/Merkmale: Niedrige Sommerblume mit je nach Sorte verschiedenfarbigen Blüten, die kräftige Polster bildet. Sie eignet sich für Einfassungen und – besonders gut – für Tröge und Blumenkästen.

Pflanztipp: Männertreu wächst in seiner südafrikanischen Heimat an feuchten Plätzen zwischen Steinen. Die Pflanze braucht daher einen vollsonnigen Standort, der Boden darf jedoch nie stark austrocknen; auch ausreichendes Düngen ist wichtig.

Besonderheit: Wenn der erste Blütenreichtum vorbei ist, die Pflanzen um ein Drittel oder bis zur Hälfte zurückschneiden. Dann treiben die manchmal schon etwas vertrocknenten Pflanzen erneut aus und blühen bald wieder.

Arten/Sorten: ›Blaue Perle‹ ist eine sehr früh blühende ultramarinblaue Sorte. ›Kristallpalast‹ hat dunkelblaue Blüten und dunkles Laub, ›Cambridge Blue‹ blüht hellblau und ›Schwabenmädchen‹ kornblumenblau. ›Rosamunde‹ hat magentarote Blüten mit weißer Mitte, ›Schneeball‹ ist reinweiß.

Schwarzäugige Susanne
(Thunbergia alata)
130 – 180 cm

Aussehen/Merkmale: Diese edle Schlingpflanze, die auch als »Thunbergie« bekannt ist, liebt die warmen »Luxusplätze« auf dem Balkon und im Garten. Braucht eine Kletterhilfe.

Pflanztipp: Die verhältnismäßig teure Pflanze – man kauft sie in der Regel als Jungpflanze – entwickelt sich nur in warmen Sommern wirklich gut. Geben Sie ihr deshalb einen windgeschützten, sonnigen Platz, an dem es auch abends noch lange warm ist. Außerdem sollte sie erst Ende Mai ins Freie gepflanzt werden (bis dahin ins sonnige Fenster stellen). Wenn es der tropischen Pflanze warm genug ist, wächst sie jedoch rasch.

Besonderheit: Das schwarze »Auge« in den orangefarbenen, gelben oder weißen Blüten gab der Pflanze ihren volkstümlichen Namen. Zwar wird sie weniger hoch als andere Kletterer, aber wer sie einmal gepflanzt hat, möchte die schöne Pflanze immer wieder in seinem Garten haben.

Arten/Sorten: ›Susi weiß‹ (weiß), ›Susi gelb‹ (gelb), ›Susi orange‹ (orange); ›Susi Mix‹ ist eine Mischung aus mehreren Farbtönen.

Viel gießen *Mäßig gießen* *Viel düngen* *Mäßig düngen*

Prunkwinde
(Ipomoea tricolor)
300 cm

Aussehen/Merkmale: Typische Schlingpflanze, die sich um alles windet, was ihr begegnet, und jeden Morgen neue Blüten in Weiß, Rot und Blau hervorbringt.

Pflanztipp: Die Prunkwinde eignet sich ideal für morgendliche Gartengenießer, denn an warmen Tagen schließen sich die Blüten schon gegen Mittag wieder. Braucht eine Kletterhilfe.
Im Februar können Sie mit der Vorkultur beginnen: Lassen Sie die Samen einige Stunden in lauwarmem Wasser quellen und säen Sie drei bis fünf Körner in kleine Töpfchen (so brauchen Sie nicht zu pikieren). Mitte Mai können Sie die Jungpflanzen ins Freibeet setzen (oder auch im Garten aussäen, doch brauchen die Pflanzen dann verhältnismäßig lange, um sich zu entwickeln.

Besonderheit: Die verwandte Ackerwinde blüht ebenfalls schön (in Weiß), kann allerdings schnell zu einem lästigen Unkraut werden.

Arten/Sorten: In reinem Himmelblau blüht die wunderschöne Kaiserwinde (*Ipomoea imperialis* bzw. *Pharbitis rubrocaerulea*).

Duftwicke
(Lathyrus odoratus)
150 – 300 cm

Aussehen/Merkmale: Luftige Schmetterlingsblüten, die sehr angenehm duften. Leicht giftig.

Pflanztipp: Duftwicken werden auf die gleiche Weise vorkultiviert wie die Prunkwinde. Braucht eine Kletterhilfe.

Besonderheit: Wicken sind Stickstoffsammler und verbessern dadurch den Boden. Düngen Sie die Pflanzen trotzdem gelegentlich mit Flüssigdünger, allerdings in geringerer Konzentration, das heißt, lösen Sie nur die Hälfte der auf der Packung angegebenen Dosis im Wasser auf.

Arten/Sorten: Es gibt hohe kletternde und niedrige buschige Sorten. Hohe Sorten sind ›Mammut‹, ›Multiflorus Giganteus‹, ›Spencer‹ und ›Royal‹, entweder gemischtfarbig oder in Einzelfarben, z. B. ›Royal Lavendel‹ oder ›Royal Carmesin‹. Die Sorten unterscheiden sich durch ihre Früh- und Großblütigkeit sowie durch die Wuchshöhe.
Busch- und Zwergwicken werden nur 20 bis 60 cm hoch: ›Little Sweetheart‹ (H 20 cm), ›Super Snoop‹ (H 35–40 cm) oder die ›Jet-Set‹-Mischung (H 60 cm) in verschiedenen Farben.

Glockenrebe
(Cobaea scandens)
400 – 600 cm

Aussehen/Merkmale: Dieser schönen Rankepflanze mit ihren attraktiven, an Glockenblumen erinnernden Blüten sollten Sie unbedingt ein hohes Rankgitter geben. Sie gehört zu den besonders starkwüchsigen Kletterpflanzen, der Sie bei ihrem rasanten Wachstum (innerhalb weniger Wochen wird sie 5 m hoch), buchstäblich zusehen können.

Pflanztipp: Für Sommerblumen beginnt die Glockenrebe erst verhältnismäßig spät im Hochsommer, das heißt im Juli/August zu blühen, ist dann aber sehr reichblütig. Ihre Standort- und Pflegeansprüche sind mit denen der Schwarzäugigen Susanne (Seite 137) vergleichbar, das heißt, sie braucht einen warmen, windgeschützten Platz und darf erst Ende Mai ins Freie. Durch ihr schnelles Wachstum muss sie außerdem besonders gut mit Dünger versorgt werden (Seite 196).

Besonderheit: Die edlen Glockenblüten vollziehen während ihrer Entwicklung ein beeindruckendes Farbspiel von Grün oder Weiß bis zu violett.

Arten/Sorten: ›Alba‹ blüht weiß.

Sonne · Viel gießen · Viel düngen · Mäßig düngen

Weitere schöne Einjährige

Name	botanischer Name	Farbe	H in cm	Standort	Düngen/Gießen	Kultur	Sonstiges
Elfensporn	*Diascia barberae*	rosa	20–30	Sonne	mäßig düngen und gießen	Vorkultur oder kaufen	auf den vielen schlanken Stängeln sind glöckchenartige Blüten aufgereiht, auch als Hängeform erhältlich
Enziansalbei	*Salvia patens*	enzianblau	50–80	Sonne	mäßig düngen und gießen	Vorkultur oder kaufen	leuchtendes Blau mit auffälliger Wirkung
Blaue Fächerblume	*Scaevola saligna*	blau, hängend	40–50	Sonne	viel düngen und gießen	kaufen	reich blühende Ampel- und Balkonpflanze oder Bodendecker
Japanischer Hopfen	*Humulus japonica*	unscheinbar	4–6 m	Sonne bis Schatten	viel gießen, mäßig düngen	Vorkultur oder kaufen	schnellwüchsige Kletterpflanze auch für Nordseiten
Kapmargerite	*Osteospermum ecklonis*	weiß, rosa, violett	20–80	Sonne	viel düngen, mäßig gießen	Vorkultur oder kaufen	margeritenähnliche Blüten, die nur bei Sonnenschein geöffnet sind; bildet dichte Büsche
Kornblume	*Centaurea cyanus*	weiß, rosa, blau, einfach oder gefüllt	40–90	Sonne	mäßig gießen und düngen	ab April Freilandaussaat	lange Blütezeit, haltbare Schnittblume
Levkoje	*Matthiola incana*	alle Farben, gefüllt oder einfach	30–90	Sonne	viel gießen und düngen	Vorkultur oder kaufen	haltbare, duftende Schnittblume
Mädchenauge	*Coreopsis tinctoria*	gelb, braunrot, ein- und zweifarbig	40–80	Sonne	mäßig gießen und düngen	ab April Freilandaussaat	große Blüten in angenehmen warmen Farbtönen
Mittagsgold	*Gazania*-Hybriden	alle Farben außer blau	15–30	Sonne	mäßig gießen und düngen	Vorkultur oder kaufen	ausdrucksvolle Blüten wie kleine Sonnenblumen, die sich nur bei Sonne öffnen
Mohn	*Papaver rhoeas*	weiß, rosa, rot, einfach oder gefüllt	30–80	Sonne	mäßig gießen und düngen	ab April Freilandaussaat	als charmante Wildblume oder edle Zuchtform mit seidigen Blüten erhältlich
Portulakröschen	*Portulaca grandiflora*	alle Farben außer blau	15–20	Sonne	wenig gießen und düngen	Freilandaussaat ab April oder Vorkultur	seidige farbenfrohe Blüten über feinblättrigen dunkelgrünen Kissen, Bodendecker für trockene Plätze, in Ampeln überhängend
Salbei	*Salvia coccinea*	leuchtend rot oder rosa	50–60	Sonne bis Halbschatten	viel düngen, mäßig gießen	Vorkultur oder kaufen	lockere Blütenrispen für kräftige Farbakzente
Schleierkraut	*Gypsophila elegans*	weiß, rosa	30–100	Sonne	wenig gießen und düngen	ab April Freilandaussaat, in Abständen (2–4 Wochen) wiederholen	bildet lockere Büsche, gut in Blumensträußen und als Lückenfüller
Sonnenhut	*Rudbeckia hirta*	gelb mit brauner Mitte	40–80	Sonne	viel gießen und düngen	Vorkultur oder kaufen	sonnenblumenähnliche Blüten in warmem leuchtendem Goldgelb
Zinnie	*Zinnia elegans*	alle Farben außer Blau	30–100	Sonne	viel gießen und düngen	kaufen oder Freilandaussaat ab Ende April	kräftige Farben, ähnliche Blütenformen wie Dahlien, sehr empfehlenswert: *Zinnia angustifolia*, einfach-, reich- und kleinblütig
Zweizahn	*Bidens ferulifolia*	gelb	30–40	Sonne	viel gießen und düngen	kaufen	bildet große, überhängende Büsche mit überreicher gelber Blüte

Zweijährige Sommerblumen

Bei vielen Pflanzen dieser Gruppe fällt meist gar nicht auf, dass sie zweijährig sind, da sie erst dann in den Handel gelangen, wenn sie Blüten ansetzen, nämlich im zweiten Jahr. Im ersten Jahr bilden sie dagegen nur Blätter, mit denen sie überwintern, um dann im folgenden Frühjahr »durchzustarten«. Nach der Blüte, die meist in die erste Jahreshälfte fällt, keimen die Samen noch im gleichen Sommer und bilden die neue Generation, während das Leben der »Eltern« mit Wintereinbruch eigentlich abgeschlossen ist. Aber viele Zweijährige sind ausdauernder als man denkt – sie blühen unter guten Umständen noch ein bis zwei Jahre länger. (Wenn sie nicht an einem geschützten Standort, beispielsweise in einem Innenhof stehen, können sie durch locker aufgelegte Fichtenzweige vor Frost geschützt werden.)
Zweijährige können Sie wie die Einjährigen auch selbst aussäen (Seite 126) – die Aussaatzeit ist im Sommer –, meist kauft man sie jedoch »fertig« im Gartencenter. Durch ihr Zwitterdasein – nicht Staude, nicht einjährig – werden die Zweijährigen im Handel teils dem einen, teils dem anderen Sortiment zugeordnet: Diejenigen, die im Frühjahr gepflanzt werden, können Sie bei den einjährigen Sommerblumen finden. Die übrigen, die im Spätsommer, spätestens aber im Frühherbst gepflanzt werden, bekommen Sie bei den Stauden. Alle brauchen jedoch einen leichten Schutz aus Fichtenzweigen gegen die winterliche Kälte bzw. gegen Spätfröste.

Maßliebchen
(Bellis perennis) ☠

☀ – ◐ Gießkanne – Stab 15 – 20 cm

Aussehen/Merkmale: Die ursprünglich aus dem Mittelmeerraum stammenden Maßliebchen, auch Tausendschön genannt (lateinisch »bellis« = »die Schönen«), sind die großblumigen, meist gefüllten Verwandten unseres heimischen Gänseblümchens. Im Gegensatz zu diesem werden sie 15 bis 20 cm hoch und eignen sich deshalb gut als Schnittblumen. Die Pflanzen wirken einfach, fast etwas bieder und passen gut in den Frühlingsgarten, vor allem zu Vergissmeinnicht und Stiefmütterchen, eignen sich aber auch gut als frühe Balkonbepflanzung. Ihre Blütezeit ist von April bis Juni. Sie sind leicht giftig.

Pflanztipp: Maßliebchen werden im Frühjahr gepflanzt (etwa 12 Pflanzen/qm). Sie brauchen feuchten Boden und gedeihen auch im Halbschatten.

Besonderheit: Die Blumen samen sich gerne von allein aus, schlagen dann aber meist in Richtung der ungefüllten Urformen zurück.

Arten/Sorten: Hübsch sind die dicht gefüllten ›Pomponette‹-Sorten in Rosa, Weiß und Rot.

Goldlack
(Cheiranthus cheiri)

☀ Gießkanne – Stab 25 – 60 cm

Aussehen/Merkmale: Goldlack ist eine schöne, altmodische Sommerblume in warmen Gelb-, Braun(!)-, Weiß- und Rottönen, die einen süßen Duft verströmen. Ihre Blütezeit ist von April bis Juni.

Pflanztipp: Goldlack braucht einen sonnigen Platz und schweren, lehmigen, frischen Boden. Pflanztermin ist das Frühjahr (6 bis 8 Stück/qm).

Besonderheit: Wegen seiner besonderen Farbtöne sollte Goldlack mit etwas Fingerspitzengefühl eingesetzt werden. Zeitlich fällt seine Blütezeit zusammen mit der der Tulpen (Seite 84), die bei geschickter Farbkombination die idealen Partner sind – am besten geeignet sind kupferfarbene, dunkelrote und goldgelbe Sorten, weniger gut passen dagegen rosafarbene Tulpen. Sehr interessante optische Effekte lassen sich auch mit einer Mischung aus schwarzen und weißen Tulpen und hohem Goldlack in weißen Sorten erzielen.

Arten/Sorten: Reiches Sortiment, das nach Winterhärte, niedrigen und hohen Sorten sowie nach Blütenfarbe und -form (gefüllt oder einfach) unterteilt wird.

Sonne · Halbschatten · Schatten · Gering giftig · Giftig/sehr giftig

Marienglockenblume
(Campanula medium)

50 – 80 cm

Aussehen/Merkmale: Sommerblume mit prunkvoll-barocker Blütenfülle, die von Juni bis Juli blüht. Von allen Glockenblumen hat sie die am deutlichsten ausgeprägten glockenförmigen Blüten.

Pflanztipp: Marienglockenblumen werden im Herbst gepflanzt (etwa sechs Stück/qm) und brauchen frischen Boden. Wichtig ist ein ausreichender Winterschutz der jungen Pflanzen aus Laub und Fichtenreisig.

Besonderheit: Lang haltbare, schöne Schnittblume. Wie die meisten Zweijährigen haben auch die Marienglockenblumen nur eine relativ kurze Blütezeit. Wer sie jedoch einmal im Garten hatte, wird sie trotzdem immer wieder gerne pflanzen. Ihre Blütezeit fällt in die Hauptblütezeit der Rosen (Seite 144), zu denen sie – eventuell zusammen mit der Madonnenlilie (Seite 90) – besonders gut passen, vor allem zu den eher romantischen Rosensorten.

Arten/Sorten: Neben der einfachen Art ›Einfach weiß‹, ›Einfach blau‹, ›Einfach rosa‹ gibt es die Sorte ›Cyclanthema‹ mit doppelten Glockenblüten in den gleichen Farben.

Stockrose
(Alcea rosea)

150 – 200 cm

Aussehen/Merkmale: Hohe Bauerngartenpflanze – sie ist auch als »Stockmalve« bekannt – in warmem Rot mit nostalgischem Flair und langer Blütezeit von Juli bis September.

Pflanztipp: Stockrosen werden im Herbst gepflanzt (zwei Pflanzen/qm). Durch ihre Höhe brauchen die Pflanzen eine Stützhilfe. Besonders schön wirken sie als Begrünung einer Mauer oder eines Zauns.

Besonderheit: Halten Sie mindestens 50 cm Abstand zwischen den Pflanzen, und geben Sie ausreichend Wasser, da Stress durch Trockenheit und Enge die Ausbreitung von Malvenrost fördern (Seite 206). Bei Befall die Pflanzen im Frühjahr zurückschneiden, dann treiben gesunde Blätter nach. Nach der Herbstpflanzung ist es ratsam, die Pflanzen mit etwas Laub und Fichtenreisig vor strengen Frösten zu schützen.

Arten/Sorten: Stockrosen gibt es auch in Sorten mit anderen schönen Farben: ›Gelb‹, ›Karmin‹, ›Kirschrot‹, ›Rosa‹, ›Scharlachrot‹, ›Weiß‹. Besonders empfehlenswert sind ›Himbeer‹ (himbeerfarben) und ›Nigra‹ (samtiges Dunkelrot).

Vergissmeinnicht
(Myosotis sylvatica)

20 cm

Aussehen/Merkmale: Die hübsche Sommerblume aus dem Poesiealbum in unvergesslichem Himmelblau mit einem Hauch von Rosa. Sie blüht von April bis Juni.

Pflanztipp: Vergissmeinnicht wachsen im Halbschatten auf feuchtfrischem Boden, gedeihen aber auch in der vollen Sonne in luftfeuchter Umgebung. Bei trockener Hitze werden die Pflanzen oft von Mehltau befallen (Seite 206), an geeigneten Standorten blühen sie jedoch jedes Jahr aufs Neue und erscheinen dann so zahlreich und dicht, dass man sie manchmal sogar etwas reduzieren muss. Pflanztermin ist das Frühjahr (12 Pflanzen/qm).

Besonderheit: Bei richtigem Standort sind die Vergissmeinnicht gut zum Verwildern unter Rosen geeignet.

Arten/Sorten: Die Sorte ›Indigo Compacta‹ (H 30 cm) hat ein kräftigeres Blau und ist höher als die Art. ›Amethyst‹ ist ebenfalls kräftig blau, aber mit 15 cm Höhe viel niedriger. Es gibt auch rosafarbene und weiße Sorten, die allerdings kaum gegen das schöne Blau der anderen Sorten ankommen.

Viel gießen *Mäßig gießen* *Viel düngen* *Mäßig düngen*

Weitere schöne Zweijährige

Name	bot. Name	Blütezeit	Pflanztermin	Pflege	Sonstiges	Arten/Sorten	Stück/qm
Bartnelke	*Dianthus barbatus*	VI–VII	Herbst	mäßig gießen	dankbare, alte Bauerngartenschönheit mit dem typischen, würzigen Duft. südeuropäische Gebirgspflanze, die sich oft von selbst aussamt	›Pink Beauty‹ = ›Lachskönigin‹ (rosa, H 50 cm), ›Scarlet Beauty‹ = ›Scharlachkönigin‹ (scharlachrot, H 50 cm), ›Albus‹ (reinweiß, H 50 cm), Zwergbartnelke-Farbmischung ›Indianerteppich‹ (H 25 cm)	10–12
Hornveilchen	*Viola-Cornuta-*Hybriden	VI–VII	Frühjahr	viel gießen/ düngen	kleinblütige »Stiefmütterchen« mit teils hübschen Farben und Gesichtern; bei leichtem Winterschutz durch Fichtenreisig oft ausdauernd; kommen wie Stiefmütterchen am besten in größeren, einheitlichen Farbgruppen zur Geltung	in allen Farbschattierungen und -kombinationen erhältlich	12
Fingerhut ☠	*Digitalis purpurea*	VI–VII	Herbst	mäßig gießen/ düngen	dekorative Sommerblume für den Halbschatten; samt sich gerne immer wieder von allein aus **Vorsicht**: Die Pflanze ist in allen Teilen stark giftig!	›Gelbe Lanze‹ (hellgelb) oder die großblumige ›Gloxiniaeflora‹ (hellviolett mit weißen Punkten)	4
Nachtkerze	*Oenothera biennis*	VI–IX	Herbst	mäßig gießen/ düngen	Pflanze mit Wildcharakter, die erst am Nachmittag ihre leuchtend gelben Blüten öffnet und nachts stark duftet	auch mehrjährige Arten wie die kriechende *Oenothera missouriensis* mit langer Blütezeit	4
Stiefmütterchen	*Viola-Wittrockiana-*Hybriden	VI–VII	Vorfrühling und Herbst	viel gießen/ düngen	mit den Stiefmütterchen kommen im Herbst und Vorfrühling Farbe in den Garten; bei Herbstpflanzung die sonst robusten Blumen in rauen Lagen im Winter mit locker aufgelegten Fichtenzweigen schützen	neben dem Standardsortiment in allen nur denkbaren Farben und Kombinationen gibt es auch zarte, barocke oder schrille Farben, die leider noch nicht häufig angeboten werden	12

Was heißt hier »Unkraut«?

Eigentlich ist der Begriff »Unkraut« ein »Unwort«, denn was für den einen ein Übel ist, empfindet der andere als schöne Wildpflanze, die allerdings auch lästig werden kann, wenn man nicht aufpasst. Die Mitte zwischen Wildgarten und gepflegtem Paradies zu finden, ist deshalb nicht ganz einfach.

Pfahlwurzler und Wurzelunkräuter
Einige Wildkräuter sind mehrjährig, das heißt ihre Wurzeln sind dauerhaft. Hier unterscheidet man zwischen den Pfahlwurzlern wie Löwenzahn und Disteln, und den so genannten Wurzelunkräutern, zu denen vor allem Quecke, Giersch, Winde und Brennnessel gehören. Bei beiden Unkrautarten genügt es jedoch nicht, die Pflanzen einfach nur herauszureißen, da sie dann an der Wurzel meist abreißen und wieder neu austreiben.

► Um Pfahlwurzler dauerhaft zu entfernen, greifen Sie die Pflanze am »Schopf« und stechen mit einem Löwenzahnstecher so tief wie möglich an der langen Pfahlwurzel entlang – eventuell an mehreren Seiten um die Pflanze herum –, bis Sie die gesamte Pflanze herausziehen können, ohne dass sie an der Wurzel abbricht.

► Wurzelunkräuter sind leider etwas härtere »Gegner«, denn sie durchziehen den Boden mit langen fleischigen Wurzeln, oft sogar in mehreren Etagen. Zerteilt man die Wurzeln beim Ausgraben, vermehrt man sie dadurch regelrecht. Bei einem bestehenden Beet haben Sie nur die Möglichkeit, den Wurzeln mit dem Löwenzahnstecher nachzuspüren und möglichst lange Stücke davon auszugraben, die dabei aber irgendwann doch abreißen. Wenn Sie jedoch konsequent am Ball bleiben, haben Sie nach zwei bis drei Monaten gesiegt. Bei der Neuanlage eines Beetes gehen Sie vor wie auf Seite 98 beschrieben.

HÄUFIGE WURZELUNKRÄUTER

► Quecke *(Agropyron repens)* ist ein hohes Gras mit breiten blaugrünen Halmen. Lästig wird es vor allem dann, wenn es aus Bodendeckerpflanzen herauswächst, weil man hier kaum jäten kann.

► Giersch *(Aegopodium podagraria)*, wegen seiner Blattform auch Geißfuß oder Erdholler genannt, wächst gerne im Schatten und bildet unter Sträuchern richtige Bodendecker. Leider unterdrückt er jede weitere niedrige Bepflanzung rigoros.

► Winde *(Convolvulus arvensis)* ist eine Schlingpflanze mit weißen Trichterblüten, die anderen Pflanzen als Stütze nutzt, bis diese nach einiger Zeit völlig überwuchert sind und als Folge davon verkahlen.

► Brennnessel *(Urtica dioica)* kann bei Berührung zwar unangenehm brennen, eignet sich aber gut für Pflanzenbrühen (Seite 204) und ist eine wichtige Futterpflanze für Schmetterlinge.

Pflegetipp
Unkraut

Wildkräutercharme

Viele Wildkräuter sind schöne Blumen und verleihen Ihrem Garten erst den richtigen Charme! Und sicher gibt es auch in Ihrem Garten kleinere Bereiche, in denen Pflanzen wie etwa Brennnesseln nicht weiter stören und die Sie als wichtige Futterpflanzen für Schmetterlinge möglichst stehen lassen sollten. Auch manche Pflasterbeläge werden durch kleine Ritzenbiotope erst richtig schön.

Samenunkräuter

Viele Samenunkräuter sind eine echte Zierde im Garten, wie etwa das Weidenröschen (*Epilobium hirsutum*) mit seinen hübschen rosafarbenen Blüten. Doch ehe Sie sich versehen, haben sie Unmengen von flugfähigen Samen ausgebildet und erscheinen bald überall. Hier sparen Sie sich viel Arbeit, wenn Sie die Pflanzen vor der Samenbildung mitsamt den Wurzeln herausziehen (Vorsicht, wenn sich schon Samen gebildet haben!).
Gleiches gilt für das Drüsige Springkraut (*Impatiens glandulifera*), dessen große rosafarbene Blüten Samenkapseln bilden, die die Samen bei Berührung meterweit herausschleudern und sich auf diese Weise großflächig verbreiten.

Giersch breitet sich stark aus und unterdrückt andere Pflanzen.

So geht das Jäten leichter

► Häufiges Jäten geht schneller und fällt leichter, als wenn Sie nur selten »Hand anlegen«. Nach einem ausgiebigen Regen und gut durchfeuchtetem Boden geht das Herausziehen übrigens am besten.

► »Lückenbüßer« wie niedrige einjährige Sommerblumen (Seite 126) schließen offene Stellen im Beet, sodass Unkräuter hier nur schlecht aufkommen können.

► Auch eine Mulchschicht (Seite 192) verhindert das Keimen von Unkräutern. Aber Vorsicht: Auch viele Stauden und Rosen reagieren darauf empfindlich!

Schön anzusehen, aber auch lästiges Unkraut: die Ackerwinde

Das hübsche Weidenröschen zählt zu den Samenunkräutern.

Rosen

Ob langstielige Edelrose oder buschige Strauchrose – wer möchte die »Königin der Blumen« nicht in seinem Garten haben? Meist findet sich auch ein geeigneter luftiger Platz in der Sonne, aber selbst in Gärten mit Halbschatten, wo die Sonne täglich nur einige Stunden scheint, müssen Sie – trotz eingeschränkter Auswahl – auf Rosen nicht verzichten. Und sogar wenn überhaupt kein Sonnenlicht auf den Boden fällt, lässt sich

Edelrose ›Duftwolke‹

an einer Hauswand häufig noch ein luftiges sonniges oder halbschattiges Fleckchen ausmachen, an dem sich Kletterrosen wohl fühlen.
Umgekehrt darf der Standort aber auch nicht zu heiß sein, wie beispielsweise Hauswände in reiner Südlage oder Beete in unmittelbarer Nähe von Mauern und Kieswegen, die sich durch die Reflexion der Sonnenstrahlen im Sommer stark aufheizen. Allerdings gibt es selbst unter den Rosen einige »Spezialisten«, die es sogar an solchen Plätzen noch aushalten, wenn auch die Auswahl in diesem Fall schon sehr eingeschränkt ist. Denn in puncto Standort und Pflege ist die »Königin der Blumen« recht anspruchsvoll.

Beet- und Strauchrosen

Rosen, die zu den Gehölzen zählen, werden entsprechend ihrer Wuchshöhe und -formen in Beetrosen, Strauchrosen und Kletterrosen unterteilt.

Rambler-Rose ›New Dawn‹

Obwohl keine einheitliche Klassifizierung für Rosen existiert, bietet sich diese Einteilung an, weil sie Auskunft gibt über die mögliche Verwendung der Pflanzen.

Beetrosen

Beetrosen werden meist 1 bis 1,5 m hoch. Zu ihnen zählen die

Die Kletterrose ›New Dawn‹ blüht bisweilen noch im Spätherbst.

► **Edelrosen** (Teehybriden), die meist nur eine Blüte pro Stiel tragen. Ihre Blüten sind edel geformt und stark gefüllt, sodass die Staubgefäße nicht sichtbar sind.
► **Büschelblütigen Rosen** (*Polyantha-* und *Floribunda*-Rosen), die mehrere Blüten an einem Stiel tragen. Ihre einfachen bis stark gefüllten Blüten sind in großer Formenvielfalt erhältlich. Zu ihnen gehören wegen ihrer niedrigen Wuchshöhe auch einige Englische Rosen (Seite 146).
Beetrosen werden in der Regel im Vordergrund von frei wachsenden Hecken oder ins Rosenbeet gepflanzt, häufig auch in Kombination mit schönen Stauden (siehe Pflanzplan Seite 148 und Tabelle Seite 145) oder Gräsern (Seite 146).

Strauchrosen

Strauchrosen erreichen eine Höhe von 1,5 bis 3 m. Dazu zählen die

Pflanztipp
Rosen

Rosenmüder Boden

Pflanzen Sie Rosen nie an einen Platz, an dem schon einmal Rosen gestanden haben – es sei denn, Sie tauschen den Boden tiefgründig aus! –, da in einem solchen »rosenmüden« Boden die Wurzelausscheidungen der früheren Rosen ihren Artgenossen ein gesundes Wachstum erschweren. Das Gleiche gilt auch, wenn auf Ihrem künftigen Rosenbeet schon einmal Rosengewächse gestanden haben. Dazu gehören die meisten Obstgehölze (Seite 35), also Apfel, Pflaume, Kirsche, Birne, Quitte und deren Zierformen Zierapfel, -birne, -quitte und -kirsche sowie Weiß- und Rotdorn oder Ziersträucher wie Strauchmispel, Felsenbirne und Spiree (Seite 52).

► **Wildrosen,** die fast immer nur einmal pro Saison blühen.
► **Einmal blühende Strauchrosen** wie die Historischen Rosen.
► **Öfter blühende Strauchrosen**, zu denen auch moderne Rosen und die Englischen Rosen gehören.
Strauchrosen finden ihren Platz im Hintergrund von sonnigen Staudenbeeten, als Bestandteil von Hecken und – wegen ihres größeren Platzbedarfs – in den Randbereichen des Gartens. Gut wirken sie auch inmitten einer großen Rasenfläche. Manche sehr hoch wachsende Wildrosen eignen sich sogar als Kletterrosen.

Besonders schöne Hagebutten

Die *Rosa sweginzowii Macrocarpa* ist eine alte chinesische Strauchrose. Der bis zu 2,5 m hohe, überhängende Strauch ist im Juni über und über mit karminroten, einfachen Blüten bedeckt. Das Besondere an dieser Rose aber sind ihre außergewöhnlichen orangeroten, flaschenförmigen Früchte, die bis zu 5 cm lang werden. Keine andere Rose bietet vergleichbar schöne Hagebutten für Trockensträuße oder als Schmuck für den winterlichen Garten!

Historische Rosen – moderne Rosen

Was wäre eine Rose ohne Duft? Aber längst nicht alle modernen Rosen duften, da sich die Züchter in der Vergangenheit vor allem auf immer raffiniertere Blütenformen und -farben konzentriert haben, bei denen es mehr auf die Dauerblüte als den Duft ankam. Seit einigen Jahren gibt es jedoch glücklicherweise eine Renaissance der Historischen Rosen, von denen viele nicht nur herrlich duften, sondern auch wegen ihrer schönen Blüten und

Schöne Stauden für das Rosenbeet

Name	botanischer Name/Sorten	Blütenfarbe	Blütezeit	Höhe in cm	Stück/qm	Besonderheit
Frauenmantel	*Alchemilla mollis* ›Auslese‹	gelb-grün	VI–VII	50	4–6	schön vor Strauchrosen oder auch als »Ruhepunkt« in kombinierten Pflanzungen, braucht mit der Zeit immer mehr Platz (dann teilen, Seite 101)
Gold-Schafgarbe	*Achillea filipendula* ›Schwefelblüte‹	gelb	VII–IX	40	4–6	breitet sich langsam durch Ausläufer aus
Katzenminze	*Nepeta faassenii*	lila-blau	VI–IX	25	8–10	gut als Vorpflanzung auch zu niedrigeren Beetrosen
Lavendel	*Lavandula angustifolia* ›Hidcote Blue‹	violett	VII–VIII	30	6–8	bildet flächige Polster, deshalb genügend Platz einplanen
Mädchenauge	*Coreopsis verticillata* ›Grandiflora‹	gelb	VI–VII	60	4–6	wächst schön buschig, ohne sich unangenehm auszubreiten
Pfirsichblättrige Glockenblume	*Campanula persicifolia* ›Grandiflora Alba‹	weiß	VI–VIII	80–90	7–8	zwar relativ hoch, die filigranen Blütenstände nehmen den Rosen aber kaum Platz weg
Pracht-Storchschnabel	*Geranium x magnificum*	violett-blau	V–VI	60	4–6	besonders schön vor Strauchrosen, breitet sich mit der Zeit aus
Rittersporn	*Delphinium-Belladonna-*Hybride ›Piccolo‹	enzianblau	VI–VII	80	4–6	niedriger Rittersporn, dessen Blau besonders gut zur Geltung kommt, wenn er in kleinen Gruppen zwischen Rosen gepflanzt wird
Sommersalbei	*Salvia nemorosa* ›Mainacht‹	nachtblau	V–X	40	3–5	mit graugrünem Laub und tiefblauen Blüten ist er eine schöne Ergänzung zu den Blütenfarben der Rosen

Strauchrose ›Lucia‹

ihres Wuchscharakters auffallen. Sie sind zwar keine Dauerblüher, wachsen dafür aber oft viel natürlicher als die modernen Züchtungen, und ihre mit schweren Blüten besetzten Zweige, die häufig überhängen und etwas Stützhilfe brauchen, sind eine Zierde für jeden Garten.

Was heisst »öfter oder dauerblühend«?

Die wenigsten Rosen stehen in ständiger Blüte. Bei den meisten modernen bzw. bei den Englischen Rosen werden während der ersten Blüte schon wieder neue Knospen angesetzt, die dann blühen, wenn die ersten gerade verblüht sind. Dazwischen gibt es aber immer wieder auch Blühpausen, in denen lediglich Knospen und abgeblühte Blüten zu sehen bzw. in denen nur wenige Rosen voll erblüht sind. In der Regel gibt es lediglich zwei Blühhöhepunkte: im Juni/Juli und im August.

Englische Rosen

Bei den Englischen Rosen, von denen die meisten 1 bis 1,5 m hoch werden, verbindet sich der Charme der Historischen Rosen, die oft nur einmal blühen, dafür aber häufig herrlich duften, mit den Qualitäten der modernen Rosen, die mehrmals nacheinander Blüten tragen: Sie

Historische Rose ›Rose de Resht‹

Englische Rose ›Heritage‹

blühen den ganzen Sommer über, duften, haben wunderschöne, romantische Blütenformen und verfügen über die Farbpalette moderner Züchtungen.

Kletterrosen

Kletterrosen, zu denen die Rambler- und Climber-Rosen gehören, erreichen je nach Art eine Höhe von 2 bis 8 m und brauchen eine Kletterhilfe (Seite 72).

Rambler-Rosen

Die starkwüchsigen, meist nur einmal blühenden Rambler-Rosen mit ihren weichen, biegsamen Trieben eignen sich nicht nur für die Begrünung von Pergolen und Rankgerüsten, sondern auch zum Erobern von Bäumen mit lichtdurchlässiger Baumkrone, etwa von alten Obstbäumen, die nur noch wenig Früchte tragen. Allerdings kann es hier wegen der Unverträglichkeit zwischen den Rosengewächsen (Seite 144) manchmal zu Anwachsschwierigkeiten kommen, doch ein Versuch lohnt in jedem Fall.

Rambler-Rosen tut leichter Wind gut und sie vertragen keine stauende Hitze, so dass sie sich an Hauswänden nicht wohl fühlen. Dafür akzeptieren sie es aber, im Halbschatten zu stehen.

Gräser und Sträucher für das Rosenbeet

- **Blauschwingelgras** (*Festuca cinerea*), graublaue Halme, H 25 bis 50 cm (Seite 124).
- **Lampenputzergras** (*Pennisetum compressum*), dekorative Blütenstände, H 40 bis 80 cm (Seite 124).
- **Riesen-Chinaschilf** (*Miscanthus sinensis* ›Gracillimus‹), H 150 cm, elegante schmale Blätter. Wegen der Höhe in den Hintergrund oder zwischen höhere Strauchrosen pflanzen und ausreichenden Pflanzabstand einhalten (Seite 124).
- **Immergrüne Sträucher** wie Buchs, Eibe oder Liguster (Seite 64 und Seite 48), die sich gut in Form schneiden lassen. Dann hat Ihr Rosenbeet auch im Winter noch etwas zu bieten, vor allem wenn auch noch das Lampenputzergras stehen bleiben darf.
- **Niedrige Blütensträucher** wie Bartblume (*Caryopteris clandonensis* ›Heavenly blue‹), Säckelblume (*Ceanothus americanus*), Korkflügelstrauch (*Euonymus alatus* ›Compactus‹), Scheinhasel (*Corylopsis pauciflora*) und für den Hintergrund der etwas höhere Sommerflieder (*Buddleia alternifolia*).

Climber-Rosen

Die meist mehr oder weniger dauerblühenden Climber-Rosen haben dicke, sparrige Triebe und kommen nicht ohne Kletterhilfe aus. Sie eignen sich ebenfalls zum Beranken von Pergolen und Rankgerüsten,

Pflanztipp Rosen

Stammrosen im Garten

Wenn Sie eine Stammrose in Ihrem Garten haben möchten, wählen Sie möglichst eine duftende Sorte und pflanzen Sie sie nicht zu weit in den Hintergrund. Nostalgischschön wirken sie auch im Kübel auf der (sonnigen) Terrasse oder neben dem Hauseingang.

doch da sie nicht ganz so starkwüchsig wie die Rambler-Rosen sind, brauchen sie dafür etwas länger. Im Gegensatz zu diesen eignen sie sich auch gut für die Berankung von Hausmauern.

Hochstammrosen

Im 19. Jahrhundert wurden erstmals auf einem Stamm Beet-, Strauch- oder Kletterrosen veredelt (Seite 150) und bildeten so ein duftendes Rosenbäumchen. Kletterrosenhochstämme werden auch Kaskaden- oder Trauerstammrosen genannt, da die Rosen hier an langen Trieben kaskadenartig herunterhängen (ohne traurig zu wirken!). Kaskadenrosen sind 140 cm hoch, während Hochstammrosen häufig mit 90 cm angeboten werden und Zwergstammrosen lediglich auf 50 oder 30 cm lange Stämme veredelt werden.

► Wichtig: Alle Stammrosen benötigen zeitlebens einen Stützpfahl (Seite 152).

Empfehlenswerte Sorten mit schöner Blüte und herrlichem Duft:

► **Hochstammrosen:** ›Schneewittchen‹, ›Bonica‹, ›Duftwolke‹, ›Graham Thomas‹, ›Wife of Bath‹.

► **Kaskadenrosen:** ›Super Dorothy‹ (kein Duft!), ›Super Excelsa‹, ›New Dawn‹, ›Sympathie‹, ›Gloire de Dijon‹.

Bodendeckerrosen

In Baumschulen oder im Gartencenter werden häufig auch Bodendeckerrosen in zwei Formen angeboten. Die einen sind Beetrosen mit leicht überhängendem Wuchs wie ›Bonica‹, ›Swany‹ oder ›Sommerwind‹, die sich zum Begrünen größerer Flächen eignen. Bei ihnen ist das Jäten und die Entfernung der Wildtriebe wegen der Stacheln jedoch nicht ganz einfach, sodass Sie in der Baum- oder Rosenschule am besten nach wurzelecht vermehrten Rosen ohne Wildtriebe fragen.

Die anderen Bodendeckerrosen sind Kletterrosen, die ohne Möglichkeit zum Klettern notgedrungen zu Bodendeckerrosen werden. Durch die Einkreuzung von Wildrosen wuchern sie sehr kräftig und eignen sich daher eher zur Begrünung öffentlicher Anlagen.

Kletterrosen eignen sich auch für romantische Bogenspaliere.

Die Climber-Rose ›Sympathie‹ besticht durch ihren Wildrosenduft.

Wunderschön im Blumenbeet: Hochstammrose ›Schneewittchen‹.

Klassisches Rosenbeet oder gemischte Pflanzung?

Wenn Sie ein klassisches Rosenbeet, das heißt ein Beet ausschließlich mit Rosen anlegen möchten, finden hier die Beetrosen und – bei viel Platz – auch die Strauchrosen Verwendung. Machen Sie sich am besten zuerst einen Plan, wo Sie Ihre Rosen künftig platzieren wollen:

► Pflanzen Sie hoch und/oder straff aufrecht wachsende Rosen in den Hintergrund, während niedrige besser im Vordergrund wirken.

► Niedrige, etwas sparrig wachsende Rosen passen auch gut zwischen buschige Rosen, jedoch nicht an den Rand des Beets.

► Schön sieht es auch aus, wenn Sie einstielige Edelrosen mit büschelblütigen Beetrosen mischen.

► Wenn Sie viel Platz haben, können Sie außerdem Strauchrosen im Hintergrund oder in der Mitte des Rosenbeetes platzieren.

Damit eine reine Rosenpflanzung nicht zu »steif« wirkt, sollten die Rosen in Wuchsform und Farben gut aufeinander abgestimmt sein. Etwas leichter ist es hingegen, ein Rosenbeet mit passenden Stauden wie beispielsweise Rittersporn, Glockenblume, Schafgarbe, Lavendel und Sommersalbei (siehe Pflanzplan) und Gräsern (Seite 146) aufzulockern. Auf jeden Fall ist aber auch bei einer solchen kombinierten Rosen-Stauden-Pflanzung ein Pflanzplan wegen der unterschiedlichen Farben und Höhen ratsam.

Farben und Farbkombinationen

► Bei der Auswahl von Rosen ist es immer empfehlenswert, die Pflanzen in natura anzuschauen, da die Farben in Katalogen und Büchern aus drucktechnischen Gründen oft leicht verfälscht dargestellt sind, was eine feine Farbabstimmung erschwert. Gehen Sie deshalb am besten in den botanischen Garten, einen Rosengarten oder in eine Rosenschule –

Beetrose ›Friesia‹

PFLANZPLAN FÜR EIN GEMISCHTES ROSENBEET

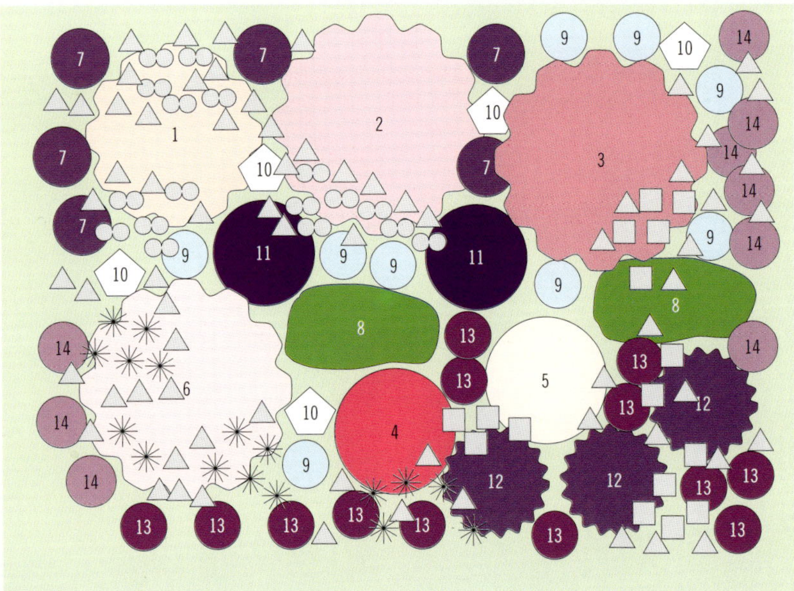

Maßstab 1:20; Länge 2,10 m, Breite 1,40 m

1 Beetrose ›Gruß an Aachen‹
2 Beetrose ›The Queen Elizabeth Rose‹
3 Beetrose ›Rose de Resht‹
4 Beetrose ›Margaret Merril‹
5 Beetrose ›Sommerwind‹
6 Beetrose ›The Fairy‹
7 Pracht-Storchschnabel (Geranium x magnificum)
8 Lampenputzergras (Pennisetum compressum)
9 Pfirsichblättrige Glockenblume (Campanula persicifolia ›Grandiflora Coerulea‹)
10 Madonnenlilie (Lilium candidum)
11 Sommersalbei (Salvia nemorosa ›Mainacht‹)
12 Lavendel (Lavandula angustifolia ›Hidcote Blue‹)
13 Katzenminze (Nepeta x faasenii)
14 Dalmatiner-Glockenblume (Campanula Portenschlagiana ›Birch‹)
✳ Gefüllte Frühe Tulpe ›Schoonord‹
□ Lilienblütige Tulpe ›China Pink‹
⚭ Einfache Späte Tulpe ›Rosy Wings‹
△ Traubenhyazinthe (Muscari armeniacum)

Pflanztipp
Rosen

Was passt zusammen?
Hinsichtlich der schier unendlichen Auswahl an Farbtönen ist es schwer, generelle Empfehlungen für geeignete Farbkombinationen zu geben. So passen beispielsweise gelbe Rosen schlecht zu rosafarbenen, jedoch gut zu roten und weißen Sorten. Andererseits gibt es aber auch kräftig goldgelbe Rosen, die durchaus mit einer dunkelrosa Sorte harmonieren können, und manche rosafarbenen Sorten haben einen bräunlichen Ton, sodass sie ebenfalls vielseitig verwendbar sind.

auch manche Baumschulen haben Rosenpflanzungen angelegt – und schauen Sie sich Blütenfarben und Wuchsformen genau an. Vergleichen und notieren Sie, was Ihnen besonders gut gefällt und welche Sorten gut zusammenpassen.

► Wenn Sie keine Zeit dafür haben, machen Sie nichts falsch, wenn Sie sich auf den Farbdreiklang von roten, blauen und gelben Stauden in Kombination mit roten und gelben Rosen beschränken. Auch mit weißen Rosen in Verbindung mit farblich schön aufeinander abgestimmten Stauden lassen sich schöne Akzente setzen. Oder Sie bilden einen räumlichen Farbverlauf von Gelb über Orange zu Rot und von Rot über Apricot zu Rosa.

Rosen kaufen

Bei Rosen ist das Angebot schier unüberschaubar, und hier haben Sie wirklich die Qual der Wahl. Baumschulen und vor allem spezielle Rosenschulen bieten mit Sicherheit die beste Qualität und das größte Sortiment, aber auch in den Gartencentern wird die Auswahl an Englischen und Historischen Rosen immer größer.

In der Regel kauft man Rosen im Container oder wurzelnackt, also ohne Erdballen (Seite 30), auf jeden Fall aber in A-Qualität. Das bedeutet:

► Die Pflanze hat drei starke grüne Triebe mit glattem Holz – ein sicheres Zeichen, dass die Rose nicht eingetrocknet ist.

► Die Wurzeln sind kräftig und dürfen keinesfalls Faul- oder Schimmelstellen aufweisen.

► **Tipp:** Rosenschulen versenden in der Regel auch Rosen, was dann von Vorteil ist, wenn Sie eine bestimmte Rosensorte suchen, die an Ihrem Heimatort nicht erhältlich ist. Einige Adressen von renommierten Rosenschulen finden Sie auf Seite 216.

Rambler-Rose ›Super Dorothy‹

Englische Strauchrose ›Graham Thomas‹

GEMISCHTES ROSENBEET

Gemischtes Stauden-Rosen-Beet (Ausschnitt)

Rosen pflanzen

Den Boden vorbereiten

Rosen lieben Lehmböden (Seite 189), aber auch jeder andere gute Gartenboden wird angenommen, sofern er etwas vorbereitet wird. Dazu gehört auch, dass Rosen als Tiefwurzler einen lockeren, tiefgründigen Boden brauchen, sodass es ratsam ist, ihn vor der Bepflanzung gründlich umzugraben. Dabei sollte der wertvolle Oberboden nicht mit dem Unterboden vermischt werden:

► Heben Sie die obere Bodenschicht bis etwa 20 cm Tiefe mit dem Spaten ab und legen Sie die Schollen seitlich neben das Beet.

► Graben Sie den Unterboden etwa zwei Spatenstiche tief, das heißt bis in eine Tiefe von ca. 50 cm kräftig um.

► Vermischen Sie den seitlich abgelegten Oberboden mit einer guten Portion Kompost (ca. 20 l/qm, Seite 195) und verbessern Sie leichten, sandigen oder humosen Boden (Seite 188) zusätzlich mit Ton- und Gesteinsmehl (ca. 100 g/qm, Seite 191). Mit der verbesserten Erde ebnen Sie das Beet wieder ein.

Vor dem Pflanzen

Bei wurzelnackten Rosen werden Triebe und Wurzeln vor dem Einpflanzen zurückgeschnitten.

Beetrose ›Margaret Merril‹

Pflanzzeit für Rosen

► Pflanzzeit für wurzelnackte Rosen ist immer während der Ruhezeit der Pflanzen von Oktober bis April, wenn der Boden noch nicht oder nicht mehr gefroren ist.

► Containerrosen können das ganze Jahr über gepflanzt werden. Meiden Sie jedoch möglichst den Hochsommer, da Sie sonst in heißen Trockenperioden sehr viel gießen müssen!

► Wählen Sie zum Einpflanzen einen bedeckten Tag, da der Pflanzschock dann geringer ist.

► Können Sie Rosen nach dem Einkauf nicht gleich pflanzen, etwa weil der Boden noch gefroren ist, stellen Sie die Rosen in einen großen Eimer und füllen Sie ihn bis über die Veredelungsstelle mit feuchter Erde oder feuchtem Sand auf. Damit die Veredelungsstelle gut bedeckt ist, dürfen die Rosen im Eimer ruhig etwas schief liegen.

► Stellen Sie den Eimer an einen kühlen, aber frostfreien Platz, z. B. in den Keller, die Garage oder auf den Dachboden. (Ist der Platz zu warm, treiben die Rosen zu früh und erleiden nach dem Pflanzen bei kühlen Temperaturen Schaden.)

Strauchrose ›Centenaire de Lourdes‹

Wurzelnackte Rosen vorbereiten

► **Wässern:** Vor dem Einpflanzen sollten wurzelnackte Rosen gewässert werden, sodass sie sich noch einmal richtig vollsaugen können. Stellen Sie die Rosen dafür zwei Stunden in einen Eimer mit Wasser.

Veredelte Rosen

Veredelte Rosen sind nicht unbedingt Edelrosen, sondern vielmehr »Bausätze« aus zwei verschiedenen Pflanzen, wobei die Unterlage, also die Wurzeln, von einer robusten Wildform stammt, während die Triebe von edleren Rosensorten kommen. Das Verbindungsstück zwischen Unterlage und Trieben ist die so genannte Veredelungsstelle, die als leichte Verdickung zwischen Unterlage und Trieb zu erkennen ist und beim Einpflanzen in jedem Fall 5 cm tief unter der Erdoberfläche sein muss.

Bei Hochstammrosen ist die Verdickung an der Basis dagegen nicht die Veredelungsstelle, die bei dieser Zuchtform in der Krone sitzt. Vielmehr wurden hier alle anderen Triebe der Unterlage abgeschnitten, um nur einen Stamm zu erhalten. Die Verdickung an der Wurzel muss deshalb beim Einpflanzen auch nicht 5 cm tief unter der Erde sein.

► **Schneiden:** Kürzen Sie zuerst die Wurzeln mit einer scharfen Schere

Strauchrose ›Westerland‹

auf ca. 25 cm ein. Bei der Herbstpflanzung schneiden Sie dann auch die Triebe von der Veredelungsstelle aus gemessen (Seite 150) bis auf etwa 25 cm zurück. Bei der Frühjahrspflanzung werden die Triebe bis ca. 15 cm über der Veredelungsstelle zurückgeschnitten. Das starke Einkürzen ist notwendig, weil die Pflanzen im Frühjahr schneller aktiv werden, aber im Gegensatz zur Herbstpflanzung noch nicht eingewurzelt sind. Über die langen Triebe würde zu viel Wasser verdunsten, während die Rosen bei kurzen Trieben Kraft sparen können und der Austrieb leichter gelingt.

CONTAINERROSEN

Containerrosen werden im Topf kultiviert und haben dadurch einen Wachstumsvorsprung gegenüber den wurzelnackten Rosen, sind dafür aber auch um einiges teurer. Den größten Vorteil bieten sie zur Blütezeit, denn dann werden Sie später von der Blüte garantiert nicht enttäuscht, und sie lassen sich im Gegensatz zu den wurzelnackten Pflanzen das ganze Jahr über pflanzen.

► Wichtig: Achten Sie beim Pflanzen von Containerrosen auf die Veredelungsstelle. Sie ist im Container oft über der Erde, weil er nicht hoch genug ist, muss aber nach dem Pflanzen unbedingt 5 cm unter der Erde liegen!

Das Pflanzloch vorbereiten

► Wenn Sie das Beet vor der Pflanzung umgegraben haben, genügt pro Rose ein Pflanzloch von einer Spatenbreite. Die richtigen Pflanzabstände finden Sie auf dem Pflanzetikett bzw. in den Tabellen ab Seite 154.

► Wird die Rose in unvorbereiteten Boden gepflanzt, machen Sie das Pflanzloch so groß wie möglich, damit die Wurzeln rundherum genügend lockere Erde vorfinden und besser anwachsen können.

► Graben Sie das Loch so tief, dass die Veredelungsstelle später 5 cm unter der Bodenoberfläche sitzt.

► Lockern Sie den Boden des Pflanzlochs anschließend mit der Grabgabel.

Die Rose einsetzen

► Halten Sie die Rose so in das Pflanzloch, dass die Wurzeln dabei nicht umgeknickt werden und nicht nach oben zeigen. Ist das Pflanzloch nicht groß genug, graben Sie noch tiefer bzw. breiter.

► Vergewissern Sie sich, dass sich die Veredelungsstelle 5 cm unter der Erdoberfläche befindet.

► Halten Sie die Pflanze gerade und schieben Sie den Aushub mit der anderen Hand in das Pflanzloch, bis die Rose genügend Halt hat. Dann schaufeln Sie das Loch mit beiden Händen zu (mit einer Pflanzschaufel geht es auch, aber mit den Händen gelingt es besser) und treten die lockere Erde rund um die Rose mit dem Absatz gut fest.

► Formen Sie einen Gießrand um die Pflanze und schlämmen Sie die Erde mit reichlich Wasser gut ein.

► Jetzt brauchen Sie Ihre Rose nur noch anzuhäufeln: Schütten Sie lose Erde zu einem Hügel um und auf die Rose, wobei allerdings noch etwas von den zurückgeschnittenen Trieben zu sehen sein sollte. Dadurch wird die Pflanze im Herbst und Winter vor Frost, im Frühjahr vor Sonne und Verdunstung geschützt. Dieses Anhäufeln dient auch eingewachsenen Rosen als Frostschutz, hier wird die Erde jedoch Ende März wieder entfernt (»abgehäufelt«).

ROSEN PFLANZEN

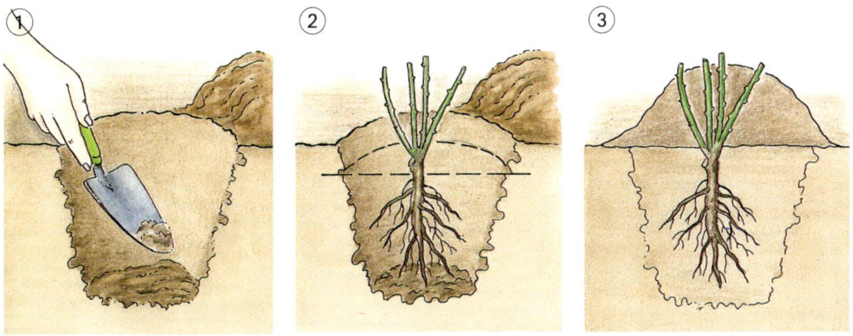

(1) Ein ausreichend großes Loch graben. (2) Den Ballen so tief hineinsetzen, dass die Veredelungsstelle etwa 5 cm unter der Erde liegt.
(3) Reichlich Erde auffüllen, die Pflanze gut gießen und anhäufeln.

Rosen düngen

Neben dem richtigen Standort und einem guten Gartenboden wollen Rosen gehegt und gepflegt werden, wozu neben dem Rückschnitt im Frühjahr das Düngen gehört. Dafür gibt es einen genau auf die Bedürfnisse der Pflanzen abgestimmten Rosendünger, der mineralische und organische Nährstoffe enthält, sodass neben der Sofortwirkung auch die Langzeitversorgung gesichert ist.

► Streuen Sie bei eingewachsenen Pflanzen 100 bis 150 g Dünger pro qm auf die Erde zwischen die Rosen (nicht auf die Blätter!) und arbeiten Sie ihn leicht in die oberen Bodenschichten ein.

► **Wichtig:** Frisch gepflanzte Rosen werden erst gedüngt, wenn sie Knospen angesetzt haben und bekommen auch nur ungefähr ein Drittel der angegebenen Düngemenge!

Wann düngen?

► Der günstigste Zeitpunkt für die Düngung ist bei eingewachsenen Rosen nach dem Abhäufeln, also etwa Ende März. Das Düngen im Frühjahr hat den Vorteil, dass Sie den Dünger gut einarbeiten können, da die Rosen frisch geschnitten sind und Sie Platz zum Arbeiten haben.

► Eine Sommerdüngung ist nicht unbedingt notwendig, da eine Überversorgung mit Stickstoff die Rosen »mastig« machen kann, das heißt, es wird schnell zu viel Pflanzenmasse gebildet, die schlabbrig und weich ist. Dadurch leidet die Standfestigkeit der Pflanzen, die Anfälligkeit für Krankheiten wie Mehltau wächst. Wenn Sie allerdings beobachten, dass Ihre Rosen nicht gut blühen oder gar Mangelerscheinungen aufweisen, geben Sie ihnen im Juni einen Dünger ohne Stickstoffanteil, etwa einen Kalimagnesiadünger. Auch Flüssigdünger sind erlaubt, z. B. in Wasser aufgelöster tierischer Dünger (Pferdemist) oder Brennnesseljauche (Seite 204), die im Sommerbeet leichter auszubringen sind als fester Dünger.

► Im November oder Dezember können Sie Ihre Rosen dann durch eine Lage reifen Kompost (Seite 195) mit wichtigen Nährstoffen versorgen und ihnen so zu einem guten Start im Frühjahr verhelfen. Außerdem wird dadurch das Bodenleben gefördert und somit der Boden verbessert.

► Auf keinen Fall düngen sollten Sie dagegen zwischen der Sommer- und Herbstdüngung. Für die Winterhärte der Rosen ist es nämlich wichtig, dass die Triebe gut verholzen. Werden die Rosen durch zuviel Stickstoff immer weiter zum Wachsen angeregt, wird ihnen diese Möglichkeit genommen, das heißt, die Triebe können nicht genügend aushärten und frieren im Winter stark zurück.

Hochstammrose pflanzen

Hochstammrosen brauchen eine Stütze, an der sie mit Kokosstrick zweifach festgebunden werden.

Eine so schöne Rosenhecke benötigt einen guten Standort, nährstoffreichen Boden und hin und wieder etwas Pflege.

Rosen schneiden

Zur Rosenpflege gehört außerdem regelmäßiges Schneiden, wobei die Pflanzen auch einen etwas stärkeren Schnitt sehr gut vertragen, durch den sie sich verjüngen und neue Triebe bilden können. Bei einem zu zögerlichen Schnitt leidet dagegen die Wuchsform. So verkahlen Kletterrosen beispielsweise von unten, wenn sie nicht genügend zurückgeschnitten werden.

Für alle Rosen gilt:

▶ Schneiden Sie unbedingt mit einer scharfen Rosenschere, denn ein sauberer Schnitt ist die beste Garantie, dass die Schnittstellen schnell verheilen und keine Keime eindringen können.

▶ Der beste Schnittzeitpunkt ist das Frühjahr zur Zeit der Forsythienblüte (April).

▶ Entfernen Sie alle vertrockneten und alten Triebe so weit unten wie möglich. Auch störende Triebe, die z. B. mit anderen Trieben über Kreuz wachsen, werden möglichst weit unten abgeschnitten. (Wenn Sie einen zu langen Aststummel stehen lassen, können über den eintrocknenden Stummel Krankheitserreger in die Pflanze eindringen.)

▶ Schneiden Sie einen Trieb immer ca. 0,5 cm über einem Auge, das nach außen zeigt. (Augen sind die Vorstufen der neuen Triebe.) Wenn Sie in ausreichendem Abstand über dem Auge schneiden, wird sich der Trieb an dieser Stelle verzweigen. Schneiden Sie zu dicht über dem Auge, kann der Aststummel soweit zurücktrocknen, dass auch das Auge abstirbt.

▶ Wildtriebe – sie entspringen unterhalb der Veredelungsstelle aus der Wurzel und ihre Blätter bestehen nicht aus fünf, sondern aus sieben Einzelblättchen – werden in jedem Fall radikal entfernt, das heißt, graben Sie sich bis zum Ursprung des Wildtriebs vor und schneiden Sie ihn direkt an der Wurzel ab.

Hochstammrosen pflanzen

Hochstammrosen brauchen einen Stützpfahl, der in das ausgehobene Pflanzloch einschlagen wird. Bedenken Sie beim Kauf, dass er gut im Pflanzloch verankert werden, d. h. um ein gutes Stück länger als der Hochstamm sein muss. Rechnen Sie für das Einschlagen in den Boden 20 cm und für die Pflanztiefe der Rose 30 cm, so dass der Pfahl 50 cm länger sein muss als der Rosenstamm. Binden Sie die Hochstammrose nach dem Pflanzen ungefähr auf halber Stammhöhe und in der Krone mit einem Kokosstrick fest, indem Sie den Strick in Achterform nicht zu straff um Stamm und Pfahl schlingen.

Hochstammrosen überwintern

Weil die als verdickte Stelle erkennbare Veredelungsstelle bei den Hochstammrosen in der Krone sitzt, muss sie vor strengem Frost geschützt werden. Damit Sie besser an die Veredelungsstelle gelangen, schneiden Sie die Triebe bei Bedarf zuerst etwas zurück und binden Sie dann drei bis fünf Fichtenzweige so in die Krone, dass sie damit abgedeckt ist. Überprüfen Sie bei dieser Gelegenheit auch gleich, ob die Rose noch fest genug an ihren Stützpfahl angebunden ist, damit sie vom Schnee nicht heruntergedrückt werden kann.

Rosen schneiden

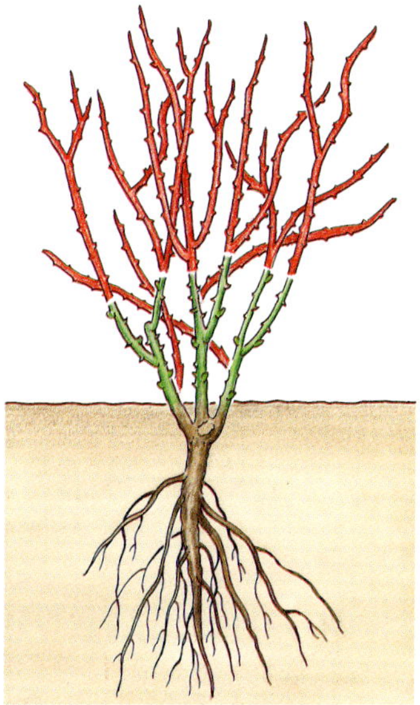

Beim Frühjahrsschnitt alle vertrockneten, alten oder störenden Triebe entfernen

Wildtriebe aus dem Wurzelstock möglichst dicht direkt am Wurzelstock abschneiden

Darüber hinaus gibt es je nach Rosengruppe noch einige Besonderheiten zu beachten:

► **Beetrosen:** Kürzen Sie alle verbliebenen Triebe auf drei bis fünf Augen ein: Wenn Sie ein einheitlich hohes Rosenbeet möchten, lassen Sie bei Rosen mit eng stehenden Augen fünf Augen übrig und kürzen Sie Rosen mit weiter auseinander stehenden Augen auf drei Augen ein. Sind bei büschelblütigen Beetrosen alle Blüten eines Büschels verblüht, schneiden Sie den Trieb bis zum ersten Blatt zurück. Bei Edelrosen entfernen Sie die Einzelblüte zusammen mit dem ersten Blatt.

► **Einmal blühende Strauchrosen:** Sie können lange Zeit fast ohne Schnitt auskommen, allerdings sollten Sie altes, abgestorbenes Holz immer entfernen. Sind die Pflanzen zu dicht geworden, werden sie wie Blütensträucher alle ein bis zwei Jahre ausgelichtet (Seite 54), und gefällt Ihnen irgendwann die Form nicht mehr, können Sie alle Triebe nach der Blüte mit der Heckenschere um

Climber-Rosen pflanzen

Damit die Kletterrosen ihr Rankgerüst vollständig erobern können, brauchen sie Hilfe: Binden Sie die aus der Basis austreibenden Triebe nach dem Einpflanzen mit etwas Bast waagerecht an den unteren Latten des Rankgerüsts entlang fest. Von hier aus treiben sie dann senkrecht nach oben, sodass sie mit der Zeit die gesamte Hausmauer oder Pergola flächig überwachsen. Sind schon zu Beginn genügend Triebe vorhanden, lassen Sie einige Triebe gleich frei nach oben wachsen.

Schöne Beetrosen

Sortenname	Höhe/Breite in cm	Wuchsform	Blütenfarbe
›Bonica 82‹	80/80	breitbuschig	beim Aufblühen kräftig rosa später hellrosa
›The Fairy‹	60/60	dicht, überhängend	hellrosa
›Sommerwind‹	60/60	buschig, verzweigt	leuchtend rosa
›Märchenland‹	80/80	breitbuschig, leicht überhängend	lachsrosa bis rosa
›Heritage‹	120/100	buschig, stark verzweigt	zartrosa
›Gruß an Aachen‹	60/50	buschig	weiß mit rosa Schimmer
›Margaret Merril‹	60/40	aufrecht, buschig	perlweiß mit rosa Hauch
›The Queen Elizabeth Rose‹	130/60	straff aufrecht	silbrig rosa
›Gloria Dei‹	100/60	sparrig, aufrecht	hellgelb mit rosa Hauch an den Rändern
›Friesia‹	60/50	buschig, aufrecht	leuchtend goldgelb
›Amber Queen‹	50/50	buschig, kompakt, aufrecht	tiefgelb
›Bernstein-Rose‹	60/60	kompakt	bernsteingelb
›Whisky‹	100/70	breitbuschig, aufrecht	bronzegelb
›Duftwolke‹	60/60	breitbuschig, aufrecht	korallenrot
›Rose de Resht‹	100/60	buschig, aufrecht	magentarot
›Chorus‹	70/50	buschig, kompakt, aufrecht	zinnoberrot
›Ingrid Bergmann‹	120/70	breitbuschig, kompakt, aufrecht	samtig dunkelrot

Blütenform und -durchmesser	Duft	Sonstiges	Stück/qm
gut gefüllte Blütenbüschel, ø ca. 7 cm	leichter Duft	extrem frosthart und robust, verträgt auch Halbschatten, auch gut für Pflanzgefäße, fast dauerblühend bis in den Herbst	3–5
stark gefüllte Blüten in großen Büscheln, ø ca. 2 cm	kein Duft	sehr robust, verträgt auch Halbschatten, deckt den Boden gut ab (schön im Vordergrund von Beeten), auch gut für Pflanzgefäße, fast dauerblühend bis in den Herbst	3–5
halb gefüllte, schalenförmige Blüten in lockeren Dolden, ø ca. 5 cm	kein Duft	sehr robust, verträgt auch Halbschatten, auch gut für Pflanzgefäße, fast dauerblühend bis zum Frost	3–5
halb gefüllte, schalenförmige Blüten, ø ca. 8 cm	leichter Duft	starkwüchsig, robust, verträgt auch Halbschatten, schön vor Gehölzen und im Beet, fast dauerblühend, Blühpause meist im August	3–5
schalenförmige, stark gefüllte Blüten in kleinen Büscheln, ø ca. 8 cm	kräftiger Duft	Englische Rose, bildet hübschen, runden Strauch, öfter blühend	1–3
schalenförmige, dicht gefüllte Blüten in Büscheln, ø 10 cm	mittelstarker Duft	Historische Rose mit allen modernen Eigenschaften einer echten Englischen Rose, auch gut für Pflanzgefäße, öfter blühend	3–5
stark gefüllte Blüten mit offener Mitte in Büscheln, ø ca. 8 cm	starker Duft	sehr pflegeleicht, auch gut für Pflanzgefäße, öfter blühend	5
locker gefüllte Blüten auf langen Stielen, ø 8–10 cm	starker Duft	sehr robust auch in rauen Lagen, verträgt auch Halbschatten, starkwüchsig, fast dauerblühend	3–5
elegante, stark gefüllte Einzelblüten, ø 8–10 cm	leichter Duft	die meist verkaufte Rose der Welt, öfter blühend	5
locker gefüllte Blüten in Büscheln, ø 6–8 cm	mittelstarker Duft	eine der schönsten gelben Rosen, auch gut für Pflanzgefäße, robust, frosthart, reich und öfter blühend	5–6
große, gefüllte Blüten, ø 8–10 cm	schöner, intensiver Duft	beliebt wegen ihres preisgekrönten Dufts, öfter blühend, robust	5
stark gefüllte Blüten in Büscheln, ø 8–10 cm	kein Duft	starkwüchsig, wetterfeste, robuste Rose mit romantischem Flair, öfter blühend, auch gut für Pflanzgefäße	5
gefüllte Blüten, ø 6–8 cm	herrlicher Duft	fast dauerblühend, braucht guten Standort, auch gut für Pflanzgefäße	1–3
gut gefüllte Blüten in kleinen Büscheln, ø 6–8 cm	sehr starker Duft	robust und schnellwüchsig, auch gut für Pflanzgefäße, öfter blühend	5
rosettenförmige, dicht gefüllte Blüten, ø ca. 5 cm	starker, schwerer Duft	berühmte Historische Rose, robust, sehr frosthart, auch gut für Pflanzgefäße, öfter blühend	1–3
leicht gefüllte Blüten in Büscheln, ø 8–10 cm	kein Duft	dankbar, robust, öfter blühend, auch gut für Pflanzgefäße	5
gefüllte Blüten, ø 8–10 cm	leichter Duft	fast dauerblühend, braucht guten Standort	1–3

Schöne Strauchrosen

Sortenname	Höhe/Breite in cm	Wuchsform	Blütenfarbe	Blütenform und -durchmesser
›Centenaire de Lourdes‹	180/150	aufrecht, leicht überhängend	leuchtend rosa	locker gefüllte Blüten in lockeren Büscheln, ø 7–8 cm
›Jacques Cartier‹	150/130	kompakt, leicht überhängend	tiefrosa	dicht gefüllte Blüten in Büscheln, ø ca. 8 cm
›Abraham Darby‹	200/150	kräftig, lang überhängend	zartrosa mit Gelb	dicht gefüllte Blüten in Büscheln, ø 6–8 cm
›Westerland‹	200/200	sparrig, aufrecht	leuchtend gelb bis orange	locker gefüllte Blüten in Büscheln, ø 10–12 cm
›Graham Thomas‹	150/100	aufrecht, buschig, verzweigt	sattes, leuchtendes Gelb	stark gefüllt in Büscheln, ø 6–8 cm
›Schneewittchen‹	100/120	buschig überhängend	reinweiß	locker gefüllt, schalenförmige Blüten in Büscheln, ø ca. 8 cm
›Elmshorn‹	150/200	aufrecht, überhängend	magentarot	viele kleine, dicht gefüllte Büschelblüten, ø 2–3 cm

Schöne Climber-Rosen

Sortenname	Höhe in cm	Blütenfarbe	Blütenform und -durchmesser
›Coral Satin‹	300	korallenrosa	gefüllte Blüten in Büscheln, ø 6–8 cm
›Rosarium Uetersen‹	300	dunkelrosa	rosettenartige, dicht gefüllte Blüten in Büscheln, ø 6–7 cm
›Alchymist‹	300	orangegelb mit rotem Hauch	dicht gefüllte Einzelblüten, ø 10–12 cm
›Goldfassade‹	350	goldgelb	gut gefüllte Blütenbüschel, ø 8–10 cm
›Ilse Krohn Superior‹	300	reinweiß	sehr edel geformte, gut gefüllte Blüten, einzeln oder in kleinen Büscheln, ø 8–12 cm
›Sympathie‹	400	samtig dunkelrot	gefüllte Blütenbüschel, ø 8–10 cm

Schöne Rambler-Rosen

Sortenname	Höhe in cm	Blütenfarbe	Blütenform und -durchmesser
›Super Dorothy‹	300	leuchtend rosa	kleine, gefüllte Blüten in dichten, großen Büscheln, ø ca. 3 cm
›Super Excelsa‹	300	hellrot	kleine, gefüllte Blüten in dichten, großen Büscheln, ø ca. 3 cm
›New Dawn‹	400	sehr helles Rosa	edle, locker bis halb gefüllte Blüten in Büscheln, ø 6–8 cm
›Kiftsgate‹	600	weiß mit gelben Staubgefäßen	viele kleine, einfache Blüten in dichten, großen Büscheln, ø 3–4 cm
›Alberic Barbier‹	500	weiß	kleine, gefüllte Blüten, einzeln oder in kleinen Büscheln, ø 3–4 cm

Duft	Sonstiges
leichter Duft	moderne Strauchrose, frosthart, auch für den Halbschatten geeignet, fast dauerblühend
sehr starker Duft	robuste, kleine Historische Strauchrose auch für den Einzelstand, öfter blühend
starker Duft	robuste Englische Strauchrose, auch gut für Pflanzgefäße, öfter blühend
starker Duft	eine der schönsten modernen Strauchsorten, wegen des sparrigen Wuchses im Frühjahr gut zurückschneiden, fast dauerblühend bis zum Frost, auch gut für Pflanzgefäße
starker Duft	besonders schöne Englische Strauchrose, auch gut für Pflanzgefäße, öfter blühend
leichter Duft	robuste moderne Strauchrose, verträgt auch Halbschatten, auch gut für Pflanzgefäße oder als Beetrose geeignet und gut mit Stauden kombinierbar, dauerblühend bis zum Frost
starker, frischer Duft	bewährte, moderne Strauchrose, verträgt auch Halbschatten, stark wüchsig, dauerblühend bis zum Frost

Duft	Sonstiges	Pflanzabstand
starker Duft	robust, reich- und dauerblühend	1 m
leichter Duft	besonders frosthart, bewährte Sorte, dauerblühend	1 m
starker Duft	Historische Kletterrose, einmal blühend im Juni	1,5 m
starker Duft	eine der wenigen duftenden gelben Kletterrosen, robust, öfter und außerordentlich reich blühend	1 m
mittelstarker Duft	robust, wetterfest, dauerblühend	1,5 m
schöner Wildrosenduft	eine der schönsten duftenden Kletterrosen, sehr robust und frosthart, öfter blühend	1,5 m

Duft	Sonstiges	Pflanzabstand
leichter Duft	robust, verträgt auch Halbschatten, resistent gegen Mehltau, öfter blühend	1 m
leichter Duft	robust, resistent gegen Mehltau, öfter blühend, auch gut für Pflanzgefäße	1 m
leichter Duft	beliebteste Kletterrose, bildet viele Hagebutten, verträgt auch Halbschatten, öfter blühend	2 m
schöner Duft	robust, verträgt auch Halbschatten, bildet viele Hagebutten, verwandelt große alte Bäume in ein Blütenmeer, einmal blühend im Juni/Juli	2 m
schöner Duft	robust, verträgt auch Halbschatten, aber keine stauende Hitze, einmal blühend im Juni/Juli, schwache Nachblüte	2 m

Rosen, die auch Halbschatten vertragen

- ›Bonica 82‹; Beetrose
- ›Sommerwind‹; Beetrose
- ›Centenaire de Lourdes‹; Strauchrose
- ›Elmshorn‹; Strauchrose
- ›New Dawn‹; Rambler-Rose
- ›The Queen Elizabeth Rose‹; Beetrose
- ›Alberic Barbier‹; Rambler-Rose
- ›The Fairy‹; Beetrose
- ›Märchenland‹; Beetrose
- ›Schneewittchen‹; Strauchrose
- ›Super Dorothy‹; Rambler-Rose
- ›Kiftsgate‹; Rambler-Rose

Rosen, die auch heiße Standorte vertragen

- ›Chorus‹; Beetrose
- ›Sommerwind‹; Beetrose
- ›Westerland‹; Strauchrose
- ›Schneewittchen‹; Strauchrose
- ›Rosarium Uetersen‹; Climber-Rose
- ›Friesia‹; Beetrose
- ›The Fairy‹; Beetrose
- ›Centenaire de Lourdes‹; Strauchrose
- ›Graham Thomas‹; Englische Strauchrose
- ›New Dawn‹; Rambler-Rose

Rosen, die schön in Pflanztrögen aussehen

- ›Bonica 82‹; Beetrose
- ›Sommerwind‹; Beetrose
- ›Friesia‹; Beetrose
- ›Duftwolke‹; Beetrose
- ›Chorus‹; Beetrose
- ›Schneewittchen‹; Strauchrose
- ›Graham Thomas‹; Englische Strauchrose
- ›Super Dorothy‹; Rambler-Rose
- ›New Dawn‹; Rambler-Rose
- ›The Fairy‹; Beetrose
- ›Gruß an Aachen‹; Beetrose
- ›Bernstein-Rose‹; Beetrose
- ›Rose de Resht‹; Beetrose
- ›Margaret Merril‹; Beetrose
- ›Westerland‹; Strauchrose
- ›Rosarium Uetersen‹; Climber-Rose
- ›Super Excelsa‹; Rambler-Rose

Besonders pflegeleichte Rosen

- ›Bonica 82‹; Beetrose
- ›Sommerwind‹; Beetrose
- ›The Queen Elizabeth Rose‹; Beetrose
- ›New Dawn‹; Rambler-Rose
- ›Abraham Darby‹; Strauchrose
- ›The Fairy‹; Beetrose
- ›Märchenland‹; Beetrose
- ›Schneewittchen‹; Strauchrose
- ›Rosariun Uetersen‹; Climber-Rose
- ›Whiskys‹; Beetrose

Rosen mit schönen Hagebutten

- ›Märchenland‹; Beetrose
- ›Schneewittchen‹; Strauchrose
- ›Bonica 82‹; Beetrose
- ›The Queen Elizabeth Rose‹; Beetrose
- ›New Dawn‹; Rambler-Rose

Rosen mit besonders schönem Duft

- ›Whisky‹; Beetrose
- ›Rose de Resht‹; Beetrose
- ›Jaques Cartier‹; Strauchrose
- ›Alchymist‹; Climber-Rose
- ›Kiftsgate‹; Rambler-Rose
- ›Amber Queen‹; Beetrose
- ›Duftwolke‹; Beetrose
- ›Elmshorn‹; Strauchrose
- ›Sympathie‹; Climber-Rose
- ›Alberic Barbier‹; Rambler-Rose

ein Drittel zurückschneiden (allerdings nur gelegentlich und nicht jährlich!). In der nächsten Saison fällt die Blüte dann zwar etwas bescheidener aus, dafür aber in den folgenden Jahren umso üppiger. (Bei leichteren Korrekturen wird die Blüte im kommenden Jahr dagegen nicht geschmälert.)
In der Regel werden die abgeblühten Blüten nicht entfernt. So entwickeln

Beetrose ›Bonica‹

sich die Hagebutten, die im Herbst und Winter die Rose schmücken und Vögeln Futter bieten. Nur bei Sorten, deren Blüten vertrocknen, werden diese nach der Blüte gleich abgeschnitten.

► **Mehrmals blühende Strauchrosen:** Sie werden genauso geschnitten wie die Beetrosen, allerdings werden die Haupttriebe hier nur um rund die Hälfte eingekürzt. Manche Historischen Rosen kommen sogar ganz ohne Schnitt aus. Verblühte Blüten sollten Sie jedoch immer entfernen, dann fällt die nachfolgende Blüte üppiger aus.

► **Kletterrosen (Climber):** Das Schneiden bei den Climbern beschränkt sich im Wesentlichen auf das Herausnehmen erfrorener, abgestorbener oder alter Triebe, an denen keine Blüten mehr gebildet werden. Jüngere Triebe können gelegentlich auf wenige Augen eingekürzt werden, dann verzweigt sich die Rose und verkahlt von unten her nicht so stark. Mitunter kann es aber auch nötig sein, zu starke Verzweigungen, die wie Besen aussehen, ganz herauszunehmen.

► **Kletterrosen (Rambler):** Bei diesen Rosen sollten Sie nur erfrorene und abgestorbene Triebe abschneiden. Auch Verblühtes sollten Sie stehen lassen, da viele Sorten im Herbst schöne Hagebutten bekommen.

► **Hochstammrosen:** Der Schnitt der Krone entspricht im Wesentlichen dem einer Beetrose, sollte aber möglichst rund werden. Dazu sind ausreichend lange Seitentriebe nötig, die weniger stark eingekürzt werden als die mittleren Äste.

Rosenkrankheiten

Die häufigsten Pilzkrankheiten bei Rosen sind Echter und Falscher Mehltau, Sternrußtau, der empfindliche Sorten schwer schädigen kann, sowie Rosenrost (Bekämpfungsmöglichkeiten für diese Krankeiten finden Sie auf Seite 206). Damit es möglichst gar nicht erst dazu kommt, können Sie einige vorbeugende Maßnahmen treffen:

► Wählen Sie möglichst nur robuste Rosensorten aus. Absolut gefeit gegen Krankheiten sind aber auch diese nicht.

► Bei Anfälligkeit sollten Sie Ihre Rosen ab dem Laubaustrieb alle zwei Wochen mit biologischen Präparaten vorbeugend vor Mehltau, Sternrußtau und Rosenrost schützen. (Es gibt auch Präparate, die gegen alle drei Krankheiten wirken! Achten Sie aber bei allen Mitteln darauf, dass die Nützlinge dabei geschont werden, Seite 202.) Oder stärken Sie die Pflanzen mit selbst angesetzten Kräuterbrühen (Seite 204).

► Pflanzen Sie Rosen nicht zu dicht, damit die Blätter bei feuchtem Wetter schnell abtrocknen können. (Pilzkrankheiten wie falscher Mehltau brauchen Feuchtigkeit, um sich auszubreiten.)

► Meiden Sie windstille Standorte mit stauender Hitze, da die Blätter bei leichtem Luftzug ebenfalls schneller abtrocknen.

► Versorgen Sie die Rosen außerdem nicht übermäßig mit Dünger, da die Pilzsporen dann leichter ins Gewebe eindringen.

► Sammeln Sie vertrocknetes und abgefallenes Rosenlaub von befallenen Pflanzen spätestens im Herbst gründlich ab und vernichten Sie es. Damit beseitigen Sie das Ausgangsmaterial für neue Infektionen.

> **Pflegetipp**
> Rosen
>
> **Hilfe vom Fachmann**
>
> Sollten Sie das Schadbild nicht selbst bestimmen können, gehen Sie am besten mit einer Probe in die Pflanzenschutzabteilung Ihres Gartencenters, wo Sie Rat und Hilfe bekommen.

Rosenschädlinge

Am häufigsten werden Rosen von Blattläusen, Rosenblattwespen, Blattrollwespen, Rosenzikaden und Spinnmilben befallen, in ländlichen Gegenden können Sie auch Probleme mit Wühlmäusen bekommen. Was Sie vorbeugend und im akuten Fall gegen Blattläuse und Wühlmäuse tun können, erfahren Sie ab Seite 206.

Rosenblattwespe

► **Schädling:** Raupen der Rosenblattwespe (6–10 mm, gelbgrün).

► **Schadbild:** Fressen kleine Fenster in die Blätter.

► **Bekämpfung:** Bemerken Sie den Befall rechtzeitig, zerdrücken Sie die Raupen mit den Fingern.

► **Bei starkem Befall:** Spritzung mit chemischem Mittel (Gartencenter), weil die Schäden sonst von Jahr zu Jahr schlimmer werden.

Blattrollwespe

► **Schädling:** Die Larven der Blattrollwespe.

► **Schadbild:** Eingerollte Blätter (meist im Juni).

► **Bekämpfung:** Die befallenen Blätter entfernen und vernichten, bevor die eingerollten Larven das Blatt zur Verpuppung verlassen.

Rosenzikade

► **Schädling:** 3 mm lange gelbgrüne Tiere oder ihre weiße Larven.

► **Schadbild:** Saugschäden in Form von kleinen weißen bis hellgelben Flecken auf der Blattunterseite.

► **Bekämpfung:** Spritzungen mit Mittel auf Pyrethrumbasis (Gartencenter).

Spinnmilben

Spinnmilben treten vor allem bei Rosen auf, die an zu heiße, trockene Standorte gepflanzt wurden.

► **Schadbild:** Zunächst kleine gelbliche Saugstellen, gelbliche Eier auf der Blattunterseite, feine Gespinste an den Blättern. Später wirken die Blätter ausgebleicht oder werden bronzefarben.

► **Bekämpfung:** Mit biologischem Mittel spritzen (Gartencenter).

► **Bei starkem Befall:** Spritzung mit chemischem Mittel (Gartencenter).

DER NUTZGARTEN

Süße Früchte, knackiges Bio-Gemüse und duftende Kräuter für die feine Küche – frischer Genuss aus eigener Ernte rund um's

DER NUTZGARTEN

Bekommen Sie Appetit, wenn Sie an süße Erdbeeren oder zarte Zuckerschoten denken? An knackige Bohnen, saftige Tomaten, würzige Kräuter oder erntefrischen Salat? Wenn Sie in Ihrem Garten ein sonniges Fleckchen für ein Gemüsebeet übrig haben, können Sie ohne allzu großen Arbeits- und Zeitaufwand schon in der nächsten Saison Ihr eigenes Biogemüse ernten! Alles Wissenswerte über Anbau und Pflege der beliebtesten Nutzpflanzen erfahren Sie in diesem Kapitel.

Erdbeeren

Gartenerdbeeren

Während unsere wild wachsenden Walderdbeeren schon seit Jahrtausenden gesammelt werden, wurden die großfrüchtigen Gartensorten erst ab dem 16. Jahrhundert aus südamerikanischen Arten gezüchtet. Dabei unterscheidet man zwischen den einmal tragenden Erdbeeren, die jährlich nur einmal Früchte bringen – je nach Sorte Anfang Juni bis Mitte Juli –, und den mehrmals tragenden Arten mit einer ersten Ernte im Juni und Juli und einer zweiten, oft größeren von August bis Oktober.

Monatserdbeeren

Die relativ kleinfrüchtigen Monatserdbeeren, deren Vitamin-C-Gehalt noch höher ist als der von Zitronen, sind vor allem durch Auslese aus unseren heimischen Walderdbeeren

Einkaufstipp Erdbeeren

Erdbeerwiese

Eine Besonderheit unter den mehrmals tragenden Erdbeeren sind die neuen Sorten ›Spadeka‹ und ›Florika‹ mit ihren mittelgroßen, sehr aromatischen Früchten. Sie bilden sehr viele Ausläufer und bedecken das Beet in kürzester Zeit mit einem dichten Teppich. Die Beeren reifen früh bis mittelfrüh und stehen hoch über den Blättern, wodurch sie weitgehend vor Verschmutzung und Pilzbefall geschützt sind. Außerdem liefern sie reiche Erträge und haben eine besonders lange Standzeit von fünf bis sieben Jahren.

(*Fragaria vesca*) entstanden und tragen ihre aromatischen Früchte von Juni bis in den Herbst hinein. Monatserdbeeren können viele Jahre an der gleichen Stelle stehen und eignen sich deshalb auch gut als dauerhafte Beeteinfassungen. Sie vermehren sich im Gegensatz zu den Gartenerdbeeren nicht durch Ausläufer, sondern durch Samen.

Robuste Sorten

Besorgen Sie sich für Ihre erste Erdbeerpflanzung möglichst robuste Sorten aus der Gärtnerei oder dem Gartencenter. Achten Sie bei der Auswahl auf eine gute Durchwurzelung des Töpfchens!

► Einmal tragende Gartenerdbeeren: z. B. ›Senga Litessa‹, ›Senga Sengana‹, ›Elvira‹.

► Mehrmals tragende Gartenerdbeeren: z. B. ›Ostara‹, ›Macherauchs Dauerernte‹, ›Hummi Gento‹.

► Monatserdbeeren (Samen oder Jungpflanzen): z. B. ›Rimona-Hummi‹ (besonders große Früchte!), ›Rügen‹ (aromatisch), ›Falstaff‹ (mittelgroße Früchte), ›Sperlings Bowlenzauber‹ (sehr aromatisch).

► **Tipp:** Fast alle der unzähligen modernen Erdbeersorten sind Selbstfruchter (Seite 36). Die im Aroma immer noch unübertroffene alte Sorte ›Mieze Schindler‹, die erst spät Früchte trägt, braucht dagegen als Fremdbefruchter einen Partner. Kaufen Sie deshalb zusätzlich einige Pflänzchen einer ebenfalls spät reifenden Sorte, z. B. ›Ostara‹ oder ›Hummi Gento‹.

Pflanzen & pflegen

► Die kleinen, relativ pflegeleichten Beerenstauden brauchen einen sonnigen Platz und humosen, leicht sauren, lockeren Boden (Seite 187), in den Sie etwa zwei Monate vor der Pflanzung reichlich reifen Kompost (Seite 195) oder organischen Dünger aus Horn- oder Knochenmehl (ca. 100 g/qm, Seite 196) etwa 20 cm tief einarbeiten sollten, damit die Pflanzen genügend Nährstoffe bekommen.

Pflegetipp Erdbeeren

Klettererdbeeren

Eine Besonderheit unter den mehrmals tragenden Sorten sind die Klettererdbeeren, auch Ampelerdbeeren genannt. Sie bilden besonders lange Ausläufer mit vielen Jungpflanzen, die noch im selben Jahr blühen und fruchten. Da die Pflanzen nicht von selbst klettern, müssen sie mit Bast an Spalieren aufgebunden werden.

► Die Pflanzzeit für einmal tragende Sorten ist von Juli bis Mitte August, mehrmals tragende Sorten werden im September gepflanzt.

► Entfernen Sie vor der Pflanzung alles Unkraut (Seite 142), und setzen Sie die Pflanzen in drei Reihen im Abstand von 40 cm, wobei der Abstand innerhalb der Reihen etwa 30 cm betragen sollte. Bei sehr starkem Wachstum können Sie die mittlere Reihe und eventuell auch jede zweite Pflanze nachträglich noch entfernen.

Monatserdbeeren passen gut an den Rand von Blumenbeeten.

► Sie können den Reihenabstand auch auf 60 cm vergrößern und Knoblauch, Zwiebeln oder Lauch dazwischenpflanzen, denn diese schützen die Erdbeeren vor Pilzerkrankungen. Gut geeignet ist auch die Nachbarschaft von Kohlrabi, Salat, Spinat, Buschbohnen und Radieschen.

Pflanztipp Erdbeeren

Standzeit für Erdbeeren

Sie müssen nicht jedes Jahr ein neues Erdbeerbeet anlegen, da die Ernten im zweiten oder dritten Jahr in der Regel genauso reich sind wie im ersten, auch wenn die Früchte etwas kleiner ausfallen. Als mittlere Standzeit rechnet man drei bis vier Jahre, dann gehen die Erträge meist stark zurück, und die Pflanzen werden anfällig für Krankheiten.

Schädlinge
Erdbeeren

Ungebetene Gäste

Leider sind die aromatischen Erdbeeren auch bei Schnecken und Vögeln sehr begehrt. Stellen Sie deshalb rechtzeitig Schneckenzäune auf oder streuen Sie Sägemehl aus (Seite 205) bzw. decken Sie die Beete zur Erntezeit mit Netzen oder Folie ab (Seite 182).

► Pflanzen Sie die Stauden nicht tiefer, als sie angezogen wurden, da sie sonst von innen heraus faulen können, und wässern Sie reichlich.
► Verteilen Sie um die Pflanzen eine 2 bis 3 cm dicke Mulchschicht aus Stroh oder Holzwolle, die nicht nur Unkraut unterdrückt, sondern auch den Boden feucht hält und die Früchte vor Schmutz, Feuchtigkeit und Grauschimmel schützt.
► Gießen Sie die Pflanzen in Trockenperioden und während der Fruchtentwicklung reichlich.
► Schneiden Sie nach der (letzten) Ernte alle Blätter ab – die Pflanzen bilden schnell wieder neues Laub – und entfernen Sie überflüssige Ranken, um die Pflanzen zu schonen.
► Geben Sie drei bis vier Wochen nach der Ernte reichlich reifen Kompost oder organischen Dünger (Seite 196), damit sich auch im folgenden Jahr wieder viele Blüten bilden.

Erdbeerfeld mit Folienschutz

Erdbeeren vermehren

Einmal und mehrmals tragende Gartenerdbeeren vermehren sich durch Tochterpflanzen, die sich an den langen Ranken der Mutterpflanze bilden und bei Bodenkontakt mit der Zeit kleine Würzelchen entwickeln.
► Lassen Sie bis zu sechs kräftige Tochterpflanzen pro Mutterpflanze stehen – alle anderen werden entfernt, um die Pflanzen zu schonen! – und in (ebenerdig versenkten) Töpfen mit Blumenerde einwurzeln.
► Schneiden Sie die Ranken mit den eingewurzelten Tochterpflanzen bis spätestens Ende Juli ab und pflanzen Sie jedes Pflänzchen einzeln in ein vorbereitetes Extrabeet. Dann können Sie bereits im nächsten Jahr von den neuen Pflanzen ernten.

Kindertipp
Erdbeeren

Monatserdbeeren selbst aussäen

Ideal für Kinder geeignet sind die Monatserdbeeren, die Anfang März auf der Fensterbank ausgesät werden.
► Die Samen in eine Schale mit Anzuchterde streuen, leicht andrücken und mit einer dünnen Schicht Anzuchterde bedecken (Seite 177).
► Die Schale an einen schattigen, 15 ° bis 20 °C warmen Platz stellen und immer leicht feucht halten.
► Die Sämlinge nach ca. 3 Wochen auf 5 cm Abstand pikieren (Seite 180).
► Wenn die Jungpflanzen Mitte April bis Anfang Mai kräftig genug sind, im Abstand von 25 bis 30 cm ins vorbereitete Beet umpflanzen (bei Monatserdbeeren ist keine Mulchschicht aus Stroh oder Holzwolle notwendig!). Nach etwa sechs Monaten kann Ihr Kind dann die ersten Früchte ernten. (Im ersten Jahr ist die Ernte zwar noch gering, steigt dann aber von Jahr zu Jahr!)
► Nach der letzten Ernte im Herbst die Pflanzen stark zurückschneiden, damit sich keine Pilze ausbreiten können, und die Pflanzen mit Kompost düngen.

Erdbeeren vermehren

Die Tochterpflanzen werden an den Ranken belassen und in ebenerdig versenkte Blumentöpfe gepflanzt, damit sie besser Wurzeln ausbilden können.

Tomaten

Ob in Töpfen auf dem Balkon, oder im Garten – Tomaten gehören inzwischen zu den beliebtesten Gemüsearten. Sie sind zwar bemerkenswert wuchsstark, doch damit die subtropischen Pflanzen auch in unserem rauen Klima gesund bleiben und möglichst viele Früchte reifen, müssen sie etwas gehätschelt werden.

Pflanztipp
Baumtomaten

Tamarillos

Immer noch etwas Besonderes im Garten ist die eng mit der Tomate verwandte und auch ähnlich schmeckende Baumtomate oder Tamarillo *(Cyphomandra betacea)*, die aus den südamerikanischen Anden stammt. Als Kübelpflanze blüht sie ab dem dritten Jahr und wird bis 2 m hoch.

Standort & Boden

Entsprechend ihrer südamerikanischen Herkunft sind Tomaten außerordentlich kälteempfindlich, sodass Sie ihnen im Garten den wärmsten, sonnigsten und windgeschütztesten Platz – möglichst an einer Südwand – reservieren sollten.
Die Pflanzen gedeihen auf jedem humosen Boden. Am besten bereiten Sie das Beet schon im Herbst vor (Seite 177), sodass Sie im Frühjahr vor dem Einpflanzen nur noch das Unkraut entfernen müssen.

Gelbe Cocktailtomaten

Pflanzen & pflegen

► Pflanztermin ist frühestens nach den Eisheiligen Mitte Mai, in rauen Gegenden nicht vor Ende Mai.
► Setzen Sie die Jungpflanzen in Abständen von 50 cm möglichst tief in die Erde. Auch zwischen den Reihen sollte der Abstand mindestens 50 cm betragen, damit die Luft ausreichend zirkulieren kann und sich keine Pilzkrankheiten ausbreiten können.
► Stellen Sie die Topfballen vor dem Einsetzen kurze Zeit in einem Eimer mit Wasser, damit sich die Pflanzen noch einmal richtig vollsaugen können. Wässern Sie die Pflanzen auch nach dem Einsetzen gründlich.
► Mit einer 2 bis 3 cm dicken Mulchschicht – am besten geeignet ist Rasenschnitt – schützen Sie den Boden vor zu schnellem Austrocknen und keimendem Unkraut.

Tamarillos

Einkaufstipp
Tomaten

Große Auswahl

Jungpflanzen selbst anzuziehen lohnt sich eigentlich nur bei ungewöhnlichen Sorten oder wenn Sie den Bedarf einer großen Familie decken wollen, denn vorgezogene Jungpflanzen bekommen Sie in verschiedenen Sorten im Frühjahr in jedem Gartencenter oder in der Gärtnerei.
► **Tipp:** Achten Sie beim Einkauf der Jungpflanzen darauf, dass die Ballen gut durchwurzelt sind.

Außerdem ist Rasenschnitt eine gute Vorbeugung gegen Braunfäule.
► Da Tomaten nicht standfest sind, brauchen sie eine Stützhilfe in Form von ausreichend hohen, stabilen Holzstäben, an die die Pflanzen mit etwas Bast festgebunden werden.
► Besonders in der Hauptwachstumszeit im Juli und August brauchen die Pflanzen sehr viel Wasser – andernfalls stockt das Wachstum und die noch unreifen Früchte platzen auf und bekommen Pilzkrankheiten. Gießen Sie deshalb vor allem während Hitzeperioden täglich, am besten morgens mit abgestandenem Wasser aus der Regentonne. Wichtig ist, dass Sie nur den Wurzelbereich, nicht aber die Blätter gießen, damit sich keine Pilze ausbreiten können (Seite 166).
► Als ausgesprochene Starkzehrer brauchen Tomaten außerdem reichlich Nährstoffe. Sobald sich die ersten Früchte zeigen, sollten Sie die Pflanzen deshalb Ende Juni, Ende Juli und Mitte August mit organischem Dünger (30 g/qm) versorgen.
► Damit sich möglichst große Tomaten entwickeln, müssen Sie ab Juni regelmäßig einmal wöchentlich alle

Pflanztipp
Tomaten

Ungwöhnliche Tomaten

Ungewöhnliche Tomatensorten, deren Früchte Sie nicht in jedem Obstgeschäft bekommen und die es auch nicht immer als vorgezogene Jungpflanze im Gartencenter gibt, können Sie auch gut aus Samen ziehen (Seite 177):

► ›Goldene Königin‹: mittelgroße, gelbe Tomaten mit mildem Geschmack.
► ›Mirabell‹: gelbe Cocktailtomate.
► ›Sweet 100‹: besonders reichtragende, süße Cocktailtomate.
► ›Red pear‹ und ›Yellow pear‹: birnenförmige Tomaten in Gelb und Rot.
► ›Tigerella‹: frühe rotgelb gestreifte Tomate.

Nebentriebe (Geiztriebe) mit Daumen und Zeigefinger ausbrechen, die sich in den Blattachseln bilden.

► Wenn Sie die Geiztriebe dagegen stehen lassen, wachsen die Pflanzen buschig und es entstehen kleinere, dafür aber mehr Früchte.

► Vor allem in kühlen, feuchten Sommern und an weniger günstigen Standorten reifen häufig nur wenige Tomaten vollständig aus. Kneifen Sie deshalb ab Mitte August alle neu entstehenden Blüten ab – die Früchte würden sowieso nicht mehr ausreifen und die Pflanzen unnötig schwächen –, und schützen Sie vor allem spätreifende Sorten wie Fleischtomaten, spätestens ab Mitte September mit so genannten Tomatenhauben. Sobald die ersten Nachtfröste angesagt sind, sollten Sie alle Früchte ernten und unreife Tomaten im warmen Zimmer nachreifen lassen.

Krankheiten vorbeugen

Harte bräunliche Flecken an den Früchten sind die Symptome einer verbreiteten Tomatenkrankheit, die Ihre Ernte empfindlich schmälern kann: die Braunfäule.

► Bauen Sie Tomaten nicht in der Nähe von Kartoffeln an.
► Halten Sie die Blätter trocken.
► Gießen Sie nur morgens und nur

Geiztriebe an einer Tomatenpflanze.

TOMATEN AUF DER TERRASSE

Wenn Ihr Bedarf an Tomaten nur gering ist und/oder Ihnen kein sonniges Beet zur Verfügung steht, kann es günstiger sein, die Tomaten in Pflanzgefäßen zu kultivieren. Nehmen Sie dazu Töpfe mit einem Volumen von mindestens 10 Liter (etwa einen Plastikeimer) und einem Wasserabzugsloch und setzen Sie die Jungpflanzen darin Ende Mai in eine Mischung aus zwei Drittel Gartenerde und ein Drittel reifem Kompost. Wenn Sie die Töpfe dann an einen regengeschützten Standort an einer Südwand stellen, die Pflanzen ausreichend gießen und düngen und die Geiztriebe regelmäßig auskneifen, damit die Pflanzen nicht zu groß werden, können Sie im Herbst mit reicher Ernte rechnen.

Tomaten gedeihen auch in Töpfen.

bodennah und wählen Sie einen möglichst regengeschützten Standort. Optimal ist auch die Kultur unter einem Folientunnel (Seite 182).

► Achten Sie auf eine gute Luftzirkulation zwischen den Pflanzen, indem Sie die Tomaten in ausreichendem Abstand setzen, und entfernen Sie bodennahe Blätter bis zu einer Höhe von etwa 30 cm.

AUSGEIZEN

Damit sich viele, große Früchte entwickeln, werden die Geiztreibe herausgebrochen.

Radieschen und Rettiche

Knackig rote Radieschen als gesunde Farbtupfer im Salat oder auf dem Butterbrot und saftig zarte Rettiche, das »bayerische Nationalgemüse«, das auch im übrigen Deutschland immer beliebter wird, beanspruchen nur wenig Platz. Einzige Voraussetzungen für eine reiche Ernte sind viel Licht und ein humoser, durchlässiger Gartenboden (Seite 186).

Radieschen

Die bei uns einjährig kultivierten Radieschen gehören zu den am schnellsten erntereifen Gartengemüsen. Im Frühjahr unter Folie angebaut (Seite 182) entwickeln sie sich in nur sechs bis sieben Wochen, im Sommer genügt ein Monat bis zur Ernte.

Radieschensorten

Wenn Sie beim Einkauf der Samen auf Sorten mit unterschiedlichen Erntezeiten achten, können Sie von Mai bis zum Spätherbst ernten:

KINDERTIPP
Radieschen

Aussaat mit Saatbändern

Besonders einfach ist die Kultur von Radieschen mit Saatbändern, auf denen die kleinen Samen bereits im richtigen Abstand angebracht sind: Sie werden etwa 1 cm tief in die Saatrille gelegt, leicht mit Erde bedeckt und bis zum Aufgehen gleichmäßig feucht gehalten.

- ›Hilmar‹ wächst sowohl im zeitigen Frühjahr als auch im Herbst.
- ›Champion‹ und ›Riesenbutter‹ sind reine Sommerradieschen.
- Ebenfalls für den ersten Freilandanbau geeignet sind die langen weißen ›Eiszapfen‹, die allerdings in etwas größerem Abstand gesetzt werden sollten.

Radieschen sind schnell erntereif.

- Neben den üblichen runden, roten Radieschen können Sie auch zwischen ovalen und spitzen, weißen und rotweißen Sorten wählen.

Standort

Wegen ihrer kurzen Kulturzeit lohnt es sich in der Regel nicht, ein eigenes Radieschenbeet anzulegen.

- Am besten säen Sie Radieschen an einem sonnigen, aber nicht zu heißen Platz zwischen andere Gemüsereihen, wobei als günstige Partner etwa Kopfsalat, Spinat, Zwiebeln, Petersilie, Möhren oder Erdbeeren infrage kommen.
- Vermeiden sollten Sie dagegen die unmittelbare Nachbarschaft von Fenchel und Gurken, mit denen sich Radieschen nicht sehr gut vertragen (Seite 181).

Pflanzen & pflegen

Radieschen sind relativ robust und können deshalb je nach Witterung schon Mitte März bis Anfang April ins vorbereitete Freibeet (Seite 177) ausgesät werden:

- Säen Sie die Samen höchstens 1 cm tief und nicht zu dicht, und halten Sie die Erde anschließend immer gut feucht.
- Haben Radieschen zu wenig Platz zum Wachsen, beginnen sie häufig zu schießen, ohne Knollen zu bilden. Vereinzeln Sie die Pflänzchen deshalb frühzeitig auf einen Mindestabstand von etwa 8 cm, bei den stärker belaubten Sommersorten sollte der Abstand etwa 10 cm betragen.
- Wichtig ist außerdem regelmäßiges Gießen vor allem in der warmen Jahreszeit, da die Radieschen sonst später holzig schmecken.

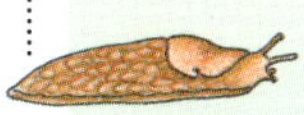

Schädlinge
Rettich

Schädlingen vorbeugen

Vor allem Sommerrettiche werden teilweise massiv von der Rettichfliege befallen, deren Maden hässliche schwarze Fraßgänge hinterlassen. Dagegen helfen nur spezielle feine Netze, die sofort nach der Ansaat aufgelegt werden müssen und erst etwa eine Woche vor der Ernte wieder abgenommen werden dürfen.

- Damit Sie ständig frischen Vorrat haben, müssen Sie außerdem etwa alle zwei Wochen bis in den September hinein immer wieder Folgesaaten ausbringen.
- Ab Oktober sollten Sie die Saat dann mit Folie oder unter einem Folientunnel (Seite 182) vor der ersten Kälte schützen.

Rettiche

Auch beim Rettich gibt es Sorten für den Anbau vom Frühjahr bis Ende Oktober und eine Fülle an Farben und Formen: Zarte weiße Bündelrettiche, runde schwarze Lagerrettiche, schlanke, bis zu 50 cm lange japanische Hybriden oder grün- und rotfleischige Rettiche.

► Hinsichtlich der Boden- und Lichtverhältnisse stellt der Rettich die gleichen Ansprüche wie das Radieschen und gedeiht wie dieses gut im Gemüsebeet zwischen anderem Gemüse wie Möhren, Salat oder Erbsen (Seite 181).

Sommerrettich

► Frühe Sorten bzw. Sommersorten wie ›Münchner weißer Treib und Setz‹, ›Rex‹ oder ›Unus Treib‹ können Sie als vorgezogene Jungpflanzen bei Ihrem Gärtner oder im Gartencenter kaufen bzw. ab März

Pflegetipp
Rettich

Schärfe als Standortfrage

Je ungünstiger die Standort- und Anbaubedingungen, desto höher ist der Gehalt an Senfölen und damit die Schärfe des Rettichs. Decken Sie deshalb sehr frühe und sehr späte Kulturen am besten mit Folien oder Vliesen ab (Seite 182) und lassen Sie die Pflanzen nie austrocknen.

(frühe Sorten) an einem hellen Fenster oder von Ende April bis Ende Mai direkt ins Beet aussäen (Seite 177).

► Sobald das Hypokotyl – das Teilstück zwischen Wurzel und Keimblatt, aus dem sich der Rettich entwickelt – 6 bis 8 cm lang ist, setzen Sie die Sämlinge bis zur Höhe ihrer Keimblätter möglichst gerade in die vorbereiteten Pflanzlöcher im Freibeet. Achten Sie dabei auf den richtigen Abstand, der je nach Sorte bzw. Wuchsstärke zwischen 15 und 30 cm beträgt.

Rettiche sind anspruchslos.

► Wenn Sie die Pflanzen anschließend reichlich gießen, können Sie die Rettiche nach sieben bis zehn Wochen ernten.

Winterrettich

► Herbst- und Winterrettichsorten wie ›Runder Schwarzer‹, ›Langer Schwarzer‹ oder ›Münchner Bier‹ vertragen auch halbschattige Plätze. Sie werden von Ende Juni bis Ende Juli im Freiland gesät und brauchen etwa drei Monate bis zur Ernte.

► Drücken Sie zur Ansaat zwei bis drei Samen pro Stelle etwa 2 cm tief in den Boden. Bedecken Sie sie mit etwas Erde, und halten Sie die Sämlinge gut feucht.

► Sobald die Keimblätter groß genug sind, vereinzeln Sie die kräftigsten Pflänzchen je nach Sorte auf 15 bis 30 cm, und gießen Sie kräftig, damit die Pflanzen nie austrocknen.

Salate

Die Zeiten sind vorbei, in denen mit Salat überwiegend Kopfsalat gemeint war. Inzwischen ist das Angebot an neuen farbigen und teilweise sehr dekorativen Sorten so groß und der Anbau durch die vorgezogenen Jungpflanzen so einfach geworden, dass Sie mit regelmäßigen Folgepflanzungen vom Frühjahr bis zum Herbst die buntesten Salate ernten können – wenn Sie ein Frühbeet besitzen oder Folien und Vliese einsetzen (Seite 182) sogar fast das ganze Jahr hindurch.

► Ein sonniges, gut mit reifem Kompost versorgtes Beet (Seite 177), vorsichtiges Düngen und ausreichende Feuchtigkeit ist alles, was die wohlschmeckenden Salate zum Wachsen benötigen!

Salat ist in wenigen Wochen erntereif.

Pflanzen & pflegen

► Je nach Witterung können Sie die ersten vorgezogenen Pflänzchen schon Mitte/Ende März ins Freibeet unter Folie (Seite 182) setzen, wobei der Abstand zwischen den Pflanzen je nach Art 20 bis 35 cm betragen sollte. Mit einer Folienabdeckung oder einem Folientunnel ist der letzte Pflanztermin Ende August.

► Wichtig ist, dass Sie die Jungpflanzen möglichst hoch setzen – auf keinen Fall tiefer, als sie angezogen wurden –, auch wenn sie dadurch

Salat gibt es in vielen Varianten.

anfangs auf wackeligen Füßen stehen. Dadurch verhindern Sie, dass die Pflanzen von innen heraus faulen oder sich nur kleine Köpfe bilden.

► Ebenfalls wichtig ist reichliches Gießen – vor allem in Trockenperioden – und hin und wieder jäten.

► Sie können Salat auch ab März auf der Fensterbank bzw. ab April direkt ins Beet aussäen (Seite 177). Zwar ist der Platz dann bis zu zehn Wochen besetzt, dafür sind die Pflanzen aber auch robuster.

► Achten Sie bei der Auswahl der Samen auf die jeweilige Anbauzeit der Sorten – manche werden erst im Herbst gepflanzt und im nächsten Frühjahr geerntet!

Kopfsalat

Kopfsalat ist immer noch der Favorit unter den Salaten, wobei Sie mittlerweile neben der üblichen grünen Form auch zwischen besonders knackigen roten Sorten wählen können. Mit einer Entwicklungszeit von nur fünf bis sieben Wochen von der Pflanzung bis zur Ernte eignet sich Kopfsalat nicht nur als Haupt- und Nebenkultur im Gemüsebeet, sondern auch zur Randbepflanzung von Blumenbeeten.

Salatvarianten

Einige andere Salatformen haben die gleiche Abstammung und damit auch sehr ähnliche Ansprüche wie der Kopfsalat. Durch ihre Schoßfestigkeit sind sie vor allem für den Sommeranbau geeignet:

► **Eissalat,** auch Krachsalat genannt, bildet feste, auf dem Beet sehr haltbare Köpfe und ist besonders knackig. Großwüchsige Sorten erfordern einen Pflanzabstand von mindestens 35 cm.

► **Römischer Salat** oder Bindesalat ist heute vor allem im südlichen Europa verbreitet, wo er auch gedünstet verwendet wird. Bekannte Sorten wie ›Verde degli Ortolani‹ oder ›Paris White‹ brauchen ebenfalls einen Pflanzabstand von ca. 35 cm.

► **Pflücksalate** bilden keine Köpfe, sondern offene Rosetten, von denen Sie nach Bedarf die äußeren Blätter ernten können, sobald die Pflanzen eine Höhe von etwa 20 cm erreicht haben. Sie sind etwas kräftiger im Geschmack als Kopfsalat und durch die Fülle der verschiedenen Blattformen und -farben besonders dekorativ. Beliebte Sorten sind ›Amerikanischer Brauner‹, ›Eichblatt‹, ›Lollo rosso‹ und ›Lollo verde‹ oder der schmalblättrige ›Novita‹. Pflücksalate benötigen einen Pflanzabstand von etwa 25 bis 30 cm.

SALAT PFLANZEN

Salat darf nicht zu tief gepflanzt werden, damit er nicht von innen heraus fault.

Pflanztipp
Salate

Kopfsalat vorziehen

Wenn Ihr Kopfsalat auf der Fensterbank nicht keimt, sind häufig zu hohe Temperaturen daran schuld. Damit die Anzucht sicher gelingt, stellen Sie die angefeuchtete Schale mit den Samen einfach für ein bis zwei Tage in den Kühlschrank!

Zichoriensalate

Etwas bitter, aber dadurch sehr appetitanregend und gesund sind die vielfältigen Zichoriensalate. Verantwortlich dafür ist der in den Blättern enthaltene Stoff Intybin, von dem besonders viel gebildet wird, wenn die Pflanzen vor der Ernte trocken gehalten werden.
Diese Bitterstoffe wirken appetitanregend, verdauungsfördernd, magenstärkend, krampflösend und harntreibend, sodass sämtliche Zichoriensalate als besonders gesund gelten.

Endivien

Endivien gibt es in glatt- und krausblättrigen Sorten. Für die Herbsternte ist der beste Aussaattermin von Mitte Juni bis Anfang Juli bzw. der beste Pflanztermin im Juli bis spätestens Anfang August, wobei der Abstand zwischen den Pflanzen etwa 30 cm betragen sollte. Endivien können Sie bis in den November hinein oder noch später ernten, da die Pflanzen auch Minusgrade ohne weiteres vertragen. Bekannte Sorten sind ›Diva‹ oder ›Escorial‹.

Pflanztipp
Salate

Feldsalat für den Winter

Lassen Sie Ihre im Spätsommer abgeernteten Beete – oder Ihr leeres Frühbeet – nicht einfach brach liegen, sondern bauen Sie den aromatischen und gesunden Feldsalat an!

► Ab dem 10. August gesät und als Jungpflanze auf 10 cm Abstand vereinzelt, (Seite 177) versorgt er Sie auch nach den ersten Nachtfrösten bis in den März hinein mit frischem, gesundem Grün (im Winter eventuell mit Folie abdecken, Seite 182). Als letzter Aussaattermin für Überwinterung und Frühjahrsernte gilt Mitte September.

► Besonders robust sind die Sorten ›Etampes‹, ›Vit‹ oder ›Verella‹.

Zuckerhut

Zuckerhut – seinen Namen trägt er wegen der spitzen Form seiner festen Köpfe – ist eine besonders wohlschmeckende, knackige und haltbare Zichorienart, die Sie kaum im Gemüsegeschäft finden werden. Säen Sie Mitte Juni bis Anfang Juli direkt aufs Beet – früher neigt er zum Schießen, später kann er sich nicht mehr voll entwickeln –, und vereinzeln Sie die Jungpflanzen frühzeitig auf 35 cm Abstand. Erntezeit ist von September bis in den Dezember hinein, wobei der Zuckerhut auch Temperaturen bis etwa –8 °C verträgt.

Radicchio

Radicchio, eine italienische Spezialität mit festen kleinen Blättern, bildet je nach Sorte offene Blattrosetten oder kleine Köpfe aus.
Die meisten Sorten wie ›Palla Rossa‹ werden von Ende Mai bis Anfang Juli direkt aufs Beet gesät und im Herbst bis Spätherbst geerntet, nur der ›Rote von Verona‹ der von Juli bis August ausgesät wird, überwintert bis zum nächsten Frühling. Die Pflänzchen brauchen einen Abstand von etwa 20 cm.

Feldsalat können Sie den ganzen Winter über bis zum März ernten.

► **Tipp:** Achten Sie beim Kauf der Samen bzw. der Pflänzchen darauf, ob es sich um Sommer- oder Wintersorten handelt.

Die beliebtesten Salate

	Ansaat	Pflanzzeit	Ernte
Eissalat	Mitte März–Juni	Mai–Mitte Juli	Mitte Juni–Mitte Oktober
Endiviensalat	Mitte Juni–Juli	Mitte Juli–Anfang August	September–Dezember
Feldsalat	Anfang August–Mitte September	–	November–März
Kopfsalat früh	Mitte Februar–Mitte März	Mitte März–Mitte April	Mitte Mai–Mitte Juni
Kopfsalat Sommer	April–Mitte Juni	Mai–Mitte Juli	Juni–September
Kopfsalat Herbst	Mitte Juli–Mitte August	Mitte August–Mitte September	Mitte Oktober–November
Pflücksalat	März–Ende Juli	April–August	April–Oktober
Radicchio Sommer	Ende Mai–Anfang Juli	–	August–Oktober
Radicchio Winter	Juli–August	–	April–Mai
Römischer Salat	März–Mitte Juli	April–Anfang August	Mai–November
Zuckerhut	Mitte Juni–Anfang Juli	–	September–Dezember

Sehr frühe Ansaaten oder späte Ernten nur im Frühbeet oder unter Folienabdeckung (Seite 182)!

Bohnen

Unsere heutigen Gartenbohnen stammen ebenso wie Tomaten und Kürbisse aus dem subtropischen Amerika und gelangten erst im 16. Jahrhundert nach Europa. Wie alle Schmetterlingsblütler gehören auch Bohnen zu den Schwachzehrern, die nur wenig Dünger brauchen, da sie mit Hilfe ihrer Wurzelknöllchenbakterien Stickstoff aus der Luft sammeln und damit einen Teil ihres »Düngers« selbst herstellen können. Bei einem gut mit Kompost versorgten Gartenboden (Seite 177) brauchen Sie deshalb in der Regel nicht mehr zusätzlich zu düngen.

Die richtige Pflanzzeit

Aufgrund ihrer Herkunft sind sämtliche Gartenbohnen sehr frostempfindlich und dürfen deshalb in der Regel frühestens ab Anfang Mai direkt ins Freibeet ausgesät werden. Auch nasskaltes Wetter und schwere Böden können den keimenden Bohnen stark zusetzen, sodass es in rauen Gegenden in jedem Fall sinnvoll ist, die Pflanzen unter Glas, das heißt im Frühbeet oder im Gewächshaus vorzuziehen (Seite 182) und frühestens ab Ende Mai ins Freie zu pflanzen.

Buschbohnen

Am beliebtesten und am einfachsten zu kultivieren sind die Buschbohnen. Die niedrigen Pflanzen wachsen schnell, brauchen im Gegensatz zu Stangenbohnen keine Stützhilfe und stellen geringe Ansprüche an Boden und Standort. (Sie gedeihen sogar im Halbschatten.)

Pflanzen & pflegen

► Aussaattermin für Buschbohnen ist von Mitte Mai (nach den Eisheiligen) bis Anfang Juli.

► Säen Sie in Reihen mit 40 cm Abstand zueinander. Drücken Sie im Abstand von ca. 40 cm vier bis sechs Samen 2 bis 3 cm tief in die Erde und halten Sie die Erde anschließend immer gut feucht. Da die Keimlinge sehr wärmeliebend sind, können Sie das Wachstum außerdem noch durch eine Folienabdeckung (Seite 182) beschleunigen.

► Nach acht bis zehn Wochen können Sie zum ersten Mal ernten. Wenn Sie frühzeitig damit beginnen und die reifen Bohnen immer gleich abpflücken (nicht abreißen!), erhöht sich der Ertrag.

Stangenbohnen

Im Gegensatz zu den Buschbohnen sind die Stangenbohnen etwas anspruchsvoller. In schwerer, lehmiger Erde keimen sie nur schlecht, und windige Lagen lassen die Erträge schnell schrumpfen. Auf humosen, gut mit Kompost versorgten Gartenböden und in geschützten Lagen sind sie jedoch den Buschbohnen durch ihren zwei- bis dreimal höheren Ertrag und eine längere Erntezeit weit überlegen.

Einkaufstipp
Bohnen

Bewährte Buschbohnen

► Grüne Sorten: ›Delinel‹, ›Favorit‹, ›Sperlings Pergousa‹ oder ›Saxa‹.

► Gelbe Sorten: ›Rocdor‹, ›Goldimmens‹, ›Hildora‹ oder ›Wachs-Beste‹ von Allen. (Die gelben Wachsbohnen schmecken besonders zart und werden gerne für Salate verwendet.)

Giftstoff Phasin

Alle Bohnensorten dürfen auf keinen Fall roh verzehrt werden, weil sie den giftigen Inhaltsstoff Phasin enthalten, der erst beim Kochen zerstört wird!

Pflanzen & pflegen

► Aussaattermin für Stangenbohnen ist von Mitte Mai bis Ende Juni.

► Da die Pflanzen sehr schnell eine Kletterhilfe brauchen, ist es sinnvoll, zuerst die Stützen anzulegen und dann auszusäen: Schlagen Sie dafür alle 50 cm ein Paar 2 m hohe stabile Holzstangen im Abstand von etwa 100 cm ca. 20 cm tief leicht schräg in den Boden, sodass die oberen Enden zueinander zeigen, und binden Sie die Enden mit etwas Schnur zusammen.

► Ziehen Sie jeweils eine 2 bis 3 cm tiefe Rille kreisförmig um die Stangen und verteilen Sie darin fünf bis sechs Samen. Füllen Sie die Saatrillen mit Erde auf, und halten Sie den Boden immer gut feucht.

Stangenbohnen brauchen eine stabile hohe Stützhilfe.

Sehr attraktiv in einem großen Garten sind Feuerbohnenzelte.

Zart und knackig zugleich: Zuckererbsen schmecken köstlich.

► Sobald die Pflanzen groß genug sind, binden Sie sie mit etwas Bast an den Stangen fest. Achten Sie dabei darauf, dass sie sich entgegen dem Uhrzeigersinn hochranken.

► Nach 11 bis 14 Wochen können Sie mit der Ernte beginnen. Ernten Sie regelmäßig, da Bohnen mit zunehmendem Alter hart werden.

Feuerbohnen

Wesentlich besser geeignet für rauere Lagen oder schwerere Böden, sind die eng mit der Stangenbohne verwandten, robusten Feuerbohnen, die trotz ihrer rauen Hülse und der größeren Kerne aromatisch und zart schmecken. Mit ihren je nach Sorte roten, weißen oder zweifarbigen Blüten uind ihren dichten Blättern sind sie zudem schöne Zierpflanzen, mit denen Sie innerhalb kurzer Zeit Zäune oder Pergolen beranken können. An zeltförmig aufgestellten Stangen sind sie auch im (großen) Blumengarten attraktiv.

► Achten Sie beim Kauf der Samen auf fadenlose Sorten wie ›Butler‹, ›Desirée‹ oder ›Lady Di‹, die bei der späteren Zubereitung weniger Arbeit machen. Sorten mit Fäden, wie beispielsweise die rot blühende ›Preisgewinner‹ oder die weiß blühende ›Weißer Riese‹ eignen sich besonders gut für Zierzwecke.

► Feuerbohnen werden wie Stangenbohnen angebaut. Aussaattermin ist je nach Wetterlage von Anfang bis Mitte Mai bis Mitte Juni.

► Erntezeit ist bis in den Oktober hinein. Pflücken Sie die reifen Schoten jedoch nicht zu spät ab – sie sollen beim Biegen brechen.

Einkaufstipp
Bohnen

Bewährte Stangenbohnen

► **Grüne Sorten:** ›Rapid‹, ›Neckarkönigin‹ oder ›Rekord‹.

► **Gelbe Sorten:** ›Goldregen‹ oder ›Wachs Neckargold‹.

Bei Stangenbohnen gibt es sogar eine blaue Sorte (›Blauhilde‹), die ihre ungewöhnliche Farbe beim Kochen allerdings wieder verliert und dunkelgrün wird.

Pflanztipp
Erbsen

Zuckererbsen

Zarte, essbare Schoten liefern die Zuckererbsen, die im Gegensatz zu Bohnen auch roh oder nur kurz gegart verzehrt werden können: Säen Sie ab Mitte April in Reihen von etwa 40 cm Abstand in 5 bis 6 cm Tiefe, wobei der Abstand der Jungpflanzen etwa 5 cm betragen sollte. Sorten mit bis zu 40 cm Höhe brauchen keine Aufrankvorrichtung, bei höher wachsenden Sorten wie ›Zuga‹ müssen Sie Maschendraht spannen, an denen die Pflanzen Halt finden. Der richtige Erntezeitpunkt ist gekommen, sobald sich die ersten Kerne entwickeln.

Kindertipp
Bohnen

Sprossen aus eigener Herstellung

Sämtliche Samen von Hülsenfrüchten – dazu gehören auch getrocknete Linsen, Erbsen und Kichererbsen –, aber auch Sesam, Sonnenblumen- und Kürbiskerne, Roggen-, Gersten- oder Weizenkörner, Mais und sogar Reis kann Ihr Kind auf einfache Weise innerhalb weniger Tage zum Keimen bringen:

► Die (unbehandelten!) Kerne einige Stunden zum Quellen in eine Schale oder ein Einmachglas mit kaltem Wasser legen. Große Bohnenkerne brauchen etwa zwölf Stunden zum Quellen, bei kleineren Kernen genügen vier bis sechs Stunden.

► Die Kerne abgießen und gut (!) abtropfen lassen. Ein angefeuchtetes Tuch oder feuchtes Papier über die Schale oder das Glas legen und die Kerne an einen gut zimmerwarmen, aber nicht sonnigen Platz stellen.

► Die Keimlinge ab dem zweiten Tag zweimal täglich mit kaltem Wasser spülen (wichtig: immer sehr gut abtropfen lassen, da die Keimlinge sonst faulen!) und nur zur Hälfte zugedeckt wieder an ihren Platz stellen.

► Schon nach 24 Stunden zeigen sich die ersten kleinen Keime und nach zwei bis vier Tagen, wenn sie etwa 2 cm lang sind, kann Ihr Kind zarte Sprossen ernten!

Der Kräutergarten

Was wäre ein Garten ohne duftende Kräuter? Bereits im antiken Griechenland und Rom waren viele unserer heutigen Küchenkräuter bekannt, von denen die meisten schon damals nicht nur zum Kochen, sondern auch für Heilzwecke verwendet wurden. Mit den Benediktinermönchen gelangten die meisten mediterranen Pflanzen im Mittelalter auch zu uns, wo sie zuerst in den Klostergärten, später auch in den Gärten der Bauern kultiviert wurden. Und sicher findet sich auch in Ihrem Gemüsegarten ein Plätzchen für die relativ anspruchslosen Kräuter, sodass Sie mit etwas Planung fast das ganze Jahr hindurch ernten können.

Ein- und zweijährige Kräuter

Bei den Kräutern unterscheidet man wie bei den Sommerblumen und Stauden zwischen den ein- bzw. zweijährigen Kräutern und den ausdauernden Kräutern (Seite 174).

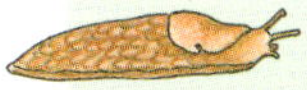

Schädlinge
Kräuter

Schädlinge durch Kräuter vertreiben

Ähnlich wie Meerrettich wird auch einigen stark riechenden Kräutern eine abschreckende Wirkung auf Schädlinge zugeschrieben. Als besonders effektive »Schädlingsbekämpfer« gelten Bohnenkraut, Dill, Kerbel, Minze, Thymian, Salbei, Wermut, Kresse und Lavendel.

Majoran braucht sehr viel Sonne.

- Einjährige Kräuter entwickeln sich sehr schnell, müssen aber jedes Jahr neu angesät werden, da sie nach der Blütezeit im Herbst absterben.
- Zweijährige Kräuter können dagegen einmal überwintern, bevor ihre Zeit nach der Blüte im zweiten Sommer abgelaufen ist.

Ihre Kultur ist ebenso einfach wie die der ausdauernden Kräuter, und sie begnügen sich mit jedem humosen Boden.

Kräuter mit besonderen Ansprüchen

Direkt auf ein sonniges Beet gesät, am besten in Mischkultur mit Gemüse (Seite 183), aber auch in Trögen, Blumentöpfen oder Balkonkästen, brauchen die meisten kurzlebigen Kräuter außer ausreichend Wasser kaum Pflege. Nur einige wenige Arten stellen besondere Ansprüche:

- Majoran und Basilikum, zwei aus dem indischen Raum stammende, sehr kälteempfindliche Küchenkräuter sollten Sie zuerst auf der Fensterbank vorkultivieren (Seite 177) oder als fertige Jungpflanzen kaufen und frühestens nach den Eisheiligen Mitte Mai ins Freie an einen sehr sonnigen Standort pflanzen.

Dill ist das klassische Gurkengewürz.

- Vor allem Basilikum leidet stark unter nassem Juniwetter oder kalten Spätsommernächten. Wenn sich in Ihrem Gemüsebeet kein besonders geschützter, sonnenverwöhnter Platz findet, ist er besser in Töpfen auf der Terrasse oder auf dem Balkon untergebracht.
- Kerbel und Petersilie können zu viel Sonne dagegen nicht gut vertragen. Sie sind besser im Halbschatten aufgehoben und brauchen für eine

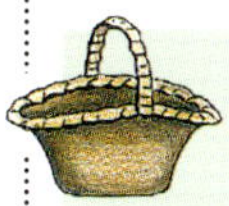

Einkaufstipp
Kräuter

Basilikumsorten

Basilikum gibt es in vielen Zuchtformen: groß- oder kleinblättrig, grün oder rot und auch mit zusätzlichem Zitronenaroma. In ihren Ansprüchen sind die Sorten einander sehr ähnlich und allesamt relativ heikel. Am schönsten und aromatischsten sind die kleinblättrigen, buschig wachsenden Sorten, die in guten Sommern zu ballgroßen, duftenden Büschen heranwachsen. Relativ unempfindlich gegen nasskalte Witterung ist das gelegentlich als Heilkraut angebotene, stark duftende Heilige Basilikum mit leicht behaarten Blättern und einem etwas schärferen, »minzigeren« Geschmack.

Basilikum braucht viel Wärme.

Thymian passt gut ins Steingartenbeet.

üppige Entwicklung vor allem ausreichende und gleichmäßige Feuchtigkeit.

► Kerbel passt gut zu Salaten und vergrault dort Blattläuse. Dagegen sollten Sie die eng verwandte Petersilie nie in der Nähe von Salat anbauen, da sich beide Pflanzen gegenseitig in ihrem Wachstum hemmen, sondern besser zu Tomaten oder Rettichen pflanzen (Seite 183).

Ausdauernde Kräuter

Besonders pflegeleicht und schon deshalb ein »Muss« in jedem Garten sind die ausdauernden Kräuter, die viele Jahre an einem Platz stehen können und dabei immer üppiger werden. Ein gut vorbereiteter Boden (Seite 177), etwas Kompost und – für die meisten Arten – ein sonniges Plätzchen genügen, und Sie können die aromatischen Blättchen bis in den Herbst hinein ernten!

Pflanzen & pflegen

Die eigene Anzucht von ausdauernden Kräutern ist bei den meisten Arten langwierig und auch etwas heikel. Wesentlich unkomplizierter sind dagegen vorgezogene Jungpflanzen, die in erstaunlicher Vielfalt in Gartencentern und Gärtnereien angeboten werden.

Pflanztipp
Kräuter

Zweijährige Kräuter

► Bei Petersilie und Kerbel, die nach dem Überwintern früh wieder austreiben, können Sie bis zur Blütezeit ernten (rechtzeitig an eine neue Aussaat denken!).

► Auch spät angesäte Rauke und Löffelkraut überwintern im Garten. Wenn sie im Herbst mit einer Folie abgedeckt werden (Seite 182), können Sie sogar mitten im Winter ernten.

Ein- und zweijährige Kräuter

D: direkt ohne Vorkultur ins Freibeet säen, G/Z: Vorkultur im Gewächshaus/Zimmer

	Ansaat	Pflanzzeit	Ernte
Basilikum	G/Z: ab Anfang April D: Mitte Mai–Ende Juni	Mitte Mai–Mitte Juli	Anfang Juli–Anfang Oktober
Bohnenkraut	D: Anfang April–Ende Mai		Anfang Juli–Anfang Oktober
Borretsch	D: Mitte April–Mitte Juli		Anfang Juli–Anfang Oktober
Dill	D: Mitte April–Mitte August		Mitte Mai–Ende Oktober
Gartenkresse	G/Z: ganzjährig D: Anfang März–Mitte September		Ende März–Mitte Oktober
Kapuzinerkresse	D: Anfang April–Ende Juni		Anfang Juni–Ende Oktober
Kerbel	D: Mitte April–Ende August		Anfang Juni–Ende Oktober
Koriander	D: Mitte April–Mitte Juli		Anfang Juni–Mitte September
Löffelkraut	D: Anfang März–Ende September		Ende Juni–Ende Mai
Majoran	G/Z: Mitte März–Mitte Mai	Mitte Mai–Ende Juni	Anfang Juli–Anfang Oktober
Petersilie	G/Z: ganzjährig D: Anfang März–Ende August		Ende Mai–Ende Oktober
Portulak	D: Anfang Mai–Ende September		Mitte Mai–Ende Oktober
Rauke (Rucola)	D: Anfang März–Mitte September		Anfang Mai–Ende April

Pflanztipp
Kräuter

Kräuter für karge Böden

Sonnenhungrige mediterrane Kräuter wie Thymian, Lavendel, Trippmadam oder Salbei gedeihen nicht nur im Gemüsebeet, sondern auch sehr gut im Steingarten (Seite 116).

► Die beste Zeit für die Anlage eines Kräuterbeets ist im Frühjahr, in der Regel ab April, oder im Herbst.

► Setzen Sie die Jungpflanzen in ein vorbereitetes, das heißt unkrautfreies und gut mit Kompost versorgtes Beet (Seite 177) und achten Sie dabei auf einen Mindestabstand von etwa 30 cm, damit sich die Kräuter genügend ausbreiten und gut entwickeln können. Die anfänglich großen Lücken können Sie im ersten Jahr mit einjährigen Kräutern oder niedrigen einjährigen Sommerblumen (Seite 126) schließen.

Pfefferminze gibt es in vielen Arten.

► Beim Gießen Ihrer ausdauernden Kräuter gilt dasselbe wie für Stauden: lieber seltener und dafür ausgiebig als zu oft und zu wenig gießen. Gießen Sie jede Pflanze einzeln möglichst bodennah mit dem Brauseaufsatz des Schlauchs oder der Gießkanne.

Salbei sollte nicht neben Minze setzen.

► Die meisten Kräuter sind eher kargen Boden gewöhnt und müssen deshalb nicht gedüngt werden.

► Decken Sie die winterharten Kräuter im Spätherbst mit Stroh oder Reisig ab. So kommen sie besser über den Winter und frieren weniger stark zurück.

VORSICHT SCHNECKEN!

Manche Kräuter, vor allem Majoran, Portulak und Basilikum, sind auch bei Schnecken sehr beliebt! Sorgen Sie deshalb rechtzeitig für ausreichende Vorbeugemaßnahmen, indem Sie etwa Schneckenzäune aufstellen (Seite 205).

Kräuter mit Eigenarten

► Die meisten Kräuter kommen auf einem sonnigen Beet gut miteinander aus, einige Arten mögen jedoch keine allzu enge Nachbarschaft. So kann sich z. B. Salbei manchmal nicht neben Minze oder Weinraute durchsetzen.

► Zitronenmelisse und die verschiedenen Minzearten neigen sehr zum Wuchern, Minze breitet sich außerdem durch unterirdische Ausläufer aus und kann so Ihr ganzes Kräuterbeet »unterwandern«. Diese Kräuter sind meist besser am Rand des Gemüsebeets aufgehoben. Damit sich Minze nicht unterirdisch verbreitet, können Sie sie auch gut in einem ebenerdig versenkten eigenen Topf anpflanzen.

Zitronenmelisse wuchert sehr stark.

► Liebstöckel und Baldrian werden nicht nur erstaunlich groß, sondern können auch das Wachstum empfindlicher Pflanzen in ihrer Nähe hemmen und sollten deshalb einen eigenen Platz bekommen.

► In unserem Klima sind Rosmarin und Lorbeer nicht winterhart. Versenken Sie die Pflanzen deshalb am besten in einem eigenen Pflanzgefäß im Kräuterbeet und stellen Sie sie im Herbst zum Überwintern an einen möglichst hellen und kühlen, aber frostfreien Platz im Haus.

Einkaufstipp
Kräuter

Kraut ist gleich Kraut?

Beim Einkauf Ihrer Jungpflanzen sollten Sie bei einigen Arten auf die jeweilige Sorte achten: Wirklich aromatisch wächst bei uns nur der französische Estragon, nicht jedoch der russische Estragon. Und viele der neuen Kräutersorten, wie Zitronen- und Orangenthymian oder Ananassalbei, sind bei uns nicht winterhart!

Kräuter konservieren

Wenn Sie mehr Kräuter im Garten haben, als Sie frisch verwenden können: Die meisten lassen sich gut trocknen (oder auch tiefgefrieren).

► Schneiden Sie die Stängel in jeweils gleicher Länge ab, binden Sie sie zu Bündeln und hängen Sie die Kräuterbündel kopfüber an einen schattigen Platz. Wichtig ist, dass die Luft dabei von allen Seiten zirkulieren kann und dass die Kräuter niemals der prallen Sonne ausgesetzt sind, weil sie sonst ihr Aroma verlieren. Alternativ können Sie die Kräuter auch locker ausgebreitet auf einem flachen Rost oder einem Sieb trocknen lassen. Der Trockenvorgang ist abgeschlossen, sobald sich die Blätter raschelnd von den Stängeln streifen lassen. Sie dürfen auf keinen Fall mehr feucht sein, da sie sonst leicht schimmeln, aber auch nicht so stark ausgetrocknet sein, dass sie zerfallen.

► Bewahren Sie die Kräuter in dunklen, dicht schließenden Gläsern an einem trockenen Platz bei Zimmerwärme auf. Sinnvoll ist außerdem, die Gläser nicht nur mit dem Namen des jeweiligen Krauts zu beschriften, sondern auch das Einfülldatum darauf zu vermerken: Nach etwa einem Jahr haben die Kräuter ihre Inhaltsstoffe verloren und sollten durch neue ersetzt werden.

Kräuter vermehren

Wenn Ihre Kräuter Ihnen über den Kopf wachsen oder nach einigen Jahren weniger Erträge bringen, können Sie sie wie Blütenstauden einfach teilen und umsetzen (Seite 101).

Ausdauernde Kräuter

Pflanze	Lage	Bemerkungen
Bärlauch	Halbschatten/Schatten	wächst auch wild in Laubwäldern
Beifuß	Sonne/Halbschatten	wächst auch wild an Wegrändern
Bergbohnenkraut	Sonne/Schatten	schmeckt pfeffrig-aromatisch
Dost (Wilder Majoran)	Sonne	wird nur in vollsonniger Lage aromatisch
Estragon	Sonne/Halbschatten	französischer Estragon ist aromatischer als russischer
Knoblauch	Sonne/Halbschatten	»Knoblauch-Schnittlauch« aus Asien
Lavendel	Sonne	Duftpflanze, vertreibt Schädlinge
Liebstöckel	Sonne/Schatten	wird bis 2 m hoch, sollte allein stehen
Lorbeer	Sonne/Halbschatten	nicht winterhart!
Minze	Sonne/Halbschatten	verschiedene, stark wuchernde Arten, vertreibt Schädlinge
Pimpinelle	Sonne/Halbschatten	schmeckt mild, attraktive Blätter eignen sich gut zum Garnieren von Gerichten
Quendel (Deutscher Thymian)	Sonne	sehr robust, aber weniger aromatisch
Rosmarin	Sonne	nicht winterhart!
Salbei	Sonne	auch in Ziersorten erhältlich
Sauerampfer	Halbschatten/Schatten	nur junge Blätter ernten
Schnittlauch	Sonne/Halbschatten	kann auch im Winter getrieben werden
Spitzblättrige Rauke	Sonne/Halbschatten	»Staudenrucola«, der früh im Jahr austreibt
Tripmadam (Mauerpfeffer)	Sonne	Dickblattgewächs
Waldmeister	Halbschatten/Schatten	auch gut als Bodendecker geeignet
Weinraute	Sonne	Duftpflanze, auch für die Küche geeignet
Wermut	Sonne/Halbschatten	verträgt sich schlecht mit seinen Nachbarn, vertreibt Schädlinge
Winterheckzwiebel	Sonne/Halbschatten	erstes Suppengrün im Frühling
Winterthymian	Sonne	andere Thymianarten sind wenig winterhart
Ysop	Sonne	Heil- und Zierpflanze
Zitronenmelisse	Sonne/Halbschatten	neigt zum Wuchern

Ansaat im Freiland und Vorkultur

Das Beet vorbereiten

Die meisten Gemüsearten werden im Frühjahr direkt an Ort und Stelle ausgesät. Lockern Sie dazu das Beet – es sollte nicht breiter als 1,20 m sein, um bequem arbeiten zu können – im Spätherbst des Vorjahres (am besten nach den ersten Frostnächten) tiefgründig mit einer Grabgabel, und arbeiten Sie eine dicke Schicht reifen Kompost ein (Seite 195), der den Boden mit reichlich Nährstoffen anreichert. Dann müssen Sie das Beet im Frühjahr nur noch vom Unkraut befreien (Seite 142), oberflächlich harken und wieder glätten.

Das Gemüsebeet muss vor dem Aussäen gelockert werden.

Ansaat im Beet

Die meisten Gemüsearten werden in Reihen kultiviert, die je nach Sorte bis zu 40 cm Abstand voneinander haben sollten. Auch innerhalb der Reihen brauchen die Pflanzen den angemessenen sortenspezifischen Abstand.

► Wichtig ist außerdem die richtige Saattiefe. Als Faustregel gilt, dass doppelt so tief gesät wird, wie die Samen dick sind, das heißt die Samen werden anschließend mit einer je nach Größe mehr oder weniger dicken Erdschicht bedeckt. Bei größeren Samen wie etwa Bohnen ist es einfacher, wenn Sie mit einem Stiel entsprechend tiefe Rillen ziehen.

► Da auch das beste Saatgut nicht 100-prozentig keimt oder die Sämlinge von Pilzen und Schnecken befallen werden können, sollten Sie mindestens doppelt dicht ansäen und die Pflänzchen später vereinzeln, indem Sie überschüssige, schwache Sämlinge einfach herausziehen.

► Entscheidend für das Gelingen der Ansaat ist außerdem ausreichend gleichmäßige Feuchtigkeit, da schon kurzzeitiges Austrocknen die keimenden Samen bzw. die empfindlichen Sämlinge absterben lassen kann. Gießen Sie deshalb sofort nach der Ansaat vorsichtig, damit die Samen nicht weggeschwemmt werden, und wässern Sie das Beet in den ersten Wochen regelmäßig oder halten Sie es mit einer Folienabdeckung feucht (Seite 182).

Ein neues Beet anlegen

► Graben Sie den Boden – er sollte bei der Bearbeitung nicht zu nass sein – mit dem Spaten 15 bis 20 cm tief um und zerteilen Sie ihn mit der Grabgabel in kleinere Schollen.

► Verbessern Sie den Boden mit einer üppigen Kompostgabe, den Sie leicht in den Boden einarbeiten (Seite 191), und mischen Sie etwas organischen Dünger und etwas Kalk als »Startfutter« für die Bodenlebewesen in den Boden.

► Ebnen Sie die Beetfläche mit einem Krail oder Rechen grob ein.

► Verdichten Sie den Boden zwei- bis dreimal mit einer leeren Walze, bis die Beetfläche relativ eben ist, und gehen Sie zum Schluss noch einmal mit einem Rechen darüber.

► Lassen Sie das Beet anschließend möglichst noch einige Tage ruhen, bevor Sie pflanzen oder aussäen.

Anzucht auf der Fensterbank

Einige Gemüsearten wie etwa Gurken sind frostempfindlich und können deshalb frühestes ab Mitte Mai, wenn nach den Eisheiligen keine Fröste mehr zu erwarten sind, im Freien gesät oder gepflanzt werden. Hier bietet sich die Anzucht auf der Fensterbank an, ebenso bei Arten mit langer Kultur wie etwa Tomaten, die schon Wochen vorher im Warmen vorgezogen werden müssen, ehe sie ins Freie gepflanzt werden, damit sie bis zum Herbst ausreifen.

► Für die Anzucht auf der Fensterbank brauchen Sie kein Zimmergewächshaus, sondern es genügen beliebige kleinere Pflanzgefäße oder flache Schalen mit Abzugslöchern.

Kostenaufwand
Beetanlage

Das kostet ein Gemüsebeet

Wenn Sie Ihr (Gemüse-) Beet nicht selbst, sondern vom Gärtner anlegen lassen wollen, müssen Sie je nach Menge der verwendeten Bodenverbesserungsmittel mit DM 5,– bis 10,–/qm rechnen.

Aussaat-, Pflanz- und Erntetermine

	Aussaatzeit	Aussaatort	Pflanzzeit	Erntezeit
Blattgemüse				
Blumenkohl früh	Mitte Februar	Mistbeet, Gewächshaus, Fensterbrett	Ende März–Anfang April	Mitte Juli–Mitte Juli
Blumenkohl mittel–spät	Ende März–Mitte Juni	Mistbeet, Gewächshaus, Fensterbrett	Ende April–Mitte Juli	August–November
Brokkoli früh	Mitte Februar	Mistbeet, Gewächshaus, Fensterbrett	Ende März –Anfang April	Mitte Juni–Mitte Juli
Brokkoli mittel–spät	Anfang April–Mitte Juni	Freiland	Anfang Mai–Ende Juli	Ende Juli–November
Chinakohl (Pak Choi)	Ende Juli	Freiland	Mitte August	Oktober–Dezember
Grünkohl	Mitte Mai–Mitte Juni	Freiland	Ende Juni–Ende Juli	November–März
Knollenfenchel	Mitte Juni–Mitte Juli ›Zefa Fino‹ Mitte April–Mitte Juli	Freiland	–	September–Oktober
Kohlrabi früh	Mitte Februar	Mistbeet, Gewächshaus, Fensterbrett	Ende März–Anfang April	Mitte Juni–Mitte Juli
Kohlrabi mittel–spät	Mitte April–Ende Juli	Freiland	Mai–Mitte August	August–Oktober
Kopfkohl (Weißkohl, Rotkohl, Wirsing, Butterkohl) früh	Mitte Februar	Mistbeet, Gewächshaus, Fensterbrett	Ende März–Anfang April	Mitte Juni–Mitte Juli
Kopfkohl (Weißkohl, Rotkohl, Wirsing, Butterkohl) mittel	März	Freiland (unter Glas oder Folie)	Ende April–Anfang Mai	Ende Juli–September
Kopfkohl (Weißkohl, Rotkohl, Wirsing, Butterkohl) spät	April	Freiland	Ende Mai–Anfang Juni	Ende Oktober–November
Lauch Sommer	Mitte Januar	unter Glas oder Folie/Mistbeet, Gewächshaus, Fensterbrett	Anfang April–Mitte April	Juli–August
Lauch Herbst	Mitte März	Freiland	Ende Mai–Juni	Anfang September–Dezember
Lauch Winter	Juni	Freiland	August	April–Mai
Löwenzahn	Mitte Mai–Ende Mai	Freiland	–	Oktober–November (März–April)
Mangold	Ende April–Anfang Juli	Freiland	–	Juni–Oktober
Neuseeländer Spinat	Ende April–Mitte Mai	Mistbeet, Gewächshaus, Fensterbrett	Ende Mai–Mitte Juni	Juli–September
Rosenkohl	Anfang April–Mitte Mai	Freiland	Mitte Mai–Mitte Juni	Oktober–Februar
Lauchzwiebeln	April–August	Freiland	–	Mai–Juni
Sähzwiebeln	März–April/Juli–August	Freiland	–	Juni–August/Mai–Juni
Spinat Frühjahr	Mitte Februar–Ende April	Freiland (unter Glas oder Folie)	–	April–Juni
Spinat Herbst	August	Freiland	–	September–Dezember
Spinat Winter	Mitte September–Oktober	Freiland (unter Glas oder Folie)	–	April–Mai
Stangensellerie	April–Mitte Mai	Mistbeet, Gewächshaus, Fensterbrett	Mitte Mai–Anfang Juli	August–Oktober
Winterportulak	März–April/August–September	Freiland	–	April–Juni/ Oktober–März
Zuckerhut	Ende Juni–Mitte Juli	Freiland	–	September–Dezember

Aussaat-, Pflanz- und Erntetermine

	Aussaatzeit	Aussaatort	Pflanzzeit	Erntezeit
Fruchtgemüse				
Aubergine	Mitte März–Ende März	Mistbeet, Gewächshaus, Fensterbrett	Ende Mai	Anfang August–September
Dicke Bohne	Mitte März–Anfang April	Freiland (unter Glas oder Folie)	–	Ende Juni–Juli
Freilandgurke	Mitte Mai–Anfang Juni	Freiland	–	Juli–September
	Anfang Mai	kurze, geschützte Vorkultur in Töpfchen	Ende Mai	
Kürbis	Mitte Mai–Anfang Juni Anfang Mai	Freiland kurze, geschützte Vorkultur in Töpfchen	– Ende Mai	September–Oktober
Markerbse	Mitte April direkt	Freiland	–	Juni–Juli
Palerbse	Ende März–Anfang April direkt	Freiland	–	Mai–Juni
Paprika	Mitte März	Mistbeet, Gewächshaus, Fensterbrett	Ende Mai–Anfang Juni	Anfang August–September
Tomate	Mitte März–Ende März	Mistbeet, Gewächshaus, Fensterbrett	Mitte Mai–Ende Mai	Mitte August–Ende September
Zucchini	Mitte Mai Anfang Mai	Freiland kurze, geschützte Vorkultur in Töpfchen	– Mitte Juli–September	Ende Mai
Zuckermais	Mitte Mai Anfang Mai	Freiland kurze, geschützte Vorkultur in Töpfchen	– August–September	Ende Mai
Wurzelgemüse				
Chicorée	Mitte Mai–Ende Mai	Freiland	–	Ende Oktober–Mitte November
Frühkartoffeln	–	Freiland	Mitte April	Ende Juni–Ende Juli
Knollensellerie	Mitte März–Mitte April	Mistbeet, Gewächshaus, Fensterbrett	Ende Mai–Mitte Juni	Oktober–November
Kohlrüben Herbst	Juni	Freiland	Juli	Ende Oktober–Mitte November
Möhre früh	März	Freiland (unter Glas oder Folie)	–	Juni–August
Möhre mittel	Juni	Freiland	–	Ende Oktober–Mitte November
Möhre spät	Mitte April–Anfang Mai	Freiland	–	September–November
Pastinake	März–Juni	Freiland	–	Oktober–März
Radieschen (Eiszapfen)	Anfang März	Freiland (unter Glas oder Folie)	–	Mitte April
Rettich Frühjahr	März–Mai	Freiland (unter Glas oder Folie)	–	Ende April–Juni
Rettich Herbst	Juli–August	Freiland	–	August–Oktober
Rettich Sommer	Mai–Juli	Freiland	–	Juni–August
Rettich Winter	Mitte Juli–Ende Juli	Freiland	–	Ende Oktober–Mitte November
Rote Bete	Ende April–Mitte Juni	Freiland	–	August–Mitte November
Schalotte	–	Freiland	März–Anfang April	August–Oktober
Schwarzwurzel	Mitte März–Mitte April	Freiland	–	Ende Oktober–Mitte November
Speiserüben (Mairüben, Herbstrüben, Teltower Rübchen)	März–Mai/Juli–Anfang August	Freiland	–	April–Juni/Oktober–November
Steckzwiebel	März–April/Ende September–Anfang Oktober	Freiland	–	Juni–September/Mai–Juni
Wurzelpetersilie	Mitte März–Mitte April	Freiland	–	Mitte Oktober–November

► Verwenden Sie zum Aussäen keimfreie Aussaaterde und halten Sie die Erde nach der Aussaat gleichmäßig feucht.

► Wichtig ist außerdem, dass die Keimlinge an einem warmen, hellen Platz stehen.

► Da die Samen zum Keimen außerdem hohe Luftfeuchtigkeit brauchen, decken Sie die Gefäße am besten mit einem perforierten Plastikdeckel oder einer Plastiktüte ab, die Sie aber mehrmals täglich lüften müssen. Nach dem Keimen können Sie die Abdeckung nach und nach anheben und schließlich ganz entfernen.

► Sobald die Sämlinge zwei Blattpaare entwickelt haben – sie erscheinen nach den Keimblättern –, müssen sie pikiert, das heißt in größere Schalen oder, noch besser, in Einzeltöpfe umgesetzt werden, damit die Wurzeln nicht ineinander wachsen und sich gut entwickeln.

► Damit die Pflänzchen kräftig zu wachsen beginnen, sind auch jetzt ein möglichst heller Standort, gleichmäßige Feuchtigkeit und mit fortschreitendem Wachstum vorsichtiges Düngen wichtig, am besten in Form von Flüssigdünger, den Sie in das Gießwasser geben (Seite 197).

Die Jungpflanzen müssen rechtzeitig pikiert werden.

Pflegetipp
Aussäen

Licht für die Keimlinge

Das größte Problem bei einer frühen Aussaat am Fensterbrett ist Lichtmangel. Mit Energiesparlampen (z. B. Osram Dulux EL), die in jede beliebige Lampenfassung geschraubt werden können und kaum Wärme entwickeln, bekommen Ihre Keimlinge genügend Licht.

Kindertipp
Aussäen

Pillensaat und Saatbänder

Besonders einfach und deshalb gut für Kinder geeignet ist die so genannte Pillensaat, bei denen jedes einzelne Saatkorn mit einer Keim fördernden Substanz umhüllt ist, die sich im feuchten Boden auflöst.
Eine weitere Möglichkeit für besonders leichtes Ansäen sind Saatbänder, an denen die Samen gleich im richtigen Abstand zueinander »kleben«. Sie werden einfach in Saatrillen gelegt, mit Erde bedeckt und wie alle Samen bis zum Aufgehen gleichmäßig feucht gehalten.

Pflanztipp
Aussäen

Was tun bei sehr kleinen Samen?

Bei sehr kleinen Samen, etwa von Karotten oder manchen Kräutern, ist es schwer, die richtige Menge beim Aussäen abzuschätzen, sodass sie meist viel zu dicht gesät werden. Mischen Sie in diesem Fall die Samen einfach mit etwas feinem Sand und streuen Sie die Mischung in die Saatrillen.

Gärtnern mit dem Mond

Dicke Wälzer sind in den letzten Jahren über den Einfluss des Mondes geschrieben worden, dessen Wirkung sich unbestritten am Wechsel der Gezeiten zeigt. Und so wie er die Wasserbewegungen der Meere beeinflusst, wirkt er sich auch auf den Wasserhaushalt aller lebenden Organismen aus:

► Der zunehmende Mond zieht alles Wasser nach oben, bis der Höhepunkt bei Vollmond erreicht ist.

► Mit abnehmendem Mond lässt diese Kraft wieder nach, bis sie bei Neumond am schwächsten geworden ist.

Diesen einfachen Mechanismus können Sie sich auch bei der Gartenarbeit und beim Ernten von Obst und Gemüse zunutze machen:

Zunehmender Mond

► Blumen- und Kräutersamen aussäen
► Sommerblumen und Rosen setzen
► Oberirdisch fruchttragende Gemüse pflanzen
► Jungpflanzen umtopfen
► Blumen und Gehölze wässern
► Düngen (kurz vor Vollmond)
► Obst und Gemüse zum sofortigen Verbrauch ernten
► Rasen mähen (wächst dann schnell und dicht).

Abnehmender Mond

► Stauden und Zwiebel- und Knollenpflanzen setzen
► Gehölze pflanzen
► Unterirdisch fruchttragendes Gemüse pflanzen
► Unkraut jäten
► Gehölze schneiden
► Jauchen/Brühen gegen Pilze und Schädlinge ausbringen
► Obst und Gemüse zum Konservieren ernten
► Rasen mähen (wächst langsamer).

Mischkultur

	Bohnen	Zichoriensalate*	Erbsen	Fenchel	Gurken	Knoblauch	Kohlarten	Lauch	Mangold	Möhren	Radieschen/Rettich	Rote Beete	Kopfsalat**	Sellerie	Spinat	Tomaten	Zwiebeln	Spargel	Erdbeeren	Kartoffeln	Petersilie
Bohnen			–	–	+	–	+	–			+	+	+	+			–				
Zichoriensalate*				+						+			+			+	+				
Erbsen	–			+	+	–	+	–		+	+		+			–	–			–	
Fenchel	–	+	+		+						–		+			–					
Gurken	+		+	+		+	+	+			–	+	+	+		–	+	+			
Knoblauch	–		–		+		–			+		+	+			+		–	+		
Kohlarten	+		+		+	–		+	+		+	+	+	+	+	+	–		+	–	
Lauch	–		–		+		+			+		–	+	–		+			+		
Mangold							+			+	+										
Möhren		+	+			+		+	+		+		+	+		+	+				
Radieschen/Rettich	+		+	–	–		+		+	+			+	+	+	+	+		+		+
Rote Bete	+				+	+	+	–					+	–	+		+			–	
Kopfsalat**	+	+	+	+	+	+	+	+		+	+	+		–		+	+	+	+		–
Sellerie	+				+		+	–				–	–			+				–	
Spinat							+				+	+				+				+	
Tomaten		+	–	–	–	+	+	+		+	+		+	+	+			+		–	+
Zwiebeln	–	+	–		+		–			+		+	+					–	+		
Spargel					+	–							+			+	–				
Erdbeeren						+	+	+			+		+				+				
Kartoffeln			–				–					–		–	+	–					
Petersilie											+		–			+					

Legende:

– : hemmende Kombination

+ : förderliche Kombination

* : Endivien, Zuckerhut, Chicorée, Radicchio

** : auch Pflück- und Schnittsalat

Sichere Ernten unter Glas und Folie

In unserem Klima ist Gemüseanbau im Freiland ohne Schutz meist erst Ende März/Anfang April möglich, zudem schmälern nasskalte Herbsttage die letzten Ernten oft erheblich. Mit einem Gewächshaus – am besten so groß, dass Sie sich darin ungehindert bewegen können –, einem Frühbeet oder mit einer Beetabdeckung aus Folien und Vliesen kann das Gartenjahr dagegen einige Wochen früher beginnen und bis in den Winter hinein ausgedehnt werden. Die transparenten Abdeckungen allein können die Pflanzen zwar nicht vor längerem Frost schützen, aber sie verzögern das schnelle Entweichen der eingestrahlten Sonnenenergie und führen so zu einer höheren und dauerhafteren Bodenerwärmung. Dadurch wachsen die Pflanzen schneller, sodass Sie in der Regel zwei bis drei Wochen früher bzw. länger ernten können.

Ein kleines Gewächshaus ist ideal für kälteempfindliche Pflanzen.

Das Frühbeet

Ob als fest installierter Beton- oder Holzkasten oder als leichte, moderne Fertigkonstruktion aus Recyclingkunststoff und Aluminium – ein Frühbeet beansprucht nur wenig Platz und passt auch in den kleinsten Garten. Wichtig ist ein vollsonniger Standort und regelmäßiges Lüften, damit die Temperaturen auch um die Mittagszeit nicht zu hoch werden.

► Im Fachhandel können Sie unter verschiedenen Ausführungen wählen. Dazu gehören auch Frühbeetkästen mit thermostatgesteuerten Lüftungsöffnern und Heizung, in denen die Aussaat und/oder Pflanzung schon ab Ende Februar möglich sind.

► Sie können aber auch ein unbeheiztes Frühbeet nehmen und natürliche Wärmequellen nutzen, um empfindlichen Sämlingen zu »warmen Füßen« zu verhelfen: Im zeitigen Frühjahr die Erde im Frühbeet etwa 40 cm tief ausschachten und mit Pferdemist oder einer Mischung aus Laub, Stroh, Küchenabfällen und organischem Dünger auffüllen. Alles gut festtreten – je fester gepackt wird, desto langsamer und anhaltender ist die Wärmeentwicklung –, mit warmem Wasser anfeuchten und mit etwa 20 cm Erde abdecken. Nach etwa einer Woche können Sie das Mistbeet bepflanzen.

Mit einem Folientunnel lässt sich die Ernte um Wochen verlängern.

Folien, Vliese, Folientunnel

Licht-, luft- und wasserdurchlässige folien und Vliese, die flach über das Gemüsebeet gebreitet werden, sind eine weitere einfache und kostengünstige Methode für frühere und längere Ernten. Folien und Vliese gibt es in drei Ausführungen:

► **Lochfolie:** Bei dieser Polyäthylen-Folie sorgen etwa 500 kleine Löcher pro Quadratmeter dafür, dass die Pflanzen vor Kälte geschützt und gleichzeitig ausreichend belüftet werden.

► **Schlitzfolie:** Diese Folie ist mit Tausenden von kleinen Schlitzen versehen, die sich mit zunehmendem Wachstum der Pflanzen immer mehr öffnen.

► **Vlies:** Das gespinstartig verwobene Kunststoffmaterial ist wasser- und luftdurchlässig und hat ein extrem niedriges Eigengewicht. Zwar ist die Lichtdurchlässigkeit geringer als bei Folien, aber Vliese schützen zuverlässig zumindest vor kurzzeitigen Nachtfrösten bis etwa –5 °C: Die aufsteigende Bodenfeuchtigkeit gefriert im Vlies zu einem dünnen Eisfilm, der kälteisolierend wirkt.

► Auch so genannte Folientunnel, die keine Löcher und Schlitze haben, sondern durch Drahtbügel über dem Beet gehalten werden, bieten sich als flexible, preiswerte Alternative zum Frühbeet oder zu einem kleinen Gewächshaus an.

Schädlinge
Saatgut

Schutz vor Gemüsefliegen

Wenn Sie die Vliese an allen Seiten geschlossen verlegen, bieten sie einen zuverlässigen Schutz gegen Gemüsefliegen und andere unerwünschte Besucher.

Folie und Fliese auflegen/abnehmen

► **Auflegen:** Legen Sie die Folie oder das Vlies gleich nach der Ansaat oder Pflanzung locker auf das Beet, und graben Sie die Ränder ein (planen Sie dabei gleich ein eventuelles Nachlockern ein). Beschweren Sie die windabgewandte Seite nur mit einem Brett oder Steinen, damit Sie die Abdeckung für Bodenbearbeitung, Düngung und Unkrautbekämpfung jederzeit leicht wieder öffnen können.

► **Abnehmen:** Im Gegensatz zur mitwachsenden Schlitzfolie, die bei den meisten Kulturen bis kurz vor der Ernte liegen bleiben kann, sollten Sie Lochfolien und Vliese zwei bis drei Wochen vorher entfernen. Vor allem Blattsalate und Spinat müssen unbedingt mehrere Tage volles Sonnenlicht abbekommen, um die durch die Abdeckung erhöhten schädlichen Nitratwerte wieder abbauen zu können. Wählen Sie für die Abnahme möglichst einen windstillen und bedeckten oder regnerischen Tag, um Schäden an den Pflanzen – vor allem durch Sonnenbrand – zu vermeiden. Im Herbst können Sie die Folien und Vliese bei manchen Herbst- und Wintergemüsen dann wieder nutzen, um die Erntetermine trotz Frost etwas zu verlängern.

Auch eine Vliesabdeckung ist ein preiswerter Kälteschutz.

Die Mischkultur

Gerade in einem kleinen Garten ist Mischkultur keine Frage des Glaubens, sondern schlichte Notwendigkeit, um den knappen Platz möglichst gut auszunützen. Dabei hat sich gezeigt, dass sich verschiedene Pflanzenarten in ihrem Wachstum sowohl gegenseitig fördern, als auch hemmen können.

Welche Faktoren im einzelnen zwei Pflanzen zu guten oder schlechten Nachbarn machen, ist bislang noch nicht genau geklärt. Sicher ist nur, dass die Konkurrenz um Nährstoffe, Licht und Wasser ein wichtige Rolle spielt. Einige Arten scheinen dafür ihre stark aromatischen Blattausdünstungen oder wachstumshemmenden Wurzelausscheidungen »einzusetzen«, um unerwünschte Nachbarn zu vergraulen.

Eine Schlitzfolie wächst quasi mit den Pflanzen mit.

Bei richtiger Mischkultur gedeiht Ihr Gemüse auf engstem Raum.

Was passt zusammen?

Generell gilt, dass Wurzel- oder Knollengemüse gut neben Fruchtgemüse wächst, das sich hauptsächlich über der Erde entwickelt – beide Arten ergänzen sich sozusagen in ihren Platzansprüchen. Aber keine Regel ohne Ausnahme: Tomaten und Kartoffeln vertragen sich überhaupt nicht, denn beide sind als Nachtschattengewächse allzu nahe Verwandte, die sich mit ihren ähnlichen Ansprüchen ins Gehege kommen und gegenseitig mit Krankheiten anstecken können.

► Klassisch ist z. B. die Mischkultur zwischen Möhren und Zwiebeln. Beide vertragen sich und halten sich durch ihren starken Geruch gegenseitig die Schädlinge vom Leib.

► Zwiebeln wirken auch vorbeugend gegen Pilzerkrankungen bei Erdbeeren und Knoblauch gilt generell als schädlingsabwehrend.

► Andererseits hat sich gezeigt, dass Salat nur schlecht neben Petersilie wächst und dass sich die nah verwandten Erbsen und Bohnen gegenseitig in ihrem Wachstum stark hemmen.

In der Tabelle auf Seite 181 finden Sie einen Überblick über günstige und ungünstige Nachbarschaften der wichtigsten Gemüsearten.

Boden und Bodenpflege

Was braucht der Boden, damit die Pflanzen sich wohl fühlen? Hier werden Sie zum Experten in Sachen Boden und Bodenpflege!

Boden und Bodenpflege

Holunder
Seite 37
als Beschattung

Offener Komposter
Seite 195
Was darf auf den Kompost?

Kapuzinerkresse
Seite 133
als Beschattung

Jauchetonne
Seite 204
gegen Schädlinge

Nicht alle Pflanzen sind so robust, dass sie mit jeder Art von Boden zurecht kommen. Wie der Boden in Ihrem Garten beschaffen ist und was Sie tun können, damit Ihre Pflanzen gut gedeihen, erfahren Sie in diesem Kapitel.

Was ist Boden, was ist Humus?

► Als »Boden« bezeichnet man die etwa ein Meter tiefe Erdschicht, in der die Pflanzen wurzeln. Sie ist natürlich gewachsen und daher völlig anders beschaffen als eigens gemischte Sackerde, die Sie im Fachhandel kaufen können und die für Balkonkästen, Töpfe und Tröge bzw. für spezielle Kulturen wie beispielsweise Rhododendren (Seite 56) verwendet wird.

► Beim Boden unterscheidet man zwischen dem Oberboden, in dem der Humusgehalt am größten ist und der deshalb auch als »Humusschicht« bezeichnet wird, und dem darunter liegenden Unterboden, der hauptsächlich mineralische Substanzen enthält und deswegen auch »Mineralschicht« genannt wird (siehe Abbildung Seite 187).

► Als »Humus« im weitesten Sinn bezeichnet man den Anteil an organischer Substanz innerhalb der Bodenschicht, der mit Hilfe der Bodenlebewesen durch Umwandlung von pflanzlichen und tierischen Überresten entsteht, wie dies auch beim Kompostieren (Seite 193) der Fall ist.

Woraus besteht der Boden?

Jeder Boden besteht zum größten Teil aus mineralischer Substanz und zu einem kleineren Teil aus organischer Substanz.

Regenwürmer fördern die Fruchtbarkeit des Bodens.

► Mineralische (= Gesteins-) Substanz: Ursprünglich aus Gestein entstanden macht sie über 90 Prozent des Bodens aus und wurde witterungsbedingt in unterschiedlich große Bestandteile zerkleinert: Steine, Sand, Schluff, Lehm und Ton. Die jeweiligen Anteile dieser mineralischen Substanzen bestimmen darüber, ob Sie einen schweren oder leichten Boden haben.

► Organische (= Lebende) Substanz: Sie besteht aus Pflanzenresten und Bodenlebewesen einschließlich deren Umwandlungsprodukten und ist für die Fruchtbarkeit des Bodens verantwortlich. Fruchtbarer Gartenboden enthält in der Humusschicht 6 bis 8 Prozent organische Substanz, bei Moorböden sind es sogar bis zu 30 Prozent.

Wichtig für die Wurzeln

Das Verhältnis zwischen großen und kleinen Hohlräumen im Boden spielt eine wichtige Rolle vor allem für das Wurzelwachstum der Pflanzen.

Die Struktur des Bodens

Neben der mineralischen und organischen Substanz bewirken die Hohlräume im Boden unterschiedliche Bodenstrukturen: Jeder Boden besteht etwa zur Hälfte aus großen und kleineren Hohlräumen. Die kleineren Hohlräume speichern vorwiegend Wasser, die größeren dagegen Luft.

► Bei einem sehr hohen Anteil an kleinen, mit Wasser gefüllten Hohlräumen ist der Boden undurchlässig und staut zu viel Wasser. In der Fachsprache spricht man von einem »verdichteten« Boden und »Staunässe«, wie es häufig bei Böden mit einem hohen Anteil an Ton der Fall ist.

► Bei einem hohen Anteil an großen, mit Luft gefüllten Hohlräumen ist der Boden besonders durchlässig, wie es häufig bei Böden mit einem hohen Anteil an Sand der Fall ist.

► Ist der Anteil an großen und kleinen Hohlräumen ausgeglichen und ist der Boden ausreichend belebt, entsteht eine leicht krümelige Struktur – der ideale Gartenboden. Alle bodenverbessernden Maßnahmen dienen dazu, diese Idealstruktur zu erreichen bzw. ihr möglichst nahe zu kommen.

Winzige Helfer im Boden

Die Bodenlebewesen bestehen zu einem Großteil aus winzigen Algen, Bakterien und Pilzen und nur zu einem kleinen Teil aus Tieren wie Urinsekten bis hin zum Regenwurm. Menge und Aktivität dieser Bodenlebewesen bestimmen darüber, wie »belebt« ein Boden ist. Zudem verleihen sie ihm die erwünschte Krümelstruktur.

Bodenaufbau

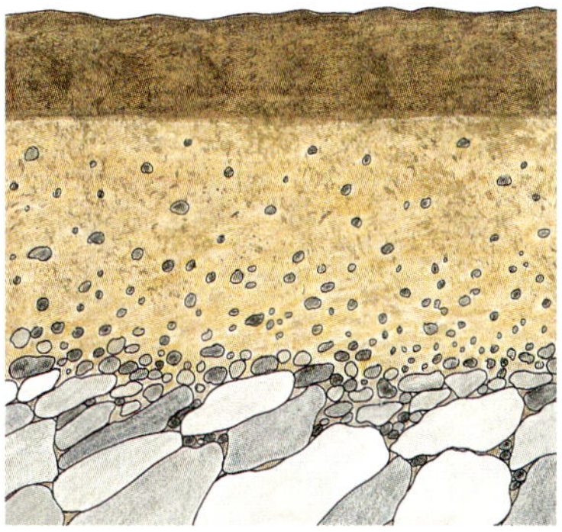

Bodenaufbau von der Seite:
Oberboden *(Humusschicht)*
Unterboden *(Mineralschicht)*
Steinschicht

Bodenstruktur

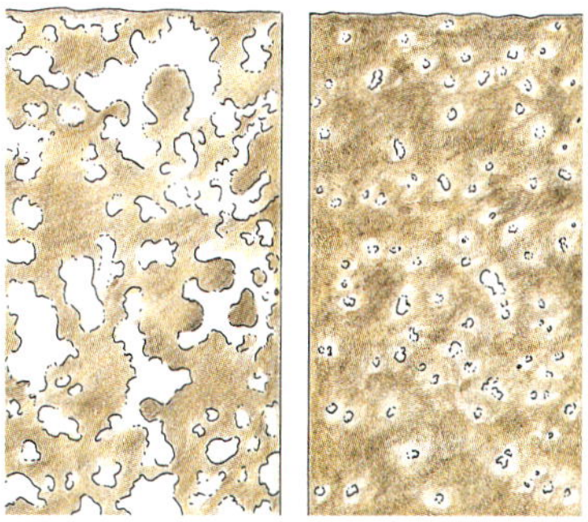

Links: *Der ideale Boden ist locker und krümelig.*
Rechts: *In einem undurchlässigen Boden staut sich das Wasser.*

Testen Sie Ihren Gartenboden

Bei einer Neupflanzung – vor allem wenn es um anspruchsvolle Pflanzen geht – sollten Sie wissen, welchen Boden Ihr Garten hat und ihn gegebenenfalls verbessern (Seite 190). Mit Hilfe von einigen einfachen Tests können Sie ganz leicht selbst feststellen, ob der Boden tendenziell

► eher staunass und verdichtet oder locker und durchlässig

► eher schwer und lehmig oder leicht und sandig

und ob er

► in der obersten Bodenschicht (Humusschicht), in der die Pflanzen wurzeln, ausreichend mit Humus versorgt ist.

Ein krümeliger, lockerer Boden lässt sich leicht bearbeiten.

Diese Tests lassen sich ohne großen Aufwand durchführen. Sie benötigen dazu lediglich einen Spaten und einen Meterstab sowie Ihre Augen, Finger und Nase zum Sehen, Fühlen und Riechen.

► **Wichtig:** Der Boden sollte bei diesen Tests weder sehr nass noch sehr trocken sein.

Die Spatenprobe

Heben Sie mit dem Spaten einen 40 bis 50 cm tiefen Keil aus dem Boden heraus. Achten Sie dabei darauf, dass die natürliche Schichtung weitgehend erhalten bleibt.

Durchlässig oder verdichtet?

► Beobachten Sie, wie leicht oder schwer Sie mit dem Spaten in die Erde eindringen. Dies gibt Ihnen einen ersten Anhaltspunkt, ob der Boden durchlässig oder verdichtet ist. Ebenso leicht oder schwer haben es auch die Bodenlebewesen und die Pflanzenwurzeln. Müssen Sie beim Graben eventuell sogar eine Spitzhacke zu Hilfe nehmen, liegt höchstwahrscheinlich ein stark verdichteter Boden vor.

► Halten Sie das entstandene Loch bis zum nächsten Regenguss frei. Steht anschließend Wasser darin, wissen Sie sicher, dass der Boden staunass und verdichtet ist.

► Manche Gärtner machen darüber hinaus eine Riechprobe: Ein leicht fauliger Geruch lässt ebenfalls auf einen schlechten Wasserabfluss schließen.

Viel oder wenig Humus?

Untersuchen Sie anhand der entnommenen Bodenprobe außerdem die verschiedenen Bodenschichten: Die oberste Schicht (Humusschicht) erkennen Sie an ihrer schwarzen bis tief dunkelbraunen Farbe. Messen Sie nach, wie breit diese Schicht ist.

► Für den Anbau von Gemüse und Blumen sollte die Humusschicht mindestens 10 bis 15 cm tief sein.

► Ein Boden mit mehr als 15 bis 20 cm tiefer Humusschicht, die das Wasser gut hält, wird als »frischer« Boden bezeichnet.

Der mächtige Oberboden lässt sich gut vom Unterboden unterscheiden.

Sind Sie anhand der nicht immer ganz eindeutigen Farbe unsicher über den Humusgehalt, nehmen Sie eine kleine Probe und riechen Sie daran.

► Der Humusgeruch ist erdig bis würzig und erinnert an Kompost und Pflanzerde. Je stärker dieser Geruch ist, desto besser ist der Boden mit Humus versorgt.

► Eine weitere Möglichkeit, die Humusschicht vom Unterboden, der Mineralschicht, zu unterscheiden, ist deren Farbe: Sie variiert zwischen dunkelbraun und hellgelb und wird von der Zusammensetzung der mineralischen Substanz bestimmt (siehe Abbildung oben).

Schwerer oder leichter Boden?

Nehmen Sie von Ihrer Probe eine Hand voll Erde aus der Mineralschicht bei etwa 25 cm Tiefe. Ist die Erde sehr trocken, feuchten Sie sie leicht an. Zerreiben Sie nun einen Teil davon zwischen Zeigefinger, Mittelfinger und Daumen und machen Sie eine Tastprobe:

In diesem strukturlosen Boden können nur sehr robuste Pflanzen überleben.

► **Sandiger Boden:** Sie können die vielen Sandkörnchen deutlich erfühlen, die bei näherem Hinsehen auch gut zu erkennen sind. Die Erde bindet sich nicht und ist nicht formbar.

Bei einem Lehmboden »klebt« die Erde in Form von Schollen zusammen.

► **Schluff- und Lehmboden:** Sie können deutlich weniger Sandkörnchen spüren. Die Erde schmiert zwischen den Fingern und bleibt zwischen den Fingerrillen kleben.

► **Tonboden:** Sie können kaum Sandkörnchen ertasten. Die Erde lässt sich zu Kügelchen formen und ganz leicht wieder aus den Fingerrillen entfernen.

► Dabei gilt: Ein hoher Sandanteil zeigt einen leichten Boden an, ein hoher Tonanteil einen schweren Boden. Bei einem Schluff- und Lehmboden spricht man von einem mittelschweren Boden.

Die Schlämmprobe

Wenn Sie jetzt noch unsicher sind, können Sie auch die Schlämmprobe machen: Füllen Sie ein Glas mit Schraubdeckel zu einem Drittel mit der Bodenprobe aus 10 bis 15 cm Tiefe. Gießen Sie bis zum Rand Wasser dazu, und schütteln Sie das verschlossene Glas gut auf.
Steine und Sand setzen sich sehr schnell am Boden ab, während Schluff-, Lehm-, Humus- und Tonteilchen bis zu drei Wochen brauchen und zudem gut an ihrer markanten Farbe zu erkennen sind.

Die Krümelprobe

Nehmen Sie einen faustgroßen Erdklumpen aus der Schicht zwischen 10 und 15 cm Tiefe und zerdrücken Sie einen kleinen Teil davon vorsichtig zwischen Zeigefinger und Daumen:

► Ein leichter Sandboden zerfällt in viele Einzelkörner, ein durchlässiger,

Einen Sandboden erkennen Sie an seinem lockeren Gefüge.

Pflegetipp
Boden

Bodenverbesserer Kalk

Kalk bindet Säuren im Boden und verändert so seinen pH-Wert. In sauren Böden regt er dadurch das Bodenleben an und fördert die Entstehung von Krümelstrukturen, was vor allem bei mittelschweren und schweren Böden wichtig ist. In den meist nährstoffarmen Moorböden sorgt er zusätzlich für die Freisetzung von Pflanzennährstoffen.

gut belebter Boden dagegen in mehr oder weniger große Krümel.

► Bei einem schweren Boden hängt das Verhalten vom Feuchtigkeitsgehalt ab: Ist er trocken, lässt er sich nur unter großem Kraftaufwand zerdrücken, ist er dagegen feucht, zerfällt er in wenige Brocken, ist er nass, schmiert er.
Sind Sie sich ihres Tastsinns nicht sicher, lassen Sie den faustgroßen Klumpen aus etwa ein Meter Höhe auf die Erde fallen. Beim Zerspringen auf dem Boden können Sie die Struktur des Bodens anhand der gleichen Kriterien ablesen.

Den pH-Wert messen

Vor allem wenn Sie Ihren Garten neu anlegen, sollten Sie außerdem einen ph-Schnelltest machen, der Auskunft über den pH-Wert des Bodens gibt – ob er sauer oder alkalisch reagiert und gegebenenfalls mit Kalk versorgt werden muss. Die Anwendung dieses Schnelltests, den Sie im Gartenfachhandel oder im Gartencenter bekommen, ist sehr einfach und erleichtert Ihnen die Pflanzenauswahl.

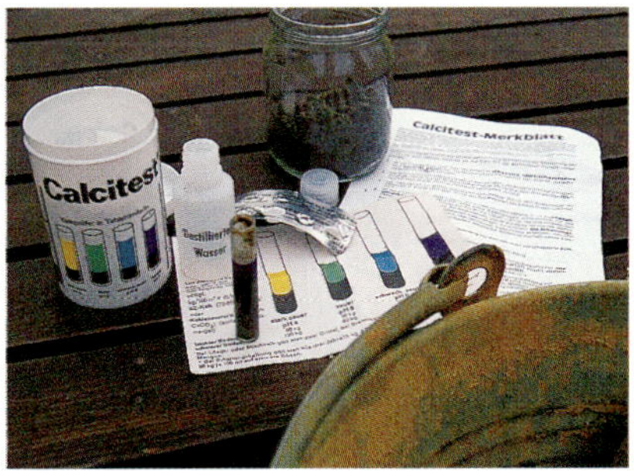

Mit einem solchen Set lässt sich der pH-Wert des Bodens messen.

Sauer oder alkalisch?

► Ein Boden mit einem pH-Wert unter 6 reagiert sauer, ein Boden mit einem ph-Wert über 7 reagiert alkalisch. Die meisten Pflanzen kommen mit einen leicht sauren bis neutralen pH-Wert zwischen 6 und 7 gut zurecht.

EIN TEST GENÜGT!

Der pH-Wert des Bodens unterliegt nicht so starken Schwankungen wie der Nährstoffgehalt, sodass bereits ein Test genügt, um die Tendenz eines Bodens ermitteln zu können.

► Es gibt aber auch Spezialisten, die einen Boden mit wesentlich niedrigerem, das heißt saurem pH-Wert benötigen. Dazu zählen als markante Vertreter alle Moorbeetpflanzen wie Rhododendren und deren Begleitpflanzen (Seite 56).

Den Nährstoffgehalt testen

Wenn Sie in Ihrem Garten auch ein Gemüsebeet anlegen wollen, ist es für ein gezieltes Düngen (Seite 196) ratsam, den Boden auf seinen Nährstoffgehalt untersuchen lassen. Dafür gibt es im Fachhandel einfache Bodentests, deren Ergebnisse durchaus zufrieden stellend sind. Wenn Sie es noch genauer wissen wollen, können Sie auch eine Bodenprobe an ein regionales Forschungsinstitut schicken (Adresse Seite 218) – ein Anruf genügt, und Sie bekommen ein Paket mit Anleitung zugesandt. Die Kosten für eine gründliche Untersuchung liegen je nach Menge der getesteten Nährstoffe zwischen 50,– und 100,– DM.

Allerdings sind die Nährstoffgehalte im Boden, der ja ein lebendiger Organismus ist, von vielen Faktoren abhängig und können jahreszeitlich sehr stark schwanken. Eine einmalig durchgeführte Bodenprobe gibt Ihnen daher nur einen Überblick über den Status quo und eine Empfehlung über die derzeit angebrachte Düngermenge, sagt aber nichts über den weiteren Verlauf aus. Wenn Sie also dauerhaft wissen wollen, wie es um den Nährstoffgehalt steht, müssen Sie diesen Test in Abständen immer wieder machen lassen (im kommerziellen Gemüsebau geschieht dies nach jeder Kultur, also alle sechs bis zwölf Wochen).

Schwermetalle testen

Auch den Gehalt an Schwermetallen können Sie anhand einer solchen Bodenprobe bestimmen lassen, allerdings liegen die Kosten hierfür weit höher als bei den Nährstoffgehalten. Vor allem bei Gemüsebeeten in Schrebergärten sollten Sie bei Verdacht auf eine Kontaminierung des Bodens mit Schwermetallen eine Untersuchung durchführen lassen. Das Forschungsinstitut kann Sie dazu genau beraten.

Den Boden verbessern

Mit den Tests haben Sie den Humusgehalt und die Nährstoffe, die Tiefgründigkeit, die Struktur und die sandig-lehmigen Anteile Ihres Gartenbodens bestimmt. Ohne große Eingriffe, die zudem in die Hände eines Fachmanns gehören, lässt sich

Durch Kalkgaben können Sie den pH-Wert des Bodens verändern.

diese Zusammensetzung auf die Schnelle allerdings nicht grundlegend verändern. Sie können Ihren Boden und damit das Pflanzenwachstum jedoch langfristig durch Bodenpflege (Seite 192) sowie durch einige Maßnahmen verbessern, wie die folgende Tabelle zeigt.

Kompost ist der beste organische Dünger für Ihren Gartenboden.

Maßnahmen zur Bodenverbesserung

Boden	vorwiegende Farbe (Unterboden)	Zusammensetzung	Bearbeitbarkeit	Durchlässigkeit/ Durchlüftung	Speichervermögen Nährstoffe/Wasser	Verbesserungen
Leichter Sandboden	gelb	vorwiegend Sand und Schluff	gut, trocknet schnell ab	gute Durchlässigkeit/ Durchlüftung	schlechtes Speichervermögen, erfordert häufiges Gießen und Düngen	Reife- oder Rohkompost (1 Schubkarre/3 qm) bis 30 cm tief einarbeiten, Gesteinsmehle (bis 300 g/qm) bis 5 cm tief einarbeiten
Mittlerer Schluffboden	ockerfarben	ausgeglichenes Verhältnis zwischen Sand, Schluff und Ton	mittel	begrenzt durchlässig, neigt zu Staunässe/ schwache Durchlüftung	gutes Speichervermögen	Kompost oder strohigen Rindermist (1 Schubkarre/4 qm) bis 10 cm tief einarbeiten
Schwerer Lehm- oder Tonboden	dunkelockerfarben bis bräunlich	viel Lehm und Ton, geringer Sandanteil	eingeschränkt: meist zu nass oder zu trocken	geringe Durchlässigkeit/schwache Durchlüftung, Staunässegefahr	hohes Speichervermögen, doch oft nicht in pflanzenverfügbarer Form	Lockerung mit der Grabgabel im Spätherbst, Rohkompost (1 Schubkarre/4 qm) einarbeiten, Sand (1 Schubkarre/ 4 qm) bis 10 cm tief einarbeiten, im Herbst ca. 30 g Reinkalk/qm bis 20 cm tief einarbeiten
Moorboden	dunkelbraun bis schwarz	hoher Humusanteil in starkem Oberboden	ausreichend, wenn nicht zu nass, erwärmt sich aber schnell	ausreichende Durchlässigkeit und Belüftung	gutes Speichervermögen, geringer Nährstoffgehalt	Gesteinsmehle (bis 200 g/qm) bis 20 cm tief einarbeiten, im Herbst ca. 30 g Reinkalk/qm bis 20 cm tief einarbeiten

Bodenverbesserer richtig einarbeiten

Kompost

Kompost (Seite 195) darf umso tiefer eingearbeitet werden, je leichter und durchlässiger, d. h. besser durchlüftet der Boden ist. Bei sehr schweren Böden wird er nur 5 bis 10 cm, bei leichten Böden bis 30 cm tief eingearbeitet. Zum Einarbeiten von Kompost verwenden Sie je nach Boden am besten einen Krail oder Rechen.

► **Tipp:** Anstelle von Kompost können Sie auch Rindenhumus oder -kompost verwenden, der aus verrottetem Rindenmulch hergestellt wird und im Fachhandel erhältlich ist. Im Gegensatz zum Kompost, der meist hohe Kalkgehalte aufweist, reagiert Rindenhumus sauer und eignet sich so ideal für Moorbeetpflanzen wie etwa Rhododendren (Seite 56).

Gesteinsmehle

Bei Gesteinsmehlen, die aus sehr unterschiedlichem Ausgangsgestein hergestellt werden und deren kontinuierliche Anwendung leichte Böden verbessert, richten Sie sich hinsichtlich der Dosierung bitte nach den Empfehlungen des Herstellers. Sie werden auf die gleiche Weise wie Kompost eingearbeitet.

Kalk

Verwenden Sie am besten Algenkalk oder kohlensauren Kalk, da diese Kalkarten besonders langsam und mild wirken. Über Jahre hinweg gegeben können sie die Struktur schwerer und mittelschwerer Böden nachhaltig verbessern.

► **Wichtig:** Kalk sollten Sie immer sofort bis 10 cm tief einarbeiten, da er an der Oberfläche bei Regen schnell verklumpt.

Pflegetipp
Boden

Torf – ja oder nein?

In der Vergangenheit wurde oft Torf als Bodenverbesserer verwendet, um leichte Böden mit organischer Substanz anzureichern. Inzwischen ist man davon aber weitgehend abgekommen, um die restlichen Bestände in den Hochmooren zu schonen und um den Einsatz des viel lebendigeren Komposts zu fördern. Außer bei der Anlage eines Beetes für Rhododendren (Seite 58) gibt es also keinen Grund, Torf zu verwenden.

Bodenpflege

Als »Bodenpflege« bezeichnet man alle Techniken, die helfen, den Boden zu verbessern und so das Wachstum der Pflanzen anzuregen. Dazu gehören Lockern, Hacken und Mulchen, aber auch Umgraben und Düngen.

Den Boden lockern

Statt Umgraben können Sie einen schweren, verdichteten Boden auch lockern. Dazu stechen Sie im Spätherbst die Grabgabel bis zum Schaft in den Boden und bewegen sie ganz leicht hin und her. Wenn Sie dabei die Arbeitsrichtung immer wieder verändern, wird die Erde gut aufgelockert und der Boden belüftet, ohne dass sich sein Gefüge dadurch verändert.

► **Tipp:** Wollen Sie noch mehr für Ihren Boden tun, hacken Sie ihn noch einmal vor dem Winter und bedecken Sie ihn mit einer Mulchschicht.

Umgraben ist sinnvoll bei der Anlage eines Gemüse- oder Blumenbeetes.

Den Boden hacken

Vor allem bei Gemüse- und Staudenbeeten ist das Hacken sinnvoll, denn dies

► verringert Wasserverluste des Bodens durch Verdunstung

► unterstützt die Bodenbelüftung

► hindert Unkräuter am Keimen, die in Konkurrenz zu Ihren Pflanzen stehen, und fördert so sichtbar das Wachstum Ihrer Stauden- und Gemüsepflanzen.

Beginnen Sie mit dem Hacken im zeitigen Frühjahr, wobei Sie einen etwaigen Wintermulch gleich mit einarbeiten. Verwenden Sie dazu je nach Bodenbeschaffenheit eine Schlag- oder Ziehhacke, einen Rechen oder einen Sauzahn und hacken Sie etwa 3 cm tief. Achten Sie aber darauf, dass Sie dabei die Wurzeln der Nutzpflanzen nicht beschädigen, bzw. jäten Sie heikle Zonen besser mit der Hand.

Den Boden umgraben

Beim Umgraben gehen die Meinungen weit auseinander. In jedem Fall ist das Umgraben sinnvoll

► beim Einarbeiten von Bodenverbesserungsmitteln wie etwa Kompost, vor allem bei schweren, verdichteten Böden,

► bei der Neuanlage eines Blumen- oder Gemüsebeetes.

Dazu gräbt man leichte Böden mit der Grabgabel, schwere Böden mit dem Spaten um, wobei man die groben Schollen mit dem Spatenblatt zerschlägt.

Den Boden mulchen

Unter »Mulchen« versteht man das Bedecken des Bodens mit organischem Material, wie es in der Natur durch den Laubfall im Herbst von allein geschieht. Mulchen ist die einfachste und natürlichste Form der Bodenverbesserung und bringt einige Vorteile mit sich:

► Der Boden ist nicht so stark der Witterung ausgesetzt.

► Es keimt weniger Unkraut.

► Die organische Substanz wird von Bodenlebewesen in Humus umgewandelt (eine 5 cm starke Mulchschicht aus Kompost kann in zwei Jahren vollständig im Boden »verschwunden« sein).

► Die Wasserverluste durch Verdunstung über die Bodenoberfläche sind geringer als bei einem offenen Boden. Den Pflanzen steht also mehr Wasser zur Verfügung, und Sie müssen entsprechend weniger gießen.

Pflegetipp
Boden

Oft hacken!

Die gehackte Oberfläche Ihrer Beete wird nach starken Regenfällen durch Verschlämmen schnell wieder verschlossen, sodass Sie jährlich leicht bis zu achtmal hacken müssen.

Geeignetes Mulchmaterial

Zum Mulchen werden unterschiedlichste organische Materialien verwendet (Seite 194), wobei Sie am besten dasjenige nutzen, das in Ihrem Garten ohnehin anfällt, also hauptsächlich Laub und Rasenschnitt.

► **Als Faustregel gilt:** Je gröber das Beet ist und je größer die Pflanzen sind, desto frischer darf auch das Mulchmaterial sein.

Aber Vorsicht: Eine Mulchschicht aus sehr frischem Material kann selbst noch Nährstoffe aus dem Boden ziehen, was sich vor allem bei sehr nährstoffbedürftigen Pflanzen wie Gemüse und Stauden oder bei Jungpflanzen negativ auf das Pflanzenwachstum auswirkt. Dies können Sie allerdings durch eine Kopfdüngung (Seite 197) wieder ausgleichen.

Eine Mulchschicht aus Stroh schützt die Früchte vor Nässe und Schmutz.

Schwere Böden mit dem Spaten, leichtere mit der Grabgabel umgraben.

Hacken und Mulchen

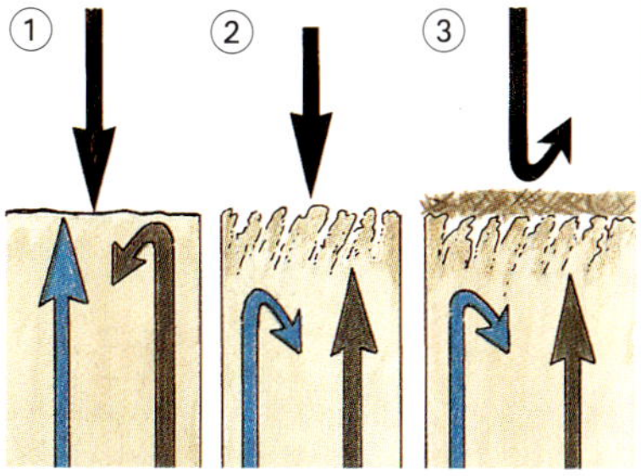

Witterung (Pfeil von oben), Wasserverdunstung (heller Pfeil nach oben) und Bodenleben (dunkler Pfeil nach oben) in ungehacktem (1), gehacktem (2) und gehacktem und gemulchtem Boden (3).

Richtig mulchen

► Vor dem Ausbringen des Mulchmaterials hacken Sie den Boden am besten leicht an (Seite 192), damit die Bodenlebewesen leichter an das organische Material herankommen können.

► Verteilen Sie das Mulchmaterial mit dem Rechen locker in entsprechender Höhe auf dem Boden um die Pflanzen herum.

► In sehr schlecht mit Humus versorgten Böden sollten Sie die erste Mulchgabe sofort in die oberste Bodenschicht 5 bis 10 cm tief mit einem Krail oder – bei schweren Böden – mit einem Sauzahn einarbeiten. Das übrige Mulchmaterial lassen Sie einfach liegen.

Kompostieren

Die Umsetzung von rohem, organischem Material zu Humus durch Kleinstlebewesen bezeichnet man als Kompostierung. In der Natur findet dieser Vorgang durch abgestorbene, verrottende Pflanzenteile großflächig von allein statt (auch Mulchen ist eine Form der Flächenkompostierung und ahmt diesen Vorgang nach). Um organische Materialien möglichst schnell in Humus umzuwandeln, kombiniert man sie und erzeugt so einen Kompost (lat. compost = »Zusammengesetztes«), wobei der Prozess des Verrottens gezielt gesteuert werden kann. Bei richtiger Kompostierung entsteht zudem keinerlei Geruchsbelästigung.

Einen Vorrat an Kompostmaterialien anlegen

Legen Sie sich auf Ihrem Zwischenlagerungsplatz am besten einen Vorrat an Kompostmaterial an, damit Sie den Kompost ständig im richtigen Verhältnis zwischen festen und feinen Bestandteilen »füttern« können.

Kompostsilo oder -miete?

Kompost können Sie in einer offenen Kompostmiete anlegen, oder Sie verwenden luftige Silos aus Holz, Metall oder Kunststoff. Geschlossene Kompostbehälter aus Kunststoff werden auch als Thermokomposter bezeichnet, da eine Isolierung der Seitenwände den Verrottungsverlauf

> **Fertiger Kompost**
>
> Wenn Sie nicht selbst kompostieren, auf Kompost als Mulchmaterial aber nicht verzichten wollen, können Sie fertigen, in Säcke abgepackten Kompost aus Grünabfällen bei einem Kompostierwerk (Branchenbuch) kaufen.
>
> ► Derzeit wird übrigens an einer einheitlichen Gütenorm für Kompost gearbeitet, sodass dieses Material bald auch im Gartencenter erhältlich sein wird.

beschleunigt. Sowohl Miete als auch Silos haben Vor- und Nachteile:

► Offene Kompostmieten können in jeder Größe angelegt werden, benötigen aber in jedem Fall viel Platz (mindestens 15 qm) und sind deshalb eher in größeren Gärten (ab 400 qm) oder intensiv bewirtschafteten Gärten sinnvoll. Wegen ihrer Größe sind sie je nach Standort relativ auffällig.

► Silos sind klein und lassen sich deshalb gut »verstecken«, ihr Inhalt ist jedoch begrenzt. Die meisten Silos sind etwa 1 qm groß und lassen sich auseinander nehmen, um an den fertigen Kompost zu gelangen. Bei den meisten Holzkompostern können Sie im unteren Bereich die Bretter entfernen, so dass Sie den fertigen Kompost kontinuierlich entnehmen können. In der Regel genügen zwei bis drei Silos, um leichten Strauch- und Heckenschnitt, Gras, Laub und Küchenabfälle aus einem mittelgroßen Garten (bis 400 qm) zu kompostieren.

► In jedem Fall benötigen Sie neben den Silos noch einen kleinen Platz zum Zwischenlagern, da manches Kompostmaterial wie Rasenschnitt meist in größeren Mengen anfällt und häufig nicht sofort als Kompostmaterial weiterverwendet werden kann. Das bedeutet, Sie müssen in einem mittelgroßen Garten mit insgesamt 6 bis 8 qm Platz für eine sinnvolle Kompostierung rechnen.

► Unter jeden Kompost gehört außerdem ein mäusesicheres Drahtgeflecht, um unerwünschte Besucher fernzuhalten.

Richtig kompostieren

Damit die Lebewesen optimal arbeiten können, benötigen sie möglichst günstige Bedingungen, nämlich Feuchtigkeit, Luft und ein ausgeglichenes Verhältnis zwischen den holzigen und krautigen Materialien.

► **Feuchtigkeit:** Lassen Sie den Kompost nie austrocknen, denn dadurch unterbrechen Sie den Verrottungsvorgang. Kontrollieren Sie die Feuchtigkeit vor allem im Sommer und gießen Sie bei Bedarf.

► **Luft:** Achten Sie bei der Zusammensetzung des Kompostmaterials auf eine gute Luftzufuhr, das heißt,

Mulchmaterialien

Material	Herkunft	Anwendung	Schichtdicke	Besonderheiten
Reifekompost	fertiger Kompost	alle Pflanzflächen, vor allem Gemüse und Blumen	2–4 cm	liefert viele Nährstoffe; da teilweise sehr nährstoffreich, nicht zu viel auf einmal ausbringen; wie Rohkompost der »King« unter den Mulchmaterialien
Rohkompost	mehr oder weniger stark verrottetes Material	alle Pflanzflächen bis auf Aussaaten	3–4 cm, unter Gehölzen über 10 cm	liefert viele Nährstoffe – Vorsicht bei bestimmten Gemüsearten, da Rohkompost Gemüsefliegen anlockt
Rindenmulch	Nadelholzrinde	Gehölzpflanzungen, auch Staudenpflanzungen	5–10 cm, bei Stauden nicht über 4 cm	nicht bei Neupflanzungen von krautigen Pflanzen anwenden
Stroh	Getreideanbau	Stauden-, Erdbeeren- und Gemüsepflanzungen	3–5 cm	verhindert Erdkontakt der Früchte und schützt bei Regen
Grasschnitt	Wiese und Rasen (am besten angetrocknet)	alle Flächen möglich	frisches Gras 1 cm, angetrocknetes Gras bis 5 cm	frisches Gras nicht zu dicht ausbringen, da es sonst verklumpt und fault
Laub	Laubfall	Gehölzpflanzungen, auch Staudenpflanzungen	schwer verrottbares Laub (Eiche, Kastanie) bis 2 cm, anderes bis 5 cm, unter Gehölzen bis 20 cm	auf Beete nur so viel ausbringen, dass es nicht klumpt; guter Winterschutz, kann im Frühjahr eingearbeitet werden

wechseln Sie ab zwischen sparrigen, holzigen Bestandteilen wie Hecken- und Baumschnitt, kleinen Ästchen oder Holzhäcksel und krautigen Pflanzenbestandteilen wie Grasschnitt, Laub oder Gemüseabfälle, die schneller verrotten als holzige Materialien. Vor allem am Grund des Silos oder der Miete sollten Sie immer auf ein »Gerüst« aus Ästen achten. Es verhindert ein zu schnelles Zusammensacken des Kompostmaterials und den darauf folgenden Sauerstoffmangel, der den Verrottungsvorgang unterbricht und zu Fäulnis führt. Aus dem gleichen Grund sollten Sie auch Laub oder Rasenschnitt nie in großen Mengen einfüllen, da der Kompost sonst verklebt und ohne Sauerstoff bald in Fäulnis übergeht.

Verhältnis von krautigen und holzigen Bestandteilen

Damit ein vollständiger Verrottungsvorgang geschieht, ist eine Zusammensetzung im Verhältnis 2:1 zwischen krautigen Bestandteilen und holzigem Material optimal.

Mit einer Grabgabel wird der Rohkompost einige Zentimeter tief eingearbeitet.

Planung Kompost

Der richtige Standort

Bei der Planung des geeigneten Standortes sollten Sie überlegen, ob Sie den Kompost bequem von der Küche aus erreichen und/oder ob Sie ihn außer Sichtweite haben wollen. Er darf jedoch auf keinen Fall in der prallen Sonne stehen, da er sonst schnell austrocknet.

Vom Rohkompost zum Reifekompost

Bei richtiger Schichtung haben Sie nach einigen Monaten am Boden des Silos den ersten Rohkompost, bei dem noch viele grobe Bestandteile zu erkennen sind. Diesen Rohkompost können Sie zum Mulchen verwenden, wo er auf dem Beet durch eine Flächenkompostierung weiter zersetzt wird, oder Sie geben ihn in ein zweites Silo.
Durch diese Belüftung wird der Rohkompost noch einmal tüchtig »angeheizt« – in der Fachsprache wird dies »umsetzen« genannt –, und er wird langsam zum einheitlich schwarzen Reifekompost mit nur noch wenigen groben Bestandteilen. Eine weitere Möglichkeit, den Rotteprozess voranzutreiben, ist die Zugabe von organischem Material.

Reife Komposterde ist schwarz und enthält keine gröberen Bestandteile.

Kompostbeschleuniger

Zur Beschleunigung des Verrottungsvorgangs können Sie außerdem noch folgende Stoffe auf den Kompost geben, obwohl dies bei richtig angesetztem Kompost eigentlich nicht nötig ist:

- Organischen Dünger (Hornspäne oder Blutmehl, Seite 196) als »Startfutter« für die Bodenlebewesen.
- Kompostbeschleuniger (aus dem Fachhandel oder dem Gartencenter), der die Aktivität der Bodelebewesen fördert.
- Gesteinsmehle (Seite 191), die den Übergang von Roh- zu Reifekompost beschleunigen.
- **Tipp:** Reifer wie roher Kompost gehören zu den besten Bodenverbesserern: Bereits eine 3 bis 4 cm starke Kompostschicht genügt, um die Pflanzen weitgehend mit allen wichtigen Nährstoffen zu versorgen!

Was darf auf den Kompost?

- Gartenabfälle: zerkleinerter Strauch-, Hecken- und Baumschnitt, Laub, Gras, Erntereste, Pflanzenreste
- Küchenabfälle: Gemüse- und Obstreste (roh oder gekocht), Kaffee- und Teesatz, Eierschalen
- Sonstige Abfälle: Alte Erde, Inhalt von Balkonkästen, Blumentrögen oder Blumentöpfen, Grassoden, Menschen- und Tierhaare, Holzspäne, Einstreu, Tonscherben.

Was darf nicht auf den Kompost?

- Kranke Pflanzen und Pflanzenteile
- Wurmige Früchte und Gemüse
- Fleisch-, Geflügel- oder Fischabfälle
- Plastik
- Glas, Porzellan.

Richtig düngen

Vor allem durch Ernten oder Rückschnitt werden dem Boden wichtige Nährstoffe entzogen, die nachgeliefert werden müssen. Eine Düngung empfiehlt sich vor allem für folgende Kulturen:

- Gemüse
- Rosen und Rhododendren
- Pflanzen in Balkonkästen, Trögen und Töpfen
- einjährige Sommerblumen und manche Kräuter
- stark zehrende Stauden
- stark zehrende Zwiebel- und Knollenpflanzen
- Rasenflächen.

Stark- und Schwachzehrer

Besonders bei Gemüse-, Stauden- und Zwiebelpflanzen kann der jeweilige Nährstoffbedarf sehr stark variieren. Dabei unterscheidet man zwischen Starkzehrern wie etwa Rosen oder Kohl, die viele Nährstoffe brauchen, und Schwachzehrern wie beispielsweise Ringelblumen oder Bohnen, die nur sehr wenig Dünger benötigen.

Nährstoffmangel erkennen

Bei nährstoffarmem Boden kann es ohne Düngung bei den betroffenen Pflanzen zu Mangelerscheinungen kommen, die sich je nach fehlendem Nährstoff in unterschiedlichen Symptomen ausdrücken. Ein erheblicher Mangel mit entsprechenden Folgen wie sie in der nebenstehenden Tabelle beschrieben sind, kommt jedoch relativ selten vor. Meistens wächst die Pflanze einfach nur entsprechend schwächer.

Düngemittel

► **Mulchen:** Mulchen mit organischem Material ist eine natürliche und langfristige Methode, Nährstoffe nachzuliefern und die Fruchtbarkeit des Bodens zu steigern. Zum Düngen sollte allerdings gleichzeitig immer noch ein organischer Dünger ausgebracht werden, um den Verrottungsprozess des Mulchmaterials zu beschleunigen.

► **Organischer Dünger:** Organische Düngemittel werden aus Naturstoffen tierischen Ursprungs wie Hornspänen, Blut- und Knochenmehl oder Guano (Vogelmist) hergestellt. Sie erreichen die Pflanze nicht direkt, sondern müssen erst von den Bodenlebewesen aufgeschlossen werden und wirken deshalb besonders mild und langsam. Dabei gilt: Je gröber die Düngemittel (z. B. Späne oder Pulver), desto langsamer ist die Umsetzung und damit auch die Wirkung.

► **Mineraldünger (Kunstdünger):** Im Gemüsebau wird häufig Mineraldünger aus Salzen verwendet, der bei sehr nährstoffarmen oder frisch gemulchten Böden direkt an der Pflanze ausgebracht wird – fachsprachlich »Kopfdüngung« genannt – und eine besonders rasche Wirkung auf das Pflanzenwachstum hat. Mineraldünger beeinträchtigt jedoch wegen der Salze das Bodenleben und sollte deshalb im Biogarten vermieden werden. In Balkonkästen oder Blumentöpfen, wo die Erde in der Regel jedes Jahr ausgetauscht wird, spielt dies dagegen keine so große Rolle.

Vor allem im Gemüsebeet ist regelmäßiges Düngen wichtig.

► **Ummantelter Mineraldünger:** Eine Variante des Mineraldüngers ist der ummantelte Mineraldünger, der durch seine Hülle aus Harzen die Wirkstoffe nur langsam an den Boden abgibt und vor allem bei der Rasendüngung und für Balkonkästen eingesetzt wird (Seite 128).

Wichtige Nährstoffe und Mangelsymptome

Nährstoff (chem. Zeichen)	Funktion	Mangelsymptom
Stickstoff (N)	Massenwachstum	Kümmerwuchs, Gelbfärbung bei alten Blättern
Phosphor (P)	Blüten- und Fruchtbildung	violette Verfärbungen bei älteren Blättern
Kalium (K)	Gewebefestigkeit	hell verfärbte Ränder bei älteren Blättern
Kalzium (Ca)	Wasserhaushalt	helle verfärbte Ränder bei jüngeren Blättern
Magnesium (Mg)	Blattgrünbildung	Gelbfärbung zwischen den Blattadern bei jüngeren Blättern

Mangelsymptome zeigen sich häufig an verfärbten Blättern.

▸ **Mischung aus Mineraldünger und organischem Dünger (organisch-mineralischer Volldünger):** Die Kombination aus organischem Material und Mineralsalzen wird meist wie organischer Dünger verwendet und verbindet die Vorteile beider Düngerarten: Die Förderung des Bodenlebens durch die organischen Bestandteile und ein sehr schnelles Pflanzenwachstum durch Kopfdüngung mit dem Mineraldünger.

Flüssiger und fester Dünger

▸ **Flüssigdünger:** Dünger in flüssiger Form ist meist ein Konzentrat aus Mineraldünger, das verdünnt mit der Gießkanne ausgebracht wird. Es eignet sich für Tröge, Balkonkästen und kleine Staudenbeete.

▸ **Düngergranulate:** Granulate sind meist Mineraldünger (Kunstdünger) in reiner oder ummantelter Form für die Langzeitversorgung. Die Zusammensetzung der jeweiligen Inhaltsstoffe ist in der Regel auf die Bedürfnisse von Spezialkulturen wie Rasen, Gemüse, Rosen, Rhododendren, Erdbeeren oder Nadelgehölzen abgestimmt. Düngergranulate werden im Wurzelbereich der Pflanzen ausgestreut.

▸ **Düngemittel in Pulverform:** Bei Düngemitteln in Pulverform handelt es sich meist um organischen Dünger in Form von Guano (Vogelmist) oder Hornspänen bzw. Blut- und Knochenmehl mit einem geringen Anteil an Mineraldünger (Kunstdünger), die für eine rasche Startwirkung eingesetzt werden. Die Zusammensetzung ist wie bei den Düngergranulaten auf spezielle Kulturen ausgerichtet.

Wie oft und wieviel düngen?

Richten Sie sich hinsichtlich der Häufigkeit und Menge der Düngergaben nach den Anweisungen auf der Packung, auf der für jede Kultur die richtige Dosis bzw. der richtige Zeitpunkt angegeben ist. Wichtig ist, dass Sie sich an diese Vorgaben halten, denn eine Überdüngung kann vor allem bei Gemüsepflanzen ebenso schädliche Folgen haben wie eine Unterversorgung mit Nährstoffen. Generell gilt:

▸ Organischer Dünger und ummantelter Mineraldünger werden zweimal jährlich in größeren Mengen ausgebracht.

▸ Mineraldünger mit seiner direkten Wirkung wird dagegen wesentlich öfter, aber immer nur in kleinen Mengen gegeben, um auf jeden Fall eine Überdüngung zu vermeiden.

Arbeiten Sie den Dünger mit einem Rechen leicht in den Boden ein – am besten an einem regnerischen oder bedeckten Tag – und wässern Sie anschließend gründlich, damit der Dünger möglichst rasch zu den Wurzeln gelangt.

Pflegetipp
Dünger

Pflanzen, die keinen Dünger brauchen

Größere, eingewachsene Gehölze wie Laub- und Nadelbäume bzw. -sträucher oder Kletterpflanzen mit ihrem starken Wurzelwachstum erschließen sich ihre Nährstoffe meist selbst und brauchen bis auf wenige Ausnahmen keinen Dünger. Zu den Pflanzen, die nicht gedüngt werden dürfen, gehören

▸ Farne und Gräser
▸ die meisten Kräuter
▸ die meisten Steingartenstauden.

Ummantelter Kunstdünger wird zum Düngen von Rasenflächen genutzt.

Spezialdünger

Für bestimmte Kulturen wie Rhododendren (Seite 56), Gemüse (Seite 162), Rasen (Seite 21) oder Rosen (Seite 144) gibt es im Fachhandel oder Gartencenter spezielle Düngepräparate, deren besondere Nährstoffzusammensetzung den individuellen Bedürfnissen der Pflanzen entspricht und spezifischen Mangelsymptomen vorbeugt.

Pflanzen-krankheiten und Schädlinge

Gezieltes Vorbeugen mit biologischen Mitteln und sanfte Medizin aus der Natur – damit die Pflanzen gesund bleiben!

PFLANZENKRANKHEITEN UND SCHÄDLINGE

Schnecken
Seite 205
bei hoher Feuchtigkeit

Blattläuse
Seite 205
bei Überdüngung

Mehltau
Seite 201
bei zu dichter Bepflanzung

Zahlreiche Pflanzen werden heute in unterschiedlichsten Sorten angeboten und jedes Jahr kommen neue hinzu. Diese Züchtungen sind jedoch besonders anfällig für Krankheiten und Schädlinge, während die Wildformen in der Regel wesentlich robuster sind.
Wie Sie den häufigsten Krankheiten und Schädlingen rechtzeitig mit natürlichen Mitteln vorbeugen bzw. wie Sie Krankheiten möglichst ohne »chemische Keule« heilen können, erfahren Sie in diesem Kapitel.

Vorbeugen ist besser als bekämpfen

Pflanzen bleiben dann gesund, wenn man ihnen möglichst günstige äußere Bedingungen bietet. Eine gute Orientierungshilfe ist dabei der natürliche Standort der Pflanze, an dem sich eigentlich alles ablesen lässt, was die Pflanze zum Wachsen braucht:

- Welche klimatischen Verhältnisse bzw. welches Mikroklima sagt ihr zu?
- Welchen Boden bevorzugt sie?
- Wie viel Abstand oder Nähe zu anderen Pflanzen tun ihr gut?
- In welcher Pflanzengesellschaft fühlt sie sich wohl?

Dies gilt insbesondere für empfindliche Pflanzen, die unter widrigen Bedingungen nur kümmerlich bzw. gar nicht wachsen oder sogar krank werden und schlimmstenfalls eingehen. Daneben gibt es aber auch die »Alleskönner«, die mit fast jeder Art von Standort und Klima zurechtkommen und deshalb pauschal als »robust« bezeichnet werden.

Einkaufstipp
Pflanzen

Robuste Sorten

Wählen Sie bei krankheitsanfälligen, empfindlichen Pflanzen – das gilt vor allem für Gemüsepflanzen und Rosen – möglichst nur solche Sorten, die besonders widerstandsfähig gegen artspezifische Krankheiten sind.

Der richtige Standort

Setzen Sie Ihre Pflanzen möglichst nur an solche Standorte, die ihren natürlichen Bedingungen am meisten entsprechen. Dadurch und durch den Abstand zu anderen Pflanzen bestimmen Sie zugleich das Mikroklima, wobei eine schattige, feuchte, dicht bepflanzte Nordecke natürlich über ein anderes Mikroklima verfügt als eine sonnige, offene Beetfläche, wie es sich anhand zweier Beispiele leicht zeigen lässt:

- Thymian, der in der steinigen Bergwelt Griechenlands zu Hause ist und viel Sonne braucht, will nicht in ein feuchtes, schattiges Beet gesetzt werden, sondern bevorzugt die trockene Nähe von Steinen etwa auf einer sonnigen Terrasse oder im Steingarten.
- Rosen wiederum vertragen keinen Standort mit stehender Luft aufgrund einer zu engen Nachbarschaft, wo sie von der Morgenfeuchtigkeit nicht abtrocknen können. Besser geeignet ist dagegen ein luftiger Platz mit viel Morgensonne, ohne dass die Pflanzen dabei im Zugwind stehen.

Trockenschäden an Rhododendren entstehen durch mangelndes Wässern.

Starker Mehltaubefall auf Rosenblättern

Der richtige Boden

Pflanzen brauchen zum Gedeihen außerdem einen Boden, der ihren jeweiligen Bedürfnissen entspricht. Anhand von Bodenproben und -tests, die Ihnen genauen Aufschluss über die Beschaffenheit Ihres Gartenbodens geben (Seite 188), können Sie dann die passenden Pflanzen aussuchen. Für Pflanzen, die besondere Ansprüche an den Boden stellen, etwa Rhododendren, bzw. bei sehr nährstoffarmen oder schweren Boden können Sie den Boden durch einfache Maßnahmen entsprechend verbessern (Seite 190). Neben dem richtigen Boden brauchen die Pflanzen auch eine ausgeglichene Düngung, also nicht zu viel und nicht zu wenig, was vor allem Starkzehrer wie Rosen oder Kohl gesund und robust hält, dazu eine regelmäßige Bodenpflege mit Mulchen (Seite 192) und Kompostgaben (Seite 194) sowie ausreichendes Wässern.

Stehen Rosen zu dicht, werden sie häufig von Mehltau befallen.

Gelbfallen helfen bei der Abwehr der Kirschfruchtfliege.

Die richtige Nachbarschaft

Nicht alle Pflanzen können sich gegenseitig »riechen«. Besonders bei Gemüse- und Gewürzpflanzen mit einem hohen Anteil an ätherischen Inhaltsstoffen gibt es Arten, die sich untereinander nur schlecht vertragen und deshalb nicht in sehr enger Nachbarschaft gepflanzt werden sollten.

Diese Eigenschaft können Sie sich aber auch zunutze machen, denn die Pflanzen haben zugleich eine abschreckende Wirkung auf Schädlinge. Sparen Sie in Ihrem Garten also nicht an solchen »Geruchspflanzen«, von denen Sie eine Auswahl in der Tabelle auf Seite 203 finden.

Pflanzenkrankheiten durch Pilze

Pilze sind die Hauptverursacher von Pflanzenkrankheiten und treten meist bei feucht-warmer Witterung auf, seltener werden Pflanzen dagegen durch Bakterien oder Viren geschädigt. Ein leichter Pilzbefall mit Schimmel, Schorf oder Mehltau ist

Apfelschorf zeigt sich als dunkle Flecken auf Früchten und Blättern.

Falscher Mehltau bei Rosen tritt vor allem bei schlechter Luftzirkulation auf.

oft unvermeidbar und auch tolerierbar, ein schädlicher Massenbefall wird dagegen meist durch falsche Standorte und Kulturfehler verursacht und erfordert nicht selten drastische Maßnahmen.

► Bei einem Massenbefall mit Pilzen helfen auch starke chemische »Keulen« nichts mehr, sondern nur die Ermittlung und Beseitigung der Ursache, die meist in einer falschen Standortwahl und/oder in einer fehlerhaften Kultur begründet ist.

► Wenn es in Ihrem Garten wiederholt zu starkem Pilzbefall kommt, sollten Sie im zeitigen Frühjahr außerdem unbedingt einige vorbeugende Maßnahmen ergreifen (Seite 203). Dadurch verhindern Sie eine zu starke Ausbreitung der Pilze, und Sie schränken das Schadbild soweit ein, dass es tolerierbar bleibt.

Schädlinge und Nützlinge

Eine weiterer Grund, warum Pflanzen krank werden oder eingehen, sind die so genannten Schädlinge, zu denen von der Blattlaus und den Nematoden über Schnecken oder Kirschfruchtfliegen bis zur Wühlmaus alle Tiere zählen, die sich von Zier- und Nutzpflanzen ernähren. Dabei unterscheidet die Natur nicht zwischen Schädling und Nützling, denn die Nahrungspyramide baut sich auf dem Prinzip des Fressens und Gefressenwerdens auf, bei dem das Gleichgewicht zwischen Tier und pflanzlichem oder tierischem Nahrungsangebot erhalten bleibt.
Kommt es trotzdem einmal zur Massenvermehrung einer Art, wird diese im Lauf der Zeit durch den darauf folgenden Nahrungsmangel auf natürliche Weise bald wieder ausgeglichen.
Auch im Garten gibt es ein großes Angebot an potenziellen Futterpflanzen, und bevor die Natur sich hier regulieren kann, kann eine ganze Ernte oder Anpflanzung verschwunden sein. Vor allem bei Monokulturen im Gemüsegarten und bei geschwächten Pflanzen kommt es leicht zu einer Massenvermehrung von Schädlingen. Dagegen ist ein kleiner, natürlicher Befall wie einige Blattläuse an Rosen oder ein paar wurmige Zwetschgen durchaus tolerierbar.

Brühen und Jauchen helfen bei der Bekämpfung von Raupen.

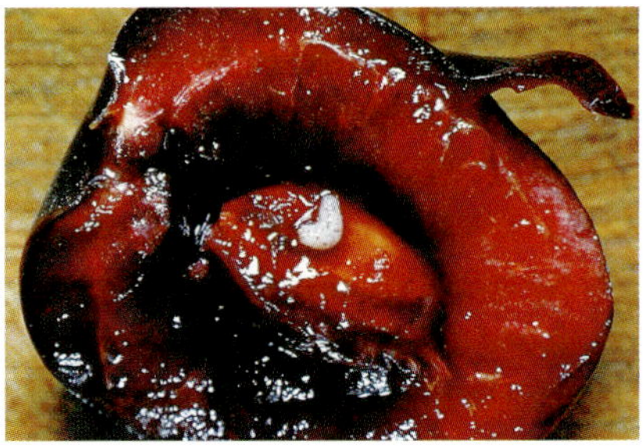

Kirschfruchtfliegen lassen sich mit beleimten Gelbfallen abfangen.

Damit es nicht zu einem Massenbefall kommt, der Ihre ganze Arbeit zunicht macht, können Sie ab April einige allgemein vorbeugende Maßnahmen treffen. Ab Seite 205 werden außerdem die häufigsten Gartenschädlinge genau vorgestellt sowie Tipps zur Vorbeugung und Bekämpfung gegeben.

Nützlinge im Garten schützen

Zu den Nützlingen zählen Vögel wie etwa die Meise, einige Käfer und Würmer oder auch Spinnen.

Marienkäferlarven ernähren sich vor allem von Blattläusen.

► **Meise:** Der Speiseplan der Meise besteht zur Hälfte aus Schädlingen wie Raupen, Käfern und Läusen, vor allem in der Brutzeit, sodass diese Vögel ganze Rosenpflanzungen von Blattläusen freihalten können. Locken Sie Meisen deshalb durch Vogeltränken und Nistkästen in Ihren Garten, und denken Sie auch an die Winterfütterung.

► **Ohrwurm:** Vor allem in Obstgehölzen bekämpft er wirkungsvoll Blattläuse und andere Schädlinge. Tagsüber zieht er sich in dunkle, luftige Verstecke zurück, die Sie ihm anbieten können: Am besten eignen sich mit Holzwolle, Moos oder Ähnlichem Material gefüllte Blumentöpfchen, die umgekehrt in Obstbäumen aufgehängt werden.

► **Marienkäfer:** Ebenso leben Marienkäfer und ihre Larven von Schädlingen, vor allem von Blattläusen, aber auch von Woll- und Schmierläusen. Sie legen ihre Eier vorzugsweise inmitten von Blattlauskolonien ab. Da es meist nur zum Aufbau einer einzigen Population im April/Mai kommt, sollte diese unbedingt geschont werden (in dieser Zeit keine Insektizide anwenden!).

► **Spinnen:** Die scheuen Tiere ernähren sich von Insekten und leben vorwiegend in natürlichen und künstlichen Biotopen.

Was tun bei Pflanzenkrankheiten und Schädlingen?

Die Abwehr von Pflanzenkrankheiten und Schädlingen besteht im wesentlichen aus Vermeidung, Vorbeugung und Bekämpfung:

Vermeidung

Darunter fallen alle planerischen Maßnahmen wie richtiger Standort, resistente Sorten, richtiger Pflanzabstand und eine je nach Art richtige Pflege wie Gießen, Schneiden, Mulchen und Düngen. Außerdem lohnt es sich, Pflanzen mit ätherischen Inhaltsstoffen in die Nähe empfindlicher Pflanzen zu setzen, die nicht nur Krankheiten und Schädlinge fern halten, sondern auch auf andere Weise nutzbar sind.

Durch seine ätherischen Öle hält Meerrettich viele Schädlinge fern.

Vorbeugung

Wurden Ihre Pflanzen schon mehrfach durch Krankheiten oder Schädlinge beeinträchtigt oder vernichtet, können Sie ab dem zeitigen Frühjahr einige vorbeugende Mittel einsetzen:

► Äußerst wirksam sind natürliche Brühen, Jauchen und Tees, deren Erfolg auf einer Stärkung der Abwehrkräfte der Pflanzen und/oder ihrer Geruchswirkung beruht, die

Pflanzen mit ätherischen Inhaltsstoffen

Name	einjährig/zweijährig/ Staude oder Gehölz	Anwendung	Besonderheit
Meerrettich	Staude	3 bis 4 Pflanzen in die Nähe gefährdeter Kulturen (Gemüse- und Blumenbeete)	gegen Fliegen und Raupen, Schädlinge aller Art; großer Platzbedarf (ca. 1 qm/Pflanze), dafür immer frischer Meerrettich im Haus
Lavendel	kleines Gehölz	zwischen Rosen und Gemüse	abschreckende Wirkung auf Ameisen und Blattläuse
Minze, Salbei, Thymian, Wermut u. a.	einjährig oder mehrjährig	zwischen Rosen und Gemüse	auf geeigneten Standort achten, beliebte Gewürzpflanzen
Knoblauch/ Zwiebel	zweijährig	reichlich zwischen Gemüsekulturen oder Stauden	kaum Platzbedarf, ausgewachsene Pflanzen zur Vorbeugung für Brühen verwenden (Seite 204)
Calendula (Ringelblume)/ Tagetes (Studentenblume)	einjährig	zwischen Rosen und Gemüsepflanzen	bei »Bodenmüdigkeit« in Monokulturen aufgrund großer Vermehrung von schädlichen Nematoden

Brühen, Jauchen, Tees

Mittel	Herstellung	Anwendung	Wirkung
Schmierseife	200 g in 10 l kaltem Wasser auflösen	unverdünnt spritzen	Vorbeugung und Bekämpfung von Läusen und Milben aller Art
Kompostbrühe	2-3 kg reifen Kompost 2 Wochen in 10 l kaltem Wasser ansetzen, täglich umrühren	1:10 verdünnen und spritzen	Stärkung der Abwehrkräfte, zur Vorbeugung gegen Schädlinge, Bekämpfung von Pilzkrankheiten
Walnuss-/Thuja-/ Holunderblätter	1 kg in 10 l kaltem Wasser ansetzen oder als Tee kochen	1:10 verdünnen und spritzen	zur Vorbeugung und Bekämpfung von Insekten und Pilzkrankheiten
Knoblauch/Zwiebel (-schalen)	500 g zerkleinern, in 10 l kaltem Wasser ansetzen und 1 Woche ziehen lassen	1:10 verdünnen und spritzen	gute Stärkung der Abwehrkräfte, zur Vorbeugung gegen Blattläuse
Brennnesselblätter	1 kg in 10 l kaltem Wasser ansetzen und 2 Wochen ziehen lassen oder als Tee kochen	unverdünnt spritzen	Stärkung der Abwehrkräfte, zur Vorbeugung und Bekämpfung von Insekten
Schachtelhalm- und/oder Farnkraut	1 kg auf 10 l Wasser kalt ansetzen oder (besser) als Tee kochen	Tee 1:10, Brühe 1:5 verdünnen und spritzen	gute Vorbeugung gegen Pilzkrankheiten
Tomatenblätter	1 kg in 10 l kaltem Wasser ansetzen und 10 Stunden ziehen lassen	1:10 verdünnen und spritzen	zur Vorbeugung und Bekämpfung von Insekten

Pilze und Schädlinge fern halten. Sie können diese Brühen bzw. Jauchen und Tees selbst ansetzen, wie in der Tabelle oben beschrieben, oder aber im Fachhandel entsprechende Fertigpräparate kaufen, die noch leichter zu handhaben sind. Zur Vorbeugung sollten Sie die gefährdeten Pflanzen einmal wöchentlich damit bespritzen.

Pflanzenjauchen und -brühen beugen Krankheiten und Schädlingen vor.

► Eine zweite Möglichkeit sind leichte chemische Präparate zur Vorbeugung gegen Pilze, die wegen ihres starken Geruchs zugleich eine abschreckende Wirkung auf Schädlinge haben. Lassen Sie sich bei der Auswahl der geeigneten Mittel von der Pflanzenschutzabteilung eines Gartencenters beraten. Dosis und Häufigkeit der Anwendung sind auf dem Beipackzettel angegeben.

Bekämpfung

Eine Bekämpfung wird dann notwendig, wenn die Schädlinge bzw. das Schadbild schon deutlich sichtbar ist. Dazu gehören:

► Regelmäßiges Entfernen von Schädlingen mit der Hand wie etwa das Absammeln von Schnecken und Blattläusen.

► Großzügiges Abschneiden von pilzbefallenen Pflanzenteilen.

► Brühen, Jauchen, Tees: Wirkungsvoll ist regelmäßiges Besprühen (alle zwei bis drei Tage) der befallenen Pflanzen mit Brühen, Jauchen oder Tees, deren Zubereitung und Anwendung in der oben stehenden Tabelle beschrieben ist.

► Chemische Präparate: Chemische Präparate sind weniger empfehlenswert, da sie auch die Nützlinge wie etwa Marienkäfer oder Ohrwurm

Schädlinge
Bekämpfung

Hilfe vom Fachmann

Wenn Sie die Krankheit oder den Schädling nicht bestimmen können, wenden Sie sich an Ihren zuständigen amtlichen Pflanzenschutzdienst (Branchenbuch oder Adresse auf Seite 218) bzw. an die Pflanzenschutzabteilung eines Gartencenters, und nehmen Sie eine Probe des Schadbilds mit. Dort wird man Ihnen auch bei der Wahl des richtigen Mittels behilflich sein.

erfassen. Zudem sind viele dieser Mittel gesundheitsschädlich, sodass Sie sich in jedem Fall vorher ausführlich von einem Fachmann beraten lassen und die entsprechenden Sicherheitsvorkehrungen bei der Anwendung beachten sollten.

Schnecken

► **Schadbild:** Von den Rändern her angefressene Blätter und Triebe sowie Schleimspuren.

► **Vermeidung:**

– Tagsüber verstecken sich Schnecken an feuchten, kühlen Orten wie ungemähten Wiesen, unter Brettern oder Steinplatten und an allen möglichen schattigen Plätzen. Vermeiden Sie deshalb solche Unterschlupfe in der Nähe Ihrer Beete

Schneckenzäune an Gemüse- oder Staudenbeeten halten Schnecken fern.

bzw. nutzen Sie sie als Falle, wo Sie die Schnecken absammeln und dahin bringen, wo sie keinen Schaden anrichten können.

– Suchen Sie an diesen Stellen bereits im Herbst oder im zeitigen Frühjahr nach Gelegen, und beseitigen Sie die Eier.

► **Vorbeugung:**

– Sehr empfehlenswert sind spezielle Schneckenzäune (im Fachhandel erhältlich), die unbedingt an gefährdeten Gemüse- und Staudenbeeten angebracht werden sollten.

– Auch trockenes Sägemehl oder Sand bildet eine gute Barriere gegen Schnecken, allerdings hilft dies nur bei trockener Witterung.

Häufiger Schädling

Schnecken sind der Schrecken aller Gemüsegärtner und Staudenliebhaber. Vor allem die Nacktschnecken können ganze Pflanzungen und Ernten vernichten! Um das giftige chemische Schneckenkorn zu vermeiden, sind unbedingt einige vorbeugende Maßnahmen ratsam.

– Legen Sie vor der Pflanzung über Nacht Bretter oder ähnliche Verstecke in der Nähe gefährdeter Beete aus. So können Sie am Morgen alle Schnecken, die diesen Unterschlupf aufgesucht haben, absammeln und beseitigen.

– Plastikbecher, die ebenerdig versenkt und mit Bier gefüllt werden, sind ebenfalls gute Fallen.

– Spritzungen im Umfeld mit stark riechenden Brühen wie Knoblauch (links) haben eine leicht abschreckende Wirkung.

Die weißen Schneckeneier sollten Sie rechtzeitig beseitigen.

► **Bekämpfung:**

– Nur zur direkten Bekämpfung bei drohendem Totalschaden sollte das giftige Schneckenkorn angewendet werden. Da es aufgrund seiner Farbe und Form auch für Kinder und Haustiere attraktiv ist, müssen Sie den Einsatz genau überwachen.

– Ein neues Mittel mit natürlich vorkommenden Eisenphosphatverbindungen könnte sich als ungiftige Alternative erweisen. Lassen Sie sich im Gartencenter dazu beraten.

Blattläuse

► **Schadbild:** Grüne oder auch schwarze Läuse vor allem an den Triebspitzen von Rosen, Holunder und Obstgehölzen.

Empfindliche Pflanzen wie Rosen sind besonders anfällig für Blattläuse.

► **Vermeidung:**

– Überdüngen Sie Ihre Pflanzen nicht, da sie bei »Überfütterung« besonders attraktiv für Schädlinge werden.

– Schützen Sie Nützlinge, die von Blattläusen leben, wie Meise, Ohrwurm oder Marienkäfer (Seite 203).

– Achten Sie auf Ameisen, die von den Ausscheidungen der Blattläuse leben und die Schädlinge regelrecht zu ihren Wirtspflanzen tragen. Halten Sie die Ameisen durch Begießen der

Nester mit einer Jauche aus Walnuss- und/oder Holunderblättern bzw. aus Knoblauch und/oder Zwiebel fern (Seite 203).

► **Vorbeugung:**
– Um die Anzahl der Blattläuse möglichst gering zu halten, spritzen Sie die gefährdeten Pflanzen bei den ersten Anzeichen regelmäßig mit einem scharfen Wasserstrahl ab.
– Auch durch Zerquetschen mit den Fingern (Handschuhe sind dabei empfehlenswert) können Sie eine Blattlauspopulation bedingt einschränken.
– Regelmäßige Spritzungen mit Brühen und Jauchen ab Mai helfen, den Zuflug geflügelter Blattläuse im Juni gering zu halten (Seite 203).

► **Bekämpfung:**
– Brühen und Jauchen haben auch bei großem Befall eine gewisse Wirkung, wenn sie alle zwei bis drei Tage in Form eines Gusses mit der Gießkanne gegeben werden.
– Wirkungsvoll sind auch chemische oder aus Naturstoffen hergestellte Substanzen (Fachhandel).

Nematoden verursachen schlimme Schäden an zahlreichen Pflanzen.

Nematoden

► **Schadbild:** Die 1 mm dicken Fadenwürmer, die nur unter dem Mikroskop sichtbar sind, befallen die Pflanzen vom Boden aus, dabei vor allem Erdbeeren, Kartoffeln, Stauden und Rosen, die bereits lange am gleichen Platz stehen. Die Pflanzen verkümmern, einzelne Blätter sind »verkrüppelt« und die Pflanzen sterben ab. Oft ist zuerst nur eine Pflanze betroffen, um die sich der Befall dann langsam kreisförmig ausbreitet. Nematoden lassen sich durch kleine Ausbeulungen (Eigallen) an den Wurzeln nachweisen.

► **Vorbeugung und Vermeidung:**
– Im Gemüsebeet hilft ein ausgiebiger Fruchtwechsel (Seite 183), damit sich keine Populationen aufbauen können.
– Pflanzen Sie möglichst nur robuste Sorten an.
– Tagetes und Calendula (Ringelblume), zwischen Rosen, Stauden und Gemüse gepflanzt, vertreiben die Nematoden. Bei permanenter Anwendung kann der Boden dadurch regelrecht »entseucht« werden.

► **Bekämpfung:** Boden austauschen.

Wühlmäuse

► **Schadbild:** Wühlmäuse richten erhebliche Fraßschäden an den Wurzeln von Jungpflanzen fast jeglicher Art an, d. h., Stauden, Zwiebelpflanzen, Gemüse, Obst und Rosen verkümmern und sterben ab. Wühlmäuse können Sie durch ihre ovalen Grabgänge in der Erde unter den betroffenen Pflanzen erkennen.

► **Vorbeugung:**
– Setzen Sie stark riechende Pflanzen mit ätherischen Inhaltsstoffen (Seite203) oder Kaiserkronen (Seite 85) zwischen gefährdete Pflanzen.
– Halten Sie eine Katze.
– Stecken Sie klappernde Windräder aus Holz in den Boden, die die lärmempfindlichen Tiere fern halten.

Bei diesen Obstbaumwurzeln haben Wühlmäuse »ganze Arbeit« geleistet.

► **Bekämpfung:** Im Fachhandel sind Fallen, Köder und Räucherwaren erhältlich, die allerdings sehr konsequent angewendet werden müssen, um einen dauerhaften Effekt zu erzielen. Die Maßnahmen sollten außerdem bis in die Nachbargärten reichen, da die Mäuse sonst von dort immer wieder neu »einwandern«.

Mehltau, Rost, Sternrußtau, Schimmel

► **Schadbild:**
– Mehltau zeigt sich als weißer Belag auf oder unter den Blättern von Rosen, Stauden und Gemüsepflanzen, vor allem in längeren Schönwetterperioden.
– Falscher Mehltau ist ein rosenspezifischer Pilz, der sich an rötlichen Flecken auf den Blättern zeigt.
– Rost ist durch kleine, braune Pusteln auf den Blättern von Rosen und Obstgehölzen erkennbar.

– Sternrußtau zeigt sich in Form von schwarzen Flecken auf Rosenblättern.
– Schimmel befällt vor allem Früchte, Gemüse und Jungtriebe verschiedener Pflanzen bei feuchtwarmer Witterung und zeigt sich als grauer Belag, dem so genannten Pilzrasen.

► **Vermeidung:**

– Achten Sie vor allem beim Einkauf von Gemüsesamen bzw. und Rosenpflanzen auf widerstandsfähige Sorten, was auch meist auf den Samentütchen bzw. auf dem Pflanzetikett angegeben ist.
– Pilze benötigen ein feuchtes Mikroklima, was Sie durch ausreichende Pflanzabstände, Ausbrechen von überzähligen Blättern und eine luftige Standortwahl verhindern können.
– Von Pilzen befallenes Laub sollten Sie nicht auf den Kompost geben.

► **Vorbeugung:**

– Pflanzen mit Brühen und Jauchen, vor allem mit Schachtelhalmbrühe, spritzen oder eventuell mit chemischen Pilzbekämpfungsmitteln behandeln (Seite 204); im Frühjahr (Mai/Juni) alle 14 Tage, danach einmal monatlich bis zum Ende der Kulturzeit.
– Pflanzen und Boden regelmäßig mit Gesteinsmehl bestäuben (Seite 191); im Frühjahr (Mai/Juni) alle 14 Tage, danach einmal monatlich bis zum Ende der Kulturzeit.
– Befallene Triebspitzen großzügig zurückschneiden, erste befallene Blätter abzupfen und in die Mülltonne geben, damit sich der Pilz nicht ausbreiten kann. Vorbeugung ist besonders wichtig, wenn in den vergangenen Jahren bereits Pilzkrankheiten aufgetreten sind.

► **Bekämpfung:**

– Hat sich der Pilz bereits auf den meisten Blättern ausgebreitet, hilft nur noch eine »Schockbehandlung«.

Rosenrost ist die häufigste und gefährlichste Rosenkrankheit.

Sie müssen die Spritzungen mit Brühen bzw. Jauchen oder chemischen Präparaten etwa zwei Wochen lang alle drei Tage wiederholen.

Krankheiten und Schädlinge an Obst und Gemüse

Pflanze	Krankheit/Schädling	Schadbild	Behandlung vorbeugend/ akut	Empfehlungen
Apfel, Birne	Schorf	erst Blätter, dann auch Früchte mit schorfigen, trockenen Flecken	zur Vorbeugung Brennnesseljauche und Schachtelhalmbrühe spritzen (Seite 204)	befallene Triebe zurückschneiden (Seite 40), Baum durch starken Schnitt licht halten (Seite 39)
Kirsche	Kirschfruchtfliege	Fliegenmaden in der Frucht	reichlich Gelbfallen (sind mit Leim bestrichen und wirken anziehend wegen ihrer Farbe) in gefährdete Bäume hängen, Fallobst beseitigen	früh reifende Sorten oder Schattenmorelle pflanzen
Tomaten	Blattfleckenkrankheit	braune, trockene Stellen auf den Blättern, die danach absterben	vorbeugend Brühen spritzen und leichte chemische Mittel anwenden (Seite 204)	Pflanzen durch Entfernen der Seitentriebe (= Ausgeizen) licht halten (Seite 166)
Tomaten	Braunfäule	braune Flecken an Stängeln und Blättern, Pflanze fault	zur Vorbeugung Zwiebelschalenbrühe spritzen (Seite 204), bei Befall Gesteinsmehl auf Pflanzen und Boden stäuben (Seite 191)	nicht in die Nähe von Kartoffeln pflanzen, Abstand zwischen den Pflanzen halten
Kohl, Möhren, Radieschen, Rettich	Maden von Gemüsefliegen	offene Fraßgänge, angefressene Stängel	zur Flugzeit (Mai–Juni) Gemüsefliegennetze auslegen, stark duftende Brühen (keine Kompostbrühe!) ausbringen	keinen Kompost als Mulch verwenden
Kohl, Möhren, Radieschen, Rettich	Erdflöhe, Raupen	Lochfraß und Blattrandfraß	Brühen oder Jauchen (keine Kompost brühe!) ausbringen, Boden mit Gesteinsmehl und Algenkalk bestäuben	Mischkulturen mit Tomaten oder Sellerie anlegen, keinen Kompost als Mulch verwenden

GÄRTNERN – GANZ EINFACH

So macht die Gartenarbeit Spaß:
Wissenswertes rund um den Garten und
alles, was dazu gehört.

Sinnvolle Gartengeräte

Egal ob Sie oft oder nur gelegentlich im Garten zu tun haben – damit Ihnen die Arbeit möglichst leicht von der Hand geht, brauchen Sie eine vernünftige Ausstattung an Geräten und Werkzeugen. Dabei sollten Sie auf beste Qualität achten, auch wenn Sie dafür etwas mehr bezahlen. Diese Investition lohnt sich aber in jedem Fall, da preiswerte Geräte häufig weniger langlebig sind.

Werkzeuge zum Schneiden

► **Handschere:** Zum Schneiden von Stauden und Sträuchern.
► **Astschere:** Zum Schneiden von Sträuchern und Bäumen.
► **Rosenschere:** Zum Schneiden von Rosen.
► **Bügelsäge:** Zum Schneiden von dickeren Baumästen.

Zum Gehölzeschneiden: Bügel- und Handsäge, Astschere, Hippe.

Sauzahn und Krail werden zur Bodenbearbeitung verwendet.

► **Handsäge:** Zum Schneiden von Baumästen.
► **Hippe:** Zum Glattschneiden der Wundränder von Astwunden.
► **Handheckenschere/elektrische Heckenschere:** Zum Trimmen von Hecken und Sträuchern. Für Hecken ab 10 Meter Länge lohnt eine leichte elektrische Heckenschere.

Werkzeuge zum Säubern

► **Laubbesen/Besen:** Um Gartenwege und Terrasse sauber zu halten.
► **Metallrechen/Holzrechen:** Zur Beseitigung von größeren Mengen Laub oder Rasenschnitt auf der Rasenfläche (sinnvoll bis 1 m breit). Bei Rasenflächen über 400 qm lohnt ein besonders leichter Holzrechen.

Werkzeuge für die Bodenbearbeitung

► **Ziehhacke:** Zum Unkrautjäten auf dem Blumenbeet.
► **Rechen:** Zum Planieren des Bodens.
► **Grabgabel:** Zum tiefgründigen Lockern des Bodens.
► **Spaten:** Zum Umgraben, zum Pflanzen und Umsetzen von Sträuchern.
► **Krail:** Für leichte Bodenbearbeitung.
► **Sauzahn:** Zum Lockern des Bodens.
► **Wiedehopfhaue, Kreuzhacke/Spitzhacke:** Zum Roden von Wurzeln und zum Aufhacken von verdichteten Böden eignen sich Wiedehopfhaue oder Kreuzhacke, in schweren Fällen hilft die Spitzhacke.

Kombigeräte

Bei den Werkzeugen zum Säubern und für die Bodenbearbeitung sind so genannte Kombigeräte sehr praktisch, bei denen verschiedene Geräte auf einen einzigen Stiel aufgesteckt werden. Die Qualität dieser Stecksysteme ist so gut, dass sie sogar im professionellen Gartenbau verwendet werden.

► **Spitzschaufel/Heugabel (Forke):** Zum Heben von größeren Mengen Kompost.
► **Pflanzschaufel (Pflanzkelle):** Zum Ausheben von kleinen Pflanzlöchern in Balkonkästen und Beeten.
► **Zwiebelpflanzer:** Zum Setzen einzelner Blumenzwiebeln.
► **Löwenzahnstecher:** Zum Beseitigen von Pfahlwurzeln.

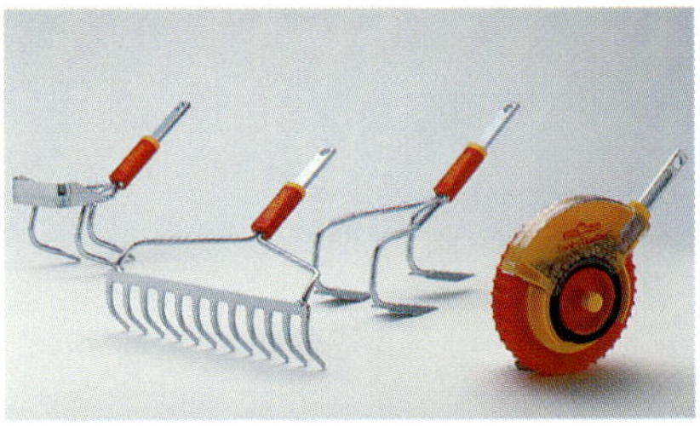

Praktisch und platzsparend: Kombigeräte zur Bodenbearbeitung.

Gießwerkzeuge

► **Plastik- oder Metallgießkanne mit abnehmbarem Brauseaufsatz:** Zum (sanften) Wässern von Pflanzen in kleinen Gärten, auf der Terrasse und dem Balkon.

► **Regentonne:** Liefert belebtes, weiches Wasser ohne Kalk (gut zum Wässern von Rhododendren!). Lässt sich über die Dachrinne befüllen, sofern in diese eine Ableitung eingebaut ist (erhältlich im Baumarkt oder im Fachhandel).

► **Schlauch mit Spritzdüse:** Zum Wässern von größeren Flächen. Wichtig ist, dass Sie die Spritzdüse auf »sanftes« Gießen einstellen können. Mittlerweile werden auch kompatible Stecksysteme angeboten, da mehrere kleinere Schlauchstücke handlicher sind als ein langer Schlauch.

► **Regner:** Je nach Gartenform und -größe werden Dreieck- oder Viereckregner zum Bewässern von Rasen- und Beetflächen angeboten, die durch Stecksysteme mit dem Gartenschlauch verbunden werden.

► **Komplette Bewässerungssysteme:** Bei automatischen Bewässerungssystemen wird ein einfach zugeschnittener Computer (Kostenpunkt ca. 250,– DM) am Gartenwasserhahn installiert, von dem aus ein ausgeklügeltes Leitungssystem zu den Pflanzen führt. Diese softwareunterstützten Leitungssysteme sind so konzipiert, dass jeder geschickte Laie mit dem Aufbau zurecht kommt. Es gibt aber auch Gartengestalter, die sich auf die Planung und Installation spezialisiert haben und die Sie damit beauftragen können. (Erkundigen Sie sich bei den Herstellern nach Adressen in Ihrer Nähe.) Leider haben diese computergesteuerten Anlagen den Nachteil, dass sie auch bei Regenwetter ihr automatisches Gießprogramm nicht unterbrechen, sodass nach einigen Tagen leicht zu viel gegossen wird. Dieser Nachteil lässt sich jedoch mit einem Feuchtfühler, der die Bodenfeuchte misst und bei zu großer Nässe das Programm des Automaten aussetzt, wieder ausgleichen. Allerdings vergeht meist einige Zeit, bis das Messgerät optimal eingestellt ist.
Eine gute Alternative ist eine halbautomatische Bewässerungsanlage mit vorgeschaltetem »Watertimer«, einer Uhr, an der Sie die gewünschte Bewässerungsdauer einstellen können. Wenn der Boden sehr trocken ist, drehen Sie die Uhr besonders weit auf, ist er noch etwas feucht, aber für den nächsten Tag große Hitze angesagt, stellen sie entsprechen weniger Minuten ein. Gut eingestellte automatische Bewässerungsanlagen sind nicht nur zeitsparend, sondern helfen auch wertvolles Trinkwasser zu sparen, da mit ihnen in 10 Minuten ein ganzes Beet gegossen ist. Es erfordert jedoch etwas Fingerspitzengefühl, die Bewässerungsdauer der Anlage so einzustellen, dass die Pflanzen ausreichend Wasser bekommen, ohne dass zu viel gegossen wird. Probieren Sie es anfangs am besten mit jeweils 5 Minuten am Morgen und am Abend und wandeln Sie die Zeiten dann individuell nach den Erfordernissen Ihres Gartens ab. Wichtig ist, dass Sie das Bewässerungssystem regelmäßig warten – schon ein Leck genügt, um das ganze System zum Erliegen zu bringen. Verkalkte oder vom Frost beschädigte Einzelteile müssen deshalb rechtzeitig im Frühjahr ausgetauscht werden.

Im Herbst sollten Sie alle Geräte säubern und trocken lagern.

Hilfsmittel für die Aussaat

► **Kleinstgewächshaus:** Zum Aussäen auf der Fensterbank.

► **Ansaatschalen (eventuell einschließlich Deckel mit Luftlöchern):** Zum Aussäen auf der Fensterbank.

► **Pikierholz:** Zum Umsetzen von Sämlingen.

► **Schlitz- oder Lochfolie/Folientunnel/Vlies:** Als Wärmeschutz für frühe Aussaaten im Gemüsebeet und zur Ernteverfrühung bzw. -verlängerung, als Schutz gegen Schädlinge.

Sonstige Hilfsmittel

► **Schubkarre:** Zum Transportieren von Grasschnitt, Laub, Kompost, Baum- und Heckenschnitt etc.

► **Vorschlaghammer:** Zum Einschlagen von Stützpflöcken.

► **Stabile Leiter:** Zum Schneiden von hohen Hecken oder Obstbäumen.

► **Handschuhe** (aus Leder oder Baumwolle): Zum Schutz der Hände.

Gartencenter, Baumschule, Gärtnerei

Wo und wann ist das Pflanzenangebot am größten? Wo bekommen Sie beste Qualität und woran lässt sie sich erkennen? Damit Sie sich angesichts des riesigen Angebots an Pflanzen schneller zurechtfinden, zum Abschluss noch ein kurzer Überblick über die unterschiedlichen Einkaufsmöglichkeiten:

Wo finden Sie die richtigen Pflanzen?

Ihre Pflanzen werden in Baumschulen, Gärtnereien und zum Teil auch in Gartencentern herangezogen.

Einkaufstipp Pflanzen

So finden Sie »Ihre« Pflanzen

► Krautige Pflanzen wie Stauden werden in Töpfen kultiviert. Sie werden meist nach Standort (Schatten, Halbschatten und Sonne) sowie nach Steingarten-, Beet- und Wasserpflanzen sortiert.

► Gehölze werden in Laub- und Nadelgehölze und ihre verschiedenen Wuchshöhen unterteilt und in Containern oder als verschulte Ware mit oder ohne Ballen angeboten (Seite 30). Ballenlose Ware ist nur im Winterhalbjahr, also ohne Laub erhältlich und bis zu 50 Prozent billiger als Pflanzen mit Ballen, allerdings ist das Anwachsrisiko auch höher. Ihr Einsatz lohnt sich bei großen Pflanzungen wie Hecken und Bodendeckern.

► Manche Baumschulen bzw. Gärtnereien sind auf bestimmte Pflanzenarten wie Rosen, Obst oder Stauden spezialisiert und werden dementsprechend als »Rosenschule«, »Obstbaumschule« oder »Staudengärtnerei« bezeichnet. Sie verfügen natürlich in ihrem jeweiligen Bereich über ein besonders umfangreiches Sortiment.

► **Tipp:** Baumschulen und Gärntereien, die ihre Pflanzen selbst produzieren, können die Ware in unterschiedlichen Größenstadien anbieten und geben in der Regel bei größeren Mengen auch Rabatt. In Gartencentern, die vor allem Zwischenhandel betreiben, ist dies natürlich nicht möglich.

► Eine weitere mögliche Einkaufsquelle sind Versandgärtnereien, die meist ebenfalls einen speziellen Bereich anbieten wie Stauden, Samen, Zwiebeln oder Rosen und auf Anforderung auch Kataloge verschicken. Einige Adressen finden Sie auf Seite 216.

Bei heiklen Pflanzen wie Rosen oder bestimmten empfindlichen Blumenzwiebeln können Sie die Qualität allerdings vorher nicht prüfen, sodass Sie die Ware nach Erhalt gründ-

Stauden und Sommerblumen werden in kleinen Töpfen angeboten.

Gehölze werden meist in Containern angeboten.

lich prüfen und gegebenenfalls reklamieren sollten.

► **Tipp:** Pflanzen brauchen auf dem Versandweg etwa zwei Tage, so dass schimmelige Zwiebeln oder faulige Rosenwurzeln nicht durch einen zu langen Transport verursacht werden!

► Neben den Gartencentern bekommen Sie in den so genannten Gartenfachgeschäften hauptsächlich das »Beiwerk« wie Substrate, Dünger, Pflanzenschutzmittel und Werkzeuge. Gelegentlich werden auch saisonale Pflanzen wie Gemüsejungpflanzen oder Balkonblumen angeboten, seltener dagegen Stauden.

► Erde, Holzhäcksel und/oder Kompost können Sie ab einer Menge von 1 m^3 auch von einem Kompostierwerk beziehen und sich ins Haus liefern lassen. (Kompostierwerke finden Sie im Branchenbuch.)

► Kompost, Sand und Kiessand, vor allem in kleinen Mengen, bekommen Sie auch in manchen Garten- und Landschaftsbaubetrieben (im Branchenbuch nachschauen!).

► Sand oder Kiessand in großen Mengen sind im Kieswerk oder im Baustoffhandel erhältlich und werden auf Wunsch auch geliefert.

Die Tabelle auf Seite 213 zeigt Ihnen, wo und wann Sie die größte Auswahl haben und worauf Sie bei dem Einkauf achten sollten.

Hilfen beim Pflanzeneinkauf

Pflanzenart	Wo größtes Sortiment?	Wann größtes Sortiment?	Angebotene Gebinde	Qualitätsmerkmale
Zierbäume und -großsträucher	Baumschule	IX–X, auch III–IV	10- bis 30-l-Container, Ballenware, ballenlose Ware (nur im Winterhalbjahr), bei Hochstämmen der Stammumfang (StU) in cm in 1 m Höhe, z. B. Hochstamm 18/20, bei Großsträuchern Höhe in cm, z. B. 125/150 und Angabe, wie oft versetzt, z. B. Forsythie (3xv) = dreimal versetzt (verschult)	auf gut durchwurzelten Ballen oder Container achten
Ziersträucher	Baumschule, Gartencenter	ganzjährig	5- bis 20-l-Container, größere Pflanzen als Ballenware, oft auch ballenlose Ware (Massenware) bei Heckenpflanzen (Hainbuche, Liguster) und Wildsträuchern	auf kräftige, verzweigte Pflanzen achten
Obstbäume und -sträucher	Obstbaumschule, Baumschule, Gartencenter	IX–X, III–IV	meist 10-l-Containerware, auch Ballen- und ballenlose Ware erhältlich	auf kräftige, verzweigte Pflanzen achten
Rosen	Rosenbaumschule, Baumschule, Gartencenter, Versandhandel	X	ballenlose Ware meist verpackt, Containerware im 8-l-Topf	bei ballenloser Ware auf A-Qualität achten
Stauden	Staudengärtnerei, Gartencenter, Baumschule, Versandhandel	IX–X, auch noch III–IV	kleine Stauden in 8x8-cm-Topf, Solitärpflanzen in 3-l-Containern	auf gute Durchwurzelung des Töpfchens achten
Zwiebel- und Knollenpflanzen	Gartencenter, Fachhandel, Versandhandel	Frühjahrsblüher: IX–X Sommerblüher: IV–V	10- bis 50-Stück-Gebinde	auf gesunde, dicke Zwiebeln achten, faulige, verschrumpelte oder knospende Zwiebeln meiden
Einjährige Sommerblumen	Gärtnerei, Gartencenter, Fachhandel	IV–V, dann nur noch wenig Angebot	Topfballen oder 8x8-cm-Töpfe	auf kräftige, feste, nicht zu hoch geschossene Pflanzen achten (Test: Topf vorsichtig schütteln)
Zweijährige Sommerblumen	Gärtnerei, Gartencenter, Fachhandel	X, weniger Auswahl in III	Topfballen oder 8x8-cm-Töpfe	auf kräftige, feste, nicht zu hoch geschossene Pflanzen achten (Test: Topf vorsichtig schütteln)
Gemüsepflanzen	Gemüsegärtnerei, Gartencenter, Fachhandel	IV–V, dann nur noch wenig Angebot	Gärtnerei: Topfballen (stark bewurzelter Steckling), Gartencenter: Topfballen und 8x8-cm-Töpfe	auf kräftige, feste, nicht zu hoch geschossene Pflanzen achten (Test: Topf vorsichtig schütteln
Kräuter	Gartencenter, Gemüsegärtnerei Fachhandel	ganzjährig	Topfballen und 8x8-cm-Töpfe	auf kräftige, feste, nicht zu hoch geschossene Pflanzen und gut durchwurzelten Ballen achten (Test: Topf vorsichtig schütteln)

Giftpflanzen im Garten

Kleine Kinder stecken vieles in den Mund – nicht bloß schöne Beeren, sondern auch andere Pflanzenteile. Nur wenige unserer Pflanzen sind allerdings so giftig, dass ihr Verzehr lebensbedrohlich ist: Lediglich etwa jede 70. Pflanzenvergiftung endet mit schweren Vergiftungserscheinungen, und Todesfälle mit Pflanzen oder Pflanzenteilen sind glücklicherweise sehr selten. In unterschiedlich großen Mengen genossen können sie jedoch sehr wohl Übelkeit, Durchfall und/oder Bauchschmerzen bzw. unangenehme Verätzungen verursachen.

Rechtzeitig vorbeugen!

Vor allem, wenn Kleinkinder in Ihrem Garten spielen, ist es ratsam, sämtliche Pflanzen im Garten genau zu kennen:

► Informieren Sie sich vor dem Kauf von neuen Pflanzen, ob sie eventuell giftig sind.
► Wenn Ihr Garten bereits angelegt ist, und Sie sich nicht sicher sind, fragen Sie einen Gärtner nach möglichen Giftpflanzen oder erkundigen Sie sich im Gartencenter.
► Entfernen Sie giftige Pflanzen und attraktive Beeren (auch solche von harmlosen Pflanzen!) aus dem Zugriffsbereich von Krabbel- und Kleinkindern.
► Zeigen Sie die Pflanzen älteren Kindern und erklären Sie ihnen mögliche Gefahren.

Was können Sie im Notfall tun?

Wenn Sie den Verdacht haben, dass Ihr Kind eine Pflanzenvergiftung haben könnte:

► Bewahren Sie Ruhe!
► Versuchen Sie zu ermitteln:
– Um welche Pflanze handelt es sich?
– Welche Teile der Pflanze wurden gegessen?
– Wurde sie nur gekaut und ausgespuckt oder geschluckt?
– Welche Kinder sind eventuell noch betroffen?
► Versuchen Sie nicht, das Kind zum Erbrechen zu bringen, bzw. geben Sie ihm kein Medikament, das Erbrechen auslöst, sondern
► rufen Sie eine Giftberatungsstelle an (Telefonnummer notieren und an auffälliger Stelle anbringen!), und geben Sie an, wovon, wann und welche Menge gegessen wurde. Wenn Sie die Pflanze nicht kennen, beschreiben Sie sie dem Berater so genau wie möglich.
► Muss das Kind laut Auskunft der Beratungsstelle zum Arzt oder ins Krankenhaus, nehmen Sie zur Identifizierung der Pflanze möglichst einen Zweig oder Blütenstand mit (nicht nur Einzelteile wie etwa ein Blatt, eine Blüte oder die Frucht).

Giftig sind alle rohen Busch-, Stangen- und Feuerbohnensorten.

Telefonnummern für den Notfall

Allgemeiner Notruf
Tel. 112

Berlin (Giftnotrufzentrale)
Tel. 0 30/1 92 40

Berlin (Universitätsklinik Rudolf Virchow)
Tel. 0 30/45 05 35 55

Bonn (Informationszentrale gegen Vergiftungen)
Tel. 02 28/2 87 32 11

Erfurt (Giftinformationszentrum für Mecklenburg-Vorpommern, Sachsen, Sachsen-Anhalt, Thüringen)
Tel. 03 61/73 07 30

Freiburg (Informationszentrale für Vergiftungsfälle Universitätskinderklinik)
Tel. 07 61/1 92 40

Göttingen (Giftinformationszentrum Nord für Bremen, Hamburg, Niedersachsen und Schleswig-Holstein, Zentrum für Toxikologie
Tel. 05 51/1 92 40

Homburg/Saar (Informations- und Beratungszentrum für Vergiftungsfälle)
Tel. 0 68 41/1 92 40

Mainz (Beratungsstelle bei Vergiftungen der Universität Mainz)
Tel. 0 61 31/1 92 40

München (Giftnotruf München, Toxikologische Abt. der II. Med. Klinik Rechts der Isar)
Tel. 0 89/1 92 40

Nürnberg (Toxikologische Intensivstation der II. Med. Klinik des Städtischen Krankenhauses)
Tel. 09 11/3 98 24 51

► Gering giftige Pflanzen

Akelei
Anemone
Azalee
Berberitze
Besenginster
Besenstrauch
Blausternchen
Buchs
Butterblume
Eberesche (Vogelbeere)
Edelwicke
Eicheln
Geißblattarten
Gänseblümchen, Maßliebchen
Heckenkirsche, rot und schwarz
Hyazinthe
Jungfer im Grünen
Kirschlorbeer
Klatschmohn
Krokus
Küchenschelle
Liguster
Löwenzahn
Rhododendron
Rosskastanie
Schneeballarten
Schneebeere (»Knallerbsen«, ab fünf Stück)
Schneeglöckchen
Strauchmispel (Cotoncaster)

Azaleen und Rhododendren gehören zu den gering giftigen Pflanzen.

Giftig sind die immergrünen Blätter des Efeus.

Stechpalme
Traubenholunder
Tulpe
Wacholder
Wurmfarn

► Giftige Pflanzen

Aronstab
Blauregen (Glyzine)
Efeu
Eibe (Nadeln und Samen, nicht die Beeren)
Heckenkirsche
Kartoffel (oberirdische Teile)
Liguster (Beeren)
Lupine (Samen)
Milchstern
Narzisse
Oleander
Petunie
Pfaffenhütchen
Pfingstrose
Robinie
Rosenlorbeer
Russenkraut
Sadebaum
Salomonssiegel
Spindelstrauch
Stangen-, Busch- und Feuerbohne, roh
Thuja (Lebensbaum)
Traubenhyazinthe
Warzenkraut
Wolfsmilcharten
Ziertabak

► Sehr giftige Pflanzen

Bilsenkraut
Christrose
Eisenhut (Echter Sturmhut)
Engelstrompete
Fingerhut
Giftsumach
Goldregen (besonders Schoten und Samen)
Herbstzeitlose
Maiglöckchen
Seidelbast

Stark giftig ist der Eisenhut.

Stark giftig: das Maiglöckchen.

Stechapfel
Tollkirsche
Tollkraut
Wunderbaum (Christuspalme)

Riesenbärenklau

Riesenbärenklau, der vor allem in freier Natur wächst, führt nach Hautkontakt und anschließender UV-Bestrahlung zu sehr unangenehmen Verätzungen.

Nützliche Adressen

Baumschulen
Lorenz von Ehren
Zentrale
Maldfeldstraße 4
21077 Hamburg
Tel. 0 40/76 10 80
Fax 0 40/7 61 08 01 00

Inkarho-Rhododendren
H. Hachmann
Brunnenstraße 68
25355 Holstein
Tel. 0 41 23/24 70
Katalog DM 25,–

Baumschule Bruns GmbH
Johann-Bruns-Allee 1
26160 Bad Zwischenahn
Tel. 0 44 03/60 10
Fax 0 44 03/60 11 35
Katalog DM 25,–
Katalog/CD-ROM DM 125,–

Bambus-Centrum Deutschland
Baumschule Wolfgang Eberts
Saarstraße 3–5
76532 Baden-Baden
Tel. 0 72 21/5 07 40
Fax 07 22 1/5 07 40 80

Alte Obstsorten
Baumgartner Baumschulen
Hauptstraße 2
84378 Nöham

Wörlein Baumschulen
Baumschulweg 9
86911 Dießen/Ammersee
http://www.info@woerlein.de
Katalog DM 25.-
CD-ROM (Die Baumscheibe – Lexikon der Baumschulgehölze)

Rosenschulen (auch Versand)
Ingwer Jensen
Am Schlosspark 2b
24960 Glücksburg
Tel. 0 46 31/6 01 00
Fax 0 46 31/20 80
Katalog DM 15,–/17,50

W. Kordes GmbH & Co. KG
Rosenstraßc 54
25365 Klein Offenseth
Tel. 0 41 21/4 87 00
Fax 0 41 21/8 47 45
Kostenloser Katalog

Strobel & Co.
Wedeler Weg 62
25421 Pinneberg
Tel. 0 41 01/2 05 50
Fax 0 41 01/20 55 20
Katalog DM 15,–

Tantau-Rosen
Tornescher Weg 13
25436 Uetersen
Tel. 0 41 22/70 84
Fax 0 41 22/70 87
Kostenloser Katalog

Noack Baum- und Rosenschulen
Im Fenne 54
33334 Gütersloh
Tel. 0 52 41/2 01 87
Katalog DM 10,–

Gönewein
Steinfurther Hauptstraße 1–5
61231 Bad Nauheim-Steinfurth
Tel. 0 60 32/8 51 81
Kostenloser Katalog

Rosen-Union
Steinfurther Hauptstraße 25
61231 Bad Nauheim-Steinfurth
Tel. 0 60 32/96 53 01
Fax 0 60 32/8 62 20
Kostenloser Katalog

W. Schultheis
Bad Nauheimer Straße 3–7
61231 Bad Nauheim-Steinfurth
Tel. 0 60 32/8 10 13
Katalog DM 14,–

Goos-Baumschulen
Wieslocher Straße 26
69168 Wiesloch-Baiertal
Tel. 0 62 22/7 34 34
Kostenloser Katalog

Hetzel-Baumschulen
Am Stadion 18
75038 Oberderdingen
Tel. 0 70 45/22 70

Historische Rosen
Gräfin von Zeppelin
79295 Sulzburg-Laufen
Tel. 07634/69716
http://www.graefin-v-zeppelin.com
Katalog DM 10,–

Englische und Historische Rosen
Rosenschule Kalbus
Hagenhausen
90518 Altdorf
Tel. 0 91 87/57 29
Fax 0 91 87/57 22

Österreich:
Grumer-Rosen
Im Marchfeld
A-2285 Leopoldsdorf

Schweiz:
Richard Huber AG
Rotbühl 10
CH-5605 Dottikon

Staudengärtnereien (auch Versand)
Gerhard Kranich
Straße der Jugend 23
02797 Oybin
Tel. 03 58 44/7 03 41
Kostenloser Katalog

Eberhard Schuster
Augustenhofer Weg 6
19089 Augustenhof
Tel. 0 38 63/22 27 05
Katalog DM 3,–

Karl Wachter
Rollbarg 17
25482 Appen-Etz
Tel. 0 41 01/6 25 11

Friesland Staudengarten
Uwe Knöpnadel
Husumer Weg 16
26441 Jever
Tel. 0 44 61/37 63
Katalog DM 12,–/15,–

Ernst Pagels
Deichstraße 4
26789 Leer
Tel. 04 91/32 18
Katalog DM 5,–

Hagemann
Walsroder Straße 324
30855 Langenhagen
Tel. 05 11/73 76 44
Fax 05 11/73 64 65

H. Klose
Rosenstraße 10
34253 Lohfelden/Kassel
Tel. 05 61/51 55 55
Katalog DM 13,–

Vollkmann
Schillerstraße 34
35452 Heuchelheim
Tel. 06 41/6 54 82
Kostenloser Katalog

Georg Arends
Monschaustraße 76
42369 Wuppertal
Tel. 02 02/46 46 10
Katalog DM 15,–

H. Stade
Beckenstrang 24
46325 Borken-Marbek
Tel. 0 28 61/26 04
Fax 0 28 61/6 51 36
Katalog DM 10,–

Bodo Funk
Schwarze Furth 2
46459 Rees
Tel. 0 28 51/80 15
Fax 0 28 51/81 24

Stauden-Müller
N. Brinkmann
Kampweg 28
49078 Osnabrück
Tel. 05 41/44 34 00
Katalog DM 2,–

Peter und Bärbel zur Linden
Linner Kirchweg 2
49143 Bissendorf
Tel. 0 54 02/56 18
Fax 0 54 02/47 06
Katalog DM 5,50

Willumeit Bambus
Nussbaumallee 69
64297 Darmstadt
Tel. 0 61 51/53 80 08
Fax 0 61 51/53 80 18
Kostenloser Katalog

Odenwälder Pflanzenkulturen
Kayser & Seibert
Wilhelm-Leuschner-Straße 85
64380 Rossdorf
Tel. 0 61 54/90 68
Fax 0 61 54/8 20 69
Katalog DM 15,–

Hochheimer Staudengarten
Gudrun Müller
Nordenstädter Straße 90
65239 Hochheim
Tel. 0 61 46/24 66

Robert Schneck
Fellbacher Straße 158
70736 Fellbach
Tel. 07 11/51 10 15
Kostenloser Katalog

Schöllkopf
Gewand Heckwiesen
72770 Reutlingen
Tel. 0 71 21/5 49 71
Katalog DM 10,–

Hans Götz
Schrambergerstraße 65
77761 Schiltach
Tel. 0 78 36/9 39 80
Katalog DM 20,–

Gräfin von Zeppelin
79295 Sulzburg-Laufen
Tel. 0 76 34/6 97 16
Fax 0 76 34/65 99
http://www.graefin-v-zeppelin.com
Katalog DM 10,–

Rolf Peine
An der Bundesstraße 471
82296 Schöngeising
Tel. 0 81 41/2 40 44
Fax 0 81 41/3 44 07
Katalog DM 6,–

Rieser-Staudengärtnerei
Eckhard Schimana
Waldstraße 21
86738 Deiningen
Tel. 0 90 81/2 80 74
Fax 0 90 81/2 80 75
Katalog DM 5,–

Die Blumenschule
R. Engler/S. Friesch
Augsburger Straße 62
86956 Schongau
Tel. 0 88 61/73 73
Fax 0 88 61/12 72
Kostenloser Katalog

Dieter Gaißmeyer
Jungviehweide 3
89257 Illertissen
Tel. 0 73 03/72 58
Fax 0 73 03/4 21 81
http://www.stauden-gaissmeyer.de
Katalog DM 5,–

G. Rudolf
90518 Altdorf-Hagenhausen
Tel. 0 91 87/84 92
Fax 0 91 87/8 03 41

H. Näpfel
Nürnberger Straße 99
91710 Gunzenhausen
Tel. + Fax 0 98 31/20 70
Kostenloser Katalog

Marx
Bahnstraße 36
96175 Pettstadt
Tel. 0 95 02/2 98

Sortiments- und Versuchsgärtnerei
W. Simon
Staudenweg 2
97828 Marktheidenfeld
Tel. 0 93 91/35 16
Fax 0 93 91/21 83
Preisliste DM 10,–

Zwiebel- und Knollenpflanzen
A. Hoch
Potsdamer Straße 40
14163 Berlin
Tel. 0 30/8 02 62 51
Katalog DM 10,–

Hans-Hermann Diener
Schülper Weide
25764 Schülp
Tel. 0 48 33/20 55

Mauser AG
Industriestraße 24
CH-8404 Winterthur

Samen
Siebers
Christernstraße 59
28309 Bremen
Tel. 04 21/45 20 11
Kostenloser Katalog

Manfed Meyer
Eckenheimer Landstraße 334
60435 Frankfurt/M.
Tel. 0 69/54 65 52
Kostenloser Katalog

Hans Hoffmann KG
Bahnhofsplatz 1
91301 Forchheim
Tel. 0 91 91/6 00 54
Katalog DM 15,–

Mauser AG
Industriestraße 24
CH-8404 Winterthur

Wildblumensamen
Connatur
Stuttgarter Straße 26
31582 Nienburg
Tel. 0 50 21/6 24 06
Fax 0 50 21/1 66 13

Naturwuchs Gärtnerei
Bardenhorst 15
33739 Bielefeld
Tel. 05 21/8 75 15 00
Fax 05 21/8 53 56

Rieger-Hofmann
74972 Blaufelden
Tel. 0 79 52/58 82
Fax 0 79 52/85 09
Kostenloser Katalog

Syringa-Samen
Postfach 1147
78247 Hilzingen-Binningen
Tel. 0 77 39/14 52
Fax 0 77 39/8 77

Hof Berggarten
Lindenweg 17
79737 Großherrischschwand
Tel. 0 77 64/2 39
Fax 0 77 64/2 15
Kostenloser Katalog

Erwin Bauereiß
Markgrafenstraße 21
91438 Bad Windsheim
Tel. 0 98 41/29 74
Kostenloser Katalog

Insektennisthilfen
Vogel- und Naturschutzprodukte
Schwegler
Heinkelstraße 35
73614 Schorndorf
Tel. 0 71 81/50 37

Bodenuntersuchungen
Verband deutscher landwirtschaftlicher Untersuchungs- und Forschungsanstalten
Bismarckstraße 41a
64293 Darmstaft
Tel. 0 61 51/2 64 85
(Gibt Auskunft über lokale Institute)

Pflanzenschutz
Biologische Bundesanstalt für Land- und Forstwirtschaft
Königin-Luise-Straße 19
14195 Berlin
Tel. 0 30/8 30 41

Österreich:
Bundesamt und Forschungszentrum für Landwirtschaft
Spargelfeldstr. 191
A-1226 Wien

Schweiz:
Bundesamt für Landwirtschaft
Abt. Pflanzenschutz
Mattenhofstraße 5
CH-3003 Bern

Hilfreiche Literatur

Austin, D.: Alte Rosen und Englische Rosen. DuMont Verlag, Köln
Austin, D.: Strauchrosen und Kletterrosen. DuMont Verlag, Köln
Bärtels: Gartengehölze. Eugen Ulmer Verlag, Stuttgart
Encke, Dr. Fritz/Buchheim, Dr. Günther/Seybold, Prof. Dr. Siegmund: Zander-Handwörterbuch der Pflanzennamen. Eugen Ulmer Verlag, Stuttgart
Föger, Helga: Arbeitsbuch Mond. Südwest Verlag, München
Griegel, Adalbert: Mein gesunder Gemüsegarten. Eigenverlag Margarete Griegel, Postfach 1211, 55205 Ingelheim
Griegel, Adalbert: Mein gesunder Obstgarten. Eigenverlag Margarete Griegel, Postfach 1211, 55205 Ingelheim
Griegel, Adalbert: Mein gesunder Ziergarten. Eigenverlag Margarete Griegel, Postfach 1211, 55205 Ingelheim
Hansen, R. und Stahl, F.: Die Stauden und ihre Lebensbereiche. Eugen Ulmer Verlag, Stuttgart
Hertle, Bernd/ Kiermeier, Peter/ Nickig, Marion: Gartenblumen. Gräfe und Unzer Verlag, München
Kraus, Hans-Joachim: Gärtnerkalender 1999. Ludwig Verlag, München
Kraus, Hans-Joachim: Zimmerpflanzen. Südwest Verlag, München (ab Juni 1999).
Kraus, Hans-Joachim: Pflanzen für Balkon und Garten. Südwest Verlag, München (ab Oktober 1999).
Kreuter, Marie-Luise: Der Bio-Garten. BLV Verlagsgesellschaft, München
Koch, Harro: Gehölzschnitt. Eugen Ulmer Verlag, Stuttgart
Kreuzer, Johannes: Kreuzer's Gartenpflanzen-Lexikon, Bd. 1: Laubgehölze, Kletterpflanzen, Koniferen. Bernhard Thalacker Verlag, Braunschweig
Kreuzer, Johannes: Kreuzer's Gartenpflanzen-Lexikon, Bd. 2: Stauden, Gräser, Farne, Wasserpflanzen. Bernhard Thalacker Verlag, Braunschweig
Kreuzer, Johannes: Kreuzer's Gartenpflanzen-Lexikon, Bd. 3: Obst, Gemüse, Kräuter. Bernhard Thalacker Verlag, Braunschweig
Kreuzer, Johannes: Kreuzer's Gartenpflanzen-Lexikon, Bd. 4: Sommerblumen, Blumenzwiebeln und -knollen, Beet- und Balkonpflanzen. Bernhard Thalacker Verlag, Braunschweig
Möhring, Wolfgang: Antibiotika aus der Natur. Ludwig Verlag, München
Die 100 besten Tipps: Gärtnern im Einklang mit dem Mond. Ludwig Verlag, München
Scherf, Dr. Gertrud: Gesundheit von der Fensterbank. Ludwig Verlag, München
Scherf, Dr. Gertrud: Pflanzen vermehren. Ludwig Verlag, München
Schultheis, Heinrich: Rosen. Eugen Ulmer Verlag, Stuttgart
Seifert, Alwin: Gärtnern und Ackern ohne Gift. Biederstein Verlag, München
Sieber, Josef: Rosen. BLV Verlagsgesellschaft München
Siweniak, Marek und Kusche, Dietrich: Baumpflege heute. Patzer Verlag, Berlin
Stangl, Martin: Großer Gartenratgeber. BLV Verlagsgesellschaft, München
Woessner, D.: Das praktische Rosenbuch. Eugen Ulmer Verlag, Stuttgart

Zeitschriften rund um den Garten

Flora. Gruner & Jahr, Hamburg
Garten Zeitung. Deutscher Bauernverlag, Berlin
Gartenmagazin, Zeitschrift der österreichischen Gartenbaugesellschaft. Parkring 12, A-1010 Wien
Gartenpraxis. Eugen Ulmer Verlag, Stuttgart
Kraut & Rüben. BLV Verlagsgesellschaft, München
mein schöner garten. Burda Verlag, Offenburg
Schweizer Garten, Zeitschrift der deutsch-schweizerischen Gartenbauvereine. CH-3110 Münsingen

Internet-Adressen

http://home.t-online.de/home/fs.gartenbau.landshut (viele links!)
http://www.gartenmax.de
http://www.gartensoft.de
http://www.gnet.de
http://www.haus.de/garten
http://www.mein-schoener-garten.de
http://www.oneworld.de

CD-ROMs

Flower Power
Lexikon der Gartenblumen
Katharina Adams
Raunerstraße 10/Ried
86424 Dinkelscherben
Tel. 0 82 36/9 00 31

Die Baumscheibe
Lexikon der Baumschulgehölze
Wörlein Baumschulen
Baumschulweg 9
86911 Dießen/Ammersee
http://www.info@woerlein.de

Pflanzenregister deutsch

Pflanzenregister lateinisch

Sachregister

Impressum

Impressum

Redaktion
Christine Pfützner
Redaktionsleitung
Dr. Reinhard Pietsch
Fachberatung
Brigitte Rost
Bildredaktion
Doris Leuthold
Illustrationen
Marlene Gemke
Umschlag und Layout
Manuela Hutschenreiter
Titelbild
Tony Page (Tony Stone, München)
Satz/DTP
Maren Scherer
Produktion
Manfred Metzger
Druck
Westermann, Zwickau

Gedruckt auf chlor- und säurearmem Papier
Printed in Germany

ISBN 3-7787-3746-5

Über die Autoren
Wilhelm Künast ist Diplomingenieur im Fach Gartenbau und leitet seit 15 Jahren einen eigenen Betrieb für Garten- und Landschaftsbau.
Dirk Hartmann ist Landschaftsgärtner in München. Seit Jahren hat er sich hier als Experte für Gestaltung und Pflege von Privatgärten einen Namen gemacht.
Hans-Joachim Kraus ist Diplombiologe und auf Ökologie und sanfte Schädlingsbekämpfung spezialisiert.

Anmerkung der Redaktion
Diesem Buch liegt die im Juli 1996 in Wien beschlossene und seit 1.8.1998 verbindliche Neuregelung der deutschen Rechtschreibung zu Grunde.

Hinweis
Das vorliegende Buch ist sorgfältig erarbeitet worden. Dennoch erfolgen alle Angaben ohne Gewähr. Weder Autoren noch Verlag können für eventuelle Schäden, die aus den im Buch gemachten Hinweisen resultieren, eine Haftung übernehmen.

Bildnachweis
Rückseite: Tony Stone (Simon Jauncey)
Katharina Adams: 71 o.M., 72 u.l., 85 M., 88 o.r., 103 o.r., 106 o.l., o.r., 107 M., 109 o.r., 110 u.M., 111 o.l., 112 o.l., 116 u.l., 120 o.r., 122 o.l., 123 M., u.l., 128 o.l., M., 129 o.r., 130 u.M., 132 o.r., 134 o.r., 135 o.r., 136 M., 138 o.l., o.r., 141 o.l., M., o.r., 146 o.l., 147 M., 149 u.l., 152 o.M., 158 u.r., 160 , 201 u.M., 202 o.l., 215 M.; Fotoagentur Dorothea Baumjohann: 205 o.r., 206 o.r.; C/ J. Stork MSG: 169 u.l.; Die Grüne Fotoagentur/Henseler:197 o.r., 201 u.l., o.M., 202 u.l., u.r., 203 o.l., 206 u.l., 207 o.r.; Felix Gross: 182 u.M.; Joachim Heller: 34 o.l., 76 M., 79 u.r., 82 o.M., 83 o.M., 84 o.M., 85 (2)., 86 o.r., 87 o.l., 88 o.l., 90 o.l., 102 o.M., o.r.., 104 o.l., 109 o.M., 111 o.M., 112 o.M., 113 o.l., 128 o.r., 129 o.l., 130 M., 132 o.l., 133 o.l., o.r., 134 M., 137 M., 147 o.l.; J. Stork MSG: 211 o.r.; MEIN SCHÖNER GARTEN: 49 M. (B.Welsch), 67 o.r. (A.Kögel), 68 o.r. (G.Fischer); Marion Nickig: 24, 177 u.l., 190 o.r., 208 , 209; Inge Ofenstein: 13 u.r., 16 , 18 o.M., 57 o.l., 57 o.M.; Picture Press/Wetterwald: 66 o.M.; Wolfgang Redeleit: 5 r., 188 M., 189 o.l., M., u.l., 190 o.l., 192 o.M., 195 u.l.; Reinhard-Tierfoto: 4 r., 5 l.,11 u.r., 14 u.r., 20 M., 26 M., 27 o.r., 28 o.M., 31 u.r., 35 u.l., 36 M., 37 o.M., o.r., M., 39 o.l., 41 o.r., 43 M., o.r., 44 u.l., u.M., 45 u.r., 46 o.M., o.r., 49 l., M.o., M., 51 (3), 55 o.M., 56 o.l., 58 u.l., o.r., 59 o.r., M., 60 (4)., 66 o.r., 70 u.r., o.M., 72 M., o.r., 73 o.M., 87 o.r., 89 o.M., u.r., 90 u.M., 92 u.r., 98 o.r., 103 o.l., 104 o.M., o.r., 105 o.l., o.M., 106 o.M., 109 o.l., 110 o.l., o.r., 111 o.r., 112 u.r., 113 o.r., 116 u.M., 117 o.M., u.M., o.r., 121 u.r., 123 u.r., u.l., 126 u.l., 129 u.l., 130 o.r., 131 o.l., u.l., 132 M., 133 M., 137 o.l., o.r., 143 o.l., o.r., u.l., 144 o.r., u.l., 146 u.l., u.r., 148 o.l., 149 o.M., 153 o.l., u.r., 162 u.r., u.r., 164 u.r., 165 u.l., u.r., 168 o.l., 170 o.r., 171 u.r., 173 o.l., o.r., 174 u.l., 175 o.r., 180 u.l., 182 o.M., 183 o.l., u.l., 184 , 185 u.M., 186 u.l., 187 o.M., 193 o.l., u.l., 196 o.r., 197 o.l., 202 o.r., 204 u.l., 205 o.l., u.l., 210 o.M., u.l., 212 o.M., u.l., 215 u.l.; Bildagentur Strauß: 4 l.,10 u.r., 15 u.r., 27 o.l., o.l., 28 o.l., 29 u.M., 30 M., 30 M., 30 u.r., 32 o.M., 35 M., 36 M., o.r., 38 o.l., 49 M., 54 o.l., 64 u.r., 65 o.M., 67 o.M., 68 o.M., 70 o.r., 92 u.M., 105 o.r., 120 u.M., M., 123 o.l., 131 u.r., 134 o.l., 135 o.l., M., 136 o.l., o.r., 138 M., 140 M., o.r., 144 o.l., 147 u.l., 152 u.l., 163 u.l., 164 o.M., 166 o.l., u.l., 167 M., 168 o.r., 172 o.l., u.l., 174 o.l., 175 o.l., u.l., 183 u.r., 199 u.l., 201 o.l., 203 o.r., 215 o.M.; Friedrich Strauß:198; Strauß/GPL: 8 , 12 u.r., 21 M., u.M., 47 o.M., 79 u.M., 93 o.r., 102 M., 188 u.l., 190 u.l., 195 u.M., 200 u.M.; WILDLIFE: 76, 85 o.r. (K.Kluntke), 83 o.l. (E.Geduldig), 84 o.l. (Diez), 86 o.M. (Harms), 87 o.M.; Wolf-Garten: 20 o.r., u.l., u.r., 21 u.r., 22 o.l., u.r., 23 u.M., 210 u.r.